Lições de Direito e Processo do Trabalho

João Oreste Dalazen

Lições de Direito e Processo do Trabalho

EDITORA LTDA.
© Todos os direitos reservados

Rua Jaguaribe, 571
CEP 01224-003
São Paulo, SP – Brasil
Fone (11) 2167-1101
www.ltr.com.br
Junho, 2017

Versão impressa: LTr 5821.5 — ISBN: 978-85-361-9286-4
Versão digital: LTr 9189.9 — ISBN: 978-85-361-9312-0

Dados Internacionais de Catalogação na Publicação (CIP)
(Câmara Brasileira do Livro, SP, Brasil)

Lições de direito e processo do trabalho / João Oreste Dalazen. -- São Paulo : LTr, 2017.

Bibliografia.

1. Direito processual do trabalho 2. Direito processual do trabalho - Brasil I. Dalazen, João Oreste.

17-04553   CDU-347.9:331(81)

Índices para catálogo sistemático:
1. Brasil : Direito processual do trabalho
347.9:331(81)

À memória de meu pai, João, pelo precioso legado de dignidade e honradez.
À minha mãe, Jandira, personificação do amor, a quem devo tudo.

Sumário

APONTAMENTOS SOBRE A LEI N. 13.015/2014 E IMPACTOS NO SISTEMA RECURSAL TRABALHISTA 13
1. Origem da Lei n. 13.015/2014 13
2. Finalidade da Lei n. 13.015/2014 14
3. Impactos no recurso de revista 15
   3.1. Indicação do dispositivo contrariado 15
   3.2. Explicitação da contrariedade. Casos de violação não apontada claramente 16
   3.3. Fundamentação do recurso de revista. Demonstração analítica de cada violação ou contrariedade apontada 17
   3.4. Demonstração do prequestionamento. Transcrição do trecho do acórdão 19
      3.4.1. Vício nascido no próprio julgamento 20
      3.4.2. Prequestionamento ficto de questão jurídica 20
      3.4.3. Alegação de preliminar de nulidade por negativa de prestação jurisdicional 20
4. Impactos no recurso de revista em execução 21
5. Recurso de revista por divergência jurisprudencial 22
   5.1. Comprovação da divergência jurisprudencial 22
6. Incidente de uniformização de jurisprudência 23
   6.1. Objetivo do incidente de uniformização de jurisprudência 25
   6.2. Objeto 25
   6.3. Cabimento do IUJ 25
   6.4. Legitimados 25
   6.5. Momento próprio para suscitação 26
   6.6. Competência funcional para o incidente de uniformização de jurisprudência 26
   6.7. Efeitos do julgamento do IUJ 26
      6.7.1. Irrecorribilidade do acórdão que julga o IUJ 27
      6.7.2. Súmula regional 27
      6.7.3. Efeitos no conhecimento do recurso de revista por divergência (CLT, art. 896, § 6º). Caso concreto e casos futuros 28
      6.7.4. Efeitos de decisão no IUJ não conflitante com súmula ou Orientação Jurisprudencial do Tribunal Superior do Trabalho 29
      6.7.5. Efeitos de decisão no IUJ conflitante com súmula ou Orientação Jurisprudencial do Tribunal Superior do Trabalho 30
   6.8. Conclusões sobre o novo sistema de incidente de uniformização de jurisprudência 30
   6.9. Algumas questões práticas sobre o novo sistema de IUJ 31
7. Impactos nos embargos de declaração 34
8. Impactos no recurso de embargos para a SBDI-1 (art. 894) 35
9. Dispensa do depósito recursal em agravo de instrumento. Novo § 8º do art. 899 38
10. Vigência. *Vacatio legis*. Questões de direito intertemporal 39

ASPECTOS DA PROVA ILÍCITA NO PROCESSO TRABALHISTA BRASILEIRO ... 41
1. Introdução. Conceito ... 41
2. Aproveitamento da prova ilícita ... 41
3. Gravação clandestina, ambiental ou telefônica ... 43
4. Interceptação telefônica ... 45
5. Documentos furtivamente obtidos ... 47
6. Câmeras de vídeo ... 47
7. Provas ilícitas no âmbito digital ... 48
   7.1. Coleta de dados estáticos de computador ... 49
   7.2. Monitoramento do correio eletrônico ... 51
      7.2.1. Correio eletrônico pessoal ... 51
      7.2.2. Correio eletrônico corporativo ... 51
      7.2.3. Controle formal do correio eletrônico particular, usando computador da empresa ... 53
   7.3. Prova obtida em redes sociais da internet ... 54
8. Conclusão ... 55

ASSÉDIO MORAL NO DIREITO DO TRABALHO ... 57
1. Introdução ... 57
2. Conceito ... 57
3. Tipos de assédio moral ... 58
4. Causas: profissionais e pessoais ... 59
5. Caracterização ... 59
6. Elementos do conceito jurídico ... 60
7. Impactos do assédio moral ... 62
8. Consequências jurídicas do assédio moral no Brasil ... 62
   8.1. Dano moral e patrimonial ... 63
9. O que não é assédio moral ... 64
   9.1. Paranoia não é assédio moral ... 64
   9.2. Estresse não é assédio moral ... 64
   9.3. Não é assédio moral a agressão pontual ... 65
10. A delicada questão das metas ... 65
11. Técnica motivacional abusiva e humilhante ... 67

ASSÉDIO SEXUAL NO DIREITO DO TRABALHO ... 69
1. Generalidades ... 69
2. Conceito ... 69
3. Espécies ... 69
   3.1. "Assédio sexual por chantagem", também denominado "assédio da contrapartida", ou assédio *quid pro quo* ... 70
   3.2. Assédio sexual "clima de trabalho", "assédio sexual ambiental", ou por intimidação ... 70
4. Distinção entre assédio sexual e assédio moral ... 70
5. Assédio sexual e jogo de sedução ... 71
6. Sujeito passivo ... 73
7. Consequências jurídicas do assédio sexual no Brasil ... 73
   7.1. Dano moral e patrimonial ... 74
   7.2. Terceirização. Responsabilidade solidária da tomadora dos serviços ... 74
8. Impactos do assédio sexual ... 75
9. Medidas de prevenção do assédio sexual ... 75

COMBATE À JURISPRUDÊNCIA DEFENSIVA DOS TRIBUNAIS DO TRABALHO. ART. 10 DA IN N. 39/2016 DO TST ... 77

1. Juízo de admissibilidade de recurso e combate à jurisprudência defensiva ... 77
2. Manifestações de jurisprudência defensiva. Crítica ... 77
3. Pressupostos intrínsecos e combate à jurisprudência defensiva dos tribunais do trabalho ... 79
4. Pressupostos extrínsecos e combate à jurisprudência defensiva dos tribunais do trabalho ... 79
   4.1. Aplicação aos pressupostos extrínsecos das normas de combate à jurisprudência defensiva dos tribunais ... 80
      4.1.1. Preparo. Equívoco no preenchimento da guia de custas. Insuficiência do valor ... 80
      4.1.2. Depósito recursal. Insuficiência do valor. Equívoco no preenchimento da Guia GFIP ... 81
      4.1.3. Tempestividade ... 82
      4.1.4. Tempestividade e recurso prematuro. Ratificação de recurso em face de decisão em embargos de declaração ... 83
      4.1.5. Regularidade formal: fundamentação e assinatura ... 84
      4.1.6. Regularidade de representação ... 84
5. Recurso tempestivo que se ressente de defeito formal não grave ... 86
   5.1. Finalidade do § 11 do art. 896 da CLT ... 86
   5.2. Âmbito de incidência do § 11 do art. 896 da CLT ... 86
   5.3. Exemplos de aplicação do § 11 do art. 896 da CLT ... 88

COMPETÊNCIA TERRITORIAL DAS VARAS DO TRABALHO PARA O DISSÍDIO INDIVIDUAL ... 89

1. Competência. Conceito ... 89
2. Regras para a distribuição da competência territorial das Varas do Trabalho ... 89
   2.1. Regra geral. Foro do local da prestação de serviços – art. 651, *caput*, da CLT ... 89
      2.1.1. Competência territorial ditada pelo foro do domicílio do reclamante ... 90
         2.1.1.1. Dissídio individual atípico ... 91
         2.1.1.2. Coincidência entre o domicílio do empregado e o local da celebração do contrato, ou da arregimentação do empregado, ou da prestação de serviços ... 91
         2.1.1.3. Empresa de âmbito nacional ou com agência, sucursal ou filial no domicílio do empregado, sem comprometer o direito de defesa ... 92
   2.2. Primeira regra especial: empregados agentes ou viajantes comerciais – art. 651, § 1º, da CLT ... 94
   2.3. Segunda regra especial: lides ou dissídios de empregado brasileiro ocorridas no estrangeiro – art. 651, § 2º, da CLT ... 95
      2.3.1. Juízo territorialmente competente no Brasil ... 96
      2.3.2. Direito de opção pela jurisdição nacional. Consequência jurídica ... 96
      2.3.3. Exercício da jurisdição brasileira em favor de empregado estrangeiro, com contrato de trabalho celebrado no exterior, que presta ou prestou serviços no Brasil e em outros países ... 97
   2.4. Terceira regra especial: empregador que promove atividades em várias localidades – art. 651, § 3º, da CLT ... 98
3. Foro de eleição. Modificação da competência territorial ... 100
4. Forma de arguição da incompetência territorial ... 100

CPC DE 2015 E ALGUNS IMPACTOS NO PROCESSO DO TRABALHO ... 103

1. Introdução. Origem do CPC/2015. Juízo crítico preliminar ... 103
2. Instrução Normativa n. 39/2016 do TST ... 104
3. Aplicação subsidiária e supletiva do CPC de 2015 no Processo do Trabalho ... 105
4. Nova dimensão do princípio do contraditório. Veto à decisão surpresa ... 108
5. A nova concepção de contraditório e o processo do trabalho ... 110
6. O novo contraditório, condições da ação, pressupostos processuais e pressupostos de admissibilidade de recurso no processo do trabalho ... 111

6.1. Admissibilidade de recurso: não conhecimento de ofício	112
6.2. Novo contraditório e condição da ação	113
6.3. Novo contraditório e pressupostos processuais	114
7. Ampliação dos casos de impedimento do juiz	116
8. Recurso ordinário. Efeito devolutivo. Sentença *citra petita*	118

DANO MORAL TRABALHISTA E TARIFAÇÃO DA INDENIZAÇÃO ... 121

1. Introdução	121
2. Conceito de dano moral	121
3. Direitos da personalidade passíveis de lesão moral	123
4. Caracterização do dano moral trabalhista	123
5. Responsabilidade civil objetiva. Atividade de risco. Acidente de trabalho	124
5.1. O que é atividade de risco	126
5.2. Limitações	126
6. Sujeito passivo. Pessoa jurídica	126
7. Casuística do dano moral trabalhista em que o empregado é vítima	127
7.1. Dano moral na fase pré-contratual	128
7.2. Dano moral durante a execução do contrato de emprego	128
7.2.1. Calúnia, injúria e difamação	128
7.2.2. Câmeras de vídeo	128
7.2.3. Revista íntima	129
7.2.4. Mora salarial contumaz	131
7.2.5. Atraso na quitação das verbas rescisórias	132
7.2.6. Anotações na CTPS. Informação de que se trata de cumprimento de decisão judicial. Art. 29, § 4º, da CLT	132
7.2.7. Dano moral por discriminações arbitrárias	133
7.2.8. Quebra de sigilo bancário pelo banco empregador	133
7.3. Dano moral na cessação contratual	134
7.3.1. Dispensa sem justa causa	134
7.3.2. Dispensa por justa causa. Reversão em juízo	135
7.3.2.1. Comunicação de delito pela reclamada à autoridade policial. Autoria atribuída ao empregado	136
8. Determinação do valor da "indenização" por dano moral trabalhista. Tarifação. Reforma trabalhista	137
8.1. Inconstitucionalidade da tarifação do valor da indenização por dano moral	137
8.2. Alguns parâmetros para a determinação do valor da indenização por dano moral	139
8.3. Controle do valor da indenização em SI pelo TST	141
8.4. Exigência de fundamentação da decisão de arbitramento da indenização	141

DIREITO DE GREVE E INTERDITO PROIBITÓRIO ... 143

1. Direito de greve. Conceito	143
2. Não há direito absoluto	143
3. Ações possessórias. Interdito proibitório	145
3.1. Espécies de possessórias	145
4. Competência material	146
5. Competência funcional	147
6. Ajuizamento simultâneo de interditos proibitórios. Conduta antissindical. Dano moral coletivo	148

DO INCIDENTE DE DESCONSIDERAÇÃO DA PERSONALIDADE JURÍDICA NO PROCESSO DO TRABALHO ... 149

1. Introdução	149

2. Princípio do contraditório no CPC/2015	149
3. Justo processo	150
4. Panorama da desconsideração da personalidade jurídica na Justiça do Trabalho antes do CPC de 2015. Exame crítico	151
5. Fundamentos para a aplicação do incidente no Processo do Trabalho	153
6. Principais objeções à aplicação do IDPJ na JT	153
6.1. Cautelar	155
7. Procedimento em si. Algumas observações	156
7.1. Legitimidade para instauração do IDPJ	156
7.2. Despacho de instauração do IDPJ	156
7.3. Requisitos do despacho	156
7.4. Fases instrutória e decisória	157
7.5. Fase recursal	157
8. Pressupostos materiais para a desconsideração	157
9. Consequência jurídica da decisão de desconsideração	159
10. Consequências jurídicas se o juiz do trabalho não aplicar o IDPJ	160
11. Conclusões	161

O JUIZ DO TRABALHO E O EXERCÍCIO DA FUNÇÃO JURISDICIONAL 163

1. Desafios atuais da magistratura do trabalho	163
2. Atributos do juiz do trabalho paradigmático	164
2.1. Honestidade. Independência	164
2.2. Habilidade	164
2.3. Humildade	167
2.4. Coragem	169
2.5. Cortesia ou afabilidade	169
2.6. Prudência	169
2.7. Ser estudioso	170
2.8. Pontualidade	171
2.9. Discrição	171
3. Vertentes da atuação do juiz no processo	172
3.1. Correição permanente	172
3.2. O juiz e a correção de linguagem	172
3.2.1. Linguagem não técnica	172
3.2.2. Linguagem técnica	173
3.3. O juiz do trabalho e aspectos da produção da prova oral	174
3.3.1. Fixação dos pontos controvertidos	174
3.3.2. Redação da ata	175
3.3.3. Falibilidade da prova testemunhal	175
3.3.4. Imprescindibilidade do depoimento pessoal das partes	176
3.4. Predicados ideais da sentença	177

NOTAS SOBRE A AÇÃO RESCISÓRIA NO PROCESSO DO TRABALHO NA PERSPECTIVA DO CPC DE 2015 179

1. Introdução	179
2. Cabimento. Decisão rescindível	179
3. Decisão de mérito	180
3.1. Sentença de mérito ou acórdão de mérito	180
3.1.1. Decisão sobre honorários advocatícios ou sobre honorários periciais	180
3.1.2. Sentença homologatória de transação ou de conciliação	181

		3.1.3. Sentença normativa	185
		3.1.4. Decisão de mérito do TST que não admite recurso	186
		3.1.5. Decisão que julga a liquidação de sentença	186
		3.1.6. Decisão proferida em mandado de segurança	187
4.	Decisões de natureza processual		187
	4.1. Decisão que impede a repropositura da demanda		187
	4.2. Decisão que não admite recurso		188
	4.3. Decisão processual que seja pressuposto de validade de uma sentença de mérito		190
	4.4. Decisões que aplicam sanção processual		191
	4.5. Decisão que aplica *astreintes*		192
5.	Decisão interlocutória		192
6.	Decisão monocrática do relator em tribunal		193
7.	Competência funcional para o julgamento da ação rescisória		193
8.	Erro no direcionamento da ação rescisória		194
9.	Seis situações concretas para efeito de determinação da competência funcional		195

PRINCÍPIO DA PRIMAZIA DA DECISÃO DE MÉRITO NO PROCESSO DO TRABALHO EM PRIMEIRO GRAU DE JURISDIÇÃO 199

REFLEXÕES SOBRE DIREITO INTERTEMPORAL EM FACE DO CPC DE 2015 203

1. Noções sobre a aplicação da Lei Processual no tempo 203
2. Teoria do isolamento dos atos processuais 203
3. Atos processuais já praticados que produzem efeitos sob a vigência da lei nova 204
4. Recurso e direito intertemporal 204
5. Direito intertemporal, incidente de resolução de demandas repetitivas, incidente de recurso de revista repetitivo e incidente de assunção de competência 205

APÊNDICE

1) O CONCEITO DE JUSTIÇA 209
1. Introdução 209
2. Etimologia do vocábulo "justiça" 209
3. As diversas noções do vocábulo "justiça". Conceitos subjetivo e objetivo 209
4. Breve evolução histórica do conceito de justiça 210
   4.1. Platão (427-347 a.C.) 210
   4.2. Aristóteles (385-322 a.C.) 211
   4.3. Roma 213
   4.4. Santo Tomás de Aquino (1225-1274) 213
   4.5. Jusnaturalismo 213
   4.6. Axiologia 214
5. O problema do conteúdo da justiça 214
   5.1. Justiça é dar a cada um o que é seu 214
   5.2. Justiça é tratar os outros como gostaríamos de ser tratados 214
   5.3. Justiça é igualdade 214
   5.4. Justiça é retribuição 215
6. A justiça como valor: Perelman e Kelsen 215
7. Conclusão 219

2) CÓDIGO DE ÉTICA DA MAGISTRATURA 221
Apresentação 221

Apontamentos sobre a Lei n. 13.015/2014 e Impactos no Sistema Recursal Trabalhista

1. ORIGEM DA LEI N. 13.015/2014

A Lei n. 13.015, de 22 de julho de 2014, acarretou profundos impactos no sistema recursal trabalhista.

Pretendo aqui ocupar-me de alguns e expor o que penso sobre algumas das tormentosas e atormentadoras questões suscitadas pela nova Lei.

Como condição um tanto necessária, devo recordar inicialmente a origem e finalidade da Lei.

Coube-me presidir a segunda Comissão de Ministros constituída no âmbito do Tribunal Superior do Trabalho para examinar a viabilidade de regulamentação do critério da transcendência como juízo prévio de delibação para o conhecimento do recurso de revista (art. 896-A da CLT).

Em junho de 2010, enviei ofício ao então Presidente do Tribunal Superior do Trabalho em que comuniquei a deliberação da Comissão no sentido de:

a) rechaçar a viabilidade técnica de regulamentação da transcendência, sobretudo em face da multiplicidade de temas objeto de recurso de revista;

b) aprovar um anteprojeto de lei **alternativo** para submeter ao Congresso Nacional.

Em maio de 2011, já na Presidência da Corte, após novas discussões internas por ocasião da "Semana do TST", propus, e o Órgão Especial aprovou, o encaminhamento do anteprojeto ao Congresso Nacional (Resolução Administrativa n. 1451, de 24.05.2011).

Uma vez que o Tribunal não dispõe de iniciativa parlamentar sobre a matéria, contatei o Deputado Valtenir Pereira, que subscreveu pronta e integralmente o projeto e submeteu-o à apreciação da Câmara dos Deputados (Projeto de Lei n. 2.214/2011).

A Lei n. 13.015/2014, em larga medida, é fruto do aludido anteprojeto, gestado no Tribunal Superior do Trabalho e emanado do mesmo Tribunal.

Devo esclarecer, no entanto, que, durante o processo legislativo na Câmara dos Deputados, houve aprovação de várias emendas aditivas e supressivas, algumas das quais infelizes, mal ocultando a evidente atecnia e falta de zelo com que são aprovadas determinadas leis neste País.

Eis alguns exemplos de mudanças no projeto de lei promovidas pela Câmara dos Deputados:

a) o novo § 13 do art. 896 da CLT é totalmente desconexo e não faz sentido, a não ser mediante uma interpretação construtiva como busca a recente regulamentação da Lei;

b) no art. 894, aprovou-se um "**§ 2º**" **sem** que haja um § 1º; havia ali um parágrafo único, já revogado desde 2007;

c) suprimiu-se norma idêntica ao antigo § 5º do art. 896 da CLT que dava poderes ao Relator para decidir monocraticamente o recurso de revista, os embargos para a SDI e o agravo de instrumento de competência do Tribunal Superior do Trabalho; agora precisaremos nos socorrer do art. 557 do Código de Processo Civil...;

d) o § 12 do art. 896 contempla disposição segundo a qual "da decisão denegatória caberá agravo, no prazo de oito dias", **sem** explicitar que a decisão denegatória impugnável é a monocrática do Ministro Relator (aludida no anterior item "c") que denega seguimento ao recurso de revista, como previsto no projeto de lei originário; vale dizer: contemplou-se recurso para impugnar uma decisão monocrática do Ministro Relator explicitamente **não** endossada pelo legislador...;

e) o novo § 8º do art. 899 introduziu um problemático caso de dispensa de depósito recursal em agravo de instrumento **que certamente causará muita cizânia doutrinária e jurisprudencial**;

f) foram **suprimidas** todas as propostas de **multas** em agravo interno e de penalização em embargos de declaração procrastinatórios nos mesmíssimos termos em que já previstas no Código de Processo Civil;

g) a nova norma do § 10 do art. 896 da CLT, ao alargar o espectro de cabimento do recurso de revista em execução, mediante redação defeituosa e imprópria, não constava do projeto de lei originário do Tribunal Superior do Trabalho;

h) a nova norma do § 11 do art. 896 da CLT, ao contemplar a possibilidade de conhecimento do recurso tempestivo que se ressente de defeito formal não grave, **não** constou do anteprojeto aprovado pelo Tribunal Superior do Trabalho e tampouco do projeto de lei, conquanto pessoalmente eu a tenha defendido na fase de discussões internas no âmbito da Comissão;

i) o projeto de lei originário, ao contrário da Lei n. 13.015/2014, **não** disciplinava o procedimento de julgamento do recurso de revista repetitivo: apenas determinava que se aplicariam ao recurso de revista, no que coubessem, as normas do Código de Processo Civil relativas ao "julgamento dos recursos extraordinário e especial repetitivos" (art. 896-C); a longa e minudente normatização, no particular, emana exclusivamente do Congresso Nacional.

2. FINALIDADE DA LEI N. 13.015/2014

De um lado, como salta à vista, a Lei n. 13.015/2014 visou a inibir novos recursos de revista para o Tribunal Superior do Trabalho. Na senda da evolução histórica do sistema de recursos trabalhistas, recrudesceu os **filtros** destinados, sobretudo, a dificultar ainda mais o conhecimento do recurso de revista, mediante agravamento das exigências formais ou pressupostos intrínsecos de admissibilidade.

Não é uma Lei, pois, que se preocupe com **todo** o sistema recursal trabalhista: ao contrário, tem por objeto **precipuamente** os recursos da competência funcional do Tribunal Superior do Trabalho, em especial o recurso de revista. Muda substancialmente as normas atinentes à admissibilidade do recurso de revista e, em alguma medida, o recurso de embargos por divergência da competência da SDI-1. Reflexamente, afeta outros recursos, a exemplo do agravo de instrumento (dispensa de depósito recursal) e recurso ordinário e agravo de petição (estes dois últimos em face do efeito interruptivo, ou não, dos embargos de declaração).

E por que **há** ou como se explica o aludido rigor formal cada vez maior, mediante ampliação constante dos pressupostos intrínsecos de admissibilidade do recurso de revista?

Isso se explica fundamentalmente por causa da função do recurso de revista.

Como sabemos, ao contrário dos recursos de natureza ordinária, o recurso de revista não tem por função ou finalidade imediata propriamente distribuir justiça às partes, ou reformar a decisão regional acaso injusta, tanto que não se presta ao reexame de fatos e provas.

Infere-se do art. 896 da CLT que o recurso de revista cumpre finalidade bem distinta. O recurso de revista (e, portanto, o Tribunal Superior do Trabalho, mediante o recurso de revista!) realiza **dupla função**:

1ª) **uniformizar** a jurisprudência trabalhista na interpretação do direito em tese (proporcionando **segurança** aos jurisdicionados e evitando o caos resultante de possível dissenso de julgados entre 24 Tribunais Regionais do Trabalho);

2ª) **restabelecer o primado da lei federal violada**, inclusive da Constituição Federal, no âmbito da competência material da Justiça do Trabalho.

Em uma palavra: a finalidade do recurso de revista é essencialmente a tutela do **direito objetivo**.

Esse aspecto, aliado à exponencial demanda recursal represada no Tribunal Superior do Trabalho, explica a imposição de novos pressupostos de admissibilidade em especial para o recurso de revista.

A finalidade central da novel Lei, contudo, muito além de criar novas exigências formais para o recurso de revista, foi corrigir uma grave **disfuncionalidade** que se observava na atuação do Tribunal Superior do Trabalho, antes da Lei n. 13.015/2014, no julgamento de recurso de revista.

Com efeito. Afora o penoso ônus de decidir miríades de vezes a mesma tese jurídica, competia também ao Tribunal Superior do Trabalho, indiretamente, **uniformizar a jurisprudência interna dos Tribunais Regionais do Trabalho** ao julgar o recurso de revista por divergência jurisprudencial (*vide*, a seguir, item 6).

Vale dizer: o Tribunal Superior do Trabalho **não** apenas uniformizava e uniformiza (recursos de revista residuais) a jurisprudência **entre** Regionais, mas igualmente uniformizava a jurisprudência **interna do Regional**.

De que forma? Ao possibilitar o conhecimento de recurso de revista por divergência com base em um aresto de **outro** Tribunal que **não** refletisse a posição majoritária ou dominante na Corte.

Ora, afigura-se desarrazoado prestigiar-se, para configurar o dissenso jurisprudencial, uma tese que **não** exprima com fidelidade o pensamento predominante na Corte sobre a questão jurídica.

Por isso, uma das ideias centrais que animaram o Tribunal Superior do Trabalho ao aprovar o anteprojeto de que resultou a Lei n. 13.015/2014 foi a seguinte:

a) compete a cada **Regional** promover a homogeneização da respectiva jurisprudência **interna** mediante incidente de uniformização de jurisprudência (Incidente de Uniformização de Jurisprudência);

b) compete ao **Tribunal Superior do Trabalho** a tarefa de uniformizar a jurisprudência trabalhista **nacional**, isto é, **entre** os Regionais e não **nos** Regionais.

Essa diretriz fundamental hoje está insculpida no novo § 6º do art. 896 da CLT.[1] Assim, doravante (recursos novos!), para efeito de caracterizar a divergência com **outro Tribunal**, apta a viabilizar o conhecimento de recurso de revista, há que tomar em conta, se houver, tão somente a tese sumulada no Regional ou, se não sumulada, a que retrata a posição do Pleno ou do Órgão Especial, acaso aprovada, única que espelha a jurisprudência predominante na Corte.

Para tanto, a Lei previu novos e importantes mecanismos para se compelirem os Regionais ao cumprimento da norma que dispõe sobre a obrigatoriedade de uniformizarem a jurisprudência interna, norma essa, recorde-se, inscrita na CLT desde **1998** (§ 3º do art. 896, com a redação da Lei n. 9.757/98, em substância mantida pela Lei n. 13.015/2014).

De modo que a finalidade da Lei n. 13.015/2014 também foi atribuir novo papel e novas responsabilidades aos Tribunais Regionais do Trabalho na construção e preservação da própria jurisprudência, com manifesto impacto na admissibilidade do recurso de revista por divergência e na própria e desejável duração razoável do processo.

A Lei n. 13.015/2014 igualmente objetivou fortalecer o papel do Tribunal Superior do Trabalho como construtor da jurisprudência trabalhista no plano nacional, ao dispor que se lhe aplicam as normas do CPC relativas ao sistema de julgamento de recursos (de revista) repetitivos (CLT, art. 896-B e art. 896-C). Assim, em caso de relevante multiplicação de recursos de revista fundados em idêntica questão de direito, suscetível de causar grave insegurança jurídica, decorrente do risco de coexistência de decisões conflitantes, o TST poderá selecionar recursos de revista representativos e sedimentar jurisprudência vinculante que sirva de guia preventivo para os TRTs.

3. IMPACTOS NO RECURSO DE REVISTA

Inequívoco que o recurso de revista, foco preferencial da Lei n. 13.015/2014, foi o recurso trabalhista mais profundamente impactado pelas inovações da Lei, mormente no campo dos pressupostos intrínsecos de admissibilidade.

Como se sabe, os pressupostos intrínsecos ou específicos de admissibilidade são requisitos legais **suplementares** exigíveis dos recursos de natureza extraordinária, como o recurso de revista.

Trata-se de requisitos que se somam aos pressupostos comuns, ou seja, que devem ser atendidos concomitantemente com os pressupostos comuns.

A nova Lei n. 13.015/2014 **alterou e ampliou** os pressupostos intrínsecos ou específicos de admissibilidade do recurso de revista.

Passaram a constituir **novos** pressupostos intrínsecos do recurso de revista fundado em violação literal de dispositivo de lei federal **ou** em contrariedade a Súmula ou Orientação Jurisprudencial:

– indicação do dispositivo contrariado;

– explicitação da contrariedade;

– fundamentação do recurso de revista, mediante demonstração analítica de cada violação ou contrariedade apontada;

– demonstração do prequestionamento: transcrição do trecho do acórdão.

3.1. Indicação do dispositivo contrariado

Reza o novo § 1º-A do art. 896 da CLT:

§ 1º-A. Sob pena de não conhecimento, é ônus da parte:

[...]

II – **indicar**, de forma **explícita** e fundamentada, contrariedade a **dispositivo** de lei, súmula ou orientação jurisprudencial do Tribunal Superior do Trabalho que conflite com a decisão regional;

O novo preceito nos remete para logo ao conceito de ônus processual.

Na lição clássica de **Carnelutti**, "ônus é uma faculdade cujo exercício é necessário à realização de um interesse".

Trata-se de um **encargo**. É uma atribuição ou encargo que a lei dá à parte, a fim de que possa alcançar uma posição mais vantajosa no processo ou evitar a consumação de uma desvantagem, ou gravame.

---

(1) § 6º **Após o julgamento do incidente** a que se refere o § 3º, **unicamente a súmula regional ou a tese jurídica prevalecente** no Tribunal Regional do Trabalho e **não** conflitante com súmula ou orientação jurisprudencial do Tribunal Superior do Trabalho servirá como **paradigma** para viabilizar o conhecimento do recurso de revista, por divergência.

Há ônus processual **imperfeito** (ônus da prova, por exemplo) e ônus processual **perfeito**.

No caso, a Lei n. 13.015/2014 atribuiu à parte novos pressupostos intrínsecos para o recurso de revista e dispôs que ostentam a natureza jurídica de ônus.

Cuida-se de ônus processual perfeito. "Perfeito" por quê? Porque o desatendimento tem como consequência necessária o não conhecimento e, assim, o trânsito em julgado do acórdão regional **desfavorável**.

No preceito em foco, a nova Lei consagrou **duas** novas exigências formais do recurso de revista: indicação do dispositivo contrariado e explicitação da contrariedade.

No que tange à exigência de indicação do dispositivo, a rigor, não é novidade. Essa exigência formal na preparação das razões do recurso de revista fundado em violação literal de lei já constava da IN n. 23/2003 do Tribunal Superior do Trabalho (item II, "b") e já está consagrada na redação atual da Súmula n. 221 do Tribunal Superior do Trabalho:

> "A admissibilidade do recurso de revista por violação tem como pressuposto a indicação expressa do dispositivo **de lei ou da Constituição Federal** tido como violado."

Agora, a Lei n. 13.015/2014 endossou essa exigência formal. Que significa a exigência?

Significa que não basta a mera indicação de ofensa à lei tal. Como sabemos, frequentemente contêm a lei ou a Constituição Federal inúmeros dispositivos. A CLT, por exemplo, é uma lei única, mas com grande número de dispositivos nela inseridos. Óbvio, portanto, que a simples e genérica indicação da lei não basta para impulsionar ao conhecimento o recurso de revista.

Assim, é indispensável indicação expressa e precisa do artigo, do parágrafo, do inciso ou da alínea específica em que está a norma violada da Lei ou da Constituição Federal.

Muitos dispositivos da Constituição Federal, igualmente, estão em incisos ou parágrafos. É necessária a indicação precisa do artigo, parágrafo ou inciso violado. Não é suficiente afirmar: foi violado o art. 5º da Constituição Federal, ou o art. 7º da Constituição Federal, se a vulneração não repousa no *caput* e sim em um dos inúmeros incisos...

A Orientação Jurisprudencial n. 335 da SDI-1 já sinalizava nesse sentido ao assentar que é necessária a invocação de violação **do § 2º** do art. 37 da Constituição Federal/88 para declaração de nulidade do contrato de trabalho em virtude da ausência de prévia aprovação em concurso público. Não basta o ente público apontar vulneração do art. 37, *caput*, da Constituição Federal.

Igualmente não é suficiente apontar violação de dispositivos legais sem vincular a um tema específico. Se a parte não indica em que matéria os dispositivos apontados teriam sido violados, claro que se inviabiliza o conhecimento do recurso neste ponto.

Não basta também a menção ao princípio X ou Y. Por exemplo: não é o suficiente apontar-se contrariedade ao princípio constitucional do contraditório, ou ao princípio constitucional do direito adquirido (5º, LV e XXXVI), ou violação da coisa julgada. Tampouco basta transcrever a norma constitucional respectiva. Importa é o número do preceito legal vulnerado.

Impende realçar ainda que, como visto, a Lei ampliou a exigência formal da Súmula 221 do Tribunal Superior do Trabalho: passou a exigir também a indicação expressa e precisa de contrariedade a Súmula ou a Orientação Jurisprudencial do Tribunal Superior do Trabalho, se for o caso.

Aqui se aplica, *mutatis mutandis*, o que se afirmou a propósito da lei e da Constituição Federal. As Súmulas do Tribunal Superior do Trabalho, de uns tempos a esta parte, passaram a agrupar diversas teses conexas ou correlatas sobre o mesmo tema e, portanto, comumente contêm numerosos itens (a Súmula n. 6, por exemplo, tem 10 itens, cada qual consagrando uma tese jurídica!).

Por isso, também é ônus da parte, se o recurso de revista embasar-se em contrariedade a Súmula ou a Orientação Jurisprudencial, indicar precisamente o número e o item da Súmula ou da Orientação Jurisprudencial.

Conforme se infere dessa e de tantas outras exigências formais, mais do que nunca hoje é imprescindível que a parte aprimore o apuro técnico na preparação do recurso de revista em relação a cada tema.

3.2. Explicitação da contrariedade. Casos de violação não apontada claramente

Outro ônus e pressuposto intrínseco, **também** decorrente do mencionado § 1º-A, inciso II, do art. 896, passou a ser a explicitação da contrariedade.

A propósito, cumpre ter presente a Orientação Jurisprudencial n. 257 da SBDI-1, que assentou o seguinte entendimento:

> "A invocação **expressa** no recurso de revista dos preceitos legais ou constitucionais tidos como violados **não** significa exigir da parte a utilização das expressões 'contrariar', 'ferir', 'violar' etc."

A meu sentir, essa Orientação Jurisprudencial **não** é compatível com a Lei n. 13.015/2014, mais precisamente com o novo § 1º-A do art. 896 da CLT anteriormente referido.

Ora, se é ônus da parte, indicar, de forma explícita e fundamentada, **contrariedade** a dispositivo de lei, súmula ou Orientação Jurisprudencial, isso significa que incumbe à parte, doravante, ao contrário do que assenta a Orientação Jurisprudencial n. 257 da SDI-1, não apenas indicar o dispositivo tido como violado, mas apontar explicitamente que o dispositivo de lei **X**, ou a Súmula **Y**, ou a Orientação Jurisprudencial **X**, foi contrariado, ou foi violado, ou foi ferido, ou foi vulnerado.

De sorte que, sob a égide da Lei n. 13.015/2014, na elaboração da petição do recurso de revista, por violação, há necessidade, sim, de a parte expressamente assinalar que o acórdão violou, ou contrariou, ou "feriu" o dispositivo X ou Y.

Sustento que a Orientação Jurisprudencial n. 257 da SDI precisa ser cancelada pelo Tribunal Superior do Trabalho.

E o que se observa comumente até aqui, com o endosso da Orientação Jurisprudencial n. 257?

Há muitos recursos de revista em que a parte apenas **menciona** dispositivos legais e desenvolve argumentação em torno de seu alcance. Mas **não** alega **explicitamente** nas razões do recurso de revista que o acórdão recorrido **violou, contrariou, ou "feriu" tal dispositivo**.

Da mesma forma, muitas vezes a parte **não** afirma categoricamente ou explicitamente, de forma clara e inequívoca, que o acórdão regional contrariou a súmula X ou a Orientação Jurisprudencial do Tribunal Superior do Trabalho Y.

Penso que, à luz do novo § 1º-A do art. 896 da CLT, não basta **a mera referência**, a indicação ou a alusão ao dispositivo X ou Y de Lei, ou à súmula.

Essencial é também a indicação expressa de afronta, vulneração, agressão ou desrespeito ao dispositivo X ou Y, ou à súmula ou Orientação Jurisprudencial X ou Y.

Não há uma **fórmula sacramental** para apontar-se a contrariedade a que se deva seguir religiosamente.

Mas **não** é suficiente a mera **alusão** ao dispositivo X ou Y, ou ao teor da súmula X ou Y para que se considere apontada a pretendida contrariedade. Não basta a mera argumentação em torno do dispositivo legal ou constitucional invocado, ou da súmula.

Por quê? Porque, em face do que determina a nova lei, é ônus da parte indicar, de forma explícita e fundamentada, contrariedade a dispositivo de lei, súmula ou Orientação Jurisprudencial.

Em suma:

– não basta que a súmula ou Orientação Jurisprudencial seja meramente **referida** nas razões do recurso de revista;

– não basta que o dispositivo legal ou constitucional seja meramente **referido** nas razões do recurso de revista.

O atendimento à exigência formal do novo § 1º-A do art. 896 da CLT dá-se mediante a indicação expressa do dispositivo de Lei ou indicação de Súmula ou Orientação Jurisprudencial **e** a **paralela argumentação** expressa de que o acórdão regional **violou, ou contrariou, ou afrontou, ou desrespeitou, ou transgrediu, ou vulnerou** esse dispositivo de Lei ou essa Súmula ou essa Orientação Jurisprudencial. Caso contrário, é inarredável o não conhecimento.

3.3. Fundamentação do recurso de revista. Demonstração analítica de cada violação ou contrariedade apontada

O novo § 1º-A, inciso III, do art. 896 da CLT estatui o seguinte:

> § 1º-A. Sob pena de não conhecimento, é ônus da parte:
> [...]
> III – expor as **razões do pedido de reforma**, impugnando **todos os fundamentos jurídicos da decisão recorrida**, inclusive mediante **demonstração analítica de cada dispositivo de lei, da Constituição Federal**, de súmula ou orientação jurisprudencial cuja contrariedade aponte.

Como se vê, esse novo preceito da CLT trouxe **dois novos** e **expressos pressupostos intrínsecos** de admissibilidade do recurso de revista, **imbricados** entre si:

1º) a fundamentação ou motivação do recurso de revista;

2º) a demonstração analítica de cada violação ou contrariedade apontada.

No tocante à exigência de fundamentação do recurso de revista, a lei não é propriamente novidade: apenas consagra a Súmula n. 422 do Tribunal Superior do Trabalho, recentemente reformulada.[2]

---

(2) "**Súmula n. 422 do TST**
RECURSO. FUNDAMENTO AUSENTE OU DEFICIENTE. NÃO CONHECIMENTO (redação alterada, com inserção dos itens I, II e III) – Res. n. 199/2015, DEJT divulgado em 24, 25 e 26.06.2015. Com errata publicada no DEJT divulgado em 01.07.2015

Assim como o Juiz e os tribunais têm o dever de motivar a decisão, sob pena de nulidade, a parte igualmente tem o ônus de motivar o recurso, em princípio, o que implica a necessidade de expor "as razões do pedido de reforma" (CPC de 2015, art. 1010, inciso III).

No caso específico do recurso de revista, entretanto, a rigor, a lei sempre exigiu não apenas fundamentação, mas fundamentação **vinculada** e para cada fundamento **jurídico** do acórdão regional ao pressupor o conhecimento do recurso de revista à demonstração de divergência jurisprudencial e/ou violação literal de lei federal (CLT, art. 896). A **Súmula n. 23 do** Tribunal Superior do Trabalho, **ao exigir que a** divergência **abranja todos** os fundamentos jurídicos da decisão recorrida, apenas confirma o que se vem de afirmar.[3]

De sorte que se poderia supor que a Lei n. 13.015/2014, neste passo, apenas sacramentou a exigência de fundamentação vinculada ínsita ao recurso de revista. Mas o novo § 1º-A, inciso III, do art. 896 da CLT foi muito além e exacerbou ainda mais a exigência de motivação ou fundamentação do recurso de revista.

Por quê? Porque aprofundou o rigor formal das razões do recurso de revista, como corolário do ônus de fundamentar o recurso, ao prescrever que incumbe à parte, sob pena de não conhecimento, promover a demonstração analítica de cada violação ou contrariedade apontada.

Neste ponto reside uma grande inovação introduzida pela Lei n. 13.015/2014 no tocante às petições de recurso de revista.

E em que consiste essa inovação?

Significa que, no caso de o recurso de revista fundar-se em violação literal de lei ou em contrariedade a uma Súmula ou Orientação Jurisprudencial, incumbe à parte, além de indicar o dispositivo que repute violado, demonstrar analiticamente a vulneração de cada dispositivo legal que repute violado.

A parte tem o ônus processual de expor o porquê de o acórdão regional haver infringido o dispositivo X ou Y, desenvolvendo argumentação pertinente, tendente a convencer. Cabe ao recorrente o ônus processual de explicitar os motivos pelos quais, sob sua ótica, houve ofensa à lei.

Não basta, para tanto, a simples referência a dispositivo legal e a alegação de que foi violado, vulnerado ou ferido, desacompanhada de maiores razões.

O que se quis coibir, a toda evidência, foi a profusão de recursos de revista em que as partes apontam aos borbotões violações desfundamentadas, **sem** se declinarem as razões pelas quais se tem cada dispositivo legal ou constitucional por violado.

O que se passou a exigir é que a parte diga no recurso de revista claramente: o acórdão violou o dispositivo legal X por isso e mais aquilo... o acórdão violou o dispositivo legal Y por isso e mais aquilo... Ou seja: **para cada dispositivo cuja violação seja apontada, ao menos um fundamento**.

Não basta mais, portanto, descrever-se a decisão do regional e apontar **em bloco** a violação dos dispositivos tais e tais. Recurso de revista desse jaez estará desfundamentado e, por isso, não ensejará conhecimento.

Enfim, não é mais admissível a conhecida "**metralhadora giratória**", tão ao gosto de certos advogados!

Diga-se o mesmo da contrariedade a Súmula ou a Orientação Jurisprudencial.

Para cada contrariedade apontada, exige-se ao menos um fundamento. É igualmente pressuposto de admissibilidade do recurso de revista explicitar o porquê de a Súmula ou Orientação Jurisprudencial haver sido contrariada pelo Regional no caso concreto.

Obviamente, a exigência formal de demonstração analítica de cada violação ou de cada contrariedade apontada não implica exigir-se que a alegação seja fundada ou procedente. Basta que a alegação ou argumentação não seja totalmente impertinente. Está claro que de nada adianta apontar a violação de um preceito impertinente em relação ao tema em que a parte foi vencida e formalmente argumentar em torno de uma suposta infringência desse preceito se ele não rege a matéria.

O desatendimento da exigência formal de fundamentação acompanhada de demonstração analítica de cada violação ou contrariedade apontada tem como

---

I – Não se conhece de recurso para o Tribunal Superior do Trabalho se as razões do recorrente não impugnam os fundamentos da decisão recorrida, nos termos em que proferida.

II – O entendimento referido no item anterior não se aplica em relação à motivação secundária e impertinente, consubstanciada em despacho de admissibilidade de recurso ou em decisão monocrática.

III – Inaplicável a exigência do item I relativamente ao recurso ordinário da competência de Tribunal Regional do Trabalho, exceto em caso de recurso cuja motivação é inteiramente dissociada dos fundamentos da sentença."

(3) "**Súmula n. 23**. Não se conhece da revista ou dos embargos quanto a decisão ora recorrida resolver determinado item do pedido por diversos fundamentos e a jurisprudência transcrita não abrange a todos".

inexorável decorrência o **não conhecimento** do recurso de revista no tema impugnado, a menos que possa ser conhecido por outro fundamento.

Perante a nova lei, pois, não apontar o dispositivo de lei tido como violado, ou apontá-lo e não se argumentar em prol do reconhecimento da respectiva violação é o mesmo. Diga-se o mesmo da contrariedade a Súmula ou Orientação Jurisprudencial. Em ambos os casos, a consequência inexorável é o não conhecimento do recurso. Para o Tribunal Superior do Trabalho o recurso de revista está desfundamentado.

3.4. Demonstração do prequestionamento. Transcrição do trecho do acórdão

O novo § 1º-A, inciso I, do art. 896 da CLT, igualmente, passou a rezar o seguinte:

> § 1º-A. Sob pena de não conhecimento, é ônus da parte:
>
> I – indicar o trecho da **decisão recorrida** que consubstancia o **prequestionamento** da controvérsia objeto do recurso de revista;

Como se sabe, o prequestionamento é pressuposto intrínseco de admissibilidade do recurso de revista, até aqui fruto de construção jurisprudencial, contemplada na Súmula n. 297 do Tribunal Superior do Trabalho. Agora está explicitamente consagrado na lei.[(4)]

É pressuposto intrínseco não apenas para conhecimento de recurso de revista por violação. É essencial também para conhecimento por contrariedade a uma Súmula ou Orientação Jurisprudencial do Tribunal Superior do Trabalho.

A ausência de prequestionamento tecnicamente impede o exame da violação ou da contrariedade e, assim, provoca o não conhecimento do recurso de revista.

Em que consiste o prequestionamento?

Em primeiro lugar, consiste na exigência absoluta e inafastável de emissão de pronunciamento explícito pelo Tribunal *a quo* sobre a matéria de fato que seja pressuposto para o reconhecimento de violação literal de lei federal ou contrariedade a Súmula ou Orientação Jurisprudencial do Tribunal Superior do Trabalho.

Em segundo lugar, consiste na efetiva emissão de tese sobre a questão jurídica ventilada no dispositivo de lei federal cuja violação se aponta no recurso de revista, ou, ao menos, se não houver efetiva emissão de tese, que o Regional haja sido instado a tanto mediante embargos de declaração.

Até sobrevir a Lei n. 13.015/2014, o ônus da parte era **tão somente obter** o prequestionamento no acórdão regional. Cabia ao Tribunal Superior do Trabalho **tão somente** a tarefa de investigar se a matéria **de fato** ou a **questão jurídica** estava enfrentada no acórdão regional.

Doravante, em face da nova Lei, a parte também tem o ônus da demonstração do prequestionamento, mediante transcrição nas razões do recurso de revista do tópico ou trecho do acórdão em que o Regional versou sobre a matéria de fato e/ou em que equacionou a questão jurídica posta no recurso de revista. A exemplo do prequestionamento em si, trata-se de **novo** pressuposto **intrínseco** de admissibilidade do recurso de revista, ainda que de natureza formal, como assentou a jurisprudência da SBDI-1 do TST. Intrínseco porque exigível exclusivamente do referido recurso de natureza extraordinária.

Importa dizer, assim, que agora a **exigência relativa ao prequestionamento é dupla:**

a) obtê-lo, incumbindo-lhe interpor embargos de declaração se omisso o acórdão regional;

b) **prová-lo** mediante transcrição do trecho do acórdão nas razões recursais (eventualmente da sentença se se trata de procedimento sumaríssimo e a sentença foi confirmada pelos seus próprios fundamentos).

Assim, não basta que a matéria de fato ou questão jurídica esteja prequestionada no acórdão regional. A ausência de comprovação do prequestionamento, por si só, obstará o conhecimento do recurso de revista.

É mais um elemento a patentear a acentuada exacerbação do formalismo do recurso de revista para dificultar-lhe o conhecimento.

Parece-me de intuitiva percepção, contudo, que a nova exigência formal de demonstração do prequestionamento somente tem lugar se e quando o prequestionamento, em si mesmo, for exigível.

Recorde-se que a exigência **em si** de prequestionamento não é absoluta. Nos casos em que, por exceção, o prequestionamento, em si mesmo, **não for exigível**, naturalmente também não se poderá exigir demonstração do prequestionamento.

E que casos dispensam o prequestionamento e, por conseguinte, naturalmente também dispensam a **demonstração** do prequestionamento? Os seguintes:

---

(4) I. Diz-se prequestionada a matéria ou questão quando na decisão impugnada haja sido adotada, **explicitamente**, tese a respeito.

III. Considera-se **prequestionada a questão jurídica** invocada no recurso principal sobre a qual se omite o Tribunal de pronunciar tese, não obstante opostos embargos de declaração.

1º) vício nascido no próprio julgamento;

2º) prequestionamento ficto de questão jurídica;

Examino-os a seguir muito brevemente.

3.4.1. Vício nascido no próprio julgamento

Trata-se de tese assentada na Orientação Jurisprudencial n. 119 da SDI1:

> "É **inexigível** o prequestionamento quando a violação indicada houver nascido na própria decisão recorrida. **Inaplicável** a Súmula n. 297 do Tribunal Superior do Trabalho."

Significa que é desnecessário o prequestionamento em caso de *error in procedendo* do Regional nascido no próprio julgamento e em que, portanto, a violação da lei processual nasceu da inobservância das formalidades procedimentais do julgamento. Exemplos: **a)** a participação no julgamento de juiz impedido; **b)** publicação da pauta de julgamento sem a antecedência mínima de 48 horas (art. 552, § 1º, do Código de Processo Civil: "entre a data da publicação da pauta e a sessão de julgamento mediará, pelo menos, o espaço de quarenta e oito horas").

Nesses e em numerosos outros casos de inobservância das formalidades procedimentais do julgamento que provoca infração da lei processual, a violação do dispositivo da lei processual pode ser apontada de imediato no recurso de revista, sem necessidade de prévios embargos de declaração para prequestionamento.

Isso porque, insisto, nascendo a violação da lei processual no próprio julgamento, é prescindível o prequestionamento.

Logo, são desnecessários embargos de declaração para esse fim.

Por isso, em derradeira análise, para essa situação obviamente não se pode cogitar de "demonstração do prequestionamento".

3.4.2. Prequestionamento ficto de questão jurídica

Prequestionamento ficto é o que se alcança, no que tange à questão jurídica, mediante a singela oposição de embargos de declaração dirigidos ao Regional, ou seja, mediante a mera provocação dirigida ao Tribunal para exame de questão jurídica **não inovatória**!

Em suma: prequestionamento ficto é o que se obtém mediante mero questionamento!

Na hipótese de **questão jurídica** a respeito da qual o Regional **insiste** em **não** emitir **tese**, apesar de interpostos embargos de declaração, **a atual redação da Súmula n. 297**, item III, consagrou o entendimento de que o conteúdo dos embargos de declaração revela o prequestionamento no tópico em que o Tribunal **resiste**, injustificadamente, à outorga da prestação jurisdicional.

Nesse caso em que, por óbvio, **não se pode identificar** o prequestionamento no acórdão recorrido, correlata e logicamente também não se poderá exigir a demonstração do prequestionamento.

3.4.3. Alegação de preliminar de nulidade por negativa de prestação jurisdicional

Em caso de preliminar de nulidade por negativa de prestação jurisdicional, assentou a jurisprudência da SBDI-1 do TST que se atende à exigência legal de demonstração de prequestionamento mediante a transcrição nas razões do recurso de revista do teor dos embargos de declaração interpostos no Regional para suprir a omissão e da transcrição também do teor da decisão proferida nos embargos de declaração.

A nova redação do artigo 896, § 1º-A da CLT, aprovada na Câmara dos Deputados (Projeto de Lei n. 6.787, de 2016, da Reforma Trabalhista), consagra exatamente a aludida jurisprudência do TST.

Embora a nova Lei, a exemplo da jurisprudência da SBDI-1, não haja atentado para a particularidade dos casos de vício nascido no próprio julgamento e de prequestionamento ficto de questão jurídica, parece-me inquestionável e óbvio que, em tais casos, não há que cogitar de demonstrar o prequestionamento pela evidente razão de que em ambos não se exige prequestionamento.

Mesmo em casos como esses, nos quais o prequestionamento, em si, não seja exigível, reputo recomendável e prudente, diante da nova lei, embora não seja de rigor, que a parte alerte o relator e a Turma do Tribunal Superior do Trabalho para essa circunstância e justifique o porquê de não haver demonstração formal do prequestionamento, a fim de evitar eventual dissabor.

Em causa submetida ao procedimento **sumaríssimo**, se a sentença houver sido confirmada pelos seus próprios fundamentos, o prequestionamento da matéria pode ser aferido diretamente da sentença, em face da natureza simplificada do julgamento levado a cabo perante o Tribunal de origem (CLT, art. 895, § 1º, inciso IV).

Daí se segue que, sob tal rito, mantida a sentença por seus próprios fundamentos, incumbe à parte o ônus de provar o prequestionamento mediante transcrição nas razões recursais do trecho da sentença que o consubstancia.

Vê-se, assim, que agora, diante da nova lei, o prequestionamento, tema sempre arredio e tormentoso para as partes, deve ser objeto de preocupação ainda mais acentuada do advogado, após publicado o acórdão. Em linguagem figurada, grosso modo é como se houvesse exigência de matar a cobra e mostrar o pau...

4. IMPACTOS NO RECURSO DE REVISTA EM EXECUÇÃO

Uma das mais importantes inovações da nova Lei está na ampliação do espectro de cabimento do recurso de revista em execução. Até a vigência da Lei n. 13.015/2014, como se sabe, por força do disposto no § 2º do art. 896 da CLT e da Súmula 266 do Tribunal Superior do Trabalho, somente se admitia recurso de revista em execução "na hipótese de ofensa direta e literal de norma da Constituição Federal".

A nova lei fincou uma cunha nesse sistema ortodoxo e fechado, ao ampliar o cabimento do recurso de revista em execução nos termos do § 10 do art. 896 da CLT[5]:

> § 10. Cabe recurso de revista por **violação a lei federal**, por divergência jurisprudencial e **por ofensa à Constituição Federal** nas **execuções fiscais** e nas controvérsias da fase de execução que envolvam a Certidão Negativa de Débitos Trabalhistas (**CNDT**), criada pela Lei n. 12.440, de 7 de julho de 2011.

Conquanto polêmica a questão, penso que especificamente nesses dois casos justificava-se mesmo alargar a recorribilidade dos acórdãos dos Regionais.

No caso em particular da interpretação e aplicação da Lei da Certidão de Débitos Trabalhistas (Lei n. 12.440/2011), há muitos pontos de acentuada cizânia nos Regionais.

Ilustro com um exemplo. Indago: a empresa __responsável subsidiária__, segundo a sentença transitada em julgado, pode ser desde logo incluída no BNDT juntamente com a devedora principal, caso esta seja inadimplente?

A meu juízo, não.

Por quê? Porque a condição de responsável subsidiário **não** equivale à de **codevedor** ou de **coobrigado**. O responsável subsidiário é um terceiro rigorosamente alheio ao débito que, por força de lei, suporta a responsabilidade patrimonial por débito de outrem.

Vale dizer: responde com o patrimônio próprio por uma dívida que **não** é dele. __Somente se__ o devedor principal for inadimplente e o responsável subsidiário, a seu turno, intimado a cumprir a sentença, **não o fizer**, então sim pode-se cogitar da inclusão do responsável subsidiário no BNDT.

O tema, contudo, não é pacífico nos Regionais.

Ora, questões jurídicas desse jaez __não__ poderiam ser objeto de __decisões discrepantes e irrecorríveis__ dos Tribunais Regionais do Trabalho, pois isso desprestigiaria a Justiça do Trabalho ao permitir tratamento diferenciado do responsável subsidiário conforme a Região da Justiça do Trabalho.

No que concerne à execução fiscal promovida pela Justiça do Trabalho das multas administrativas impostas aos empregadores pelas autoridades do Ministério do Trabalho e Emprego, competência assegurada à Justiça do Trabalho pela EC n. 45/04 (art. 114, inciso VII, da Constituição Federal/88), penso que também não convinha manter a restrita recorribilidade do art. 896, § 2º.

Por quê?

Primeiro, porque se trata de uma execução de __título extrajudicial__ (certidão de dívida ativa) proposta pela União e, portanto, de um título que obviamente ainda **não** passou pelo crivo da Justiça. Necessário, pois, assegurar uma cognição legal e constitucional mais ampla às empresas atingidas por essas penalidades.

Segundo, porque há mesmo um interesse institucional do Tribunal Superior do Trabalho em uniformizar a interpretação da lei sobre essa matéria. Há muitas questões controvertidas que, a não ser assim, ficariam subtraídas à apreciação do Tribunal Superior do Trabalho, não obstante o dissenso jurisprudencial entre os Regionais. Por exemplo:

a) se se aplica à execução fiscal das multas administrativas a prescrição tributária (art. 174 do CTN);

b) em que medida pode haver, ou não, redirecionamento da execução fiscal para os sócios da empresa.

Não surpreende que a jurisprudência atual, notória e iterativa do Tribunal Superior do Trabalho (Turmas e SDI-1), sensível a essas e tantas outras delicadas questões, mesmo antes da Lei n. 13.015/2014, **já havia** assentado o entendimento de que, na execução fiscal, é admissível recurso de revista também por divergência jurisprudencial.

O novo § 10 do art. 896, como visto, ampliou ainda mais essa jurisprudência e a recorribilidade para

---

(5) O preceito não constava do anteprojeto de Lei aprovado pelo Tribunal Superior do Trabalho e tampouco do PL n. 2.214/2011: é fruto de emenda na Câmara dos Deputados.

admitir também o recurso de revista em execução por violação de lei federal.

A redação do § 10 do art. 896 da CLT, entretanto, peca pela atecnia, peca pela imprecisão e generalidade ao estatuir que cabe recurso de revista "por ofensa à Constituição Federal", em vez de rezar que cabe recurso de revista por "ofensa direta e literal de norma (dispositivo) da Constituição Federal" (§ 2º).

Diga-se o mesmo ao contemplar o cabimento de recurso de revista "por violação a lei federal". Certamente se quis dizer violação literal de **dispositivo** de lei federal.

Daí que, ao interpretar e aplicar o novo § 10 do art. 896, impõe-se que se adote a integração desse preceito de modo a harmonizá-lo com as normas similares do art. 896, *c*, e § 2º referentes à admissibilidade do recurso de revista em geral: cabe das decisões proferidas com violação literal de disposição de lei federal ou afronta direta e literal de norma da Constituição Federal.

Igualmente não explicita a lei em que consiste a divergência jurisprudencial apta a viabilizar o recurso de revista em execução nas modalidades previstas no § 10.

Também por um processo inafastável de integração da norma e de simetria com o sistema, impõe-se compreender a divergência jurisprudencial, para os efeitos do § 10, nos termos restritos em que está prevista no art. 896, *a* e § 6º, da CLT.

Em conclusão, cumpre ler o § 10 assim: nas execuções fiscais e nas controvérsias da fase de execução que envolvam a Certidão Negativa de Débitos Trabalhistas (CNDT), cabe recurso de revista por violação literal de disposição de lei federal, por afronta direta e literal de norma da Constituição Federal e por divergência jurisprudencial, compreendida esta na forma em que está disciplinada para o recurso de revista na fase de cognição no art. 896, *a* e § 6º, da CLT.

5. RECURSO DE REVISTA POR DIVERGÊNCIA JURISPRUDENCIAL

A atual redação do art. 896, *a*, da CLT, fruto da Lei n. 9.757/98, ao exigir o confronto de arestos oriundos de Tribunais **distintos**, para efeito de caracterização da divergência jurisprudencial em recurso de revista, representou um avanço tímido, mas insuficiente.

Com efeito. Persistiu a possibilidade de o TST uniformizar a jurisprudência **interna** do Regional no caso de a parte louvar-se de aresto paradigma de "outro Tribunal" que retratasse tese **vencida** ou controvertida e não pacificada na Corte.

A Lei n. 13.015/2014 buscou superar a aludida distorção e tal constituiu, a meu sentir, uma de suas mais importantes inovações.

Preceitua o novo § 6º do art. 896 da CLT que, após o julgamento do Incidente de Uniformização de Jurisprudência (*vide infra* n. 6), "**unicamente** a súmula regional ou a tese jurídica prevalecente no Tribunal Regional do Trabalho e não conflitante com súmula ou orientação jurisprudencial do Tribunal Superior do Trabalho servirá como **paradigma** para viabilizar o conhecimento do recurso de revista, por divergência".

É esse preceito legal que, ao corrigir a apontada e grave distorção do sistema anterior, definitivamente afasta o Tribunal Superior do Trabalho do papel impróprio de uniformizar a jurisprudência **interna** dos Regionais mediante o recurso de revista por divergência.

Pela sistemática do novo § 6º do art. 896 da CLT, não basta que o aresto seja específico e oriundo de outro Tribunal. Se, julgado Incidente de Uniformização de Jurisprudência, sobrevém súmula ou tese jurídica prevalecente no Regional, emanada do Pleno ou do Órgão Especial e **não conflitante** com súmula ou Orientação Jurisprudencial do Tribunal Superior do Trabalho, **unicamente ela** presta-se à configuração de divergência jurisprudencial destinada a propiciar o conhecimento do recurso de revista.

Sob o sistema do novel § 6º do art. 896 da CLT, por conseguinte, não é mais idôneo, para caracterização do dissenso jurisprudencial, um aresto, mesmo específico e de outro TRT, que **não** exprima com fidelidade o pensamento predominante na Corte sobre a questão jurídica após a decisão uniformizadora.

Como corolário ou consequência lógica, decisão posterior, em outro processo, de Turma ou outro órgão fracionário do próprio Regional, que acaso contrariar a decisão uniformizadora, tomada no Incidente de Uniformização de Jurisprudência, não se prestará a constituir divergência apta para viabilizar o conhecimento de recurso de revista por divergência.

De sorte que, com referência a **casos futuros** no mesmo Regional sobre o mesmo tema, aresto emanado de Turma "rebelde" ou outro órgão fracionário "renitente" que **não** encampar a tese jurídica prevalecente, já adotada em anterior Incidente de Uniformização de Jurisprudência, além de ensejar um novo Incidente de Uniformização de Jurisprudência, é inidôneo como paradigma para viabilizar o conhecimento de recurso de revista, por divergência jurisprudencial.

5.1. Comprovação da divergência jurisprudencial

Outra inovação trazida pela Lei está na **forma de comprovação** da divergência jurisprudencial para propiciar o conhecimento do recurso de revista. À semelhança do art. 1.029, § 1º, do Código de Processo Civil de 2015 referente ao recurso extraordinário e ao recurso especial, o novo § 8º do art. 896 da CLT reza o seguinte:

> § 8º Quando o recurso fundar-se em dissenso de julgados, incumbe ao recorrente o ônus de produzir **prova da divergência jurisprudencial**, mediante certidão, cópia ou citação do **repositório de jurisprudência, oficial ou credenciado, inclusive em mídia eletrônica**, em que houver sido publicada a decisão divergente, <u>ou</u> ainda pela reprodução de julgado disponível **na internet**, com indicação da respectiva fonte, **mencionando, em qualquer caso, as circunstâncias que identifiquem ou assemelhem os casos confrontados**.

Como se sabe, a Súmula n. 337 do Tribunal Superior do Trabalho **detalha** as formas de comprovação da divergência jurisprudencial:

1ª) se a divergência transparecer da própria <u>ementa</u> (maioria dos casos), basta que se indique a **fonte oficial** (hoje Diário Eletrônico da Justiça do Trabalho) <u>ou</u> o repositório **autorizado** em que foi publicada;

2ª) se a divergência está em <u>trecho</u> da <u>fundamentação</u> de outro aresto, a comprovação da divergência dá-se mediante a juntada ou a exibição de "certidão ou cópia autenticada do inteiro teor do acórdão paradigma";

3ª) uma <u>terceira forma</u> de comprovação da divergência jurisprudencial, hoje aceita pelo Tribunal Superior do Trabalho, conforme item IV da Súmula n. 337: aresto extraído de "repositório <u>oficial</u> na internet", mediante impressão; ou seja, extraído dos sítios eletrônicos do Tribunal Superior do Trabalho e dos Tribunais Regionais do Trabalho na Internet.

A Súmula n. 337 do TST, porém, silencia quanto à possibilidade de extrair-se o aresto divergente dos sítios eletrônicos dos repositórios credenciados pelo Tribunal Superior do Trabalho, sítios que, evidentemente, não são oficiais.

Sucede que agora a Lei é expressa: também se pode extrair o aresto de **repositório de jurisprudência, oficial ou credenciado, inclusive em mídia eletrônica**, mediante impressão.

Ato da Presidência do Tribunal Superior do Trabalho (651/2009), desde 2009, admite páginas em portais da Rede Mundial de Computadores como repositórios autorizados de jurisprudência.

De momento, há repositórios **eletrônicos** de algumas empresas autorizados pelo Tribunal Superior do Trabalho. Segundo a nova lei, o aresto divergente **também** pode ser extraído e impresso mediante acesso ao portal dessas empresas na internet.

Em consequência, entendo que a Súmula n. 337 do TST precisará adaptar-se ao novo § 8º do art. 896 da CLT. Não subsiste mais a restrição ali prevista consistente em reconhecer apenas aresto extraído de "repositório <u>oficial</u> na internet".

Por outro lado, a comprovação da existência da súmula regional <u>ou</u> da tese jurídica prevalecente no Tribunal Regional do Trabalho e não conflitante com súmula ou orientação jurisprudencial do Tribunal Superior do Trabalho, para caracterizar o dissenso de julgados a que alude o art. 896, *a*, da CLT, ou para provocar Incidente de Uniformização de Jurisprudência, deve dar-se mediante regular demonstração da sua fonte de publicação.

6. INCIDENTE DE UNIFORMIZAÇÃO DE JURISPRUDÊNCIA

Desde 1998, a Lei n. 9.756/98 determinou (art. 896, § 3º, da CLT) aos TRTs que, "obrigatoriamente", promovam a uniformização da respectiva jurisprudência, mediante o incidente disciplinado então no art. 476 e segs. do CPC de 1973.

De um modo geral, contudo, a lei não foi cumprida, por inúmeras razões. Eis algumas: **a)** era mais cômodo deixar ao TST a tarefa de uniformizar a jurisprudência interna dos TRTs, no recurso de revista por divergência; **b)** o disciplinamento normativo do IUJ, estritamente no CPC, era insatisfatório, em especial ao não contemplar mecanismos de estímulo à uniformização e de coerção para a suscitação desse incidente.

A Lei n. 13.015/2014, além de reafirmar a obrigatoriedade, incorporou normas ao art. 896 da CLT mediante as quais passou a regular de forma mais vigorosa e eficaz o Incidente de Uniformização de Jurisprudência no âmbito dos TRTs.

Sobreleva destacar, por exemplo, que a decisão proferida no Incidente de Uniformização de Jurisprudência passou a surtir efeitos relevantes no conhecimento, ou não, do recurso de revista por divergência.

Assim rezam os novos parágrafos do art. 896 da CLT, com as alterações introduzidas neste passo pela Lei n. 13.015/2014:

> Art. 896.
> [...]
> § 3º Os Tribunais Regionais do Trabalho procederão, **obrigatoriamente**, à **uniformização de sua jurisprudência** e aplicarão, nas causas da competência da Justiça do Trabalho, no que couber, o **incidente de uniformização de jurisprudência** previsto nos termos do Capítulo I do Título IX do

Livro I da Lei n. 5.869, de 11 de janeiro de 1973 (Código de Processo Civil).

§ 4º Ao constatar, **de ofício ou mediante provocação de qualquer das partes ou do Ministério Público do Trabalho**, a existência de **decisões atuais e conflitantes no âmbito do mesmo Tribunal Regional do Trabalho** sobre o tema objeto de recurso de revista, o **Tribunal Superior do Trabalho** determinará o retorno dos autos à Corte de origem, a fim de que proceda à uniformização da jurisprudência.

§ 5º A providência a que se refere o § 4º **deverá ser determinada pelo Presidente do Tribunal Regional do Trabalho**, ao emitir juízo de admissibilidade sobre o recurso de revista, **ou pelo Ministro Relator**, mediante decisões irrecorríveis.

§ 6º **Após o julgamento do incidente** a que se refere o § 3º, **unicamente a súmula regional ou a tese jurídica prevalecente** no Tribunal Regional do Trabalho e **não** conflitante com súmula ou orientação jurisprudencial do Tribunal Superior do Trabalho servirá como **paradigma** para viabilizar o conhecimento do recurso de revista, por divergência.

Conforme se nota, o Incidente de Uniformização de Jurisprudência cabível nos TRTs **obedecia** às normas e ao procedimento dos arts. 476 e seguintes do Código de Processo Civil de 1973 (§ 3º do art. 896).

Como se recorda, o Incidente de Uniformização de Jurisprudência, nos termos em que regulado no Código de Processo Civil anterior, **cabia** em dois casos:

1º) quando **já consumada a divergência**; era o caso de divergência **preexistente** de julgados entre Turmas, a que aludia o art. 476, inciso II, do CPC/73; o dissenso de julgados no TRT precedia, pois, o julgamento a ser levado a cabo sobre a mesma matéria na Corte;

2º) quando fosse **iminente** ocorrer divergência de julgados entre os órgãos fracionários do Tribunal ("ocorre divergência", na dicção legal do antigo art. 476, I); era o caso de divergência potencial (iminente!), constatável, por óbvio, após colhidos os votos dos membros da Turma e antes de proclamado o resultado do julgamento.

O novo § 4º do art. 896 da CLT, com a redação da Lei n. 13.015/2014, passou a **admitir** o que seria um **terceiro caso de cabimento** de Incidente de Uniformização de Jurisprudência nos Regionais, **ou** de variante de cabimento do Incidente de Uniformização de Jurisprudência: quando, após o julgamento do TRT, verificar-se que **persiste** a divergência interna sobre determinada questão jurídica. Mais precisamente: segundo a disposição legal, cabe o aludido IUJ na hipótese de o Tribunal Superior do Trabalho constatar "a existência de decisões atuais e conflitantes no âmbito do mesmo Tribunal Regional do Trabalho sobre o tema objeto de recurso de revista".

O referido IUJ "da CLT" surgiu essencialmente para superar a grave distorção do sistema anterior, em virtude da qual o Tribunal Superior do Trabalho **não** apenas uniformizava e uniformiza a jurisprudência **entre** Regionais, mas igualmente uniformizava a jurisprudência **interna** dos TRTs.

Tal se dava em face de a CLT, anteriormente à Lei n. 13.015/2014, não impor qualquer restrição ao conhecimento de um recurso de revista por divergência com base em um aresto de outro Tribunal que **não** refletisse a posição majoritária ou dominante na Corte, ou que espelhasse apenas o entendimento de uma das correntes jurisprudenciais do Regional.

Sucede, todavia, que o CPC de 2015 trouxe **duas** inovações sumamente importantes neste passo.

De um lado, revogou as normas que disciplinavam o cabimento e o procedimento do IUJ, que, portanto, não tem mais lugar na sistemática do atual CPC.

De outro lado, engendrou um novo instituto para substituir o IUJ, com maior racionalidade e eficiência: o Incidente de Resolução de Demandas Repetitivas (IRDR), cabível nos Tribunais Regionais em caso de multiplicidade de processos em que haja controvérsia sobre determinada questão jurídica, suscetível de comprometer a segurança jurídica e de pôr em risco a isonomia de tratamento às partes (CPC, arts. 976 e segs.). Instituto-chave e coqueluche do CPC de 2015, o IRDR é um procedimento de racionalização e de gestão no julgamento de causas de massa, a exemplo do análogo Incidente de Recursos Repetitivos, cabível no STJ e no TST. O IRDR, plenamente aplicável no processo do trabalho (Instrução Normativa n. 39 do TST, art. 8º), em essência, destina-se à emissão de uma decisão pelo Regional que sirva como **precedente vinculante** para o julgamento dos demais processos na Região onde haja controvérsia sobre a mesma questão jurídica. Caso não acatado o precedente fixado no IRDR, caberá reclamação para o próprio Regional (CPC, art. 985, § 1º).

Resta saber se ainda subsiste o IUJ "da CLT", de que cuidam as normas dos §§ 4º, 5º e 6º do art. 896, ante a ausência agora, sob o CPC de 2015, de procedimento traçado em lei para a sua instauração.

A meu sentir, subsiste o IUJ "da CLT" porquanto as normas dos §§ 4º, 5º e 6º do art. 896, com a redação da Lei n. 13.015/2014, não foram revogadas nem expressa, nem tacitamente. A simples ausência de rito previsto em lei não é o bastante para que se tenha por derrogado o instituto. Compete a cada TRT suprir a lacuna e disciplinar o rito do IUD "da CLT" no respectivo Regimento Interno.

Entendo, ademais, que o novo IRDR não absorveu o IUJ ainda contemplado na CLT. Conquanto guardem semelhanças evidentes, mormente ante o escopo comum de uniformização da jurisprudência, os institutos em apreço têm pressupostos distintos e a decisão neles proferida, ao firmar tese sobre a questão controvertida, produz consequências jurídicas diversas.

De sorte que, no processo do trabalho, diversamente do que se passa hoje no plano do processo civil, ainda continua cabível o IUJ "da CLT" nos Tribunais Regionais do Trabalho, sob o rito regulado nos respectivos regimentos internos, sem prejuízo do cabimento em tese também do IRDR, se for o caso (p. ex., controvérsia identificada apenas em varas do trabalho sobre determinada questão jurídica).

6.1. Objetivo do incidente de uniformização de jurisprudência

Como sugere a própria denominação do instituto, o objetivo **imediato** do incidente de uniformização de jurisprudência é uniformizar a orientação jurisprudencial da Corte sobre determinada **questão jurídica** sempre que **presente ou persistente** dissenso jurisprudencial no âmbito do próprio Tribunal Regional do Trabalho.

Está claro que decisões divergentes entre seus órgãos fracionários depõem mal contra os Tribunais. Conforme bem pondera o prof. Luiz Edson Fachin, "a jurisprudência, pois, não merece tal nome se variar ao sabor das percepções pessoais momentâneas" ("Segurança Jurídica entre ouriços e raposas".)

Logo, sempre que configurada **disceptação** jurisprudencial interna, convém que se suscite o incidente para que o órgão de cúpula local uniformize o entendimento da Corte: aprove súmula ou fixe, enfim, a tese jurídica prevalecente pela qual há de pautar-se a Turma no caso concreto e, idealmente, todos os órgãos fracionários da Corte nos casos futuros.

Daí se segue que o escopo **mediato** da lei é compelir os Regionais a que harmonizem e uniformizem a jurisprudência interna, de tal modo que, após, somente a súmula ou a tese jurídica prevalecente, representativa do entendimento majoritário de toda a Corte, sirva de paradigma para viabilizar o conhecimento do recurso de revista por divergência (ainda assim **se** não contrariar a jurisprudência sumulada do Tribunal Superior do Trabalho).

6.2. Objeto

O Incidente de Uniformização de Jurisprudência tem por objeto, em princípio, determinada **questão jurídica** controvertida: não tem por objeto o acertamento de **fatos** controvertidos. É o que se impõe por dois fundamentos: primeiro, porque é pressuposto do IUJ precisamente a controvérsia na **interpretação do direito**, sobre o que, aliás, era expresso o art. 476 do Código de Processo Civil de 1973; segundo, por aplicação analógica e supletiva do art. 976, inciso I, do CPC de 2015, a propósito do IRDR, instituto irmão siamês.

Daí se segue que, a meu sentir, não é cabível a instauração de IUJ em caso de controvérsias tipicamente acerca de **fatos**. Por exemplo, em princípio, não cabe relativamente aos **fatos** de uma justa causa, ou para acertamento dos **fatos** concernentes a uma relação de emprego. Penso, contudo, que, excepcionalmente, seja cabível IUJ a propósito da **qualificação jurídica de fatos**. Assim, mesmo no caso de justa causa, se a controvérsia é **jurídica**, a exemplo da observância do princípio da isonomia na despedida de uns e não de outros, não há por que se descartar o IUJ frente a julgados discrepantes no TRT. Da mesma forma no caso de caracterização de relação de emprego, se, em face da **mesma situação fática**, a controvérsia é **jurídica** e consistente em se equacionar se o reclamante é empregado ou representante comercial autônomo.

6.3. Cabimento do IUJ

O Incidente de Uniformização de Jurisprudência, nos termos em que regulado na CLT, cabe se **persistem** julgados dissonantes no TRT sobre determinada questão jurídica, de direito material ou de direito processual. É o que se dá na hipótese de o Tribunal Superior do Trabalho, ao apreciar recurso de revista, constatar "a existência de decisões atuais e conflitantes no âmbito do mesmo Tribunal Regional do Trabalho sobre o tema objeto de recurso de revista". Vale dizer: cabe em caso de constatação ou comprovação de decisões atuais e conflitantes no Regional, **após** o julgamento de um caso concreto no Regional.

Em semelhante circunstância, reza a lei, o TST, de ofício ou mediante provocação, determinará o retorno dos autos à Corte de origem, a fim de que o TRT proceda à uniformização da jurisprudência. Impõe-se, assim, a suspensão do julgamento do processo.

6.4. Legitimados

Para suscitar o Incidente de Uniformização de Jurisprudência "da CLT", é o seguinte o círculo dos legitimados:

a) o Presidente do Tribunal Regional do Trabalho, ao emitir juízo de admissibilidade sobre o recurso de revista, ou o Ministro Relator, ambos mediante decisões irrecorríveis (§ 5º do art. 896 da CLT);

b) qualquer das partes, ou o órgão do Ministério Público do Trabalho, sem prejuízo da atuação de ofício da Turma do Tribunal Superior do Trabalho (§ 4º do art. 896 da CLT).

6.5. Momento próprio para suscitação

Questão importante é o **momento oportuno** para os legitimados suscitarem o incidente de uniformização de jurisprudência. A lei não esclarece esse ponto explicitamente, como se sabe.

Penso que se infere da lei o seguinte:

a) o IUJ pode ser provocado **de ofício**: pelo Ministro Relator, a qualquer momento antes do julgamento, mediante decisão irrecorrível, **ou** até o momento de proferir voto em sessão, **ou** enquanto não proclamado o resultado do julgamento; igualmente poderá fazê-lo qualquer componente da Turma competente do Tribunal Superior do Trabalho no momento de proferir voto **ou** enquanto não proclamado o resultado do julgamento; **nunca**, porém, após julgado o recurso de revista, mesmo em embargos de declaração, pois tal pressuporia o desfazimento da decisão da Turma, para o que não haveria amparo legal;

b) o Ministério Público do Trabalho poderá fazê-lo até o início da sessão ou mesmo no curso do julgamento da Turma do Tribunal Superior do Trabalho;

c) já as **partes** poderão fazê-lo nas contrarrazões ao recurso de revista **ou** mediante petição avulsa dirigida à Turma do Tribunal Superior do Trabalho, e/ou ao Relator, até a proclamação do resultado do julgamento do recurso de revista e, assim, inclusive no curso do julgamento; nunca depois, que se terá operado a preclusão.

O momento próprio para suscitação do IUJ é questão que se reveste de muita relevância e pertinência porque o Regimento Interno de alguns Regionais[6] e o do próprio TST precisará ser adaptado à nova lei.

De todo modo, a postulação para se instaurar IUJ haverá de ser sempre dirigida fundamentadamente, ou seja, mediante petição bem instruída em que se demonstre o dissenso de julgados.

6.6. Competência funcional para o incidente de uniformização de jurisprudência

A competência funcional é do Pleno ou do Órgão Especial do Tribunal Regional do Trabalho que lhe fizer as vezes, consoante dispuser o respectivo Regimento Interno.

O procedimento do Incidente de Uniformização de Jurisprudência, a exemplo do controle difuso (incidental) de inconstitucionalidade de lei, acarreta uma curiosa **cisão da competência funcional** para julgar a causa ou o recurso.

Como se sabe, a competência funcional é a que se fixa levando em consideração as diversas funções que, no curso de **um mesmo processo**, tocam a **distintos órgãos**.

Uma das modalidades de competência funcional é a competência funcional por fases do processo, isto é, por etapa do procedimento.

Essa modalidade de competência funcional dá-se, no dizer de VICENTE GRECO FILHO, "quando numa única decisão atuam dois órgãos jurisdicionais, cada um competente para certa parte do julgamento".

Ensina, a propósito, o Prof. JOSÉ CARLOS BARBOSA MOREIRA que, nesses casos, em virtude da sua natureza, há um julgamento *per saltum*, ou seja, o recurso ou a causa é julgado por **dois órgãos distintos**, cada qual sobre um aspecto da matéria, de tal modo que a decisão é subjetivamente complexa.

Quer dizer: a exemplo do que sucede no controle incidental de inconstitucionalidade, **o julgamento desmembra-se em dois**. Suscitado e admitido Incidente de Uniformização de Jurisprudência por um dos legitimados, compete ao Pleno ou ao Órgão Especial, se conhecer do IUJ, aprovar, se for o caso, a Súmula regional ou fixar a tese jurídica prevalecente; sucessivamente, compete à Turma do Regional retomar o julgamento do recurso ordinário ou do agravo de petição e aplicar a tese jurídica ao caso concreto, dando ou negando provimento ao recurso.

Observe-se que cada órgão decide uma parte, ou um capítulo do julgamento. A decisão, a final, é substancialmente una: atuam, portanto, dois órgãos sucessivamente na tomada de decisão, cada qual funcionalmente competente para certo capítulo do julgamento.

A perfeita delimitação do âmbito de competência funcional de cada órgão, na espécie, revela-se sobremodo importante porquanto tem vinculação com a recorribilidade da decisão. Somente é impugnável, em tese, mediante recurso de revista, o acórdão turmário (*vide* a seguir item 6.7.1).

6.7. Efeitos do julgamento do IUJ

Do julgamento do Incidente de Uniformização levado a cabo no Tribunal Regional do Trabalho, resultam

---

(6) Por exemplo: o art. 96, parágrafo único, do RI do TRT da 9ª Região prevê que o incidente suscitado pela parte somente será conhecido se o pedido for apresentado até a publicação da pauta (art. 96, parágrafo único), norma francamente **ilegal**.

ou podem resultar numerosas consequências jurídicas, dentre as quais se destacam:

a) irrecorribilidade do acórdão do Pleno ou do Órgão Especial que julga o IUJ;

b) a possível aprovação de súmula regional ou a fixação de tese jurídica prevalecente não sumulada (se não houver maioria qualificada para aprovação de súmula);

c) impactos na admissibilidade do recurso de revista, por divergência.

Examino a seguir essas consequências jurídicas.

6.7.1. Irrecorribilidade do acórdão que julga o IUJ

A competência funcional do Pleno ou do Órgão Especial, ao conhecer de IUJ e julgar-lhe o mérito, cinge-se a interpretar a lei e a fixar a tese jurídica vitoriosa. Portanto, julgado o Incidente de Uniformização de Jurisprudência, obrigatoriamente retornam os autos à Turma que, então, será constrangida a julgar o recurso ordinário ou agravo de petição em estrita conformidade com a decisão no IUJ. O Pleno ou o Órgão Especial não julga o caso concreto, para o que lhe falece competência funcional.

O acórdão que julga o incidente no Regional **não é** atacável diretamente por recurso de revista: somente comporta embargos de declaração.

É o que se infere do art. 896, *caput*, da CLT, segundo o qual, em tese, cabe recurso de revista de acórdão de Turma que julga recurso ordinário no TRT ou acórdão de Turma ou de outro órgão fracionário que julga agravo de petição. No caso, obviamente o Pleno ou o Órgão Especial não julga nem o recurso ordinário, nem o agravo de petição.

Ademais, aplica-se analogicamente a Súmula n. 513 do STF:

> A decisão que enseja a interposição de recurso ordinário ou extraordinário não é a do plenário, que resolve o incidente de inconstitucionalidade, mas a do órgão que completa o julgamento do feito.

Unicamente do acórdão proferido pela Turma que julga o recurso ordinário no TRT ou do acórdão de Turma ou de outro órgão fracionário que julga o agravo de petição cabe, em tese, recurso de revista.

Caso se cuide de nova decisão uniformizadora do Pleno ou do Órgão Especial, em face de novo IUJ, de modo a que haja também nova e superveniente decisão de mérito da Turma do Regional, após rejulgar o recurso ordinário ou o agravo de petição, penso que se renova o prazo do recurso de revista para a parte vencida impugnar o novo acórdão turmário regional.

6.7.2. Súmula regional

Um efeito possível do julgamento do Incidente de Uniformização de Jurisprudência, mas não necessário, é culminar na edição de uma súmula regional da jurisprudência da Corte (Código de Processo Civil, art. 479), se aprovada por **maioria absoluta**[7] dos membros do Tribunal.

Editada súmula regional não conflitante com súmula ou OJ do TST, dali por diante tão somente ela poderá servir de confronto com acórdão de outro TRT para viabilizar o conhecimento de recurso de revista por divergência (art. 896, § 6º, da CLT).

Está claro que, na solução do Incidente de Uniformização de Jurisprudência, o Regional é livre para encampar a tese jurídica que lhe parecer de direito, em princípio. Se discrepar, contudo, de Súmula do Tribunal Superior do Trabalho ou de Orientação Jurisprudencial do TST, a súmula regional **será inócua e inservível** como precedente, em casos futuros, para viabilizar o conhecimento de recurso de revista por divergência.

Segundo a lei, caso não se alcance maioria absoluta de votos convergentes para ensejar a edição de súmula regional, a maioria simples pode firmar a tese jurídica prevalecente no Tribunal que, se não conflitar com súmula do Tribunal Superior do Trabalho, dali por diante igualmente servirá como único paradigma do Regional para propiciar o conhecimento de recurso de revista por divergência (art. 896, § 6º).

Como se percebe, reserva a lei funções sobremodo relevantes à **sumula regional ou à tese jurídica prevalecente**:

a) de um lado, porque compete aos Tribunais Regionais do Trabalho a interpretação **definitiva** de **norma regional** (art. 896, *b*, da CLT, *a contrario sensu*)[8];

---

(7) O conceito de maioria absoluta não corresponde ao de "metade mais um" dos membros do órgão, como se costuma afirmar, pois não explica adequadamente essa votação qualificada no caso de ser ímpar a composição efetiva do órgão. Maioria absoluta é a que se alcança com votos convergentes correspondentes, no mínimo, ao número inteiro imediatamente superior à metade dos membros efetivos do órgão competente.

(8) Lembro que na **interpretação de norma regional**, isto é, de um mesmo dispositivo de lei estadual, Convenção Coletiva de Trabalho, Acordo Coletivo, sentença normativa ou regulamento empresarial de observância obrigatória em área territorial que não exceda a

b) de outro lado, porque, mesmo na interpretação da lei **federal**, como vimos, <u>se</u> **não** contrariar Súmula ou Orientação Jurisprudencial do Tribunal Superior do Trabalho, **unicamente** a súmula regional **ou** tese jurídica prevalecente servirá para confronto em recurso de revista por divergência. Significa, pois, que mesmo na interpretação da lei federal, **avulta o papel da súmula regional e da tese jurídica prevalecente no TRT** porque podem influir na admissibilidade, ou não, do recurso de revista, por divergência.

À vista dessas funções relevantíssimas, é de surpreender a relativamente escassa adoção de súmula regional até aqui, panorama que começa a reverter em virtude dos mecanismos de estímulo da Lei n. 13.015/2014 e da constante iniciativa dos Ministros do TST de suscitar IUJ junto aos Regionais para homogeneização da jurisprudência interna em centenas de temas.

Impende sublinhar, porém, que a decisão do Pleno ou do Órgão Especial, ainda que se traduza na edição de súmula regional ou tese jurídica prevalecente, tem caráter vinculante apenas no caso concreto, segundo o entendimento doutrinário e jurisprudencial dominante e mais prestigioso. Por conseguinte, vincula a Turma ou outro órgão fracionário do Regional apenas no caso sob exame.

Importa dizer, *a contrario sensu*, que, tecnicamente, mesmo a súmula regional **não vincula** os órgãos fracionários do próprio Tribunal em outros **casos futuros**, à falta de amparo legal. Neste passo, aliás, sobreleva a superioridade do IRDR, em confronto com o IUJ, pois rende ensejo, como visto, à criação de um precedente sobre a tese jurídica firmada, dotado de força obrigatória na Região, sob pena de a decisão que não o acatar sujeitar-se à cassação no próprio Regional, mediante reclamação (CPC de 2015, arts. 988, inciso IV, e 985, § 1º) e à própria declaração de nulidade, em recurso, por falta de fundamentação (CPC, art. 489, inciso VI combinado com o art. 15, inciso I, alínea *b* da IN n. 39/2016 do TST).

Forçoso convir, no entanto, que, embora não seja compulsória, **em casos futuros**, a aplicação da Súmula regional <u>ou</u> da tese jurídica prevalecente, é conveniente e desejável para a segurança e prestígio das decisões judiciais.

Claro que, idealmente, após a decisão do Pleno ou Órgão Especial, não se justifica que a Turma do Regional mantenha-se renitente à jurisprudência dominante na própria Corte.

Patente que o objetivo do Incidente de Uniformização de Jurisprudência é proporcionar uma exegese que dê certeza aos jurisdicionados acerca de questões jurídicas polêmicas, uma vez que ninguém fica seguro de seu direito em face de uma jurisprudência oscilante e incerta.

Aliás, é dever primacial da Justiça e, sobretudo, dos tribunais transmitir segurança jurídica aos jurisdicionados, o que não se atinge se um órgão fracionário relutar em acatar o posicionamento prevalecente na própria Corte.

A propósito, cumpre não olvidar o que dispõe o art. 926 do CPC de 2015, plenamente aplicável ao processo do trabalho:

> "Art. 926: Os tribunais devem uniformizar sua jurisprudência e mantê-la estável, íntegra e coerente".

Bem se compreende que a Turma ou determinado Desembargador ou Juiz mantenha a sua convicção contrária à tese jurídica consagrada no próprio Tribunal e até mesmo ressalve entendimento divergente. Não se justifica, contudo, a meu sentir, que deixe de aplicá-la ao caso concreto. Se deixar de aplicá-la, prestará um desserviço à sociedade e conspirará contra si próprio e o próprio TRT, na medida em que a recusa em aplicar em casos futuros a tese predominante, sumulada ou não, poderá provocar novos incidentes de uniformização acerca do mesmo tema, o que já se observa, de resto, em alguns Regionais (*vide infra*, item 6.9, questão 2).

6.7.3. Efeitos no conhecimento do recurso de revista por divergência (CLT, art. 896, § 6º). Caso concreto e casos futuros

A decisão do Pleno ou do Órgão Especial do Regional que julga o Incidente de Uniformização de Jurisprudência produz **impactos profundos no âmbito do Regional** e, em especial, na admissibilidade do recurso de revista por divergência.

A rigor, são concebíveis <u>**duas situações**</u>:

a) <u>ou</u> o Regional uniformiza e abraça tese jurídica **não conflitante** com súmula ou Orientação Jurisprudencial do Tribunal Superior do Trabalho;

b) <u>ou</u>, ao contrário, o Regional uniformiza e adota tese **contrária** à súmula ou Orientação Jurisprudencial do Tribunal Superior do Trabalho.

---

jurisdição do Tribunal Regional prolator da decisão recorrida, como se sabe, **o Regional dá a última palavra** e, como é natural, decisões divergentes entre seus órgãos fracionários depõem mal contra a Justiça do Trabalho.

Analiso a seguir em que medida cada uma dessas decisões influi na admissibilidade do recurso de revista.

6.7.4. Efeitos de decisão no IUJ não conflitante com súmula ou Orientação Jurisprudencial do Tribunal Superior do Trabalho

Penso que os principais impactos dessa decisão são os seguintes:

Primeiro: no julgamento do **caso concreto** em que se suscitou o IUJ, a decisão do Pleno ou do Órgão Especial que interpreta o direito e fixa a tese jurídica é de acatamento obrigatório, conforme já se expôs; assim, retornam os autos à Turma para aplicação da tese vitoriosa no Pleno ou no Órgão Especial.

Segundo: haverá impacto futuro na admissibilidade do recurso de revista por divergência, em virtude do que passou a estatuir o § 6º do art. 896 da CLT.

Dispõe a nova Lei que, após o julgamento do incidente, "unicamente a súmula regional ou a tese jurídica prevalecente no Tribunal Regional do Trabalho e não conflitante com súmula ou orientação jurisprudencial do Tribunal Superior do Trabalho servirá como paradigma para viabilizar o conhecimento do recurso de revista, por divergência".

Daí se segue, insisto, que, se há súmula ou tese jurídica prevalecente no Regional, emanada do Pleno ou do Órgão Especial e **não** conflitante com súmula ou Orientação Jurisprudencial do Tribunal Superior do Trabalho, tão somente ela se presta à configuração do dissenso jurisprudencial destinado a ensejar o conhecimento do recurso de revista.

Um exemplo bem prático pode aclarar o que venho de afirmar.

Suponha-se o caso do Tribunal Regional do Trabalho da 1ª Região que, após incidente de uniformização, aprovou a Súmula n. 42: "Cobrança de metas. Dano moral. Inexistência. A cobrança de metas está inserida no poder de comando do empregador, não configurando assédio moral, desde que respeitada a dignidade do trabalhador".

Não conflitante com súmula do Tribunal Superior do Trabalho, não há dúvida de que é súmula válida para servir como **paradigma** de recurso de revista por divergência. Ela, e unicamente ela, representa o pensamento do TRT da 1ª Região sobre a matéria. Logo, tão somente a aludida súmula pode ser confrontada com aresto de outro TRT em recurso de revista por divergência.

Imagine-se, porém, que, posteriormente, em outro processo, uma Turma "renitente" do TRT da 1ª Região, ao julgar um recurso ordinário, decida de forma diametralmente oposta: a cobrança de metas configura dano moral.

Diante dessa indesejável mas possível decisão refratária à jurisprudência predominante na Corte, é de indagar-se: que providências pode tomar a parte interessada?

Primeiro: parece-me claro que pode ser suscitado **novo incidente** de uniformização para que o Pleno do Regional **reafirme** a tese da Súmula e **casse** o acórdão turmário que decidiu contra. A lei não limita o número de IUJ e é do interesse público que, enquanto subsistir a disceptação de julgados na Corte, novos esforços sejam encetados rumo à uniformização de jurisprudência.

Segundo: se novo IUJ não for suscitado e, por conseguinte, prevalecer essa decisão da Turma "renitente", penso que tal acórdão destoante da jurisprudência dominante local não se prestará a cotejo com outro em futuro recurso de revista, por divergência jurisprudencial, de quem quer que seja.

Suponha-se, todavia, que, em futuro recurso de revista, inadvertidamente, haja a utilização de tal aresto em que se abraça, repiso, tese **contrária** à jurisprudência uniformizada do Regional. Quais os desdobramentos concebíveis dessa utilização?

Entendo que podemos divisar basicamente **dois cenários**:

1º) não conhecimento do recurso de revista, por divergência jurisprudencial, **se** o Tribunal Superior do Trabalho, de ofício, ou provocado, constatar que sobre o tema há súmula anterior no Regional, **ou** que há outra tese jurídica prevalecente no Regional, fixada em Incidente de Uniformização de Jurisprudência anterior; a parte adversa, por exemplo, pode comprovar, perante o Presidente do Regional ou perante o Relator na Turma do Tribunal Superior do Trabalho, que, no caso concreto, o aresto indicado como paradigma é inservível; parece-me claro que o **suposto lógico** para essa solução é o Tribunal Superior do Trabalho **não** ser convencido, até o julgamento do recurso de revista, de que **persistem** decisões atuais e conflitantes;

2º) o outro cenário concebível é a suscitação de novo Incidente de Uniformização de Jurisprudência no âmbito do Regional, por determinação do Presidente do Regional ou do Ministro Relator no Tribunal Superior do Trabalho, caso se demonstre que persistem decisões atuais e conflitantes no Regional sobre a questão jurídica (§§ 4º e 5º do art. 896 da CLT).

Entendo que a suscitação de novo IUJ pode ocorrer por provocação de qualquer das partes, inclusive da parte que se socorreu, inadvertidamente, do aresto imprestável para o fim colimado. De modo que o próprio Recorrente, ao dar-se conta de que perseveram decisões atuais e conflitantes no Regional sobre o tema, pode comprovar que subsiste a discrepância de julgados e provocar um novo Incidente de Uniformização de Jurisprudência, o que justificaria determinar o retorno dos autos ao Regional para novo Incidente de Uniformização de Jurisprudência, nos termos do § 4º do art. 896.

É de se supor que sucessivas provocações desse jaez promovidas pelas partes interessadas estimularão a Turma renitente a palmilhar a senda mais prudente de observância da jurisprudência uniformizada local.

6.7.5. Efeitos de decisão no IUJ conflitante com súmula ou Orientação Jurisprudencial do Tribunal Superior do Trabalho

Sobreleva examinar agora a repercussão no recurso de revista da súmula regional ou tese prevalecente no Regional que, após julgar Incidente de Uniformização de Jurisprudência, **contrarie** Súmula ou Orientação Jurisprudencial do Tribunal Superior do Trabalho.

Digamos que o **Tribunal Regional do Trabalho X** aprove Súmula do seguinte teor: na Justiça do Trabalho é cabível a condenação em honorários advocatícios da sucumbência. Naturalmente, se isso se der, será uma Súmula em sentido diametralmente oposto ao da Súmula n. 219 do Tribunal Superior do Trabalho.

Quais as **consequências jurídicas** de uma Súmula Regional, como essa, **contrária** a Súmula do Tribunal Superior do Trabalho?

Em primeiro lugar, em recurso de revista futuro, essa súmula do Regional **não** servirá como paradigma para viabilizar o conhecimento de recurso de revista por divergência, em confronto com decisão proferida por outro Regional ou pela SDI, em face de disposição expressa de lei (CLT, art. 896, § 6º); inquestionável que a súmula regional dissidente em si mesma não serve de paradigma para viabilizar o conhecimento de recurso de revista por divergência.

Em segundo lugar, no caso concreto, como sempre, a decisão da Turma, ao julgar o recurso ordinário ou o agravo de petição, **obrigatoriamente** haverá de acatar a decisão do Pleno ou do Órgão Especial de que resultou a súmula regional dissidente, mas comportará recurso de revista por contrariedade à Súmula n. 219 do Tribunal Superior do Trabalho, **ou** por violação; a decisão da Turma, todavia, a meu sentir, não desafiará recurso de revista por divergência com aresto de outro Regional ou da SDI: essa decisão, além de não servir como paradigma, não pode ser confrontada com outros arestos, pois do contrário o TST prosseguiria uniformizando a jurisprudência interna dos TRTs.

Em terceiro lugar, em casos futuros, no julgamento de **outro** recurso ordinário ou agravo de petição, **se** uma Turma ou outro órgão fracionário do Tribunal Regional do Trabalho proferir decisão **contrária** a essa Súmula Regional dissidente da jurisprudência uniforme do TST – e, por conseguinte, **em conformidade** com a Súmula ou Orientação Jurisprudencial do Tribunal Superior do Trabalho –, essa nova decisão caracterizará conflito jurisprudencial interno no Regional e renderá ensejo a novo Incidente de Uniformização de Jurisprudência perante o Pleno ou o Órgão Especial, que poderá ser suscitado pelas pessoas a tanto legitimadas.

6.8. Conclusões sobre o novo sistema de incidente de uniformização de jurisprudência

O revigoramento do papel do IUJ nos TRTs robustece algumas convicções e conclusões, em particular tendo os olhos fitos na atuação do advogado.

Primeira

Patente que se impõe doravante extremo cuidado do advogado ao interpor recurso de revista por divergência com aresto de outro Tribunal Regional do Trabalho; **não é qualquer aresto**, mesmo de outro Regional e específico que servirá para o confronto de teses; se já houve Incidente de Uniformização de Jurisprudência sobre o tema no Regional, imperativo ter presente que **unicamente** a Súmula regional é idônea como paradigma; há que se precatar, assim, do aproveitamento de aresto de Turma ou outro órgão fracionário do TRT "renitente" em seguir a jurisprudência da própria Corte.

Eis por que o domínio sobre a jurisprudência dos Regionais passou a revestir-se de importância muito mais acentuada para o advogado trabalhista. Cabe-lhe agora pesquisar, atualizar-se e conhecer a fundo a jurisprudência também dos 24 Tribunais Regionais do Trabalho.

Nesse sentido, a nova Lei pode ser uma cilada para o advogado despreparado ou desatualizado.

Mais do que nunca, o recurso de revista é tarefa não só para especialista, mas também para especialista que se atualize constantemente também acerca da jurisprudência dos Regionais.[9]

---

(9) Sobre o conceito de **especialista**, já se afirmou com rara felicidade: "O **especialista** conhece cada vez **mais** em relação a cada vez **menos**, até chegar à perfeição de saber quase **tudo** sobre quase **nada**. Há o **eclético** que conhece cada vez **menos** em relação a cada vez **mais**, até saber praticamente **nada** sobre **tudo**."

Resulta do novo sistema legal que o domínio sobre a jurisprudência dos Regionais é sumamente relevante não apenas para o aparelhamento adequado do recurso de revista próprio, por divergência, mas também para:

a) na pendência de recurso de revista **da parte contrária**, por divergência, provocar o Presidente do Regional ou o Ministro Relator no Tribunal Superior do Trabalho, fundamentadamente, a fim de demonstrar que o aresto trazido a confronto pelo antagonista é imprestável como paradigma;

b) demonstrar que persistem no Regional "decisões atuais e conflitantes" sobre determinado tema objeto do recurso de revista e, assim, postular o sobrestamento do julgamento do recurso de revista e o retorno dos autos ao Regional para o julgamento de Incidente de Uniformização de Jurisprudência.

Segunda

Convém que doravante as partes e advogados suscitem muito mais Incidente de Uniformização de Jurisprudência no âmbito dos TRTs.

Por quê?

Enquanto o processo ainda tramitar no TRT, é interessante suscitar o IUJ antes ou no curso da sessão de julgamento no Regional porque assim se poderá afetar ao Pleno ou ao Órgão Especial determinada questão jurídica polêmica e, em última análise, desse modo, a parte evita que o SEU recurso seja julgado diretamente, e de forma desfavorável, por uma Turma que eventualmente tenha posição contrária.

Assim, por exemplo, no Regional, **se preexiste** a divergência ao tempo da interposição do recurso ordinário – <u>ou</u> porque as Turmas da Corte divergem entre si, <u>ou</u> porque há uma Turma "renitente" a curvar-se à jurisprudência majoritária e sumulada do próprio Regional —, nas próprias razões do recurso ordinário ou em <u>contrarrazões</u> a parte pode suscitar o Incidente de Uniformização de Jurisprudência, fundamentadamente. Desse modo, poderá levar preliminarmente o Pleno ou o Órgão Especial do Tribunal a uniformizar a jurisprudência do Tribunal Regional do Trabalho ou a reafirmar a tese sumulada da Corte, vinculando a Turma a abraçá-la no caso concreto.

Eis aí uma boa estratégia de defesa.

Depois do julgamento no Regional e na pendência de recurso de revista por divergência, a provocação dirigida ao Tribunal Superior do Trabalho no sentido de que há no Regional "decisões atuais e conflitantes" sobre o tema objeto do recurso também pode revelar-se vantajosa e uma boa estratégia.

Por quê? Porque suspende o julgamento do recurso de revista pela Turma do Tribunal Superior do Trabalho, leva ao julgamento de um Incidente de Uniformização de Jurisprudência no Regional e, dessa forma, como derradeira consequência, no Regional pode haver inversão (reviravolta) na solução de mérito.

6.9. Algumas questões práticas sobre o novo sistema de IUJ

À guisa de ilustração, proponho-me a equacionar agora algumas das numerosas questões práticas concebíveis advindas da nova sistemática legal de IUJ no âmbito dos TRTs.

Questão n. 1

1. Para o fim do art. 896, § 4º, da CLT, o que se considera "decisões **atuais** e conflitantes no âmbito do mesmo Tribunal Regional do Trabalho sobre o tema objeto de recurso de revista"? Mais objetivamente: a caracterização de decisões conflitantes pode **não** ser contemporânea à publicação do acórdão recorrido do Regional?

Penso que o adjetivo "atual" indica o dissenso jurisprudencial ainda não superado ao tempo da suscitação do IUJ. Indica **divergência** jurisprudencial **subsistente**. Assim, a **caracterização** de decisões conflitantes pode ser contemporânea, **ou não**, à publicação do acórdão recorrido, contanto que persista no momento em que se provocar o incidente.

Pode **não haver** dissenso jurisprudencial interno quando publicado o acórdão recorrido, mas sobrevir ao julgamento do Tribunal *a quo*. A circunstância de o dissenso jurisprudencial acerca do tema instalar-se **posteriormente** à publicação do acórdão regional naturalmente não afasta o conflito pretoriano interno e, portanto, a conveniência, necessidade e utilidade de determinar-se a uniformização de jurisprudência.

Pode dar-se também o inverso: **haver** dissenso jurisprudencial interno quando publicado o acórdão recorrido, mas resultar superado ao tempo em que suscitado o IUJ, por exemplo, porque a Turma que destoava alinhou-se ao entendimento das demais.

Parece-me forçoso concluir que, diante do dissenso de julgados sobre a mesma questão jurídica, desde que contemporâneo à postulação do IUJ, ainda que <u>não</u> contemporâneo ao julgamento do Regional, está presente o interesse público a justificar o sobrestamento do julgamento do recurso de revista e a determinação de retorno dos autos ao Regional para julgamento do Incidente de Uniformização de Jurisprudência.

Eis aí uma conclusão que emerge cristalina tendo-se presente que o escopo patente da lei, como vimos, é compelir os Regionais a harmonizar a jurisprudência interna e evitar que o Tribunal Superior do Trabalho cumpra esse papel.

"Decisões **atuais** e conflitantes", pois, são as que, partindo das mesmas premissas fáticas, no âmbito da mesma Corte, adotaram soluções jurídicas diametralmente opostas para a mesma questão jurídica, desde que o dissenso jurisprudencial, aferível ao tempo em que postulada a suscitação do IUJ, ainda não haja sido suplantado.

Questão n. 2

2. Acórdão de Tribunal Regional do Trabalho que afronta súmula **regional não** conflitante com súmula ou Orientação Jurisprudencial do Tribunal Superior do Trabalho caracteriza dissenso jurisprudencial no âmbito do Regional para efeito de cabimento de **novo** Incidente de Uniformização de Jurisprudência no TRT? Em recurso de revista por divergência, esse acórdão destoante da jurisprudência dominante local pode ser validamente confrontado com aresto específico de outro Tribunal Regional do Trabalho?

Digamos que o Regional, em Incidente de Uniformização de Jurisprudência, haja aprovado a seguinte **Súmula**: advogado empregado de Banco, sujeito ao regime de dedicação exclusiva, **não** tem direito à jornada de trabalho reduzida de seis horas do art. 224 porque submetido ao regime jurídico próprio da Lei n. 8.906 (jurisprudência do Tribunal Superior do Trabalho).

Posteriormente, julgando a mesma questão jurídica em recurso ordinário, a Turma renitente X do Regional decide em sentido contrário: assegura jornada de seis horas ao advogado empregado de Banco.

Nesse caso, sem dúvida, caberá novo Incidente de Uniformização de Jurisprudência no Tribunal Regional do Trabalho porque consumado conflito jurisprudencial interno específico. A lei não estabelece limites para a suscitação de Incidente de Uniformização de Jurisprudência e é do interesse público recompor a unidade da jurisprudência local.

Penso, assim, que o Presidente do Regional, o Ministro Relator e a Turma do Tribunal Superior do Trabalho, provocados ou de ofício, podem e devem ordenar novo Incidente de Uniformização de Jurisprudência para uniformização da jurisprudência interna do Tribunal Regional do Trabalho.

Proclamado o resultado do julgamento no Regional, opera-se a **preclusão** para suscitar Incidente de Uniformização de Jurisprudência **diretamente** no Regional. Tudo o que a parte pode e deve é comprovar o dissenso e postular ao Presidente do Regional, ao Ministro Relator ou aos demais Ministros da Turma do Tribunal Superior do Trabalho que o façam.

Do ponto de vista da parte vencida, contudo, a admissibilidade de recurso de revista por divergência é questão delicadíssima.

Sob a minha ótica, no caso concreto, não é admissível recurso de revista por divergência com aresto de outro Tribunal sobre o mesmo tema porque o acórdão turmário, ao adotar tese vencida na Corte, é inidôneo para confronto em face da norma do § 6º do art. 896 da CLT. As mesmas razões que ditam a inidoneidade do aresto que adota tese vencida servir como paradigma concorrem para que não se preste também a confronto com aresto de outro TRT, mormente porque tal implicaria para o Tribunal Superior do Trabalho voltar a uniformizar a jurisprudência interna do Regional.

Solução concebível para a parte: impugnar por violação o acórdão regional que abraça tese "vencida" na Corte e paralelamente provocar o Presidente do Regional, o Ministro Relator ou os demais Ministros da Turma para que determinem o retorno dos autos a fim de instaurar-se Incidente de Uniformização de Jurisprudência.

Questão n. 3

3. Determinada ao Tribunal de origem a uniformização da jurisprudência, fica suspenso, se houver, recurso de revista da **outra** parte, versando sobre matérias **distintas**?

Em princípio, não.

Primeiro porque a lei não exige: não há amparo legal para tanto.

Segundo porque, se **não** há uma relação de **prejudicialidade** entre os temas versados nos diferentes recursos de revista, não há motivo plausível para suspender o julgamento do (outro!) recurso de revista da parte que impugna o acórdão regional em matérias **distintas**. Até mesmo em nome da **economia e celeridade processuais**, impõe-se o julgamento para logo do recurso de revista da parte que discute temas **distintos**, não obstante a suscitação do Incidente de Uniformização de Jurisprudência em outro tema referente a recurso de revista da parte contrária. Ressalto que, em situações análogas – acolhimento de preliminar de nulidade por negativa de prestação jurisdicional em um dos recursos de revista – as Turmas do TST já agem assim: julgam o outro recurso de revista de imediato, a despeito do retorno dos autos ao Regional.

Devo ressalvar, entretanto, o caso em que há no recurso de revista da parte que suscita o Incidente de Uniformização de Jurisprudência um tema cujo equacionamento constitui prejudicial ou preliminar (prescrição total, preliminar de nulidade do processo por cerceamento de defesa, ou é adesivo o recurso de revista da parte contrária àquela que suscita o IUJ etc.) em relação aos temas do recurso de revista da parte contrária. Estou convencido de que, nesta última hipótese, impõe-se suspender o exame de **ambos** os recursos de revista.

Questão n. 4

4. Já pendente de julgamento no Regional Incidente de Uniformização de Jurisprudência sobre determinada matéria, e comprovada posteriormente a existência de nova divergência no mesmo Regional sobre a mesma matéria, indaga-se: a) é cabível a formação de **novo** Incidente de Uniformização de Jurisprudência? b) ou é possível suspender o julgamento do recurso de revista posterior até o julgamento do primeiro Incidente de Uniformização de Jurisprudência sobre a mesma matéria?

Mais claramente, figure-se o seguinte exemplo: embora **exista** Súmula Regional, sobrevém decisão contrária de uma Turma "renitente". Por determinação do Ministro Relator do Tribunal Superior do Trabalho, na pendência de recurso de revista no processo **X**, é suscitado Incidente de Uniformização de Jurisprudência.

Enquanto esse IUJ aguarda julgamento no Regional, eis que em outro processo (Y), entre outras partes, tudo se repete: a Turma "renitente" volta a contrariar a súmula regional, segue-se novo recurso de revista, agora no processo Y.

Indaga-se: é o caso de meramente suspender o julgamento do recurso de revista **posterior** no processo Y até o julgamento do primeiro Incidente de Uniformização de Jurisprudência sobre a mesma matéria no processo X?

Penso que não. No sistema legal do Incidente de Uniformização de Jurisprudência, a decisão do Pleno ou do Órgão Especial, como visto, somente vincula a Turma para a solução do mérito entre as partes do caso concreto; <u>não</u> obriga para os casos futuros. Assim, de nada adiantaria aguardar-se a solução do primeiro Incidente de Uniformização de Jurisprudência porque a decisão nele tomada não afetaria as partes do segundo caso concreto.

De outro lado, não se justifica o sobrestamento do recurso de revista posterior, por aplicação analógica do art. 896-C, § 5º, da CLT, referente ao sistema de julgamento dos *recursos repetitivos*, porque somente para este a lei prevê (art. 896-C, §§ 11 e 12, da CLT), após o julgamento do Tribunal Superior, novo juízo de admissibilidade sobre o recurso de revista trancado (para denegar-se seguimento em virtude de o acórdão regional harmonizar-se com o entendimento abraçado na Corte Superior) **ou** o reexame da matéria pelo Tribunal *a quo* na hipótese de o acórdão recorrido divergir da orientação firmada pelo Tribunal Superior.

Ora, no caso do Incidente de Uniformização de Jurisprudência, exceto em relação ao caso concreto, não há lei que obrigue o Regional a reexaminar a decisão tomada em outros casos concretos (na hipótese figurada, no segundo recurso de revista).

Resta examinar se é o caso de **novo IUJ**.

Penso que sim. Desde que atendidos os pressupostos legais – máxime a persistência de decisões atuais e conflitantes no Regional sobre a mesma questão jurídica –, o TST poderá determinar que se instaure **novo** IUJ no Regional, agora no processo Y. A lei não limita o número de IUJ. Caberá ao TRT julgar tantos quantos der causa. Assim se posicionam, em geral, os Ministros do TST.

Suscitado novo IUJ e determinado o retorno do processo Y ao Regional, **apenas por isso** é automaticamente suspenso o julgamento do recurso de revista nele interposto.

Questão n. 5

5. A determinação do Tribunal Superior do Trabalho para que a Corte de origem proceda à uniformização da jurisprudência vincula o órgão competente do Regional (Tribunal Pleno ou Órgão Especial) quanto à **admissibilidade do IUJ**? Pode decidir não admitir o Incidente de Uniformização de Jurisprudência por reputá-lo incabível?

A questão trata do IUJ "da CLT", determinado pelo Ministro Relator, **ou** pela Turma do Tribunal Superior do Trabalho, **ou** suscitado pelo Presidente do Regional, ao emitir juízo de admissibilidade sobre o recurso de revista. Neste último caso, segundo o § 5º do art. 896, é "irrecorrível" a decisão que reconhece a existência de decisões atuais e conflitantes no âmbito do mesmo Tribunal Regional do Trabalho, o que sugere que se opera a preclusão *pro judicato* de semelhante decisão no processo.

Afora esse aspecto, não seria concebível nem razoável a recusa ao cumprimento de uma decisão "irrecorrível" e de hierarquia superior.

Lembro, ainda, que, consoante a linguagem imperativa da lei, nesse caso "**deverá**" ser suscitado Incidente de Uniformização de Jurisprudência.

Soaria estranho e inaceitável que o Regional desse a última palavra sobre o conhecimento do Incidente de Uniformização de Jurisprudência determinado em semelhante circunstância.

Ademais, a prevalecer tal entendimento, poderia constituir-se expediente para frustrar os objetivos que inspiraram a Lei n. 13.015/2014, na medida em que ficaria ao sabor da conveniência dos Regionais uniformizar ou não a própria jurisprudência.

Enfim, tudo voltaria à **estaca zero** nessa delicada matéria.

Entendo, pois, que não há discricionariedade alguma do TRT em instaurar ou não o IUJ se há determinação do TST nesse sentido.

7. IMPACTOS NOS EMBARGOS DE DECLARAÇÃO

Ao disciplinar os embargos de declaração no processo do trabalho, a Lei n. 13.015/2014 acrescentou o seguinte parágrafo ao art. 897-A da CLT:

> "§ 3º Os embargos de declaração **interrompem** o prazo para interposição de outros recursos, por qualquer das partes, **salvo** quando **intempestivos, irregular a representação da parte ou ausente a sua assinatura.**"

A Lei, neste ponto, reafirmou a regra geral, já aplicada ao processo do trabalho, por força do que prescrevia o art. 538 do CPC/73, repisada no art. 1.026 do CPC de 2015:[10] é inerente aos embargos de declaração, em linha de princípio, o efeito de interromper o prazo do recurso principal para ambas as partes.

Bem se compreende que assim seja porque os embargos de declaração destinam-se, na lição do saudoso Prof. JOSÉ FREDERICO MARQUES, à "emissão de um juízo integrativo retificador" da decisão embargada e, assim, a aperfeiçoar ou complementar a outorga da prestação jurisdicional.

A interrupção significa que é desprezado para ambas as partes o tempo já decorrido até a apresentação dos embargos e que o prazo para o recurso principal somente recomeça a fluir por inteiro da data em que as partes forem intimadas da decisão que julga os embargos de declaração.

A **dúvida** que sempre houve em doutrina e jurisprudência, cível e trabalhista, é: em que medida embargos de declaração **não** conhecidos interrompem, ou não, o prazo do recurso principal?

Vale dizer: esse efeito interruptivo inerente aos embargos de declaração é automático e incondicional, ou **não** se opera no caso de embargos de declaração não conhecidos, por algum motivo?

O **novo § 3º** do art. 897-A representa uma tomada de posição da Lei de modo a compreender que a interrupção do prazo do recurso principal, em princípio, pressupõe que os embargos de declaração hajam sido **conhecidos** e não meramente interpostos.

A rigor, no caso de embargos de declaração **intempestivos**, a jurisprudência cível e trabalhista já se pacificara no sentido agora consagrado na Lei: **não** interrompem o prazo do recurso principal.

E por quê?

Essa foi uma solução que se impôs na jurisprudência para se atalharem manobras protelatórias e abusivas de litigantes maliciosos que, a não ser assim, decerto se sentiriam estimulados a obter, por via oblíqua, a dilatação do prazo do recurso principal.

Se não fosse assim, estaríamos escancarando uma porta aberta à fraude na observância do prazo fatal e peremptório do recurso principal: a parte interessada poderia, a qualquer momento, interpor embargos de declaração contra determinada decisão que, apesar de manifestamente extemporâneos, teriam o condão de reabrir integralmente o prazo do recurso principal, o que constituiria um rematado absurdo.

Agora a CLT, em face da Lei n. 13.015/2014, ampliou as exceções à regra – importa afirmar: ampliou os casos de efeito **não** interruptivo dos embargos de declaração – de modo a abranger, além dos embargos de declaração intempestivos, **também** os embargos de declaração **não conhecidos** por:

a) ausência de assinatura da parte ou do seu advogado; é o impropriamente denominado recurso "apócrifo", ato processual juridicamente inexistente;

b) irregularidade de representação da parte, ato processual também juridicamente inexistente; caso do subscritor que **não** tem mandato nos autos, nem mesmo **tácito**; igualmente hipótese da **Súmula n. 457 do Tribunal Superior do Trabalho**: procuração inválida

---

(10) O CPC de 2015, no entanto, ao contrário da CLT, não faz qualquer ressalva ao efeito interruptivo dos embargos de declaração.

por não conter a identificação da pessoa jurídica outorgante e de seu representante.

De sorte que embargos de declaração **não** conhecidos, igualmente por esses motivos, **não interrompem** o prazo do recurso principal, seja ele qual for (recurso ordinário, agravo de petição, recurso de revista, agravo de instrumento, agravo regimental).

Desafortunadamente, porém, a lei é silente sobre a interrupção do prazo do recurso principal no caso de embargos de declaração manifestamente incabíveis.

A meu sentir, o mesmo escopo que levou o legislador ordinário e a jurisprudência a afastar o efeito interruptivo dos embargos de declaração intempestivos dita a aplicação da norma do art. 897-A, § 3º, da CLT também para os embargos de declaração manifestamente incabíveis.

Se os embargos de declaração não são cabíveis sequer em tese, não podem surtir o efeito interruptivo próprio dos embargos de declaração cabíveis. A não ser assim, estará aberta a porta à fraude no prazo do recurso principal, de forma escancarada, à semelhança dos EDs intempestivos: a parte interessada poderia interpor EDs incabíveis e, mesmo assim, reabrir o prazo do recurso principal.

Assim, por exemplo, embargos de declaração não conhecidos, porque incabíveis, não interrompem o prazo para interposição de ulterior agravo regimental em que se impugna decisão denegatória de seguimento de recurso de embargos dirigidos à SBDI-1 do TST.

Nessa linha há decisões recentes da SBDI-1 do TST.[11]

Forçoso convir, contudo, que a controvérsia sobre a questão tende a revestir-se de menor utilidade, mormente a partir da vigência do CPC de 2015, que alargou sobremodo o espectro de cabimento dos embargos de declaração para "qualquer decisão judicial" (art. 1022) e não apenas para impugnar sentença ou acórdão. Reflexo disso já é a Instrução Normativa n. 40 do TST. Ao cancelar a Orientação Jurisprudencial n. 377 da SBDI-1 em sentido contrário e tendo presente também o alcance da Lei n. 13.015/2014, passou a entender que é ônus da parte interpor embargos de declaração da decisão denegatória de seguimento de recurso de revista para o TST quando esta se abstiver de exercer juízo de admissibilidade referente a um ou mais temas. A rigor, hoje não apenas **cabem** EDs para impugnar decisão (impropriamente denominada "despacho") denegatória de recurso de revista, exarada por Presidente de Tribunal Regional do Trabalho, omissa no exame de determinado tema, como também se opera preclusão caso a parte não os maneje oportunamente.

Outra indagação que suscita a nova lei é a seguinte: no caso de **erro procedimental** do tribunal ou do Juiz ao "**não** conhecer" dos embargos de declaração, opera-se ou não se opera o efeito interruptivo dos embargos de declaração?

Parece-me fora de dúvida que o novo § 3º do art. 897-A da CLT, no que explicita os casos em que embargos de declaração **não conhecidos** não interrompem o prazo do recurso principal, **não** se aplica se **equivocadamente** o Tribunal ou a Vara do Trabalho comete erro procedimental ao "não conhecer" dos embargos de declaração. É o que se dá, por exemplo:

a) se os considera **intempestivos**, quando são tempestivos;

b) **ou** então se os considera equivocadamente não assinados (caso não raro de embargos de declaração interpostos mediante assinatura digital de quem é procurador nos autos, mas cujo nome não consta da petição de interposição do recurso);

c) **ou** se decide equivocadamente que há **irregularidade de representação** por falta de procuração do subscritor, não se dando conta de mandato tácito;

d) **ou** se não conhece dos embargos de declaração porque ausente contradição, omissão ou obscuridade e, portanto, por um motivo relativo ao mérito dos embargos de declaração (que, em boa técnica, deveria conduzir ao desprovimento).

Nestes últimos casos, entendo que, a despeito de "não conhecidos", os embargos de declaração **provocam** a interrupção do prazo do recurso principal porque a parte não pode ser **prejudicada** por um erro procedimental ou uma atecnia do Tribunal ou da Vara do Trabalho ao apontar **indevidamente** a **ausência** de pressuposto de admissibilidade para os embargos de declaração, **ou** ao extrair **conclusão imprópria**.

8. IMPACTOS NO RECURSO DE EMBARGOS PARA A SBDI-1 (ART. 894)

Houve igualmente impactos relevantes da nova Lei nos embargos para a SDI-1. A nova Lei alterou parcialmente a recorribilidade para SBDI-1 das decisões das Turmas do Tribunal Superior do Trabalho ao emprestar nova redação ao inciso II do art. 894 da CLT:

---

(11) PROCESSO N. TST-AgR-ED-E-AIRR-1424-49.2011.5.01.0031, Rel. Min. João Oreste Dalazen. DEJT de 30.09.2016. *Idem* Processo n. AgR-ED-E-ED-RR- 1642-94.2013.5.03.0114, SbDI-1, Rel. Min. João Oreste Dalazen, DEJT 26.08.2016.

II – das decisões das Turmas que divergirem entre si ou das decisões proferidas pela Seção de Dissídios Individuais, ou contrárias a súmula ou orientação jurisprudencial do Tribunal Superior do Trabalho **ou súmula vinculante do Supremo Tribunal Federal**.

Parágrafo único. (Revogado).

§ 2º A **divergência apta** a ensejar os embargos deve ser **atual**, não se considerando tal a ultrapassada por súmula do Tribunal Superior do Trabalho **ou do Supremo Tribunal Federal**, **ou superada** por iterativa e notória jurisprudência do Tribunal Superior do Trabalho.

§ 3º O **Ministro Relator** denegará seguimento aos embargos:

I – se a decisão recorrida estiver em consonância com súmula da jurisprudência do Tribunal Superior do Trabalho ou do Supremo Tribunal Federal, ou com iterativa, notória e atual jurisprudência do Tribunal Superior do Trabalho, cumprindo-lhe indicá-la;

II – nas hipóteses de intempestividade, deserção, irregularidade de representação ou de ausência de qualquer outro pressuposto extrínseco de admissibilidade.

§ 4º Da decisão denegatória dos embargos caberá agravo, no prazo de 8 (oito) dias.

Abstraindo a atecnia de a nova Lei introduzir um § 2º ao art. 894 sem que haja um § 1º, lembro que, pela redação anterior do inciso II do art. 894 (Lei n. 11.496, de 2007), **cabiam** embargos para a SBDI-1 unicamente em caso de:

a) decisões divergentes entre as Turmas do Tribunal Superior do Trabalho;

b) **ou** de decisão divergente entre Turma e decisão proferida pela Seção de Dissídios Individuais, salvo se a decisão recorrida estiver em consonância com súmula ou orientação jurisprudencial do Tribunal Superior do Trabalho ou do Supremo Tribunal Federal;

c) contrariedade a uma Súmula do TST ou Orientação Jurisprudencial da SBDI-1 em que se consagre tese de direito material do trabalho. Esses casos de cabimento **subsistem.**

Mas o novo inciso II do art. 894 da CLT ampliou o cabimento dos embargos ao contemplar **dois novos casos de cabimento**.

Primeiro novo caso de cabimento dos embargos para a SBDI-1

Conquanto não seja pacífica a questão, penso que, a partir da Lei n. 13.015/2014, cabem embargos para a SBDI-1 por contrariedade a **qualquer** Súmula (excepciono apenas a Súmula n. 296!) ou Orientação Jurisprudencial do Tribunal Superior do Trabalho, ainda que de natureza processual.

Recordo que, até sobrevir a Lei n. 13.015/2014, malgrado o anterior silêncio do inciso II do art. 894 da CLT, a jurisprudência da SDI-1 reputava cabíveis embargos por contrariedade à Súmula ou Orientação Jurisprudencial de **direito material** e, apenas excepcionalmente, por contrariedade à Súmula de **natureza processual**.

Uma vez que, em boa hermenêutica, não é dado ao intérprete distinguir onde a lei não distingue, parece-me que, sob a redação da Lei n. 13.015/2014, a contrariedade a qualquer tipo de Súmula ou Orientação Jurisprudencial do Tribunal Superior do Trabalho, inclusive de natureza processual, propicia o conhecimento dos embargos pela SBDI-1. É o caso, por exemplo, da má aplicação das Súmulas ns. 297, 126 e 23 pela Turma. Aliás, já são numerosos os precedentes de conhecimento de embargos por contrariedade à Súmula n. 126 do TST, entre outras.

À luz da nova Lei n. 13.015/2014, mais do que nunca, não se justifica restringir o cabimento dos embargos à contrariedade à Súmula de **direito material** porquanto a objetiva contrariedade a Súmula de natureza processual não é menos grave que o não acatamento de Súmula de direito material. Em ambos os casos, está em xeque a jurisprudência uniforme do Tribunal Superior do Trabalho e a ele, mais que a qualquer outro Tribunal, interessa e constitui mesmo dever preservar a sua jurisprudência consolidada. Ora, é inquestionável que uma Turma do TST, ao julgar um recurso, ainda que não o faça ostensiva e abertamente, pode fazer *tabula rasa* de uma súmula de natureza processual, seja por erro procedimental, seja por má aplicação.

Ressalvo, todavia, nas causas submetidas ao procedimento sumaríssimo, o cabimento de embargos por contrariedade a Orientação Jurisprudencial. **Se** no rito sumaríssimo **não** cabe "recurso de revista" por contrariedade a Orientação Jurisprudencial – somente contrariedade a Súmula (§ 9º do art. 896 da CLT) –, ilógico seria admitir o cabimento de embargos para SDI-1 por contrariedade a Orientação Jurisprudencial, o que, de resto, iria de encontro aos princípios da economia e celeridade processuais que, entre outros, presidiram a lei específica que implantou o procedimento sumaríssimo. Nesse passo, cumpre seguir o paralelismo e a solução análoga dos embargos para a SDI-1 na fase de execução, em que se admite apenas por divergência na interpretação de norma constitucional.

Segundo novo caso de cabimento dos embargos

A lei reputa cabíveis embargos agora por contrariedade a **Súmula vinculante** do Supremo Tribunal Federal. A CLT estava desatualizada ao não contemplar essa hipótese, não obstante a Súmula vinculante seja de observância compulsória. Isso abria caminho às partes para dirigirem **reclamação** diretamente ao STF em caso de a Turma descumprir Súmula vinculante, o que era desgastante e indesejável para o Tribunal Superior do Trabalho. Em boa hora, portanto, a Lei n. 13.015/2014 supriu essa lacuna.[12]

Mas a nova Lei, no § 2º do art. 894, igualmente implantou uma **restrição** ao cabimento dos embargos, restrição que não havia, no caso de o recurso fundar-se em divergência entre Turmas:

> § 2º A **divergência apta** a ensejar os embargos deve ser **atual**, não se considerando tal a ultrapassada por súmula do Tribunal Superior do Trabalho **ou do Supremo Tribunal Federal, ou superada** por iterativa e notória jurisprudência do Tribunal Superior do Trabalho.

Conforme se nota, a lei quis explicitar ao relator o que **não** reputa "divergência atual", **estendendo** aos embargos a mesma regra aplicada ao recurso de revista (CLT, art. 896, § 7º).

A primeira e evidente ilação que se extrai é de que não basta para impulsionar os embargos ao conhecimento (como não basta para o recurso de revista) a caracterização **formal** da divergência entre as Turmas: se, a despeito da configuração formal da divergência, a jurisprudência "iterativa e notória do Tribunal Superior do Trabalho" sedimentou-se no sentido do acórdão recorrido, considera-se superado o aresto turmário apontado como divergente, ainda que específico.

Creio que se impõe aqui, porém, um inevitável paralelismo com a norma do novo § 3º do art. 894 da CLT, no que dispõe acerca dos poderes do relator (e, por extensão, do Presidente de Turma, segundo o RITST) para exercer um primeiro juízo de admissibilidade sobre os embargos:

> § 3º O Ministro Relator **denegará** seguimento aos embargos:
> I – se a decisão recorrida estiver em consonância com súmula da jurisprudência do Tribunal Superior do Trabalho ou do Supremo Tribunal Federal, **ou com iterativa, notória e atual jurisprudência do Tribunal Superior do Trabalho**, cumprindo-lhe indicá-la;

Percebe-se que ambas as normas passaram a vincular a admissibilidade ou o conhecimento dos embargos, de algum modo, à "iterativa, notória e atual jurisprudência do Tribunal Superior do Trabalho".

O novo § 3º do art. 894, contudo, alargou os poderes do relator (e, por extensão, do Presidente de Turma, segundo o RITST) para decisão monocrática de embargos. Anteriormente, como se recorda, o revogado § 5º do art. 896 da CLT atribuía ao relator (e, por extensão, ao Presidente de Turma) o poder de denegar seguimento aos embargos, afora os casos de ausência de pressuposto extrínseco, somente se a decisão recorrida estivesse em consonância com "**súmula**" do TST. Não poderia fazê-lo com base na Súmula n. 333 do TST, isto é, pela constatação de que a decisão embargada estava em conformidade com a "iterativa, notória e atual jurisprudência do Tribunal Superior do Trabalho". Agora poderá fazê-lo.

De tudo resulta que a questão central para os efeitos dos §§ 2º e 3º, I, do art. 894 da CLT (e, pois, para o conhecimento ou trancamento dos embargos), na sistemática advinda da Lei n. 13.015/2014, passou a ser o que se deva entender por "iterativa, notória e atual jurisprudência do Tribunal Superior do Trabalho".

Entendo que cumpre adotar critérios objetivos para orientar o relator ou o Presidente de Turma neste passo, de modo a não subtrair os embargos da apreciação e decisão uniformizadora da SBDI-1 segundo a concepção pessoal e diversificada de cada ministro.

Defendo que por "iterativa, notória e atual jurisprudência do Tribunal Superior do Trabalho", para os efeitos dos §§ 2º e 3º, I, do art. 894 da CLT, haverá de entender-se:

a) a indicação de acórdãos convergentes e atuais das **oito** turmas do TST; bem se compreende que, eventualmente, o equacionamento da questão jurídica pode ser consensual nas **oito** turmas do TST e, por conseguinte, não se conceberia jamais outra jurisprudência dominante na Corte sobre a matéria; no entanto, penso que o dissenso ou a ausência de julgados de uma só Turma sobre a matéria basta para se descartar a presença de "iterativa, notória e atual jurisprudência do Tribunal Superior do Trabalho", ressalvadas as hipóteses seguintes.

b) acórdão do **Tribunal Pleno do TST** no julgamento de matéria relevante que lhe seja afetada pela SBDI-1 ou no julgamento de recurso de revista submetido ao sistema de recursos repetitivos (arts. 7º e 9º, pará-

---

(12) Aliás, correlatamente o mesmo se deu com o recurso de revista, inclusive em procedimento sumaríssimo: agora também cabe recurso de revista por contrariedade a Súmula vinculante do Supremo Tribunal Federal (art. 896, alínea *a*, e art. 896, § 9º).

grafo único, I, da regulamentação da Lei n. 13.015/2014 – ATO N. 491/SEGJUD.GP, de 23 de setembro de 2014);

c) acórdão da SBDI-1 em sua composição plena;

d) questão jurídica objeto de Orientação Jurisprudencial do TST.

Idealmente, a regulamentação da Lei n. 13.015/2014 deveria consagrar esses e/ou outros critérios objetivos para pautar o exame da admissibilidade dos embargos.

9. DISPENSA DO DEPÓSITO RECURSAL EM AGRAVO DE INSTRUMENTO. NOVO § 8º DO ART. 899

Outra novidade da Lei n. 13.015/2014, introduzida pela Câmara dos Deputados, é a possibilidade de dispensa do depósito recursal em agravo de instrumento, prevista no novo § 8º do art. 899 da CLT:

> § 8º Quando o agravo de instrumento tem a finalidade de destrancar **recurso de revista que se insurge contra decisão que contraria a jurisprudência uniforme do Tribunal Superior do Trabalho, consubstanciada nas suas súmulas ou em orientação jurisprudencial, não** haverá obrigatoriedade de se efetuar o **depósito referido no § 7º deste artigo.** (NR)

De intuitiva percepção que a norma em foco reflete a preocupação do legislador em desonerar do depósito recursal referente ao agravo de instrumento em especial as pequenas e médias empresas.

Não obstante, ainda que animada dos melhores propósitos, é mais uma norma processual geradora de conflituosidade, que trouxe mais calor que luz ao debate sobre exigibilidade do depósito recursal.

Trata-se de uma inovação profundamente infeliz, por múltiplas razões.

Em primeiro lugar, caso se justificasse a inovação, não haveria por que se cingir a dispensa do depósito recursal ao agravo de instrumento em recurso de revista: deveria ser estendida ao agravo de instrumento que busca destrancar recurso ordinário ou agravo de petição que impugne sentença contrária a súmula ou orientação jurisprudencial do TST.

Em segundo lugar, a lei é infeliz porque pressupõe que o Tribunal **primeiro** julgue "o mérito" do recurso (emita um juízo em **abstrato** sobre a "contrariedade" a Súmula ou Orientação Jurisprudencial do Tribunal Superior do Trabalho) e depois, se for o caso, dispense a parte do depósito recursal no agravo de instrumento; ora, isso implica subverter o procedimento lógico e a ordem natural do julgamento dos recursos (primeiro, juízo de admissibilidade; depois, juízo de mérito); enfim, importa baralhar pressuposto de admissibilidade de recurso e mérito do recurso.

Em terceiro lugar, suscita a nova Lei inúmeras questões para o seu cumprimento. Por exemplo: é necessária **constatação efetiva** de que o acórdão regional contrariou Súmula ou Orientação Jurisprudencial do Tribunal Superior do Trabalho (como resulta de uma aplicação literal da norma), **ou** basta a alegação séria e pertinente de contrariedade, ainda que infundada?

Em quarto lugar, a lei ignora a comuníssima multiplicidade de temas em um recurso de revista e que nem todos são impugnados com base em contrariedade a Súmula ou Orientação Jurisprudencial, a despeito da condenação em pecúnia justificadora do depósito recursal. Ora, se a condenação em pecúnia imposta no Regional concerne a dois ou mais temas e em um deles, ao menos, **não** se busca impulsionar o recurso de revista ao conhecimento por "contrariedade" a Súmula ou Orientação Jurisprudencial do Tribunal Superior do Trabalho, ainda assim a parte estaria dispensada do depósito recursal referente ao agravo de instrumento?

Uma vez que *legem habemus*, todavia, há que lhe dar sentido e eficácia.

Penso que a dispensa em apreço do depósito recursal pressupõe, no recurso de revista, impugnação de **todos** os temas em que haja condenação em pecúnia, **fundada em contrariedade** a uma Súmula ou Orientação Jurisprudencial do Tribunal Superior do Trabalho; *a contrario sensu*: **se** houver uma parcela de condenação em pecúnia, pelo menos, que **não** seja impugnada por contrariedade a súmula ou Orientação Jurisprudencial, a dispensa do depósito recursal a que se refere o § 8º do art. 899 da CLT **não será aplicável**.[13]

Sob a minha ótica, pressupõe igualmente a **fundada alegação**, no recurso de revista, de contrariedade a Súmula ou Orientação Jurisprudencial do Tribunal Superior do Trabalho; a meu sentir, pois, é necessário um juízo de abstração no exame do conhecimento do agravo de instrumento para se aquilatar se haverá constatação efetiva da acenada contrariedade apontada no recurso de revista e somente em caso de resposta afirmativa poder-se-á dispensar a parte do depósito recursal concernente ao agravo de instrumento.

---

(13) O art. 23 da regulamentação do Tribunal Superior do Trabalho segue nessa linha. "Art. 23. A dispensa de depósito recursal a que se refere o § 8º do art. 899 da CLT não será aplicável aos casos em que o agravo de instrumento se refira a uma parcela de condenação, pelo menos, que não seja objeto de arguição de contrariedade à súmula ou à orientação jurisprudencial do Tribunal Superior do Trabalho."

Assim, por simetria de raciocínio com o caso análogo do conhecimento de recurso de revista em virtude de violação literal de disposição de lei federal, **não basta a alegação de contrariedade** a Súmula ou Orientação Jurisprudencial do TST; pressupõe que a alegação de contrariedade no recurso de revista seja pertinente e **procedente**.

No que tange a este segundo pressuposto, devo ressalvar que a regulamentação do TST não palmilhou exatamente nesse sentido, ao exigir apenas que a alegação de contrariedade no recurso de revista não se revele "manifestamente infundada, temerária ou artificiosa" (parágrafo único do art. 23).

Trata-se de fórmula sobremodo vaga e aberta que, a prevalecer, decerto suscitará muita polêmica, tal como suscitou analogamente a locução "controvérsia razoável" para efeito da multa do art. 477 da CLT, até sobrevir o cancelamento da OJ n. 351 da SBDI-1.

Parece-me, *data venia*, que a fórmula da "alegação fundada", que venho de expor, não apenas é muito mais objetiva, mas guarda maior conformidade com o preceito legal que, como visto, cogita de "**decisão que contraria**" súmula ou orientação jurisprudencial.

De todo modo, tantas e tais são as inevitáveis restrições à aplicação desse novo dispositivo que o mais prudente é comprovar o depósito recursal no agravo de instrumento e não correr o risco de o Tribunal Superior do Trabalho julgar deserto o agravo de instrumento.

Curioso, mas não surpreendente, é que nem bem nos adaptamos ao caso em apreço de dispensa do depósito recursal e eis que a nova redação do artigo 899, § 9º da CLT, já aprovada na Câmara dos Deputados (Projeto de Lei n. 6.787, de 2016, da Reforma Trabalhista), reduz à metade o valor do depósito recursal em caso de entidades sem fins lucrativos, empregadores domésticos, microempreendedores individuais, microempresas e empresas de pequeno porte, além de isentar os beneficiários de justiça gratuita, as entidades filantrópicas e as empresas em recuperação judicial.

10. VIGÊNCIA. *VACATIO LEGIS*. QUESTÕES DE DIREITO INTERTEMPORAL

Sobre a vigência, dispôs o art. 3º da Lei n. 13.015/2014:

> "Art. 3º. Esta Lei entra em vigor **após** decorridos 60 (**sessenta**) **dias** de sua publicação oficial."

Percebe-se que se fixou um prudente período de *vacatio legis* de 60 (sessenta) dias, destinado à suficiente divulgação da lei nova.

Tomando-se em conta que a Lei foi publicada em 22.07.2014, computados 60 dias a partir do dia seguinte (23), conclui-se que o prazo de *vacatio legis* expirou no dia 20 de setembro (sábado).

Uma vez que a Lei deveria vigorar "após" esse período de *vacatio legis*, vigeria a partir do dia seguinte, 21 de setembro, não fora um domingo, o que postergou o início de vigência para **22 de setembro de 2014**.

Vigente a Lei n. 13.015 desde 22 de setembro de 2014, sobreleva examinar em que medida as suas normas processuais incidem, ou não, imediatamente, nos **recursos então já interpostos**. Enfim, põem-se aqui as questões de direito intertemporal relativas à eficácia da lei processual no tempo.

No que tange à eficácia da lei processual nova em relação aos processos pendentes, aplica-se a regra *tempus regit actum*. Como ensina CÂNDIDO RANGEL DINAMARCO, "fatos ocorridos e situações já consumadas no passado não se regem pela lei nova que entra em vigor, mas continuam valorados segundo a lei do seu tempo" ("Instituições", Vol. I).

Certo que é próprio da natureza da lei processual, ditada no interesse público, a aplicação imediata, mas tal não significa retroatividade porque há necessidade de preservação das situações jurídicas já consumadas sob o império da lei revogada.

De sorte que a aplicação imediata da lei nova dá-se somente no que **não** afetar direito processual adquirido da parte. Em suma, a lei nova **apanha** os atos futuros dos processos pendentes, sempre de modo a não comprometer o direito processual adquirido da parte.

No caso específico da Lei n. 13.015/2014, ela contém diversas normas sobre a admissibilidade de recursos e igualmente normas procedimentais.

No tocante aos novos pressupostos de admissibilidade de recursos, imperativo adotar-se no processo trabalhista a doutrina e jurisprudência consagradas no cível: rege a admissibilidade do recurso a lei vigente ao tempo da intimação (publicação) da decisão recorrida.

Essa é uma solução que se impõe em respeito ao direito adquirido processual da parte de insurgir-se contra a decisão atendendo às exigências (pressupostos de admissibilidade) existentes ao tempo em que toma ciência da decisão.

Do contrário, poderia a parte ser surpreendida e prejudicada no curso do prazo recursal até mesmo com a redução do prazo ou supressão do próprio recurso (lei nova que considera incabível o recurso!), o que configuraria uma violência inominável e faria *tabula rasa* do direito adquirido processual da parte de impugnar a decisão segundo a lei vigente no momento em que dela for intimada.

Por isso, no tocante às questões de direito intertemporal relativas aos novos pressupostos de admissibilidade, a solução que se me afigura tecnicamente apropriada é adotar a seguinte regra: aplica-se a lei nova aos recursos interpostos de decisões publicadas a partir da vigência da nova lei, o que significa que os acórdãos publicados a partir de 22 de setembro de 2014 sujeitam-se integralmente à observância da nova Lei.

A contrario sensu: nos processos pendentes, recursos de decisões publicadas **antes** de 22 de setembro de 2014, ainda que após publicada a Lei n. 13.015/2014, submeter-se-ão aos pressupostos de admissibilidade estritamente da lei velha (redação anterior do art. 896 da CLT). Significa que, se se cuidar de recurso de revista, por exemplo:

a) não se exigirá ainda a demonstração analítica da violação ou da contrariedade;

b) não se exigirá ainda a transcrição do trecho do acórdão que consubstancia o prequestionamento.

Sustento, todavia, que se aplicam aos **recursos já interpostos** dos processos pendentes, a partir de sua vigência, as **normas procedimentais** da Lei n. 13.015/2014 (lei nova) e quaisquer outras que não firam direito adquirido processual das partes.

É o caso, a título de ilustração, das normas que regulam o Incidente de Uniformização de Jurisprudência "da CLT", da norma sobre efeito interruptivo dos embargos de declaração e da que trata da possibilidade de afetação do recurso de embargos ao Tribunal Pleno do TST, dada a relevância da matéria (art. 7º), assim como das normas sobre o julgamento dos recursos de revista repetitivos. Lembro, inclusive, que, no processo civil, neste último caso, o art. 2º da Lei n. 11.672/08 foi expresso: "aplica-se o disposto nesta lei aos recursos **já interpostos** por ocasião de sua entrada em vigor".

O art. 1º da regulamentação do TST sobre as questões de direito intertemporal da Lei n. 13.015/2014, após um posicionamento inicial restritivo e equivocado, *data venia*, evoluiu para dispor:

> Art. 1º A Lei n. 13.015, de 21 de julho de 2014, aplica-se aos recursos interpostos das decisões publicadas a partir da data de sua vigência.
>
> **Parágrafo único**. As normas procedimentais da Lei n. 13.015/2014 e as que não afetarem o direito processual adquirido de qualquer das partes aplicam-se aos recursos interpostos anteriormente à data de sua vigência, em especial as que regem o sistema de julgamento de recursos de revista repetitivos, o efeito interruptivo dos embargos de declaração e a afetação do recurso de embargos ao Tribunal Pleno do TST, dada a relevância da matéria (art. 7º).

Como se percebe, até o momento, a regulamentação do TST ainda **recusa** a viabilidade de aplicação das normas que regem o incidente de uniformização de jurisprudência aos recursos **já interpostos** ao tempo do início de vigência da Lei n. 13.015/2015 (22.09.2014). Com todo respeito, é uma orientação equivocada e até incongruente com o novo e referido parágrafo único do art. 1º. O instituto é regulado pela lei mediante normas tipicamente procedimentais e a sua incidência de imediato não afeta o direito adquirido processual de qualquer das partes. Mesmo na virtual hipótese de o TST, em observância ao novo § 4º do art. 896 da CLT, ordenar o retorno dos autos ao TRT para a uniformização da jurisprudência, naturalmente estará resguardado o direito de as partes interporem recurso de revista para impugnar o novo acórdão do Regional, atendidos os pressupostos legais de admissibilidade. Ademais, a meu sentir, a incidência para logo do novo IUJ consulta ao interesse público. De resto, a ninguém mais interessa, ironicamente, que ao próprio TST, pois uma das primaciais finalidades da nova lei, como visto, é corrigir a grave distorção atual em que o TST vê-se na contingência de uniformizar também a jurisprudência **interna** dos Tribunais Regionais do Trabalho. Penso, assim, que, neste ponto, a regulamentação nega autoridade e vigência à Lei n. 13.015/2015, *data venia*.

Aspectos da Prova Ilícita no Processo Trabalhista Brasileiro

1. INTRODUÇÃO. CONCEITO

Sabe-se que a regra é a admissibilidade das provas visando à elucidação dos fatos controvertidos da lide. Trata-se, inclusive, de um dos postulados inerentes à garantia do devido processo legal.

O direito à prova está indiretamente afirmado no art. 369 do CPC de 2015, aplicável supletivamente ao processo trabalhista (CLT, art. 769), segundo o qual as partes "têm o direito de empregar todos os meios legais, bem como os moralmente legítimos, ainda que não especificados neste Código, para provar a verdade dos fatos em que se funda o pedido ou a defesa e influir eficazmente na convicção do juiz".

O direito à prova, entretanto, como todo direito, também não é irrestrito, ou incondicionado. Não é, enfim, um direito absoluto, que, de resto, não há.

A Constituição Federal e a lei também estabelecem algumas balizas ou restrições ao exercício desse direito, dentre as quais desponta o veto às provas obtidas por meio ilícito.

Vale dizer: ainda que por exceção, em certos casos, não se admite determinada fonte ou meio de prova, em virtude de algum motivo relevante.

No Brasil, o art. 5º, inciso LVI, da Constituição Federal dispõe que "são inadmissíveis, no processo, as provas obtidas por meios ilícitos".

Em semelhante contexto emerge a questão da prova ilícita.

Segundo doutrina clássica, entende-se por prova ilícita a prova obtida mediante a transgressão de norma de direito material, comumente de natureza constitucional, em que se resguardam bens ou interesses jurídicos fundamentais para o convívio em sociedade.

Cuida-se de prova ilegalmente colhida mediante atividade desenvolvida fora do processo e não dentro do processo. É, por exemplo, o caso de uma prova adquirida com infração do direito à inviolabilidade da privacidade ou da intimidade, ou mediante violação do sigilo das comunicações telefônicas, telegráficas, ou de dados, ou mediante violação de segredo profissional, ou subtração de documentos, ou a inviolabilidade do domicílio, ou quando há constrangimento físico ou moral na obtenção de confissão, ou em depoimento de testemunhas (prática de tortura, ameaça ou extorsão na inquirição de testemunha ou da própria parte).

A prova ilícita, como se nota, é uma espécie do gênero prova ilegal, ao lado da prova ilegítima.

Ensina NUVOLONE que a prova é ilegal e vedada sempre que for contrária, em sentido absoluto ou relativo, a uma específica norma legal, ou a um princípio do direito positivo. Sucede, todavia, que há distintos graus ou matizes à vedação à prova: a vedação pode ser absoluta ou relativa.

A prova ilícita corresponde a uma modalidade de prova ilegal, vedada em sentido absoluto no direito positivo brasileiro, precisamente porque decorrente da vulneração de norma de natureza **material** que tutele bens fundamentais.

Por sua vez, a prova é ilegítima quando infringir uma vedação relativa fixada em lei processual. Tal se dá quando o ordenamento jurídico, embora admita, em tese, determinado meio de prova, condiciona sua legitimidade à observância de determinadas formas; é o caso, por exemplo, da prova testemunhal: em tese é admissível, mas não de pessoas suspeitas ou impedidas, ou colhida mediante inobservância do princípio constitucional do contraditório.

Exatamente porque implicam a violação de bens de natureza diversa, a prova ilícita e a prova ilegítima sujeitam-se a sanções diferentes: no caso de prova **ilícita**, ela está **proscrita** do processo; no caso de prova ilegítima, como acentua CÂNDIDO RANGEL DINAMARCO, os eventuais vícios na produção dessa prova são sancionados pelo sistema processual por outros modos, como a negação de credibilidade, ou eventualmente a própria rescisão da sentença baseada exclusivamente em prova falsa (CPC de 2015, art. 966, inciso VI).

2. APROVEITAMENTO DA PROVA ILÍCITA

Em linha de princípio, e como tem acentuado o Supremo Tribunal Federal, a prova ilícita entre nós não se reveste da necessária idoneidade jurídica para a formação de convencimento do órgão jurisdicional, em qualquer processo, razão pela qual deve ser **desprezada**.

Mas é forçoso realçar que a prova ilícita sempre constituiu uma questão tormentosa e atormentadora, em âmbito universal, para a Ciência Processual.

De há muito que se trava um debate acirrado e apaixonado na doutrina e nos tribunais sobre o **aproveitamento, ou não,** da prova ilícita no processo.

O que bem se compreeende porquanto a questão suscita, de fato, no operador do direito, não raro, um conflito *hamletiano*.

De um lado, há a sedutora propensão a não se admitir em hipótese alguma a prova ilegalmente obtida, na perspectiva de que o direito não pode compadecer-se de quem busca tirar proveito de uma conduta antijurídica.

De outro lado, há a não menos sedutora inclinação a dar prevalência ao interesse público (da Justiça!) na apuração da verdade, a bem da excelência e justiça dos julgamentos.

Entre essas duas posições extremadas, respeitada doutrina, inspirada na orientação dos tribunais alemães, preconiza a adoção de uma tese intermediária: a observância do princípio da proporcionalidade, que encontra paralelo também na doutrina americana sob a denominação de critério de razoabilidade.

De conformidade com o princípio da proporcionalidade (também denominado de "**lei da ponderação**"), na interpretação de determinada norma jurídica constitucional ou infraconstitucional, cumpriria ao juiz sopesar os interesses em jogo, único modo de alcançar-se no caso concreto a solução mais justa e satisfatória, no caso, quanto à validade da prova. Seria necessário sempre, pois, confrontar e balancear os bens jurídicos tutelados para se aquilatar qual o mais digno de preeminência.

À luz do princípio da proporcionalidade, admitir-se-ia a prova ilícita em determinadas circunstâncias **excepcionais**, como, por exemplo, para o resguardo de interesses **superiores**.

O critério da proporcionalidade teria a finalidade de **conciliar** princípios constitucionais aparentemente antagônicos, valendo-se da teoria do sacrifício. Sacrificar-se-ia um princípio para que preponderasse um interesse ou princípio mais importante. Assim, restaurar-se-ia a ideia de que nenhuma norma constitucional possui caráter absoluto.

A incidência do **princípio da proporcionalidade** no procedimento probatório seria uma forma de abrandar-se e relativizar-se o princípio da proibição da prova obtida ilicitamente.

Seria um salutar **tempero** ao rigor da **proscrição** (banimento) absoluta da prova ilícita no processo, diretriz que, aplicada a ferro e fogo, pode conduzir a **resultados absurdos**, como a condenação de um **inocente**, desprezando-se **prova** decisiva e cabal para a **absolvição** se obtida mediante ilicitude.[1] Ou então que um **culpado** seja absolvido de suportar a responsabilidade por seus atos porque a prova que elucida os fatos foi obtida ilicitamente.

Estou convencido, assim, de que idealmente, *de lege ferenda*, deveríamos evoluir para uma parcimoniosa aplicação do princípio da proporcionalidade em vez de abraçar-se uma rígida e quase absoluta proibição da prova ilícita, como preferiu a Constituição Federal de 1988.

Como ensina Moniz de Aragão, "não faz sentido deixar o ser humano, ou a própria sociedade, inteiramente desprotegidos frente ao ato ilícito, em casos para os quais será impossível obter a prova por meios ortodoxos".[2]

Desafortunadamente, todavia, nem a majoritária doutrina processual brasileira, nem a jurisprudência são receptivas à adoção do princípio da proporcionalidade, sobretudo em face de mandamento constitucional expresso banindo do processo a prova ilícita.

Tendo os olhos fitos exclusivamente na persecução penal, o Plenário do Supremo Tribunal Federal rechaçou, de modo explícito, a adoção do princípio da proporcionalidade, em nome do interesse público na eficácia da repressão penal em geral, sob o fundamento de que "a Constituição mesma que ponderou os valores contrapostos e optou – em prejuízo, se necessário da eficácia da persecução criminal – pelos valores fundamentais, da dignidade humana, aos quais serve de salvaguarda a proscrição da prova ilícita"[3]. Reputou-se, assim, impertinente e inadequada à ordem constitucional brasileira a invocação do princípio da proporcionalidade, fruto de teoria estrangeira, em tema de prova ilícita.

---

(1) Parece inconcebível, por exemplo, sacrificar o princípio da liberdade da pessoa, privilegiando-se a tutela a outro direito de menor monta atingido na obtenção da prova.

(2) Exegese do Código de Processo Civil, Vol. IV-1, p. 82.

(3) STF, Tribunal Pleno, HC 79512/RJ, Min. Rel. Sepúlveda Pertence, DJ 16.05.2003.

A rigor, somente no campo da escuta telefônica tem havido alguma condescendência do Supremo Tribunal Federal, no particular.

Efetivamente, penso que é muito difícil adequar o princípio da proporcionalidade a um sistema constitucional que veda, pura e simplesmente, as provas obtidas por meios ilícitos.

Estou convencido, todavia, de que, *de lege ferenda*, deveríamos evoluir para a adoção do princípio da proporcionalidade como critério determinante e flexível da aceitação, ou não, da prova ilícita no caso concreto.

Compreende-se a norma do art. 5º, inciso LVI, da Constituição Federal de 1988, em face do momento histórico em que aprovada, após um período político de arbítrio e comprometimento grave dos direitos e liberdades fundamentais da cidadania. Na presente quadra, contudo, mormente no campo do processo civil e do processo do trabalho, norma desse jaez afigura-se nitidamente inadequada à tarefa essencial de apurar fatos relevantes e controvertidos da lide, muitas vezes alcançável somente mediante métodos heterodoxos.

3. GRAVAÇÃO CLANDESTINA, AMBIENTAL OU TELEFÔNICA

No âmbito específico do processo do trabalho aflora uma vastíssima gama de instigantes situações acerca da prova ilícita.

Uma de tais situações é a gravação magnética de conversa, realizada por um dos interlocutores, **sem** o conhecimento do outro. É a chamada **gravação clandestina ambiental**, de que é uma variante a gravação da própria conversa **telefônica**, denominada apenas gravação clandestina.

A hipótese a que ora me refiro, portanto, é de **captação eletrônica da prova realizada por um dos próprios interlocutores**, ainda que se cuide de **diálogo** telefônico, hipótese evidentemente distinta da **intercepção telefônica, por um terceiro**, de conversa alheia.

Um exemplo emblemático julgado pelo TRT da 3ª Região bem ilustra a questão sob exame.

Determinada empregada ingressou em juízo com uma ação trabalhista, na vigência do contrato de trabalho, para pleitear horas extras. A partir daí, e por pouco mais de um mês, as sócias da empresa passaram a assacar-lhe gravíssimas ofensas à honra, utilizando-se de adjetivos como "cínica", "cara-de-pau", "ladra", "rata", "safada", entre outros termos impublicáveis. Enfim, após o ajuizamento da ação trabalhista, as sócias da empresa passaram a discriminar e a humilhar gravemente a empregada, no ambiente de trabalho. Inequivocamente instalou-se um quadro de assédio moral típico.

A empregada, todavia, inteligente e precavida, cuidou de promover a **gravação clandestina** dos diálogos mantidos, nos quais transparecem as ofensas gravíssimas e sistemáticas que lhe foram dirigidas pela representante da empresa. Propôs, a seguir, uma **segunda ação trabalhista** em desfavor da empresa, desta feita pleiteando rescisão indireta do contrato e compensação por dano moral derivante do assédio moral. Instruiu a petição inicial com a transcrição das gravações dos diálogos.

A empresa objetou precisamente com a suposta ilicitude da prova, obtida sem o devido contraditório.[4]

No caso concreto, validou-se a prova, mas campeia na jurisprudência alguma cizânia a respeito e, sobretudo, confusão com a interceptação de comunicação alheia.

Em linha de princípio, não há por que se reputar ilícita a gravação magnética clandestina de ofensa, por um dos interlocutores, mormente na condição de vítima.

A circunstância de a gravação haver sido realizada no ambiente de trabalho **sem o conhecimento** das demais pessoas ali presentes não a inquina de ilicitude porquanto se distingue da **interceptação** de conversa alheia.

Conforme se sabe, o art. 5º, inciso XII, da Constituição Federal reza:

> É inviolável o sigilo da correspondência e das comunicações telegráficas, de dados e das comunicações telefônicas, salvo, no último caso, por ordem judicial, nas hipóteses e na forma que a lei estabelecer para fins de investigação criminal ou instrução processual penal.

Nesse preceito, a Constituição considera ilícita e veda, salvo por autorização judicial nos termos da Lei n. 9.296/96, a prova resultante de **interceptação telefônica**, isto é, a que se concretiza pelo ato de um **terceiro**. O que a Constituição veda é a interferência de terceiro no interior do diálogo, sem aceitação do comunicador ou receptor, a que se denomina interceptação.

Ora, bem diversa é a hipótese de um dos interlocutores gravar a própria conversa.

---

(4) TRT 3ª Região, 2ª Turma, RO 01262-2002-111-03-00-7, Rel. Alice Monteiro de Barros, DJMG, 20.02.2004, p. 11.

Qualquer pessoa pode gravar sua própria conversa para **documentá-la futuramente, em caso de negativa**, ainda que o interlocutor desconheça esse fato, o que é irrelevante. Por exemplo: mediante microfone embutido na lapela do paletó.

O **empregador ou seus prepostos igualmente** podem gravar os **insultos** – calúnia e injúria – que porventura sejam assacados contra ele pelo empregado. Atos de insubordinação **também**.

A licitude da gravação em si decorre, **em primeiro lugar**, insisto, de **não** se tratar de **interceptação**.

Em segundo lugar, porque a hipótese se submete, por analogia, à disciplina jurídica da situação similar da **correspondência epistolar**.

Recorde-se que, ao tratar dos documentos obtidos para formar **prova no processo penal**, o art. 233, parágrafo único, do Código de Processo Penal, subsidiariamente aplicável ao processo trabalhista (CLT, art. 769), dispõe que "**as cartas poderão ser exibidas em juízo pelo respectivo destinatário**, para a defesa de seu direito, ainda que **não** haja **consentimento** do signatário".

Significa que, em nosso ordenamento jurídico, a comunicação pelo destinatário a **terceiro**, do teor da carta recebida (ou de outros dados), mesmo que **sem** o assentimento do **remetente**, **não tipifica crime** de violação de sigilo de correspondência.

Mutatis mutandis, e pela mesma razão, analogamente também é válida a prova obtida por qualquer outro meio, inclusive gravação clandestina magnética, se a parte que coligiu a prova sem o conhecimento do adversário houver participado da conversa sub-repticiamente gravada.

Portanto, **na gravação** clandestina **em si**, ambiental ou telefônica, **levada a cabo por um dos interlocutores**, não há prova obtida ilicitamente, mas mera **reprodução de conversa mantida pelas partes**.

O STF[5] e o STJ têm numerosos julgados sufragando esse entendimento na esfera penal.

Cumpre ressalvar, no entanto, que a **divulgação** da conversa pode caracterizar uma afronta à intimidade, mormente sob a forma de violação de segredo que tipifique crime.

Pode tisnar a prova de ilicitude a divulgação indevida do conteúdo de certas conversas marcadas pela confidencialidade e cujo **segredo** esteja protegido por lei. Inconcebível, por exemplo, que o **advogado** grave e divulgue o conteúdo da conversa mantida com o cliente, ou que o gerente de agência bancária grave e divulgue informações financeiras sigilosas relatadas pelo cliente.

Daí se segue, a meu juízo, que a prova obtida por meio de gravação clandestina, ambiental ou não, não é irrestritamente admissível no processo. É sempre importante perquirir o **conteúdo** da conversa.

Impende notar, contudo, que a confidencialidade do diálogo constitui uma exceção. No campo trabalhista, ordinariamente os assuntos são de natureza comercial e tratados em público, no local de trabalho, comumente na presença de clientes ou de outros empregados.

A gravação clandestina ambiental muitas vezes é realizada ao longo de uma reunião na empresa, circunstância em que, na minha avaliação, ainda mais transparece a inexistência de violação à intimidade ou privacidade dos interlocutores para que se pudesse cogitar de prova ilícita.

De qualquer modo, mesmo que, porventura, a conversação entre o empregado e o gerente ou diretor da empresa haja sido mantida a portas fechadas, penso que, apenas por isso, não há razão para se reputar ilícita a prova e indeferir-se a juntada aos autos da gravação obtida sem consentimento de um dos interlocutores[6]. Não se cuida aí, insisto, de prova ilícita pela mera discrição com que se manteve o diálogo gravado.

Nem se objete com a **inobservância do princípio do contraditório, no caso**.

Primeiro, porque **não importam** prova ilícita, como bem adverte Cândido Dinamarco, para os efeitos do art. 5º, inciso LVI, da Constituição Federal "**eventuais vícios da produção da prova, como a inobservância do princípio do contraditório**".[7] Conquanto o **real desprezo ao contraditório** não deixe de ser uma virtual ilicitude em sentido amplo, embora puramente **processual**, em tal caso o sistema processual brasileiro apenas permite ao juiz **negar credibilidade à prova**.

Segundo, porque em casos que tais, se dúvida houver no tocante à autenticidade da gravação, o juiz pode e deve determinar a realização de um exame pericial, como determina o parágrafo único do art. 383 do Código de Processo Civil. E, em tal contingência, o contraditório terá sido apenas **postergado**.

---

(5) Tribunal Pleno, Ação Penal n. 447, Rel. Min. Carlos Britto, julgamento realizado em 18.02.2009.

(6) Ao contrário do que já se decidiu: TRT 3ª Região, 7ª Turma, Processo RO 00175-2004-077-03-00-8, DJMG 10.09.2004, p. 10, Juiz Relator Ronan Koury.

(7) *Instituições de Direito Processual Civil*, III. São Paulo: Malheiros, 2009. p. 50.

Em síntese, **salvo** situação excepcional de conduta que tipifique crime de **divulgação** de segredo (art. 153 do CP), a degravação do diálogo ambiental registrado em fita cassete ou outro meio eletrônico **não** traduz afronta à inviolabilidade da vida privada ou da intimidade de quem quer que seja, ao ponto de haver afronta ao art. 5º, inciso X, da CF/88.

4. INTERCEPTAÇÃO TELEFÔNICA

Situação distinta que cabe examinar agora é a gravação alcançada mediante interceptação telefônica. É o chamado "**grampeamento**".

Neste caso, **diferentemente** da captação pessoal e direta da conversa por um dos interlocutores, **um terceiro** se interpõe na passagem da comunicação de um emitente para um destinatário.

Em um **número expressivo** de casos, empregados e empregadores buscam louvar-se no processo trabalhista de prova assim obtida.

Vamos **a dois exemplos** de casos concretos:

1º) **ex-empregado de dono da farmácia** buscou utilizar-se de **gravação de conversa telefônica** do ex--empregador com um terceiro, visando à comprovação de dano moral derivante de **informações desabonadoras** prestadas a seu respeito, obstaculizando o exercício do direito constitucional **ao trabalho**; **no caso**, constatou-se que, após a despedida, o empregado (balconista) começou a encontrar **dificuldades para obter novo emprego**; a cada entrevista a que se submetia recolhia a impressão de que a vaga seria sua, mas quando retornava em busca de resposta, era sumariamente descartado; passou a desconfiar de que o ex-patrão estava passando referências negativas sobre sua conduta profissional; **ocorreu-lhe, então, a ideia de gravação em fita magnética:** com a ajuda de um amigo, que ligou para o ex-empregador passando-se por um funcionário de uma agência de empregos responsável pela seleção de pessoal, a conversa foi gravada e confirmou-se a suspeita; nesse caso, apreciado pela **4ª Turma do TST, não** se admitiu a interceptação telefônica visando à comprovação de dano moral praticado pelo empregador em decorrência de **informações desabonadoras**; considerou-se **ilícita** a prova;[8] entretanto, em caso análogo, o TRT da 3ª Região reputou **lícita** a prova;[9]

2º) **o outro caso concreto é de justa causa em virtude de concorrência desleal**: determinada empresa, detentora de tecnologia industrial própria, **garantida por patentes registradas**, fabricante e prestadora de assistência técnica a aparelhos e equipamentos de precisão, tomou conhecimento de que **três de seus empregados** haviam constituído uma "empresa fantasma" e estavam fazendo concorrência desleal, prestando serviços para os seus clientes fora do horário comercial, por preços menores e desviando ou vendendo segredos industriais para terceiros; a direção da empresa resolveu **instalar gravadores nos ramais telefônicos** e conseguiu comprovar as suspeitas; despediu, então, os três por justa causa; no inevitável processo que se seguiu, a empresa, em sua **defesa**, juntou cópias das gravações; a então JCJ, não só não admitiu a prova como entendeu ter havido fato criminoso por parte da direção da empresa; **remeteu cópias** de peças ao Ministério Público Federal, que **ofereceu denúncia** contra os diretores da empresa; seguiu-se *Habeas Corpus* impetrado pelos diretores da empresa e o Tribunal Regional Federal da 2ª Região decidiu trancar a ação penal, sob o entendimento de **não ter havido crime a apurar, pois a gravação (interceptação telefônica) deu-se em legítima defesa.**[10]

Percebe-se que são casos de solução controvertida no tocante à licitude da prova.

Está claro que, **em linha de princípio**, a interceptação de conversa **telefônica** constitui grave violação aos direitos inerentes ao sigilo das comunicações, à liberdade de manifestação do pensamento, à privacidade e à intimidade, direitos fundamentais que a Constituição Federal resguarda (art. 5º, incisos IV, X e XII). Sem mais, é crime capitulado no art. 10 da Lei n. 9296/96.

De modo que se proíbem, em princípio, a escuta e a gravação por terceiro de comunicação telefônica alheia, razão porque é ilícita a prova obtida por essa forma.

Sucede, todavia, que, excepcionalmente, a **escuta** telefônica por um **terceiro**, no direito brasileiro, é lícita em **dois casos**: 1º) por ordem judicial; 2º) conforme a jurisprudência do STF, em caso de haver uma **excludente** da antijuridicidade.

De conformidade com o STF, **excepcionalmente** é lícita a "utilização de gravação de conversa telefônica feita por **terceiro** com autorização de um dos interlocutores sem o conhecimento do outro quando há, para essa utilização, excludente da antijuridicidade". Entende o STF que, mesmo **não** havendo autorização judicial,

---

(8) TST, RR-76175/2001, 4ª Turma, Rel. Min Moura França.
(9) TRT 3ª Região. **Processo RO 00365-2005-099-03-00-3**, 1ª Turma, Rel. Maria Laura Franco Lima de Faria, DJMG 31.08.2005, p. 8.
(10) TRF 2ª Região, *Habeas Corpus* 95.02.12951-2-RJ, Rel. Des. Fed. Chalu Barbosa, julgamento em 21.08.95.

não se considera ilícita a **gravação** de conversa telefônica **feita** por um **terceiro**, mediante permissão de apenas um dos interlocutores, **sem** o conhecimento do outro, **se há** para o interlocutor que autoriza a gravação uma excludente da antijuridicidade, tal como se dá quando, vítima de **extorsão**, age em legítima defesa.[11]

Assim, por exemplo, se o empregado está **chantageando** o diretor da empresa, esse diretor, mesmo **sem** ordem judicial, pode solicitar a um **terceiro** que grampeie o diálogo telefônico que mantiver com o empregado chantagista.

Nos dois casos concretos ora referidos, a meu juízo, a escuta telefônica clandestina realizada, embora sem autorização judicial, não caracteriza prova ilícita porque promovida em legítima defesa, própria ou de outrem.

Na hipótese de empresa vítima de concorrência desleal, a interceptação telefônica ordenada não constitui prova ilícita porquanto praticada em legítima defesa: a empresa agiu em defesa do direito ao sigilo de seus segredos industriais, então objeto de violação promovida pelos empregados. Para não se sujeitar à continuidade de tal agressão, somente lhe restava o expediente da escuta telefônica, pois os empregados faltosos, decerto, não iriam confessar o delito que perpetravam.

É forçoso convir que, no caso em apreço, os empregados despedidos, em tese, **estavam praticando uma infração penal**, mais precisamente o crime de concorrência desleal, tipificado no art. 195, inciso III, da Lei n. 9.279/96. A **gravação da conversação telefônica** foi uma forma de a direção da empresa **repelir** a injusta agressão de que estava sendo vítima.

Além disso, desconsiderar essa prova, em última análise, constituiria um prêmio aos empregados despedidos que quebraram o sigilo de segredos industriais, praticaram a concorrência desleal criminosa, romperam a confiança entre eles e a empresa, e ainda seriam recompensados com uma possível vitória no processo trabalhista. Evidentemente, não seria razoável negar validade à interceptação telefônica em casos que tais.

No tocante ao caso de empregado vítima de "informações desabonadoras" do ex-patrão, em tese, penso que não é ilícita a prova que se consubstancia no diálogo que um terceiro ("amigo") mantiver com o ex-empregador. Em primeiro lugar, porque a hipótese não é sequer de interceptação telefônica, pois esta supõe captação eletrônica do diálogo promovida por pessoa **estranha** ao diálogo; na espécie, ao contrário, trata-se de gravação clandestina da própria conversa telefônica realizada por um dos interlocutores (ainda que amigo do empregado vítima das informações desairosas e beneficiário da gravação) e, assim, válida, conforme jurisprudência assente no STF e STJ. Em segundo lugar, porque, mesmo que se pudesse equiparar tal situação à interceptação telefônica, o terceiro, também interlocutor, age em legítima defesa em face do crime do art. 203 do Código Penal que, em tese, é perpetrado pelo ex-patrão. Recorde-se que aí o Código Penal considera crime a frustração, mediante fraude, de direito assegurado pela legislação trabalhista. Ora, maliciosamente obstar a obtenção de novo emprego pela transmissão de "informações desabonadoras" é uma forma de frustrar um direito trabalhista básico: o direito ao trabalho. No fundo, pois, a "interceptação telefônica" (a rigor: gravação clandestina telefônica!) solicitada ao amigo é uma reação à brutal agressão de que está sendo vítima o ex-empregado em seu direito constitucional ao trabalho e, portanto, à subsistência, direito esse gravemente comprometido pela difamação ou injúria do ex-empregador.

Além disso, cumpre ponderar que em casos desse jaez é notória a dificuldade na prova mediante procedimentos ortodoxos.

Afinal, trata-se evidentemente de trazer à tona no processo fatos que não costumam realizar-se às escâncaras no ambiente de trabalho. Ao contrário, ocorrem na surdina. Seria ilusório, assim, conceber a apuração de fatos dessa natureza com a mesma facilidade com que se elucidam os fatos controvertidos comuns que emergem da execução do contrato de emprego.

É forçoso convir que em casos concretos tais como os ora relatados, se descartarmos a escuta telefônica, há imensa dificuldade na prova. Salta à vista a quase absoluta impossibilidade de utilização de outros meios de prova.

Concluo, pois, que, excepcionalmente, a transcrição do conteúdo da gravação em que se concretizou a interceptação telefônica **pode** servir de suporte à decisão judicial, desde que a interceptação telefônica haja sido justificada em virtude de legítima defesa de outrem, ou outra excludente da antijuridicidade.

A autorização judicial para escuta telefônica, todavia, em face de o mandamento constitucional reservá-la à instrução **criminal**, não pode ser concedida diretamente pelo Juiz do Trabalho, desprovido de competência penal.

---

(11) STF, 1ª Turma, *Habeas Corpus* n. 746781, São Paulo, Relator: Min. Moreira Alves.

É plenamente admissível, no entanto, a prova emprestada, colhida sob o crivo do contraditório (CPC de 2015, art. 372), oriunda de processo penal acaso instaurado (suponha-se, contra o ex-empregador), onde a escuta telefônica pode ter sido realizada mediante autorização judicial virtualmente para apurar o mesmo fato (por exemplo: informações injuriosas ou difamatórias do ex-empregado).

Quer dizer: é possível o aproveitamento no processo trabalhista, como prova emprestada, **atípica**, da interceptação telefônica legalmente obtida no processo penal instaurado contra aquele a quem se quer opor a prova.

Não há como negar o aproveitamento da prova emprestada, tendo-se presente a norma do art. 369 do CPC de 2015 e a observância dos princípios da unidade da jurisdição e do contraditório.

Ao examinar a questão da prova emprestada, o Plenário do Supremo Tribunal Federal decidiu que os "dados obtidos em interceptação de comunicações telefônicas e em escutas ambientais, judicialmente autorizadas para produção de prova em investigação criminal ou em instrução processual penal, podem ser usados em procedimento administrativo disciplinar, contra a mesma ou as mesmas pessoas em relação às quais foram colhidos, ou contra outros servidores cujos supostos ilícitos teriam despontado à colheita dessa prova."[12]

5. DOCUMENTOS FURTIVAMENTE OBTIDOS

Sob o prisma jurídico, documento "é a coisa representativa de um fato e destinada a fixá-lo de modo permanente e idôneo, reproduzindo-o em juízo", como ensina o clássico MOACYR AMARAL SANTOS.

Tanto são documentos os escritos, quanto os gráficos (desenhos, pinturas, plantas, cartas topográfias etc.), quanto registros sonoros ou audiovisuais (fitas cassetes, filmes etc.).

Sabemos que no processo trabalhista ocorre, com certa frequência, a juntada aos autos de documentos furtivamente obtidos da empresa (obtidos mediante furto ou mediante coação etc.).

Ora é uma nota fiscal para provar a percepção de comissões, ora uma fotografia que comprove a relação de emprego, ora uma cópia do cartão de ponto que registra a jornada real para comprovação do trabalho extraordinário, ora são recibos de pagamento de salário furtados etc.

Em qualquer caso, ainda que apresentados na via original, esses documentos constituem prova ilícita, uma vez que colhida mediante apropriação indevida. O modo de constituição do documento pode ter sido regular, mas a forma de obtenção é ilícita.

Por ser ilícita, segundo a Constituição Federal, essa prova não é admissível nos autos do processo: cabe ao juiz determinar o desentranhamento dos autos ou desprezá-la.

A propósito, decidiu o Supremo Tribunal Federal:

> PROVA. Criminal. Documentos. Papéis confidenciais pertencentes a empresa. Cópias obtidas, sem autorização nem conhecimento desta, por ex-empregado. Juntada em autos de inquérito policial. Providência deferida em mandado de segurança impetrado por representante do Ministério Público. Inadmissibilidade. Prova ilícita. Ofensa ao art. 5º, LVI, da CF, e aos arts. 152, parágrafo único, 153 e 154 do CP. Desentranhamento determinado. HC concedido para esse fim. Não se admite, sob nenhum pretexto ou fundamento, a juntada, em autos de inquérito policial ou de ação penal, de cópias ou originais de documentos confidenciais de empresa, obtidos, sem autorização nem conhecimento desta, por ex-empregado, ainda que autorizada aquela por sentença em mandado de segurança impetrado por representante do Ministério Público.[13]

6. CÂMERAS DE VÍDEO

Outra questão instigante sobre o tema são as câmeras de vídeo.

Vivemos **não** apenas em uma sociedade da informação, mas também em uma **sociedade da vigilância**, de que nos fala MICHEL FOUCAULT.[14]

Com efeito. Rotineiramente dispensam-nos o tratamento de suspeito, até prova em contrário: nos aeroportos, feixes de **raios-x** vasculham os conteúdos de nossas bolsas; câmeras, **ostensivamente** colocadas, apontadas em nossa direção, vigiam todo nosso comportamento, em inúmeras situações da vida moderna. A bem de ver, os sistemas eletrônicos de vigilância **multiplicam-se em progressão geométrica** em estradas, túneis, residências, supermercados, bancos, **ruas**.[15]

---

(12) Tribunal Pleno, Inq-QO-QO 2424/RJ, Min. Relator Cezar Peluso, DJ 24.08.2007.
(13) Segunda Turma, HC 82862/SP, Min. Relator Cezar Peluso, DJ 12.06.2008
(14) FOUCAULT, Michel. *Vigiar e punir*. Petrópolis: Vozes, 2004.
(15) Os jornais noticiaram há algum tempo que em uma cidade do norte da Inglaterra (Middlesbrough), país que conta com mais de quatro milhões de câmeras em atividade (uma para cada 14 pessoas), sofisticou-se, inclusive, o sistema de vigilância nas ruas: instalaram-se

Nos Estados Unidos, depois do rastreamento de automóveis e de detentos provisórios, mediante **GPS**, método de localização por satélite, já há utilização de tal tecnologia para localização de empregados em atividade externa.

A **realidade** é que "câmeras, *softwares*, GPS" estão cada vez mais presentes igualmente no ambiente de trabalho. As pessoas nunca foram tão vigiadas na atividade profissional. Ninguém escapa de algum patrulhamento.

Nesse turbilhão, **no Brasil**, em que as novas tecnologias demoram um pouco mais para chegar, presentemente os casos mais comuns são a utilização de câmeras de vídeo (câmeras televisivas).

Penso que a avaliação da licitude da prova em tais casos, mais do que nunca, haverá de pautar-se pelo critério da razoabilidade ("lógica do bom-senso" de que fala SICHES), tendo presente, sobretudo, a finalidade do sistema de vigilância e a sua localização.

Se o escopo evidente é o resguardo da segurança e as câmeras de vídeo não são invasivas da intimidade ou da privacidade do empregado, manifesto que é lícita a produção de prova por esse método.

Eis alguns exemplos, a título de ilustração:

1º) se a instalação de câmeras de vídeo, em áreas abertas ao público, objetivou a proteção de um **estabelecimento de ensino** e das pessoas que lá se encontram – alunos, professores, funcionários da instituição –, com o intuito de evitar furtos e roubos, não há dúvida de que são válidos os registros audiovisuais; **com muito maior razão** se o empregado tem ciência prévia da gravação;

2º) tome-se agora o exemplo da empresa de transporte rodoviário urbano que instala circuito televisivo no interior de ônibus, por razões de segurança e, **assim, pilha uma justa causa cometida pelo cobrador** (suponha-se: ele sistematicamente **não** cobra tarifas de alguns passageiros); em meu entender, cuida-se de prova lícita, seja pela finalidade do sistema, seja porque **não** está comprometida a intimidade do empregado;

3º) suponha-se agora um caso mais dramático: o empregador doméstico registra, em câmera de vídeo instalada em sua residência, a **imagem** de uma empregada, cuidadora ou enfermeira, espancando o **senhor idoso e doente** para cujo acompanhamento e assistência fora contratada; ou da "**babá**" que maltrata o filho de tenra idade do empregador doméstico.

Caso o Direito brasileiro adotasse o **princípio da proporcionalidade** em matéria de prova ilícita, a solução emergiria com mais facilidade: do confronto entre os valores "intimidade" e "**integridade física**" **não restaria dúvida sobre o valor a preponderar.**

De todo modo, mesmo em face do direito positivo, estou convencido de que **não** se trata de prova ilícita pois **não há invasão da intimidade da empregada**, em semelhante circunstância. Ao menos **nas áreas comuns** da residência, estão em jogo a intimidade e a privacidade **do empregador doméstico**.

Além disso, a **necessidade imperiosa** de provar o **espancamento ou os maus-tratos**, na espécie, justifica-se em virtude da suprema relevância dos bens jurídicos em jogo: preservação da dignidade da pessoa humana, da integridade física e do direito à vida.

No mínimo, em situações que tais, a gravação audiovisual é obtida em estado de necessidade e, portanto, não padece de ilicitude o ato, nos termos dos arts. 23 e 24 do Código Penal.[16]

Muito diferente dá-se, porém, na hipótese de instalação de câmeras de vídeo em locais privativos, como os banheiros ou os vestiários da empresa, ou da residência.

Obviamente, viola a intimidade do empregado e extrapola os limites do poder diretivo e fiscalizador, a empresa ou o empregador doméstico que instala câmera de vídeo nos banheiros ou nos vestiários, acarretando evidentes constrangimentos.[17] Patente a ilicitude de prova assim produzida.

7. PROVAS ILÍCITAS NO ÂMBITO DIGITAL

Uma variante extremamente rica e nova do tema concerne às provas ilícitas no âmbito digital.

Inquestionável que atualmente o mundo assiste a uma nova revolução tecnológica. Vivemos, sob o signo da Quarta Onda globalizante (na linguagem de Alvin Tofler), afetados em quase todas as dimensões de nossas vidas pela revolução da informática e pelas novas tecnologias da informação.

---

câmaras de vigilância com sistema de som funcionando 24 horas para que as autoridades intervenham no exato momento em que a pessoa comete pequenas infrações. O objetivo da prefeitura é **envergonhar** o infrator.

(16) Art. 24 – Considera-se em estado de necessidade quem pratica o fato para salvar de perigo atual, que não provocou por sua vontade, nem podia de outro modo evitar, direito próprio ou alheio, cujo sacrifício, nas circunstâncias, não era razoável exigir-se." (Redação dada pela Lei n. 7.209, de 11.7.1984).

(17) TRT 3ª Reg. RO nº 413/2004.103.03.00-7, 4ª Turma, Rel. Juiz Fernando Luiz G. Rios Neto, DJMG 18.12.04.

Como é natural, esta nova **Era do Saber e da Informação** está operando profundas **metamorfoses** na sociedade.

Inequivocamente, o **Direito do Trabalho** foi um dos ramos da Ciência Jurídica **mais atingidos** pelos efeitos das novas tecnologias da informação no ambiente de trabalho. E, claro, por extensão, o Direito Processual do Trabalho é sobremodo afetado.

O impacto da tecnologia da informação no campo da prova é notável. Afinal, como bem assinala Barbosa Moreira, "falar de prova é falar de **informação**".

Assim, se muda a **forma de veiculação** da informação, é de intuitiva compreensão que surjam novos problemas jurídicos na esfera da prova judicial. No fundo, de forma pitoresca, o fenômeno traduz uma das Leis de Murphy: toda solução cria novos problemas...

Hoje, cada vez mais nos damos conta de que as **provas físicas** – em particular, o documento-papel – estão sendo gradativamente substituídas pelas **provas eletrônicas**. É a transposição do mundo físico para o mundo virtual, que experimentamos a cada momento.

Não surpreende, assim, que toda a tecnologia da informação desse "admirável mundo novo", mormente a Internet, com seus encantos e mazelas, esteja suscitando, a pouco e pouco, um elenco infindável de intrincadas questões jurídicas, dentre as quais sobressai a licitude da prova digital em qualquer processo judicial e, em especial, na esfera do processo trabalhista.

7.1. Coleta de dados estáticos de computador

Uma das novas modalidades de prova é a advinda da coleta de dados estáticos de computador.

Cumpre ter presente que o art. 5º, inciso XII, da Constituição Federal reputa "inviolável o sigilo da correspondência e das comunicações telegráficas, **de dados** e das comunicações telefônicas".

Trata-se de saber se essa norma constitucional outorgou proteção ao sigilo da **comunicação** de dados, **ou** o que se protegeu foi o sigilo de quaisquer **dados estáticos** armazenados por alguém em computador.

É notório que hoje os computadores contêm preciosas informações e dados circunstanciados, muitos dos quais sigilosos, sobre a vida das pessoas e das empresas.

A questão que se põe é: a inviolabilidade de que cogita o art. 5º, inciso XII, da Constituição compreenderia esses arquivos de dados constantes do computador?

Suponha-se que em reclamação trabalhista alegue-se "falta de registro de empregados" e pagamento de salário "por fora", implicando a existência de duas folhas de pagamentos: **uma, oficial**, mediante a qual supostamente os empregados auferiram salários em valores inferiores ao pagamento efetivo; **outra, extraoficial**, registrando os salários realmente pagos. Enfim, suponha-se que o quadro revelado no processo trabalhista seja sugestivo da existência de "caixa 2" (contabilidade paralela), com frustração massiva de direitos assegurados pela legislação trabalhista (calculados sobre salários em valores inferiores aos realmente percebidos) e sonegação de contribuições sociais.

O **Plenário** do Supremo Tribunal Federal, em situação substancialmente tal como se vem de descrever, julgou **lícita** a busca e apreensão em equipamentos de informática (computadores e disquetes) de certa empresa, determinada por juiz, a requerimento do Ministério Público, para instrução de processo penal.[18]

Entendeu-se que a busca e apreensão decretada **não** consubstancia prova obtida por meio ilícito, precisamente porque **não** resultou violação à proteção constitucional ao sigilo das **comunicações** de dados.

Na decisão em tela ficou assente que a Constituição Federal considerou inviolável o sigilo da **comunicação** de dados, **não** o sigilo dos dados em si.

Efetivamente, parece-me que a Constituição Federal, tendo em mira as diversas formas de comunicação intersubjetivas, **proibiu a interceptação de comunicação de dados**. Não vedou, porém, o acesso aos dados e arquivos registrados na memória dos computadores, cuja apreensão pode ser ordenada judicialmente. Parece-me claro que a apreensão **da base física** na qual se encontram os dados **não se confunde** com a **transmissão** privada desses dados a outrem.

Significa, portanto, que está coberto pela garantia do art. 5º, inciso XII, da Constituição Federal o correio eletrônico **pessoal**. Assim, por exemplo, **se** João envia a Pedro um *e-mail*, utilizando-se de seu provedor pessoal, um **terceiro** não pode interceptar essa comunicação, tendo acesso aos dados enviados, seja por **iniciativa própria**, seja porque uma das partes lhe haja cedido o acesso indevidamente. Uma prova recolhida em tais condições seria **ilícita** e inadmissível em qualquer processo judicial, por importar violação do preceito constitucional.

Coisa diversa, porém, é o acesso aos dados estáticos, armazenados eletronicamente no computador, mediante autorização judicial.

---

(18) Pleno, RE n. 418416, Rel. Min. Sepúlveda Pertence. DJU 22.05.2006.

Tais dados digitais estão para o disco rígido (HD) de um computador da mesma forma que **papéis** estão para um arquivo ou armário.

E por que **não é vedado esse acesso**?

Porque o **acesso vedado pela Constituição é à comunicação de dados**, a exemplo da tutela à inviolabilidade da comunicação por correspondência postal, telegráfica ou telefônica. O que **a Constituição proíbe é a intromissão na comunicação de dados alheia**, ao ponto de ensejar que haja o domínio de um **terceiro** acerca do conteúdo de uma comunicação que deveria ficar restrito aos sujeitos que se comunicam reservadamente, num ambiente que, de resto, é extensão da privacidade do cidadão.

Em uma palavra: **objeto de proteção constitucional não são os dados em si, mas a** inviolabilidade do sigilo da **comunicação** restringida de dados.

Por isso se entende que o acesso aos dados estáticos em si registrados na memória do computador, observadas certas cautelas, **não é vedado**. Ao contrário: acessá-los é um imperativo da instrução probatória, sobretudo na esfera criminal. Do contrário, o País seria um **paraíso** para o crime, ainda maior do que já o é...

Daí porque o art. 2º, inciso III, da Lei n. 9.034/95 estatui que em "qualquer fase da persecução criminal" é permitido "o acesso a dados", mediante ordem judicial.

Justifica-se essa medida extrema porque o Estado precisa exercer o **poder-dever** de fiscalização sobre a sociedade e, em nome do interesse público, apurar fraudes e falcatruas.

Sobreleva assinalar que o STF, ao **validar** uma busca e apreensão (uma prova, portanto!) de **todos** os dados constantes em um computador de **empresa**, mediante prévia e fundamentada decisão judicial, dá uma demonstração inequívoca de que **não há direito absoluto, mesmo o direito à privacidade**, ainda que se empreste, no caso, um certo **elastério** ao conceito de privacidade, ao admitir que uma empresa possa ser titular do direito à **privacidade**.

Mas a questão, a meu ver, ainda está longe de haver sido plenamente equacionada.

É de indagar-se: será que **não** haveria **proteção** alguma aos dados estáticos do computador?

A degravação da memória do computador não pode implicar a quebra do próprio sigilo da correspondência eletrônica, agasalhado também pelo manto constitucional, de forma aparentemente absoluta? Ou do sigilo profissional?

Soube que determinado juiz usou a **troca de e-mails** entre um **advogado e seu cliente** como "prova" de que ambos **tramavam atos para obstruir a Justiça**. A correspondência eletrônica, no caso, foi apurada em decorrência de **apreensão judicial** do computador.

O episódio, a meu juízo, suscita **ao menos duas questões de alta indagação**: a **primeira**, é se a inviolabilidade da correspondência objeto de mensagens eletrônicas não estaria comprometida; a **segunda**, é se o **sigilo profissional** na relação cliente-advogado (ou médico-paciente, jornalista ou radialista e sua fonte, o padre e o fiel) pode ser exposto ao público.

Penso que não há infração à inviolabilidade de correspondência, no ato de **vasculhar** e degravar os dados digitais **estáticos** constantes de microcomputador porquanto, como já decidiu o STJ a propósito da **situação análoga da correspondência epistolar**, essa inviolabilidade vale enquanto a carta **estiver fechada**. Uma vez aberta (acessada e lida), torna-se um documento como qualquer outro, evidentemente desprotegido da regra da inviolabilidade. *Mutatis mutandis*, essa solução parece-me aplicável a um *e-mail*.

Quer dizer: a correspondência eletrônica **aberta**, identificada e extraída dos dados **estáticos** do computador, **não** desfruta também da proteção de sigilo. Com muito maior razão se se cuidar de correspondência eletrônica **corporativa (de empresa)**, que, por sua **natureza negocial**, sequer em tese é resguardada pela inviolabilidade (como se sustenta mais adiante).

No tocante ao **sigilo profissional** porventura envolvido – hipótese que obviamente supõe **não** se cuidar de dados digitais de computador de **empresa** – entendo que, para afastar a ilicitude, a obtenção da prova haverá de **provir de ordem judicial** e acompanhada da decretação de **segredo de justiça** nos autos do processo, visando a resguardar as pessoas investigadas. É, aliás, o que expressamente determina o art. 3º da Lei n. 9.034/95.[19]

Sob minha ótica, por conseguinte, na órbita do processo do trabalho, não afronta o art. 5º, inciso XII, da Constituição Federal e é perfeitamente lícita a determinação judicial de expedição de mandado de busca e apreensão de equipamentos de informática (computadores, disquetes, *CD-ROM, pen-drive*) necessários à elu-

---

(19) "Nas hipóteses do inciso III do art. 2º desta lei, ocorrendo possibilidade de violação de sigilo preservado pela Constituição ou por lei, a diligência será realizada pessoalmente pelo juiz, adotado o mais rigoroso segredo de justiça". (*Vide* ADIN n. 1.570-2 de 11.11.2004, em que se declarou a inconstitucionalidade do art. 3º no que se refere aos dados "Fiscais" e "Eleitorais")

cidação de fatos relevantes e controvertidos da causa. O suporte legal para tanto repousa no art. 765, *fine*, da CLT e na aplicação supletiva do art. 2º, inciso III, da Lei n. 9.034/95, do art. 84, § 5º, do CDC e, em caso de apreensão de dados de advogado, do art. 7º, inciso II, da Lei n. 8.906/94. Se a premissa é de que os dados estáticos do computador assemelham-se a papéis físicos e são essenciais ao equacionamento da lide trabalhista, não há porque se interpretar a Lei n. 9.034/95 no sentido de que somente o juiz criminal, para efeito de persecução penal, pode ordenar a busca e apreensão de equipamentos de informática.

Incumbe ao Juiz do Trabalho, todavia, fixar a abrangência ou "os limites objetivos e subjetivos do mandado de busca e apreensão"[20] e declarar segredo de justiça, se houver receio de violação de sigilo preservado pela lei ou pela Constituição Federal, em obediência ao que reza o art. 3º da Lei n. 9.034/95.

Naturalmente também é válida e lícita, no processo do trabalho, a coleta de dados estáticos de computador exibida sob a forma de prova emprestada, ou produzida pela própria parte proprietária do computador, a quem aproveita o acesso aos dados.

Houve-se com acerto, pois, o TRT da 2ª Região ao admitir como prova lícita de justa causa *e-mails* encontrados em computador da empresa demonstrando que certa empregada repassou informações sigilosas a um ex-empregado da companhia que, então, já se demitira e trabalhava para a concorrência.[21] A abertura, pela empresa, do computador restituído desse ex-empregado evidenciou a trama entre ambos. No caso, decidiu-se que é lícito vasculhar um computador da empresa utilizado por ex-empregado, mesmo que para bisbilhotar o conteúdo de um *e-mail* recebido e lido. Penso que semelhante decisão é irretocável.[22]

7.2. Monitoramento do correio eletrônico

Outra questão, conexa a esta, sumamente relevante e controvertida, consiste em saber se o empregador tem o direito de rastrear ou monitorar o conteúdo do correio eletrônico à disposição do empregado e, em última análise, se é lícita a prova assim obtida, por exemplo, para a apuração de justa causa em processo judicial.

Ao cuidar-se de *e-mail*, é importante ter presente que, como se sabe, há dois tipos de correspondência eletrônica, que se distinguem em função da titularidade da conta: a) correio eletrônico pessoal ou particular; e b) correio eletrônico corporativo ou da empresa.

7.2.1. Correio eletrônico pessoal

No caso de correio eletrônico particular é a pessoa física quem contrata os serviços de um provedor de acesso, com a finalidade de criar um endereço eletrônico pessoal. Nesse caso, cabe a ela determinar a expressão que deseja adotar em seu endereço, eleger seu próprio *login* e respectiva senha para acesso. Por conseguinte, a comunicação dá-se por meio da **conta privada** do usuário, que, na condição de titular da conta, suporta os eventuais custos da prestação de serviço de provimento de acesso e conexão.

No caso de *e-mail* **particular ou pessoal do empregado**, entendo que ninguém pode exercer controle algum **de conteúdo** porquanto a Constituição Federal assegura a todo cidadão não apenas o direito à privacidade e à intimidade como também o sigilo de correspondência, o que alcança qualquer forma de comunicação pessoal, ainda que virtual.[23] Naturalmente, as informações que ali trafegam são de natureza pessoal e confidencial. São uma extensão do ambiente privado e íntimo do titular da conta. É, portanto, inviolável e sagrada a **comunicação** de dados em *e-mail* particular. O conteúdo do **correio eletrônico pessoal**, assim, sob nenhuma hipótese poderá ser objeto de gerenciamento pelo empregador, ainda que utilizado para tanto o computador do empregador. Daí se segue que a prova obtida mediante transgressão do correio eletrônico pessoal do empregado é ilícita e, por isso, não é admissível em qualquer processo.

7.2.2. Correio eletrônico corporativo

Outra situação, a meu juízo bem diversa, de que pretendo ocupar-me, é a do chamado **correio eletrônico**

---

(20) STF, MS 23.454, Pleno, Rel. Min. Marco Aurélio, DJ 19.8.99

(21) O caso foi de descoberta acidental pelo empregador. PROCESSO TRT/SP (2ª Reg.) N.: 02771200326202004, julgado em 1º.12.2005, Rel. Plínio Bolívar de Almeida.

(22) No ponto, todavia, um importante esclarecimento suplementar se faz necessário. Obviamente, está em jogo aqui a licitude do *e-mail* como prova, não a confiabilidade ou o valor probante desse meio de prova. Sabemos que o conteúdo de *e-mail* é altamente vulnerável e, por isso, produz prova precária e frágil da veracidade dos fatos. Idealmente, por isso, haverá de ser secundado por outros meios de prova para formar o convencimento do magistrado. O que sustento, de todo modo, é que não é uma prova ilícita se resulta da leitura de dados estáticos de um computador.

(23) Embora possa questionar-se se se trata de uma correspondência **fechada**, para efeito da proteção de inviolabilidade.

corporativo, em que o empregado utiliza-se de computador da empresa, de provedor da empresa e do próprio endereço eletrônico que lhe foi disponibilizado pela empresa, para uso em serviço.

O *e-mail* corporativo é como se fosse uma correspondência em papel timbrado da empresa.

Sabe-se, todavia, que alguns empregados abusam na operação do *e-mail* corporativo, sob múltiplas formas, bem conhecidas: envio a terceiros de fotos pornográficas ou a divulgação de mensagens obscenas, racistas, difamatórias, reveladoras de segredo empresarial, ou contendo vírus etc.

A 1ª Turma do Tribunal Superior do Trabalho, em acórdão pioneiro sobre a matéria de que fui Relator, decidiu que é **válida** a prova exibida em juízo pelo empregador consistente em rastrear o *e-mail* corporativo e seu provedor de acesso à Internet visando a apurar de quem era a responsabilidade pela divulgação de fotos pornográficas, a partir de seus equipamentos e sistemas de informática.

Presentemente, a jurisprudência brasileira e em outros países praticamente sedimentou-se nesse sentido.

Por quê?

Em primeiro lugar, porque o *e-mail* corporativo tem natureza jurídica equivalente **a uma ferramenta de trabalho**. Logo, em princípio, a não ser que o empregador consinta, é de uso estritamente profissional. Nessa perspectiva, antes de tudo, o monitoramento da atividade do empregado no uso dessa tecnologia traduz exercício do **direito de propriedade** do empregador sobre o computador capaz de acessar à *INTERNET*, sobre o provedor e sobre o próprio correio eletrônico. Se todo esse aparato tecnológico é da empresa e é fornecido ao empregado **para** o trabalho, parece-me muito natural que se reconheça que cabe a ela, em decorrência, o direito de monitorar a atividade do empregado no ambiente de trabalho.

Em segundo lugar, não procede o argumento de violação da intimidade ou privacidade visto que no caso **não há qualquer intimidade ou privacidade do empregado a ser preservada**, na medida em que essa modalidade de *e-mail* **não é disponibilizada ao empregado para fins particulares**. Manifesto que não se pode vislumbrar direito à privacidade na utilização de um sistema de comunicação virtual engendrado para o desempenho da atividade empresarial e de um ofício decorrente de contrato de emprego.

Interessante notar, a propósito, que diversos Tribunais dos EUA vêm consignando que o **empregado não tem razoável expectativa de privacidade** quanto à utilização do *e-mail* corporativo e do acesso à Internet através do sistema da empresa.

Convém notar também que, no Reino Unido, país de tradição liberal, o Parlamento aprovou **lei**, conhecida como RIP (*Regulamentation of Investigatory Power*), que autoriza os empregadores, desde 24.10.2000, a promover o monitoramento de *e-mails* e telefonemas de seus empregados.

No Brasil, infelizmente, ainda não há lei disciplinando a matéria (só projeto de lei!), mas o art. 8º da CLT permite a invocação do direito comparado para suprir as omissões do nosso ordenamento jurídico. Logo, até com fundamento no direito comparado pode-se reputar válido o monitoramento do **correio eletrônico corporativo**.

Poder-se-ia objetar que o rastreamento do conteúdo do correio eletrônico corporativo implicaria violação do sigilo da comunicação de dados (art. 5º, XII, da CF/88).

A meu juízo, não procede o argumento.

Está claro que, como visto, a Constituição Federal proíbe a intromissão na comunicação de dados alheia.

Mas ao perquirir-se a violação de um preceito legal ou constitucional, penso que cumpre indagar, antes de tudo, **o valor ou o bem jurídico tutelado pela norma**.

No caso do *e-mail* corporativo, em meu entender, o **objeto protegido é a** inviolabilidade do sigilo da **comunicação** restringida de dados **do empregador**.

Por quê?

Porque o *e-mail* **corporativo**, por sua natureza e finalidade, destina-se ao trânsito de mensagens eletrônicas de natureza institucional, que integram o ambiente privado da empresa.

Nesse caso, então, o sigilo opera-se, sim, mas em favor do proprietário da ferramenta de trabalho. Vale dizer: o que merece proteção são as **informações sigilosas da empresa** que circulam no correio eletrônico corporativo. **Não** as mensagens privadas do empregado que indevidamente nele transitam. Do contrário, haveria uma inversão de valores.

O último fundamento jurídico para reputar **lícita a prova** é um aspecto correlato ao tema, mas para o qual **não podemos ficar indiferentes**: não se pode esquecer que a lei (art. 932, II, do Código Civil) fixa a responsabilidade civil objetiva do empregador por quaisquer danos que seus empregados causem a terceiros, o que obviamente alcança o correio eletrônico corporativo.

E é importante acentuar que os empregadores já começam a ser responsabilizados civilmente pelo mau uso do *e-mail* corporativo por seus empregados. O TRT da 4ª Região, por exemplo, em decisão no final de 2006, julgou o seguinte caso: determinado empregado recebeu, ao longo de meses, no *e-mail* corporativo, mensagens de baixíssimo calão, ofensivas à sua reputação profissional e pessoal, inclusive sugerindo sua orientação sexual. A vítima moveu ação pleiteando indenização por dano moral em face do provedor da Internet, o qual forneceu os dados do responsável pelo envio das mensagens. Surpreendentemente, constatou-se que era um colega de serviço do reclamante. Ou seja: o agressor também fazia parte do quadro de empregados da empresa. O inimigo morava ao lado... Resultado: a empresa foi condenada ao pagamento de indenização em face das mensagens mal intencionadas enviadas por um empregado a outro, no horário de trabalho, utilizando-se para tanto do correio eletrônico corporativo.[24]

De sorte que o gerenciamento do correio eletrônico corporativo não se destina e tampouco comporta a interpretação de violar a intimidade ou o sigilo da correspondência pessoal dos empregados de uma empresa. Visa a resguardar a responsabilidade patronal por condutas impróprias e abusivas de certos empregados, aliado ao escopo de adotar medidas preventivas de segurança e proteção de sua infraestrutura tecnológica.

Convenci-me, por isso, de que **não é ilícita** a prova exibida em juízo do monitoramento do conteúdo do correio eletrônico corporativo manipulado pelo empregado.

7.2.3. Controle formal do correio eletrônico particular, usando computador da empresa

Aspecto interessante e correlato da temática consiste em saber se é lícita e admissível no processo a prova decorrente de um controle meramente **formal** do correio eletrônico **particular** do empregado quando for utilizado **para tanto o computador da empresa, em horário de trabalho.**

É forçoso convir que o **abuso** na utilização do correio eletrônico pelo empregado, ao longo da jornada de labor, pode configurar-se **quer** no caso do *e-mail* corporativo, **quer** no caso do *e-mail* pessoal.

É óbvio que, em tese, por exemplo, um empregado desidioso pode passar toda a jornada de labor recebendo e enviando mensagens por meio do correio eletrônico particular, louvando-se do computador da empresa. E naturalmente poderá cometer com o correio eletrônico pessoal os mesmos abusos antes referidos a propósito do correio eletrônico corporativo... Suponha-se a situação em que o empregado, por meio do seu *e-mail* pessoal, envia, do computador da empresa, mensagens obscenas ou de conotação sexual para outras empregadas da empresa, conturbando o ambiente de trabalho.

É preciso ter presente que mesmo em casos como esses, de o empregado enviar mensagem pelo correio eletrônico de provedor pessoal, utilizando-se do computador da empresa, a empresa tem responsabilidade civil, no mínimo solidária, pelo conteúdo das mensagens já que o IP registrado (*Internet Protocol* ou Protocolo de Internet) é o da empresa de onde foram enviadas. Vale dizer: se partiu a mensagem de computador da empresa, embora a empresa não possa ler o conteúdo da mensagem, tanto basta para que ela responda pelos prejuízos causados a terceiros...

Por conseguinte, **se** a empresa **não bloqueou** o acesso às páginas do *e-mail* pessoal (o que seria a solução...), **pode** exercer um controle **formal** da utilização do correio eletrônico **particular** pelos empregados, durante a jornada, **se** isso se der mediante utilização do computador da empresa.

O que se entende por controle **formal**?

É um controle extrínseco, que não implique leitura do conteúdo, mediante a apuração de dados estáticos do computador, tais como: horários e número de mensagens privadas enviadas, assim como os endereços dos destinatários; *idem* quanto às mensagens recebidas.

Observe-se que o controle formal do *e-mail* particular em máquina da empresa é, em essência, também um controle do abuso na utilização dessa modalidade de correio, em serviço.[25]

Obviamente, consulta aos interesses do empregador capturar esses dados formais da comunicação, em si mesmos muito úteis para avaliar eventual comportamento desidioso do empregado em serviço. A partir daí, pode constatar que certo empregado está, por exemplo, de forma abusiva, **despendendo tempo considerável** no envio e consulta a *e-mails* **privados**, no computador da empresa, no horário de trabalho.

A meu sentir, é **lícita** a prova decorrente da **captura no computador da empresa** de dados formais **do acesso** ao correio eletrônico **pessoal** pelo empregado.

Primeiro, porque não há quebra da inviolabilidade da intimidade ou da privacidade do empregado visto que **não** há intromissão para **leitura** da mensagem.

---

(24) Correio Braziliense de 04.12.2006, Caderno Direito & Justiça, p. 2.

(25) Ninguém ignora que existem *softwares* capazes de registrar **não** só os *sites* visitados pelos empregados, como também esses aspectos formais, mormente o **número** de mensagens eletrônicas recebidas e enviadas.

Segundo, porque se trata da captura de dados estáticos do computador **pelo seu próprio dono, sem** que isso implique **interceptação** de conteúdo e, portanto, **sem** que importe violação do sigilo da comunicação de dados.

Reitero que esses **dados digitais** estão para o **disco rígido** de um computador da mesma forma que **papéis** estão para um armário.

Por isso, e como já se realçou, o Supremo Tribunal Federal entendeu que, **mesmo em relação ao computador de terceiro (empresa)**, é válida a busca e apreensão de dados estáticos para instruir processo.

Ora, se assim é, com muito maior razão, a empresa dona do computador pode ter acesso aos **dados estáticos ali registrados, que equivalem a papéis de arquivo DELA**.

Por conseguinte, a meu juízo é lícita a prova do controle **formal** dos acessos do empregado ao provedor **pessoal** para emitir e receber *e-mail* particular, usando computador da empresa.

Há quem sustente a necessidade, para isso, de um **aviso prévio ao empregado**: uma **comunicação prévia** acerca da possibilidade de monitoramento, ainda que **formal**, do *e-mail* pessoal.

Naturalmente, se houver, tanto melhor para justificar a medida. Penso, todavia, que a **ciência prévia** do empregado **não** é essencial.

7.3. Prova obtida em redes sociais da internet

Trata-se agora de saber se é lícita a prova extraída unilateralmente pelo interessado de redes sociais da internet e exibida em juízo para a prova de determinado fato.

O tema vem assumindo dimensões inquietantes.

Todos sabemos que em tais páginas registram-se fatos gravíssimos que, não raro, desbordam para a criminalidade: exploração sexual contra crianças e adolescentes, manifestações de ódio e discriminação contra negros, homossexuais, judeus e nordestinos etc.

Outros fatos ali registrados, embora menos graves, podem ter repercussão na esfera cível ou jurídico-trabalhista das pessoas. Dois episódios julgados por tribunais brasileiros bem o demonstram.

Primeiro episódio

O Tribunal de Justiça do Rio Grande do Sul lançou mão de fotos disponíveis no extinto *ORKUT*, pioneiro *site* de relacionamento da Internet, para **indeferir** requerimento de **assistência judiciária gratuita** formulado por um casal. **Fundamento**: a advogada da empresa antagonista exibiu nos autos do processo fotos impressas do casal, extraídas do *site*, revelando que o casal viajou para a Europa (Veneza e Paris). Daí a inafastável conclusão a que chegou o Tribunal: **não** era fundada a alegação de dificuldades financeiras porquanto quem efetivamente se acha em tal situação não tem condições de efetuar viagens anuais ao Velho Continente.

Segundo episódio

O antigo *Orkut* igualmente foi aceito como elemento de prova pela 1ª Turma do TRT gaúcho, ao julgar recurso ordinário em processo trabalhista.

Em inquérito para apuração de falta grave, comprovou-se que empregado de tradicional instituição de ensino da capital gaúcha, operando máquina instalada na biblioteca do colégio, habitualmente elaborava cópias reduzidas e plastificadas do conteúdo didático transmitido pelos professores, **visando a fraudar os exames escolares**. Ou seja, **sistematicamente preparava a conhecida "cola"** para favorecer os alunos. Ante as alegações do empregado de que **desconhecia** a finalidade do material por ele produzido, a instituição de ensino exibiu, como prova do mau procedimento, uma **homenagem** que lhe foi prestada por incontáveis alunos: a criação, no *site* de relacionamento, da concorrida comunidade "amigos do seu Fulano", contando com mais de 500 membros.

Dentre as curiosas e expressivas **mensagens** de alunos coligidas no *site* e usadas pelo colégio como **uma das provas** de participação do empregado no sistema institucionalizado de fraude dos exames escolares, constam mensagens do gênero:

> Quem não cola não sai da escola. Ainda bem que temos o seu Fulano, que é compreensivo quando não temos dinheiro... ele tem todos os truques, inclusive plástico para fazer cola de qualidade... só neste ano já me salvou, no mínimo, duas vezes... jura que eu ia decorar os dez países mais populosos do mundo!!! Valeu, seu Fulano!

Evidentemente, com base em depoimentos desse jaez extraídos da aludida *página* da internet, secundados por prova testemunhal, o Tribunal reconheceu a **falta grave**.[26]

---

(26) RO 00080-2005-013-04-00-0, julgado em 20 de outubro de 2005, Rel. Juiz convocado Ricardo Martins Costa.

Outros episódios. *Facebook*

Mais recentemente, os repositórios de jurisprudência registram outros episódios de admissão, no processo trabalhista, de prova extraída do *Facebook*, a rede social mais acessada do mundo na atualidade.

Ilustram o que se vem de afirmar os seguintes casos concretos:

a) prova de justa causa pela prática de ato lesivo à honra e à boa fama do empregador, em decorrência de comentário depreciativo publicado pelo empregado no *Facebook*;[27]

b) prova de justa causa em virtude de o empregado publicar no seu *Facebook* informações de cunho sigiloso, que implicou quebra de fidúcia;[28]

c) prova de dano moral pelo uso da imagem do empregado no *Facebook* para campanha publicitária planejada da empregadora, depois de encerrado o contrato de trabalho;[29]

A questão é: podemos considerar **lícita** e, portanto, válida a prova de tais fatos, recolhida da Internet **unilateralmente** pelo interessado, para aproveitamento em processo judicial?

Penso que sim.

Duas objeções poderiam ser opostas, em tese, para acoimar de ilícita tal prova.

A **primeira**, supostamente em virtude de a prova haver sido colhida mediante infração ao princípio constitucional do **contraditório** (art. 5º, LV, da CF/88).

Sucede que, tecnicamente, mesmo se fundada fosse a alegação, sequer em tese inquina de ilicitude a prova, já que estaríamos em face de uma infração a uma norma **processual**, não **material**, o que imporia ao juiz apenas **negar credibilidade à prova**.

Inegável, ademais, que, no caso de prova recolhida diretamente da Internet, a parte contrária **pode ser intimada** *a posteriori*, quando da exibição em juízo da transcrição do conteúdo extraído da rede mundial de computadores. Logo, ao ser submetida ao seu crivo, a parte contrária dispõe de oportunidade para **debater a prova** (conteúdo e a origem), o que basta para atender à exigência constitucional e legal de contraditório.

Outra **objeção** à licitude da prova poderia fundar-se na alegação de supostamente haver sido colhida, em alguns casos, mediante violação do princípio constitucional que garante a **inviolabilidade da intimidade e da privacidade das pessoas**.

Em meu entender, igualmente não prospera essa objeção.

Como é notório, as **redes sociais** formadas por meio da Internet destinam-se a criar e manter relacionamentos entre seus membros. Isso quer dizer que, em tais páginas de relacionamento, as pessoas buscam, em maior ou menor medida, uma **exposição da vida privada**.

De sorte que **não há** propriamente invasão em mensagens privadas no que se capta o seu conteúdo. Não se está a expor a vida **privada** da pessoa quando se retira uma informação disponibilizada, senão a todos, a um grupo expressivo de pessoas na Internet.

8. CONCLUSÃO

Salta aos olhos, do quanto se expôs, que a prova ilícita persiste sendo um tema árduo para a Ciência Processual e para o operador do direito, tantas são as sutilezas e os valores em xeque de cada caso.

Avulta, assim, o papel do juiz no momento culminante do processo, o de sentenciar. Emprestar, ou não, validade a essa ou aquela prova, entre tantas, inclusive **digitais**, é mais uma questão dramática reservada à consciência do juiz na hora de julgar e, portanto, de distribuir Justiça. Daí a sagaz observação de BARBOSA MOREIRA,[30] de que "nada retrata com tão vívidas cores a miséria e a grandeza de julgar".

Releva ter presente ainda que, quando se trata especificamente de prova digital ou de prova física resultante de prova digital (transcrição de conteúdo, por exemplo), na esmagadora maioria dos casos, a questão não é propriamente de prova ilícita, e, sim, de valor probante da prova.

Importa dizer: na esmagadora maioria dos casos, a prova digital **não é** ilícita: pode ser apenas **frágil** ou inconsistente, do ponto de vista do valor probante. Naturalmente, cabe ao juiz ou Tribunal Regional valorar adequadamente a prova e atribuir-lhe o valor que possa merecer (CPC de 2015, art. 371), tal como se dá com quaisquer outros meios de prova (lembre-se de que a prova testemunhal comumente também é frágil...). É uma questão, em suma, de maior ou menor **confiabilidade**.

---

(27) TST-AIRR 122-26.2013.5.03.0009, 8ª Turma, Rel. Min. Márcio Eurico Vitral Amaro, julgamento em 09.09.2015, DEJT 11.09.2015.

(28) TST-AIRR 544-92.2015.5.17.0121, 5ª Turma, Rel. Min. Antonio José de Barros Levenhagen, julgamento em 23.11.2016, DEJT 25.11.2016.

(29) TST-AIRR 10909-47.2015.5.03.0138, 2ª Turma, Rel. Min. José Roberto Freire Pimenta, julgamento em 09.11.2016, DEJT 11.11.2016. No caso, não se questionou no processo a validade da prova extraída do *Facebook* pela reclamante, mas rejeitou-se o pedido de indenização por dano moral porque, presumivelmente, segundo o TRT, teria havido autorização da empregada para o uso da imagem.

(30) BARBOSA MOREIRA, José Carlos. *Temas de direito processual*. Quarta Série. São Paulo: Saraiva, 1989. p. 161.

Assédio Moral no Direito do Trabalho

1. INTRODUÇÃO

O fenômeno do assédio moral nas relações de trabalho persiste sobremodo atual e relevante.

Inquestionável que o contexto de globalização econômica e de intensa competitividade entre as empresas em que vivemos torna o local de trabalho palco para pressões nem sempre sadias por resultados ou desempenho, em que pode instalar-se um quadro de assédio moral.

É forçoso convir que, nesse cenário, em que a tônica é o estresse e em que ronda o fantasma do desemprego, uma ou outra chefia, por exemplo, pode exceder os limites do razoável na cobrança de resultados dos subordinados, ao ponto de desbordar para o assédio moral.

O fato objetivo é que, nesse ambiente de riscos empresariais e pessoais, de uns tempos a esta parte, e cada vez mais, as empresas vêm sendo fustigadas por acusações de assédio moral no ambiente de trabalho, em milhares de ações propostas na Justiça do Trabalho.

Ao contrário do que faz supor, porém, o assédio moral não é nenhuma novidade no ambiente de trabalho: é um fenômeno tão antigo quanto o trabalho. O assédio moral está atrelado à natureza humana e sempre existiu nos locais de trabalho.

O que parece inquestionável é que o assédio moral está recrudescendo, de uns tempos a esta parte, tal como evidenciam pesquisas sérias realizadas em nosso País e no exterior.

As pesquisas revelam que um percentual expressivo de empregados declara-se vítima de humilhação ou constrangimento, repetidamente, no ambiente de trabalho, na maior parte dos casos por conduta dos chefes.

No Brasil, por exemplo, em estudo coordenado pela médica do trabalho **Margarida Barreto**, foram consultados cerca de 42.000 trabalhadores de empresas públicas e privadas: do total de entrevistados, mais de 10.000 afirmaram serem vítimas de assédio moral.

A maioria das empresas não compreendeu ainda que o seu desempenho é indissociável do cuidado que a direção tenha com o bem-estar de seus empregados.

Como disse **Daniel Cohen**, economista francês de origem tunisiana, "a metade do valor de mercado de uma empresa vem do capital humano que a compõe, a outra metade (somente) do capital propriamente dito. É a importância deste fator humano que é sistematicamente subestimada."

2. CONCEITO

O assédio moral é um fenômeno de perfis difusos ou de múltiplas facetas, cuja configuração extrapola o Direito do Trabalho.

Do ponto de vista léxico, "assediar" significa "perseguir com insistência", "importunar, molestar, com pretensões insistentes" (Aurélio).

Grosso modo, o conceito técnico do fenômeno não difere dessa noção léxica do vocábulo "assediar".

O art. 29 do Código do Trabalho de Portugal adota um conceito descritivo que me parece bastante preciso:

> 1 – Entende-se por assédio o comportamento indesejado, nomeadamente o baseado em factor de discriminação, praticado quando do acesso ao emprego ou no próprio emprego, trabalho ou formação profissional, com o objectivo ou o efeito de perturbar ou constranger a pessoa, afectar a sua dignidade, ou de lhe criar um ambiente intimidativo, hostil, degradante, humilhante ou desestabilizador.

O Código do Trabalho da França (art. 122-49), a seu turno, ressalta que o objeto ou efeito do assédio moral é a **degradação das condições de trabalho, suscetível de atentar contra os direitos e dignidade do trabalhador, alterar sua saúde psíquica, mental ou comprometer seu futuro profissional.**

Uma vez que ainda não há no Brasil, desafortunadamente, lei federal que discipline o assédio moral,[1] é lícito que se invoque o Direito Comparado (CLT, art. 8º) para conceituar o assédio moral.

---

(1) Há leis em diversos municípios brasileiros (além de lei do Estado do RJ) aplicáveis apenas aos servidores públicos locais.

De sorte que, na órbita do Direito do Trabalho, em linhas gerais, o assédio moral **é uma** perseguição ou uma humilhação sistemática de uma pessoa (em geral, subordinado) no curso da relação de emprego, perseguição ou humilhação essa que se traduz em exposição prolongada e repetitiva dessa pessoa a situações constrangedoras e vexatórias no ambiente de trabalho.

Em essência, o assédio moral é uma perseguição continuada e humilhante, desencadeada, normalmente, por um chefe perverso, cruel ou desequilibrado, muitas vezes destinada a afastar o subordinado do emprego, com graves danos para a sua saúde física e/ou mental.

Segundo a psicoterapeuta francesa **Marie-France Hirigoyen**, autora de obras clássicas sobre o tema, o assédio moral no trabalho "é toda e qualquer conduta abusiva, manifestando-se, sobretudo, por comportamentos, palavras, atos, gestos, escritos que possam trazer dano à personalidade, à dignidade ou à integridade física ou psíquica de uma pessoa, pôr em perigo seu emprego ou degradar o ambiente de trabalho."[2]

Enfim, acentuou ela, o assédio moral é uma "forma de humilhação, desprezo ou inação realizado em local de trabalho em que um superior hierárquico, ou não, faz, repetidamente, contra outro colega de trabalho, com o objetivo de humilhar e destruir sua autoestima, levando-o a tomar atitudes extremas como demitir-se ou, até mesmo, levá-lo a tentar ou cometer suicídio".

Por sua vez, o médico alemão e pesquisador na área de psicologia do trabalho, **Heinz Leymann**, referido por **Marie-France Hirigoyen**, sublinhou que o assédio moral é "uma situação em que uma pessoa ou um grupo de pessoas exerce uma violência psicológica extrema sobre outra pessoa, de forma sistemática e frequente", com o objetivo de "perturbar o exercício de seus trabalhos e conseguir, finalmente, que essa pessoa acabe deixando o emprego".

Percebe-se que, em todos esses conceitos de assédio moral, alguns traços são frequentes: humilhação, gestos repetitivos, perseguição continuada de outrem.

Apesar de todos esses conceitos serem inicialmente psicológicos, eles emprestam elementos para a construção de um conceito jurídico, ainda em elaboração.

A Organização Internacional do Trabalho (OIT) editou, em 2002, um Informe sobre algumas **condutas abusivas** que configuram o assédio moral, tais como:

A. medida destinada a excluir uma pessoa de uma atividade profissional;

B. ataques persistentes e negativos ao rendimento pessoal ou profissional sem razão;

C. a manipulação da reputação pessoal ou profissional de uma pessoa por meio de rumores e ridicularização;

D. abuso de poder através do menosprezo persistente do trabalho da pessoa ou a fixação de objetivos com prazos inatingíveis ou pouco razoáveis ou a atribuição de tarefas impossíveis;

E. controle desmedido ou inapropriado do rendimento de uma pessoa.

Note-se que essas são algumas das variantes do assédio moral. Mas o que há de mais constante são chefes perversos ou arrogantes, clima de terror, humilhações, perseguições, metas impossíveis, provocação e boatos pessoais.

Uma jornalista inglesa, Andrea Adams, lembrada por **Marie-France Hirigoyen**, lançou mão de uma **metáfora** muito expressiva para definir a **sensação** de conviver com o assédio moral no ambiente de trabalho. Ela disse que há assédio moral quando "ir ao trabalho é como entrar na jaula de um animal imprevisível para enfrentar outra semana de crucificação profissional".

3. TIPOS DE ASSÉDIO MORAL

O assédio moral costuma ocorrer mais comumente nas **relações hierárquicas autoritárias**, nas quais o empregado é exposto a situações humilhantes e constrangedoras durante a jornada de trabalho e no exercício de suas funções. Trata-se de relação em que predominam os desmandos e a manipulação do medo.

Entretanto, o assédio moral não exige necessariamente relação hierárquica entre as pessoas.

Hoje é sabido que esse fenômeno ocorre não só entre chefes e subordinados, mas vice-versa e entre colegas de trabalho, com vários objetivos, entre eles o de forçar a demissão da vítima, o seu pedido de aposentadoria precoce, uma licença para tratamento de saúde, uma remoção ou transferência.

Em realidade, sob o ponto de vista da hierarquia do assediador, o assédio moral pode ser **descendente, ascendente ou horizontal**.

Se o assediador é um superior hierárquico, o assédio classifica-se como "descendente", segundo Leymann, e sua conduta implica abuso de poder.

O assediador, todavia, poderá também ser um subalterno. É o que **Leymann** denomina assédio moral "**ascendente**". Empregados que têm dificuldade de conviver com a diferença (mulher em grupo de homens,

---

(2) *Assédio moral – a violência perversa no cotidiano*. Rio de Janeiro: Bertrand Brasil, 7. ed., p. 65.

homossexualidade, diferença religiosa ou social) também poderão ser assediadores.[3]

O assédio moral poderá, ainda, manifestar-se de um colega de trabalho para com outro, imbuído do espírito de competitividade, inimizade ou inveja. É o chamado assédio moral "horizontal" (Leymann). Ocorre quando dois empregados disputam a obtenção de um mesmo cargo ou uma promoção na empresa.

4. CAUSAS: PROFISSIONAIS E PESSOAIS

Assinala **Marie-France Hirigoyen** que quando buscamos as origens de alguma conduta de assédio moral dentro de determinado contexto profissional, encontramos *um* conjunto de disfunções e desvios de pessoas, mas a organização tem sempre a sua parcela de culpa.

Portanto, causas profissionais e pessoais, ou ambas, concorrem para o surgimento do assédio moral.

Em primeiro lugar, um ambiente de trabalho propício.

Conforme bem anota **Marie-France Hirigoyen**, existem incontestavelmente contextos profissionais em que os procedimentos de assédio moral podem se desenvolver mais livremente.[4]

Quais?

1º) os ambientes nos quais prevalecem um intenso nível de **estresse** e má **organização**;

2º) quando há práticas de gestão na empresa pouco claras, ou mesmo francamente perversas, que se constituem em uma autorização implícita (espécie de sinal verde!) às atitudes perversas individuais.

Segundo **Hirigoyen**, o que favorece o assédio é, acima de tudo, o ambiente de trabalho no qual não existem regras internas nem para os comportamentos, nem para os métodos; tudo parece permitido, o poder dos chefes não tem limites, assim como o que pedem aos subordinados.

Somem-se a isso as motivações decorrentes de anomalias psíquicas da personalidade de certos chefes (complexos, inveja etc.) e estará presente o caldo de cultura para emergir o assédio moral.

Em segundo lugar, **motivações pessoais** concorrem para a caracterização de um quadro de assédio moral: **preconceitos** de várias espécies (religião, raça, cor, posição social, sexo, idade dentre outros); ambição desmedida; necessidade de impor e afirmar pretensa superioridade; vingança por diversas razões (por assédio sexual malsucedido, por denúncias de irregularidades, por outras questões pessoais); inveja etc.

Hirigoyen narra o caso de uma jovem executiva que implementou um processo de assédio moral contra uma humilde funcionária administrativa. Nesse caso específico, descobriu-se que a executiva assediadora ficava extremamente irritada com a felicidade que a vítima demonstrava em relação a seu cotidiano. A mente deturpada da assediadora não conseguia compreender e assimilar os motivos que levavam uma pessoa que não desfrutava de poder, conforto, dinheiro ou beleza, demonstrar que era feliz com pequenas coisas. Portanto, nesse caso específico, os motivos que conduziram a agressora a agir foram estabelecidos por sentimentos de frustração e deformação dos valores da vida.

Vê-se, assim, que o assédio também resulta de um conjunto de disfunções e desvios de pessoas, além de a empresa ter quase sempre a sua parcela de culpa.

No fundo, é a inexcedível e clássica explicação do espanhol **Jimenez de Asúa** para o comportamento humano em geral: "o Homem é ele e suas circunstâncias".

5. CARACTERIZAÇÃO

Fenômeno de múltiplas facetas, a caracterização do assédio moral no ambiente de trabalho dá-se de inúmeras formas.

O traço comum é a degradação das condições de trabalho, sobretudo em virtude de condutas negativas e destrutivas de chefes prepotentes ou autoritários que desestabilizam o subordinado.

Expediente relativamente comum consiste em deixar a vítima sem qualquer atividade, em ociosidade compulsória e constrangedora. Há uma privação total e humilhante de trabalho.

---

(3) TST-RR-3671200-96.2008.5.09.0652, 7ª Turma, Rel. Min. Cláudio Mascarenhas Brandão – julgado em 21 de maio de 2014 – **DANO MORAL. ASSÉDIO MORAL VERTICAL ASCENDENTE E HORIZONTAL. CARACTERIZAÇÃO.** (...) Finalmente, o último elemento é o nexo causal, a consequência que se afirma existir e a causa que a provocou; é o encadeamento dos acontecimentos derivados da ação humana e os efeitos por ela gerados. **A dignidade constitucional representa a garantia de proteção dos valores inerentes à personalidade humana, a qual é violada e evidencia a presença de assédio moral, em virtude de tratamento habitual, ofensivo e desrespeitoso direcionado ao empregado por subordinados seus, sem que o empregador, que tomou conhecimento dessas práticas às coibisse. Ficou evidenciado, na decisão regional, que o autor era** vítima de constantes provocações, a exemplo de lhe ser ministrado suco com laxante; receber presentes de conotação sexual; ser-lhe atribuído apelido vinculado à opção sexual (homossexualidade), dentre outras práticas, tudo isso com a conivência da supervisora. O assédio, portanto, foi caracterizado. As regras de boa conduta também devem ser observadas no âmbito do contrato de trabalho, o que impõe o dever de respeito à pessoa, ainda que esteja submetida ao poder diretivo do empregador. Demonstrado o dano decorrente da conduta do empregador, dever ser mantido o acórdão regional que condenou a reclamada a indenizá-lo. Recurso de revista de que não se conhece.

(4) *Mal-estar no trabalho*. Rio de Janeiro: Bertrand Brasil, 2005. p. 187.

Um caso julgado por TRT bem ilustra essa situação: determinado empregado foi colocado sentado em uma cadeira, por muitos dias consecutivos, sem qualquer atividade, como se fosse uma criança de castigo nas antigas escolas ou no recinto familiar.

Em Brasília, também tivemos o caso similar de uma empregada colocada em um corredor, sentada em uma cadeira. Ela ficava lá o dia inteiro. Não tinha função. Era ridicularizada. Lá permanecia como se fosse pessoa inútil.

Mais recentemente, a 7ª Turma do TST julgou o caso de empregado colocado à margem das atividades do Banco reclamado, sem atribuições profissionais, por cerca de cinco anos. Ficava em uma sala, cabisbaixo, *sem função e* sem receber ordens, *enquanto o setor em que atuara anteriormente estava sobrecarregado de serviço*.[5]

Uma variante de tal situação ocorre quando se provoca um esvaziamento nas atribuições do empregado ou então um isolamento do empregado.[6]

Em casos que tais, o constrangimento e a lesão à honra são manifestos.

Outra forma de assédio moral adotada é a chamada "técnica de ataque", que se traduz por atos que visam a desacreditar e/ou a desqualificar a vítima diante dos colegas ou clientes da empresa.

É o caso das constantes críticas ou xingamentos em público. Ou da atribuição à vítima de tarefas de grande complexidade para serem executadas em curto lapso temporal, com o fim de demonstrar a sua incompetência. Ou o caso em que se exige da vítima tarefas absolutamente incompatíveis com a sua qualificação funcional e fora das atribuições de seu cargo. Ou quando há depreciação pessoal do subordinado.

A propósito, os jornais noticiaram que, nos EUA, a rede Walmart foi condenada a pagar milhões de dólares a uma empregada assediada moralmente, como decorrência de observações chocantes sobre seus dotes físicos.

O TRT da 2ª Região reconheceu assédio moral em episódios nos quais uma secretária era constantemente chamada de "burra, idiota e incompetente".

Outra forma de assédio moral é a que se dá mediante agressão dissimulada. Exterioriza-se por calúnias, difamações, injúrias, mentiras, boatos sobre preferências sexuais, boatos sobre a saúde ou sobre a família, a exemplo do boato em relação à mulher bem sucedida ("ela alcançou tal posto porque dormiu com seu chefe...").

Vale referir, ainda, o assédio moral que se notabiliza pelo tratamento habitual ofensivo e desrespeitoso em razão da opção sexual do empregado,[7] ou a prática patronal de limitar a alguns minutos o uso das instalações sanitárias durante a jornada de trabalho, conduta que acarreta evidente constrangimento ao empregado, além de prejuízo à saúde.

6. ELEMENTOS DO CONCEITO JURÍDICO

O conceito jurídico do assédio moral ainda está em construção e é de difícil elaboração em face dos difusos perfis do fenômeno.

O tema, na verdade, é multidisciplinar. Foi a partir de pesquisas no ramo da Psicologia que o assédio moral começou a chamar a atenção de estudiosos de outros ramos da Ciência, dentre eles o Direito.

Parece-me claro que o Direito pode e deve socorrer-se de alguns elementos do assédio moral identificados pela Psicologia.

De momento, todavia, ainda não há uniformidade sobre quais são os elementos essenciais do conceito jurídico de assédio moral.

Reputo **elementos essenciais** à caracterização do assédio moral no plano jurídico os seguintes:

Primeiro

1º) Violação da dignidade, da integridade ou da imagem da pessoa, por condutas abusivas desenvolvidas dentro do contexto profissional. Vale dizer: que a violência psicológica acarrete uma situação vexatória, de constrangimento ou de sofrimento mental, de tal modo que provoque violação da dignidade ou da integridade ou da imagem do empregado.

Segundo

2º) Que a conduta do agente, dolosa ou culposa, viole o ordenamento jurídico **de forma consciente**. Sustentam alguns estudiosos, porém, que, para emergir a responsabilidade do agente, essa violação deveria ser deliberada, **proposital**; assim, ínsita à noção de assédio moral seria a **intenção de prejudicar**, a intenção maldosa. **Heinz Leymann**, pioneiro no estudo do tema, como visto, conceitua o assédio moral como "deliberada degradação das condições de trabalho". Na mesma linha,

---

(5) RR 93-86.2012.5.03.0113, 7ª Turma, Min. Delaíde Miranda Arantes, DEJT 21.06.2013, j-19.06.2013, decisão unânime.

(6) Acórdão do TST em que se reconheceu assédio moral decorrente de isolamento a que se submeteu o empregado: RR-103300-62.2005.5.21.0011, 1ªTurma, Min. Hugo Carlos Scheuermann, DEJT 25.04.2014, J-9.4.2014, decisão unânime.

(7) Nesse sentido: RR-3671200-96.2008.5.09.0652, 7ªTurma, Min. Cláudio Mascarenhas Brandão, DEJT 23.5.2014/J-21.5.2014, decisão unânime.

a saudosa Professora **Alice Monteiro de Barros**, para quem o assédio moral tem por fim ocasionar um dano psíquico ou moral ao empregado para marginalizá-lo no seu ambiente de trabalho.

Penso, contudo, que basta a consciência do agente e a previsibilidade do resultado danoso para a vítima, mesmo que não seja intencional.

Terceiro

3º) Que haja **intensidade na violência psicológica**. É necessário que ela seja **grave na concepção objetiva de uma pessoa normal, do homem médio**. Não deve ser avaliada sob a percepção subjetiva e particular do afetado, que poderá viver com muita ansiedade situações que objetivamente não possuem a gravidade capaz de justificar esse estado de alma. Nessas situações, a patologia estaria mais vinculada com a própria personalidade da vítima do que com a hostilidade no local de trabalho.

Sabemos que há pessoas hipersensíveis, cheias de melindres e suscetibilidades! Por exemplo: o portador de distúrbio do déficit de atenção costuma melindrar-se facilmente. Um comentário desaprovando a cor do sapato basta para ele se sentir ofendido...

Claro, porém, que a gravidade do assédio moral poderá variar não apenas pelo tempo em que a vítima a ele fique exposta, mas pelo grau de violência com que é praticado.

Quarto

4º) O **quarto** elemento essencial à caracterização do assédio moral, do ponto de vista jurídico, é a **repetição da conduta assediadora** e, portanto, o seu prolongamento no tempo. Significa que episódio esporádico **não o caracteriza; essencial a habitualidade da agressão**.

O próprio termo "assédio" evoca a ideia de **repetição**, de pequenos fatos que, isoladamente considerados, poderiam parecer inofensivos. O que importa, para a caracterização do assédio, é a forma **repetida e sistemática da agressão**.

Não há uma duração ou um limite mínimo fixado. Num dos primeiros estudos sobre o tema, o prof. **Heinz Leymann** ensinava que a configuração do assédio pressupunha uma frequência mínima de uma vez por semana, em um período superior a seis meses.

A doutrina e jurisprudência hoje, contudo, consideram essa exigência **muito rigorosa, contentando-se** em que as humilhações sejam **constantes!**

De fato, fixar desse modo um patamar limite parece excessivo, pois a gravidade do assédio moral não depende somente da duração, mas também do grau de violência da agressão. Algumas atitudes especialmente humilhantes podem destruir alguém ou desestabilizar psicologicamente a vítima em menos de seis meses!

O TRT da 3ª Reg. registra caso de graves ataques à honra de empregada, em represália pela propositura de ação trabalhista, em quadro que perdurou pouco mais de 30 dias.

Atualmente basta que o **assédio seja um processo**, seja um conjunto de atos ou procedimentos destinados a expor a vítima a situações incômodas e humilhantes.

Quinto

5º) Para uma parcela respeitável da doutrina, haveria um quinto elemento do conceito jurídico de assédio moral: a prova de efetivo dano psíquico na vítima.

Para muitos estudiosos, é indispensável que se produzam efetivamente na vítima danos físicos e/ou psíquicos (que se expressam por meio de alterações psicopatológicas) seja em caráter permanente, seja em caráter transitório. Para esses estudiosos, o assédio moral deve provocar uma enfermidade constatada mediante diagnóstico clínico.

Sabe-se que, em muitos casos de assédio moral, no início, a pessoa pode ser acometida do que os médicos denominam "perturbações funcionais": nervosismo, bloqueio, distúrbios do sono (sonolência excessiva ou insônia), enxaquecas, distúrbios digestivos etc. Depois, se o assédio moral se prolonga ou recrudesce, um estado depressivo forte pode solidificar-se. Enfim, a pessoa pode apresentar diversos distúrbios psicossomáticos.

Para a acenada corrente doutrinária, por conseguinte, esses estados devem guardar um nexo de causalidade com o assédio. Em outras palavras: é imprescindível que sobrevenha um resultado danoso à vítima (lesão psíquica).

Sob essa ótica, caberia ao autor o ônus de provar mediante laudo pericial clínico esse elemento.

Pessoalmente entendo que a prova de efetivo dano psíquico é dispensável.

Por quê?

De um lado, porque, como bem assinalou a profª. Alice Monteiro de Barros, o conceito de assédio moral deverá ser definido pelo comportamento do assediador e não pelo resultado danoso.

De outro lado, a Constituição Federal vigente protege não apenas a integridade psíquica, mas também a moral.

Ademais, ilógico e desarrazoado considerar-se indispensável ao conceito de assédio moral o efetivo dano psíquico: se assim fosse, teríamos um mesmo comportamento caracterizando ou não assédio moral, conforme o grau de resistência da vítima. Dessa forma, remanesceriam sem punição as agressões que não hajam conseguido abater psicologicamente a pessoa. Em derradeira análise, pois, a admitir-se como elemento do assédio moral o efetivo dano psíquico, o terror psicológico converter-se-ia em um ilícito conforme a subjetividade da vítima.

A propósito, há decisões do Tribunal Europeu de Direitos Humanos, identificando o dano moral com o sofrimento proveniente da angústia, da tristeza ou da dor, independentemente da lesão psíquica (cf. STEDH 2002/12, de 14 de março de 2002). Isso porque se pode produzir uma corrosão moral na vítima, sem que necessariamente seja afetada a sua integridade psíquica.

7. IMPACTOS DO ASSÉDIO MORAL

Obviamente, há vários tipos de assediadores ou de potenciais assediadores. Afinal, a perversidade humana apresenta distintos matizes e nuances.

O certo é que os maus profissionais assediadores, ainda que minoritários, podem provocar um estrago enorme na empresa. Guardadas as proporções, equivalem a um "rato roendo o queijo" no seio da empresa.

Efetivamente, tais pessoas podem causar numerosos impactos na empresa, diretos e indiretos, advindos da caracterização do assédio moral.

Naturalmente os efeitos imediatos do assédio moral – e muitas vezes desastrosos! – são pessoais e na vítima.

Margarida Barreto, que produziu uma tese de doutorado na Pontifícia Universidade Católica de São Paulo com as informações que coletou, concluiu que o assédio moral provoca danos à identidade e à dignidade do empregado e, por consequência, aumenta a ocorrência de distúrbios físicos e psíquicos.

No seu estudo, afirma que vítimas de assédio moral no trabalho relataram efeitos físicos e psicológicos dessas situações: estresse, hipertensão arterial, perda de memória, crises de choro (especialmente nas mulheres), ganho de peso, depressão (60% das vítimas), insônia e sonolência excessiva durante o dia, dor de cabeça, sentimentos de inutilidade, diminuição da libido (sobretudo nas mulheres), inapetência, sede de vingança (sobretudo nos homens) etc.[8]

Está claro que, como decorrência de tais efeitos pessoais, o assédio moral acarreta também efeitos seriíssimos na vida profissional e, em última análise, gera impactos profundos na empresa:

1º) acarreta redução de produtividade (ou do desempenho) do empregado-vítima; a produtividade dos trabalhadores vítimas do assédio tende a diminuir muito se comparada aos períodos em que não eram vítimas;

2º) acarreta aumento do absenteísmo: o empregado que não faltava ao serviço, senão raramente, passa a faltar e apresentar atestados médicos;

3º) o assédio moral compromete o entusiasmo e a motivação pelo trabalho, gera um sentimento de pouca utilidade, de fracasso e de "coisificação"; acarreta na vítima ineficiência, desencantamento, desmoralização e, portanto, compromete a concentração do empregado, além de comprometer o desempenho; tudo isso tende a aumentar os erros na execução do serviço e produzir um incremento no número de acidentes de trabalho;

4º) claro que também acarreta despedida, demissão, desemprego, transferências e, portanto, rotatividade de mão de obra.

Ora, é evidente que tudo isso repercute, direta ou indiretamente, nos custos operacionais da empresa. Salta à vista que esses efeitos na vida pessoal e profissional do colaborador geram, em grande medida, impactos financeiros negativos na empresa.

Nota-se, pois, que o assédio moral prejudica não apenas a saúde do empregado: prejudica também a saúde financeira da empresa.

Por isso que o combate ao assédio moral constitui até mesmo, a longo prazo, um bom investimento.

8. CONSEQUÊNCIAS JURÍDICAS DO ASSÉDIO MORAL NO BRASIL

Diversas são as consequências jurídicas do assédio moral.

À luz da legislação brasileira, o empregado que pratica o assédio é passível de sanção disciplinar. A meu juízo, pode-se aplicar a penalidade máxima no caso de comprovar-se essa infração disciplinar. Ou seja, o assédio moral autoriza a despedida por justa causa do empregado assediador – colega, chefe, gerentes, diretores – responsável pelo ato ilícito praticado na qualidade de preposto do empregador (art. 482, *b*, da CLT). É um comportamento que caracteriza "mau procedimento" e torna insustentável a manutenção do vínculo empregatício.

No que tange ao **empregado vítima**, segundo a lei brasileira, é inquestionável que os comportamentos que tipificam assédio moral no ambiente de trabalho abrem para ele a perspectiva de pleitear em juízo a chamada rescisão indireta do contrato de trabalho, com base em uma das alíneas do art. 483, *a*, *b* ou *d* da CLT (rigor excessivo, perigo manifesto de mal considerável, descumprimento de obrigações legais ou contratuais ou exigência de serviços superiores às forças do trabalhador, ofensa à honra e boa fama).

---

(8) Violência, Saúde e Trabalho (uma jornada de humilhação), Fabesp.

Vale dizer: o assédio moral praticado por preposto do empregador caracteriza justa causa patronal.

Naturalmente, do ponto de vista do empregado vítima, a rescisão indireta é uma **solução insatisfatória** e indesejável.

Por quê? Porque gera perda do emprego e, assim, coroa de êxito a conduta do assediador, cuja finalidade é precisamente, muitas vezes, a exclusão da pessoa do ambiente de trabalho. Obviamente, a acenada solução, em uma sociedade competitiva, com desemprego em massa, **não** resolve o problema e até favorece o assediador, pois o que ele deseja é ver-se livre da vítima. E, autorizada a rescisão indireta, seu sonho estará realizado.

Pode dar-se, todavia, de o empregado **vítima** optar por exercer o **direito de resistência** e permanecer no emprego tentando suportar os atos de hostilidade.

Em semelhante circunstância, providência usual é a **transferência** de local de trabalho de um dos protagonistas do assédio.

Quando possível, geralmente opta-se pela transferência da vítima...

Sucede que essa malsinada "solução" – apresentada normalmente como uma deferência à vítima – somente contribui ainda mais para aumentar seu sentimento de injustiça.

Sobreleva assinalar, contudo, que, caso o empregado opte por exercer o direito de resistência, se houver posterior dispensa, desde que apresente vinculação (relação de causalidade) com o assédio moral, pode haver a declaração de nulidade desse ato jurídico, com consequente determinação de reintegração no emprego.

O fundamento jurídico, para tanto, repousa nos arts. 1º e 4º, I, da Lei n. 9.029/95. A lei proíbe a adoção de qualquer prática discriminatória seja para o acesso à relação de emprego, seja para a manutenção da relação de emprego.

Além disso, a Convenção n. 111 da OIT, ratificada pelo Brasil, também proíbe qualquer tipo de discriminação no emprego e erige verdadeiros "sobreprincípios" nessa matéria dentro do ordenamento jurídico nacional.

Ora, o assédio moral é uma prática discriminatória. Isso porque, como ressaltado, a finalidade maior das condutas que tipificam o assédio moral é quase sempre a exclusão da pessoa do ambiente de trabalho, de modo que se expõe a vítima a situações de desigualdade conscientemente e, o que é mais importante, sem motivo legítimo.

O assédio moral, por conseguinte, é uma prática discriminatória e, como tal, proibida, a exemplo do assédio sexual, que também importa discriminação em razão do sexo (em que o assediador elege uma "vítima" para constranger, tratando-a diferentemente dos demais).

Daí a nulidade dos atos jurídicos praticados em razão de assédio e o direito à reintegração.

8.1. Dano moral e patrimonial

O mais importante efeito jurídico do assédio moral, contudo, com impacto financeiro direto na empresa, reside na possibilidade de ele gerar direito à indenização por dano moral e/ou material.

O assédio moral é uma ação voluntária desencadeada por pessoa perversa, capaz de provocar danos em diversas esferas da vida.

No Brasil, doutrina e jurisprudência cingem-se a reconhecer responsabilidade do empregador apenas por dano material (ou patrimonial) e por dano moral.

Entende-se por **dano patrimonial**, também denominado material, o que ofende ou "diminui certos valores econômicos" da pessoa (Fischer). É o que causa prejuízo ou, como ensina Pontes de Miranda, "supõe ofensa ao patrimônio, tal como era". É a ofensa ao que temos, não ao que somos.

Entende-se por **dano moral**, segundo a lição de **Roberto Brebbia**, "aquela espécie de agravo constituída pela violação de algum dos direitos inerentes à personalidade".

O dano moral manifesta-se no ataque ao patrimônio ideal das pessoas. É a ofensa ao que somos, não ao que temos.

É patente que, configurado o assédio moral, pode emergir, em primeiro lugar, a responsabilidade do empregador pela reparação dos danos patrimoniais ou de ordem econômica advindos para a vítima: perda do emprego, despesas com médicos, fisioterapeutas, psicólogos, medicamentos, laboratórios, salário por produção que deixou de auferir etc.

Em segundo lugar, surge a responsabilidade do empregador por uma indenização (compensação, em realidade!) em favor da vítima. A indenização é devida por duplo motivo: pela ofensa à honra, à boa fama, à autoestima, à integridade e à dignidade do empregado e também em face do sofrimento íntimo vivido pela vítima do assédio, que pode chegar à depressão.

Conforme demonstra a Psicologia, a agressão do assédio moral desencadeia na vítima sentimentos de fracasso, impotência, baixa autoestima e humilhação.

O fundamento jurídico para o direito à indenização por dano moral está no art. 186 do Código Civil e no art. 5º, incisos V e X, da Constituição Federal, em que se assegura indenização por danos morais em caso de violação ao direito da pessoa à intimidade, à dignidade, à honra e à imagem.

É importante destacar que o Código Civil de 2002, nos arts. 932, inciso III, e 933, adotou a **responsabilidade civil objetiva do empregador** em virtude de ato ilícito praticado por empregados ou prepostos no exercício do trabalho que lhes competir.

Importa dizer: o empregador responde independentemente de culpa pelo assédio moral praticado por seus prepostos.

O atual Código Civil (art. 934), entretanto, propicia um lenitivo ao empregador no tocante à obrigação de indenizar o dano moral e patrimonial: garante o **direito de regresso** daquele que ressarciu o dano causado por outrem.

Vale dizer: o empregado assediador responde pela indenização a que o empregador seja condenado.

E esse direito de regresso passou a revestir-se de extraordinária importância a partir do cancelamento da Orientação Jurisprudencial n. 227 da SBDI-1, que considerava incompatível com o processo do trabalho a denunciação da lide. A superveniência da EC n. 45/2005 levou ao aludido cancelamento.

Ora, reza o art. 125 do CPC de 2015:

> Art. 125. É admissível a denunciação da lide, promovida por qualquer das partes:
> II – àquele que estiver obrigado, por lei ou pelo contrato, a indenizar, em ação regressiva, o prejuízo de quem for vencido no processo.

Assim, hoje, do ponto de vista processual, ao empregador reservou-se o direito de promover a denunciação da lide ao assediador no próprio processo trabalhista em que seja demandado por dano moral ou patrimonial, para se reembolsar do prejuízo que acaso sofra na hipótese de assédio praticado por um de seus empregados.

9. O QUE NÃO É ASSÉDIO MORAL

Não pode haver **banalização** do assédio moral, sob pena de o instituto perder credibilidade. Caracterizam-no situações excepcionais e extremas. Por isso, **é imperativo evitar qualquer generalização e não o baralhar com situações assemelhadas.**

Marie-France Hirigoyen comunga dessa preocupação e lança mão da seguinte advertência:

> "É preciso tomar cuidado para que alguns casos de falsas alegações de assédio moral que estão aparecendo atualmente não venham a fazer cair no descrédito a realidade do que sofrem as verdadeiras vítimas".[9]

É sumamente importante, assim, examinar o que **não é assédio moral**.

9.1. Paranoia não é assédio moral

Em primeiro lugar, como bem alerta **Marie-France Hirigoyen**, cumpre tomar cuidado com a falsa alegação de assédio moral proveniente dos paranoicos. Diz ela que o "maior risco de falsa alegação de assédio moral vem primeiramente dos paranoicos, que encontram o argumento ideal de base para o seu sentimento de perseguição". São pessoas que sofrem de uma "síndrome de perseguição", que pode evoluir para uma psicose paranoica. São pessoas particularmente exageradas, espalhafatosas, que se queixam de tudo e de todos. O paranoico costuma enviar cartas rancorosas a diferentes implicados, acusando o suposto perseguidor com palavras violentas, sublinhadas ou escritas com caracteres bem grandes.

Claro que, em caso de dúvida, cabe determinar a realização de **perícia com psiquiatra.**

9.2. Estresse não é assédio moral

Em segundo lugar, o assédio moral não se confunde com estresse em si, até porque o vocábulo "estresse" designa um "grande, confuso e indefinido conceito", como observa **Roberto Sapolsky**, neurocientista americano.

Segundo ele, em entrevista à Folha de São Paulo[10], de 10 a 20% da população dos países industrializados sofrem de excesso de estresse. Só nos EUA entre 28 e 56 milhões de pessoas sofrem de doenças relacionadas ao excesso de estresse. E são inúmeras as causas, físicas e psicossociais. De modo que seria evidentemente absurdo confundir o simples estresse com o assédio moral no ambiente de trabalho, até porque, mesmo no ambiente de trabalho, o estresse pode resultar de causas que não caracterizam assédio moral por não haver uma necessá-

---

(9) *Mal-estar no Trabalho*, p. 71.
(10) Folha de SP de 17.04.2006, p. A-12.

ria relação de causalidade com algum comportamento abusivo do empregador.

Assim, por exemplo, o assédio moral não se confunde com estresse em si decorrente de algum conflito profissional, excesso de trabalho ou da própria tecnologia (**tecnoestresse**).

Sobre este último, atente-se para a seguinte manchete do Jornal "O Globo" de 29.01.2006: "tecnologia também produz estresse". A matéria, baseada em pesquisas e consulta a psicólogos, revela que o tecnoestresse é doença cada vez mais comum entre os executivos, profissionais que não conseguem desplugar. Segundo pesquisa, o receio de perder informações no computador é a principal causa de estresse das pessoas, seguida da sobrecarga de informações e das constantes mudanças tecnológicas.

Sob outra ótica, sabemos perfeitamente que as condições de trabalho estão se tornando a cada dia mais duras: **é preciso fazer cada vez mais e melhor**.

É evidente que essa pressão pode conduzir ao estresse.

Contudo, até prova em contrário, o objetivo consciente de uma gestão que cause estresse não é destruir os empregados, mas, ao contrário, melhorar o seu desempenho. O propósito é o aumento da eficiência ou da rapidez na realização de uma tarefa.

Já no assédio moral, pelo contrário, constata-se uma conduta consciente que prejudica outrem. Há conduta consciente que provoca humilhação, perseguição ou desestabilização das condições de trabalho. Não se trata de melhorar a produtividade ou de otimizar resultados, mas desvencilhar-se de uma pessoa porque, por exemplo, de uma maneira ou outra, ela "incomoda".

Além disso, insisto: embora não necessariamente, o surgimento de dano físico ou de distúrbios psicossomáticos costuma ser a tônica do assédio moral, segundo a maioria dos estudiosos, ao passo que a pessoa submetida a um ritmo de trabalho estressante, mas sem humilhação ou perseguição, sente-se apenas estafada, cansada.

De todo modo, embora o estresse em si mesmo não se confunda com o assédio moral, a Psicologia revela que pode ser causa que contribua para deflagrar situações de assédio moral.

Importa afirmar: o assédio moral pode passar por uma fase de estresse.

Consoante já se ressaltou e como confirmam todas as pesquisas, o assédio moral emerge mais facilmente em contextos profissionais submetidos ao estresse, terreno fértil que pode favorecer sua instalação. Mas é muito mais que o estresse.

9.3. Não é assédio moral a agressão pontual

Não é assédio moral uma agressão isolada, pontual, uma descompostura estúpida, um xingamento ou uma humilhação ocasional, fruto do estresse ou do destempero emocional momentâneo da chefia, às vezes seguido de arrependimento e de pedido de desculpa.

Cada uma dessas atitudes pode ser utilizada pelo agressor para assediar moralmente uma pessoa, mas o que caracteriza o terror psicológico é a frequência e repetição das humilhações dentro de um certo lapso de tempo.

O assédio moral pressupõe comportamento (ação ou omissão) por um período prolongado, que desestabilize psicologicamente a vítima.

Uma agressão verbal pontual, a menos que tenha sido precedida de múltiplas pequenas agressões, constitui ato de violência e até de impulsividade da chefia, mas não tipifica assédio moral.

10. A DELICADA QUESTÃO DAS METAS

Em princípio, também não é assédio moral a exigência de cumprimento de metas factíveis, desacompanhadas de sanção para o caso de descumprimento.

A questão, todavia, é muito delicada.

A meu juízo, não se pode confundir assédio moral com a natural pressão operada num mercado cada vez mais competitivo do mundo globalizado, em que o empregador está no exercício regular de um direito ao exigir, de forma razoável, produtividade de seus empregados.

É obvio que as empresas estão expostas a uma pressão competitiva muito forte. Elas enfrentam os riscos da concorrência, que podem redundar, por exemplo, **a)** ou em superação por uma concorrente (rival) no mercado; **b)** ou pode resultar na absorção por outra grande empresa.

Interessante, a propósito, o que afirmou **Andrew Grove**, fundador da **Intel**:

> Quanto mais temos sucesso, mais nos vemos cercados de predadores dispostos a arrancar migalha após migalha de nossas atividades, até não sobrar mais nada. Creio que uma das primeiras responsabilidades de um empresário é saber se prevenir constantemente contra esses ataques e inculcar esta atitude de defesa em todos os que trabalham sob sua direção.

Ora, se isso ocorre com uma empresa multinacional desse porte, bem se compreendem os riscos e desafios ainda muito maiores que arrosta uma empresa nacional...

Em decorrência, é perfeitamente compreensível que os trabalhadores, a exemplo dos empresários, também se submetam a algum tipo de estresse e de pressão, em razão da exigência de maior produtividade.

De modo que a estipulação de metas em si – naturalmente, desde que razoáveis e factíveis (realizáveis!) –, mesmo que mantenham uma certa pressão constante sobre os empregados, não constitui assédio moral. **É normal que uma chefia tente motivar seus subordinados** a alcançar melhores resultados.

A cobrança de metas razoáveis e realizáveis justifica-se como expressão da livre iniciativa, reconhecida pela Constituição Federal (art. 1º, IV, *in fine*; art. 5º, XXIII; art. 170, *caput*, II e IV, CF/88) e igualmente como manifestação do poder diretivo patronal (CLT, arts. 2º e 3º).

Não há, todavia, direito absoluto. O mencionado direito patronal encontra limites em normas legais e constitucionais que, entre outros direitos fundamentais, protegem a dignidade da pessoa humana (art. 1º, III; art. 170, *caput*, CF/88) e o direito à saúde do empregado (art. 5º, *caput*; art. 6º; art. 7º, XXII, CF/88).

De sorte que não se afigura legítima a estipulação de objetivos irrealizáveis, obrigando-se os empregados a atingi-los sejam quais forem as consequências sobre sua saúde, principalmente sob pena de imposição de uma sanção disciplinar para o caso de descumprimento da meta.

Uma coisa é motivar os subordinados, sem os constranger ou humilhar. Outra, bem diversa, é explorar e constranger os subordinados, como forma de cobrança de meta. Neste último caso, não se trata mais de pressão legítima de um superior hierárquico para obtenção de resultados mais auspiciosos e, sim, de comportamento abusivo que desborda para o assédio moral.

A jurisprudência do Tribunal Superior do Trabalho reconhece que há assédio moral em caso de cobrança abusiva de metas mediante ameaça constante de dispensa do trabalho ou tratamento humilhante.[11]

Da mesma forma em caso de tratamento grosseiro na cobrança de metas por parte do superior hierárquico, mediante gritos e ameaças de dispensa, ao ponto de infundir no empregado intenso sofrimento que, não raro, evolui para doença ocupacional (depressão).[12]

Há algum tempo[13], o TST manteve decisão que condenou determinada empresa a pagar indenização por danos morais a dois vendedores que eram **castigados** quando não alcançavam pelo menos 70% das me-

---

(11) RR-668-24.2013.5.02.0037, 2ªT, Min. Delaíde Miranda Arantes, DEJT 09.12.2016/J-30.11.2016, Decisão unânime; RR-106600-34.2013.5.13.0024, 2ªT, Min. Min. José Roberto Freire Pimenta, DEJT 15.08.2014/J-21.05.2014, Decisão por maioria; AIRR-1628-32.2011.5.24.0006, 3ªT, Min. Maurício Godinho Delgado, DEJT 19.02.2016/J-17.02.2016, Decisão unânime; RR-1556100-50.2007.5.09.0010, 3ªT, Min. Rosa Maria Weber Candiota da Rosa, DEJT 21.10.2011/J-11.10.2011, Decisão unânime; RR-687-39.2010.5.02.0262, 4ªT, Min. João Oreste Dalazen, DEJT 28.03.2014/J-11.12.2013, Decisão por maioria; RR-1627-09.2011.5.04.0231, 6ªT, Min. Aloysio Corrêa da Veiga, DEJT 28.03.2014/J-26.03.2014, Decisão unânime.

(12) RR-1231-59.2010.5.12.0032, 2ªT, Min. Maria Helena Mallmann, DEJT 02.12.2016/J-16.11.2016, Decisão unânime; TST-RR-687-39.2010.5.02.0262, 4ª T, Rel. Min João Oreste Dalazen, julgado em 11 de dezembro de 2013 – ASSÉDIO MORAL VERTICAL DESCENDENTE. CUMPRIMENTO DE METAS. EXIGÊNCIA. EMPREGADOR. PODER DIRETIVO. ABUSO. DANO MORAL. CONFIGURAÇÃO. O assédio moral exercido por superiores hierárquicos dá-se quando os chefes, gerentes, encarregados – pessoas que exercem função de liderança – abusam da autoridade que receberam, interferindo de forma negativa nas pessoas que lideram, expondo-as a situações vexatórias e/ou humilhantes, de modo a afetar-lhes a dignidade e a autoestima.
2. Não desnatura o assédio moral a prática generalizada, pelo empregador, de políticas agressivas e desmesuradas de gestão.
3. No assédio moral vertical descendente institucional, todos os empregados podem figurar como eventuais vítimas dos assediadores, que também são diversos e gozam de autorização da própria instituição para afrontar direitos personalíssimos dos empregados.
4. Por ofender direitos fundamentais e personalíssimos dos empregados, o assédio moral institucional rende ensejo à obrigação de indenizar, decorrente da responsabilidade civil subjetiva, que tem como pressupostos a conduta comissiva ou omissiva do empregador, a lesão à vítima e a relação de causalidade entre a conduta do ofensor e a lesão.
5. A razoabilidade em direito civil é representada pelos valores do homem médio, ligada à congruência lógica entre as situações concretas e os atos praticados, à luz de um padrão de avaliação geral.
6. Extrapola a razoabilidade a determinação de realização de "micos" e "prendas" vexatórias pelos vendedores que não logram atingir as metas preestabelecidas, bem como a imposição de alcunhas aptas a causar dor e atribulação aos empregados, como, no caso, "molambento" e "tiazinha".
7. Recurso de revista conhecido e provido.

(13) Revista Consultor Jurídico, 3 de outubro de 2005 – AIRR 1.024/2004-108-03—40.5 e 1.051/2004/022/03/40.6. Ambev – Companhia Brasileira de Bebidas

tas diárias de vendas exigidas. Segundo se apurou no processo, os trabalhadores eram obrigados a desfilar de saia, peruca e batom nas dependências da empresa, na frente de colegas e até de visitantes. Um vendedor foi punido doze vezes. Depoimentos e fotografias comprovaram que os castigados eram inicialmente submetidos – em frente a colegas, supervisores e gerentes de vendas – a uma "grande quantidade de cansativas flexões". Depois, eram obrigados a vestir "uma saia rodada, roupa de prisioneiro, passar batom, usar capacete com grandes chifres de boi, perucas coloridas etc.". Assim trajados, desfilavam pelas dependências da empresa.

Transparece cristalino que, ao dispensar semelhante e inacreditável tratamento aos empregados, a empresa excedeu-se de forma desmedida na cobrança de metas. Expôs os empregados ao escárnio e a intolerável constrangimento, ferindo-lhes a dignidade, mediante conduta flagrantemente abusiva, típica de assédio moral.

Igualmente o TRT da 9ª Região reputou caracterizado dano moral por assédio moral em caso similar: determinado empregado, vendedor, quando não atingia as metas de venda impostas, era obrigado a usar um chapéu cônico, contendo a expressão "burro", durante reuniões, na frente de todos – vendedores, gerente, supervisores – oportunidade em que era alvo de risadas e chacotas. Era, portanto, submetido a vexame e a humilhação, com conotação punitiva.[14]

Por tudo isso, havendo fixação de metas, é indispensável um exame **judicioso** e **parcimonioso**, caso a caso, no que tange à configuração, ou não, do assédio moral.

11. TÉCNICA MOTIVACIONAL ABUSIVA E HUMILHANTE

Copiosa jurisprudência do Tribunal Superior do Trabalho capitula como assédio moral, com absoluto acerto, a norma de algumas empresas, denominada *cheers*, consistente em exigir que os empregados entoem cânticos motivacionais, com gritos de guerra, coreografia e rebolados, submetendo-os a situação abusiva, humilhante e constrangedora, incompatível com a dignidade da pessoa humana.[15]

---

(14) TRT da 9ª Região, Ac. Unânime, 2ª T., Publ. 20.09.02, Rec. Ordinário n. 1796/2002, Rel. Des. Luiz Eduardo Gunther.

(15) REDE DE SUPERMERCADOS – CANTO MOTIVACIONAL CHEERS – CONSTRANGIMENTO DOS TRABALHADORES AO CANTAR E REBOLAR NO AMBIENTE DE TRABALHO – ASSÉDIO MORAL ORGANIZACIONAL – REPARAÇÃO POR DANOS MORAIS. A prática motivacional engendrada pela empresa-reclamada, ao constranger seus trabalhadores diariamente por obrigá-los a entoarem o canto motivacional cheers, acompanhado de coreografia e rebolados, exorbita os limites do poder diretivo e incorre em prática de assédio moral organizacional. As estratégias de gestão voltadas à motivação e ao engajamento dos trabalhadores que se utilizam da subjetividade dos empregados devem ser vistas com cuidado, tendo em conta as idiossincrasias dos sujeitos que trabalham. Ao aplicar, de forma coletiva, uma "brincadeira" que pode parecer divertida aos olhos de uns, a empresa pode estar expondo a constrangimento trabalhadores que não se sentem confortáveis com determinados tipos de atividades, de todo estranhas à atividade profissional para a qual foram contratados. É importante observar que a participação em qualquer atividade lúdica só pode ser valiosa se o engajamento dos envolvidos se der de modo espontâneo e voluntário, situação de inviável demonstração em um ambiente de trabalho subordinado, no qual os empregados têm sua liberdade mitigada pela condição de hipossuficiência que ostentam. Portanto, a tendência é que o desconforto seja superado pelos trabalhadores (não sem traumas), para evitar que fiquem mal aos olhos das chefias e do coletivo de colegas. O procedimento, portanto, perde seu caráter "lúdico" e "divertido", na medida em que para ele concorrem circunstâncias de submissão e dominação dos trabalhadores. Irretocável, pois, a decisão regional, em que restou entendido que a prática, realizada diariamente pela reclamada, duas vezes ao dia, caracteriza assédio moral contra os trabalhadores envolvidos, visto que os expõe a constrangimento e à ridicularização perante os colegas, de forma incompatível com a disposição que o trabalhador coloca ao empregador em razão do contrato de emprego. A prática se enquadra no conceito de assédio moral organizacional, uma vez que caracteriza uma estratégia de gestão focada na melhoria da produtividade e intensificação do engajamento dos trabalhadores, porém assentada em práticas que constrangem, humilham e submetem os trabalhadores para além dos limites do poder empregatício. Incólumes os arts. 5º, X, da Constituição Federal e 186 do CCB. Recurso de revista não conhecido. (RR 366-08.2012.5.09.0660. Relator Ministro Luiz Philippe Vieira de Mello Filho, 7ª Turma, DEJT 15.04.2016)

INDENIZAÇÃO POR DANO MORAL. PRÁTICA MOTIVACIONAL DA EMPRESA (CHEERS). OBRIGAÇÃO DE CANTAR E DANÇAR HINO MOTIVACIONAL DA EMPRESA. Para configuração do dano moral é necessária a conjugação de três elementos: o dano, o nexo causal e a conduta. Comprovada a conduta ilícita da Reclamada, impõe-se o dever de indenizar a Reclamante pelos danos morais sofridos. O fato de a empresa considerar a prática denominada "cheers" como uma atividade cultural de motivação não significa dizer que a mesma seja conduzida em total respeito ao indivíduo. Pelo contrário, fazer os empregados entoarem o hino da empresa e executarem uma coreografia, que inclui uma inadequada dança com "rebolado", ultrapassa todos os limites da motivação e da razoabilidade. Precedentes deste TST. Divergência jurisprudencial configurada. Recurso de revista conhecido e provido. (RR-617-94.2014.5.04.0304, Data de Julgamento: 26.10.2016, Relator Ministro: Douglas Alencar Rodrigues, 7ª Turma, DEJT 04.11.2016).

RR-848-42.2014.5.04.0104, 1ªT, Min. Walmir Oliveira da Costa, DEJT 24.03.2017/J-22.03.2017, Decisão unânime; RR-20261-11.2014.5.04.0405, 2ªT, Min. Maria Helena Mallmann, DEJT 17.02.2017/J-08.02.2017, Decisão unânime, RR-236-32.2013.5.04.0301, 6ªT, Min. Kátia Magalhães Arruda, DEJT 28.10.2016/J-26.10.2016, Decisão unânime.

Assédio Sexual no Direito do Trabalho

1. GENERALIDADES

A rigor, o "assédio sexual", como escreveu MICHAEL RUBINSTEIN, é uma nova locução "para descrever um velho problema", que existe desde tempos imemoriais.[1] É fenômeno antigo e generalizado, tanto que, segundo alguns autores, deitaria raízes no **costume medieval** denominado *jus primae noctis* (direito à primeira noite), que obrigava as mulheres recém-casadas a passarem a noite de núpcias com o seu senhor feudal.

Hoje é um fenômeno que se propaga em escala mundial. Todos sabemos que episódios de assédio sexual ou de acusação de assédio sexual tornaram-se relativamente comuns no curso do contrato de emprego.

No Brasil, quantidade expressiva de ações ingressa na Justiça do Trabalho, a cada ano, pleiteando condenação de empresas por dano moral decorrente de assédio sexual.

O fenômeno é tão sério e grave que, como se sabe, desde 2001 (Lei n. 10.224/2001), é crime em nosso País.[2]

A experiência tem demonstrado que o assédio sexual fundamentalmente é uma forma de discriminação ou de abuso de poder que se exterioriza em diversos níveis de relação, quando há subordinação e hierarquia (relações de trabalho, relação estatutária, vínculo funcional religioso etc.).

Portanto, sempre que presente um poder de supremacia sobre outrem, cria-se o caldo de cultura próprio para ter lugar o assédio sexual.

Pretendo ater-me aqui a alguns aspectos do assédio sexual nas relações de trabalho.

2. CONCEITO

Ensina o Dicionário Eletrônico Houaiss que "assédio" é a "insistência impertinente em relação a alguém".

Do ponto de vista jurídico-trabalhista, a diversidade de situações não permitiu à doutrina a elaboração de um conceito único de assédio sexual.

Ressentindo-se o ordenamento jurídico brasileiro de lei específica sobre assédio sexual no campo trabalhista, pode-se invocar (CLT, art. 8º) o conceito genérico do art. 29, n. 2, do Código do Trabalho de Portugal, segundo o qual "constitui assédio sexual o comportamento indesejado de carácter sexual, sob forma verbal, não verbal ou física, com o objectivo ou o efeito de perturbar ou constranger a pessoa, afectar a sua dignidade, ou de lhe criar um ambiente intimidativo, hostil, degradante, humilhante ou desestabilizador."

Em essência, o assédio sexual consiste em constranger mulher ou homem, por meio de palavras ou gestos, no afã de obter favorecimento ou vantagem sexual.

A Organização Internacional do Trabalho (OIT) descreve algumas condutas tipificadoras de assédio sexual: *"atos, insinuações, contatos físicos forçados, convites impertinentes, desde que apresentem uma das características a seguir: ser uma condição clara para manter o emprego; influir nas promoções da carreira do assediado; prejudicar o rendimento profissional, humilhar, insultar ou intimidar a vítima; ameaçar e fazer com que as vítimas cedam por medo de denunciar o abuso; e oferta de crescimento de vários tipos ou oferta que desfavorece as vítimas em meios acadêmicos e trabalhistas entre outros, e que no ato possa dar algo em troca, como possibilitar a intimidade para ser favorecido no trabalho"*. (TRT-10. jusbrasil.com.br – acesso em 09.11.2014).

3. ESPÉCIES

A doutrina classifica o assédio sexual no ambiente de trabalho em **duas espécies**: "assédio sexual por chantagem" e "assédio sexual clima de trabalho".

---

(1) O fenômeno só viria a receber tal denominação ("sexual harassment") a partir de 1975, nos Estados Unidos da América.

(2) Está assim tipificado no art. 216-A do Código Penal: "Constranger **alguém** com o intuito de obter vantagem ou favorecimento sexual, **prevalecendo-se da sua condição de superior hierárquico** ou ascendência inerentes ao exercício de emprego, cargo ou função".

3.1. "Assédio sexual por chantagem", também denominado "assédio da contrapartida", ou assédio *quid pro quo*

É *a forma* **típica** e mais comum de assédio sexual, o assédio a que alude a lei **penal** brasileira: praticado "como condição para criar ou conservar direito ou para atender à pretensão da vítima".

É literalmente 'assédio da contrapartida' porque se trata da imposição de exigências sexuais em troca da manutenção das vantagens ligadas ao emprego.

Grosso modo, poder-se-ia dizer que é o assédio sexual do "toma lá, dá cá". Por isso, também é denominado assédio *quid pro quo*, ou seja, o do "isto por aquilo".

Nessa espécie, há uma relação direta de causalidade entre o favor sexual exigido e a atividade profissional. Essa relação consubstancia-se ou concretiza-se em determinada vantagem ou desvantagem, ganho ou perda, patrimonial ou não patrimonial, sob o prisma profissional, com que o assediador acena para a vítima.

Exemplo: a empregada recebe ameaça de redução salarial ou de despedida caso continue **recusando** convites para "sair".

Como se percebe, essa modalidade de assédio sexual caracteriza-se pela chantagem a subordinado: o superior hierárquico se prevalece de sua condição para exigir sexo em contrapartida da conservação ou aquisição de vantagens profissionais.

É assédio sexual por chantagem precisamente porque praticado sob a ameaça de que a recusa desencadeie alguma forma de retaliação (funcional, na esfera trabalhista).

Caracteriza-se também pelo abuso de poder do empregador, ou de seus prepostos.

Nessa modalidade de assédio sexual há uma utilização indevida e abusiva do poder pelo superior hierárquico, em benefício próprio (da própria lascívia...), e não no interesse da empresa.

Diga-se de passagem, esse abuso de poder encontra campo fértil para florescer na cultura machista que permeia as relações sociais no Brasil, a que não escapam naturalmente as relações de trabalho, como reflexo de valores profundamente arraigados em nossa sociedade.

Percebe-se, em síntese, que há dois traços marcantes do assédio sexual por chantagem:

1º) comportamento sempre de superior hierárquico (chefe, supervisor, gerente, diretor), que se prevalece dessa condição para exercer uma espécie de chantagem sobre a vítima;

2º) constantes investidas verbais ou físicas de natureza sexual à pessoa molestada, subordinada ou dependente.

3.2. Assédio sexual "clima de trabalho", "assédio sexual ambiental", ou por intimidação

Sucede que nem sempre o assédio sexual é acompanhado de ameaças quanto à manutenção do contrato de emprego: a mulher, por exemplo, pode ser submetida a avanços ou constrangimentos repetidos de natureza sexual, ou gestos sexistas, **sem** que a recusa seja seguida de represália ou retaliação.

Nesse caso, estamos em face da segunda espécie de assédio sexual: o assédio "clima de trabalho", também denominado ambiental.

Em tal modalidade de assédio sexual, não há manifestação de "poder", nem há ameaça ou pressão para conseguir favores de natureza sexual. Constata-se meramente uma atmosfera hostil de trabalho.

A tônica, no caso, não é a presença de ameaças, mas sim a violação à liberdade sexual de outrem.

Daí porque tal espécie de assédio sexual pode ser praticada: **a)** por superior hierárquico, sem lançar mão dessa condição; **b)** também por companheiro(a) de trabalho da vítima, ambos na mesma posição hierárquica na empresa.

Caracterizam esta segunda modalidade de assédio sexual as incitações ou solicitações sexuais que **importunam e molestam** a vítima.

A casuística é a mais ampla possível. Trata-se de inúmeras situações em que se constatam, no ambiente de trabalho, avanços ou constrangimentos de natureza sexual, emanados de superior hierárquico, ou não.

Os avanços ou constrangimentos exteriorizam-se de diversas formas:

a) fisicamente: em gama variada de condutas, tais como apalpar as nádegas ou mordiscar os seios da vítima, esfregar ou roçar o órgão genital nas partes pudendas da vítima etc.;

b) por gestos (exibição ou afixação de material pornográfico, como revistas, fotografias, ou outros objetos);

c) verbalmente, mediante cantadas agressivas, "piadinhas grosseiras", ou insinuações sexuais: comentários sexistas sobre a aparência física da pessoa, solicitação de relações íntimas etc.

4. DISTINÇÃO ENTRE ASSÉDIO SEXUAL E ASSÉDIO MORAL

O assédio sexual não se confunde com o assédio moral.

Em suma, distinguem-se na **finalidade**. No assédio sexual o objetivo é o favor sexual, o objetivo é dominar sexualmente a vítima.

No assédio moral, o que se persegue é a humilhação ou a desestabilização psicológica da vítima e o seu alijamento do local de trabalho.

Algumas vezes pode o assédio sexual transformar-se em assédio moral. É, aliás, comum essa passagem. A pessoa assedia sexualmente e é rejeitada. A partir daí passa a discriminar, maltratar e humilhar o subordinado no ambiente de trabalho.

Ocorrem situações em que a mulher, após recusar proposta indecorosa de superior hierárquico ou de colega, passa a ser isolada, humilhada ou maltratada. Esta mistura de assédio sexual e assédio moral é relativamente comum e constata-se em todos os meios profissionais e em todos os escalões da hierarquia.

A distinção entre os assédios sexual e moral, no entanto, nem sempre é fácil, porquanto tais práticas muitas vezes apresentam-se imbricadas.

Às vezes, os assédios situam-se em zona limítrofe.

A 4ª Turma do Tribunal Regional do Trabalho da 2ª Região teve oportunidade de julgar um pedido de indenizações por **assédios moral e sexual** formulado por ex-empregada que vendia cotas para **consórcio**.

O Tribunal reconheceu assédio moral. Motivo: ela foi aconselhada por seus superiores a "sair com clientes" ou "vender o corpo" para aumentar suas vendas e atingir metas.

A ementa é esclarecedora:

> **ASSÉDIO MORAL. DEGRADAÇÃO DO AMBIENTE DE TRABALHO. DIREITO A INDENIZAÇÃO.** A sujeição dos trabalhadores, e especialmente das empregadas, ao continuado rebaixamento de limites morais, com adoção de interlocução desabrida e sugestão de condutas permissivas em face dos clientes, no ato de elevar as metas de vendas, representa a figura típica intolerável do **assédio moral**, a merecer o mais veemente repúdio desta Justiça especializada. **Impor, seja de forma explícita ou velada, como conduta profissional na negociação de consórcios**, que a empregada "saia" com os clientes ou lhes "venda o corpo" e ainda se submeta a lubricidade dos comentários e investidas de superior hierárquico, **ultrapassa todos os limites plausíveis em face da moralidade média, mesmo nestas permissivas plagas abaixo da linha do Equador.** Nenhum objetivo comercial justifica práticas dessa natureza, que vilipendiam a dignidade humana e a personalidade da mulher trabalhadora. A subordinação no contrato de trabalho diz respeito a atividade laborativa e, assim, **não implica submissão da personalidade e dignidade do empregado em face do poder patronal**. O empregado é sujeito e não objeto da relação de trabalho e, assim, não lhe podem ser impostas condutas que violem a sua integridade física, intelectual ou moral. Devida a indenização por danos morais (art. 159, CC de 1916 e arts. 186 e 927, do NCC).[3]

Claro que recomendar, através de superior hierárquico, que a empregada se prostitua, para aumentar as vendas, implica promover uma brutal degradação do ambiente de trabalho. Nenhuma política comercial justifica prática desse jaez, que constitui grosseira afronta à dignidade da empregada.

Suspeito, entretanto, que nesse caso o assédio **sexual** do superior hierárquico explique o posterior assédio moral.

Outro caso limítrofe foi apreciado pelo TRT da 4ª Região: determinado Banco foi condenado pela Justiça do Trabalho[4] a pagar indenização por **danos morais**, em virtude de assédio **moral** no trabalho consistente no seguinte: constrangimento de subordinada a carinhos não solicitados e indesejados, no ambiente de trabalho, associado a cobranças públicas de regularização de situação financeira particular e dissociada da empresa.

Tratava-se de um gerente geral que constrangeu uma subordinada, tanto fisicamente, forçando contatos indesejados, quanto socialmente, requerendo de forma pouco respeitosa a regularização de pendências junto à Sociedade de Proteção ao Crédito, SPC. Segundo o Regional, as testemunhas descreveram o gerente como um velho muito "tarado", que, furtivamente, vivia beliscando as nádegas, beijando e agarrando mulheres subordinadas, sobretudo as que não tinham esposo. Além disso, exercia pressão na frente de todos os empregados, aos gritos, para que houvesse regularização da situação financeira particular dos empregados. Como ele era gerente geral, a maioria das pessoas tinha medo e sujeitava-se, tendo em vista a dificuldade de obter novo emprego.

5. ASSÉDIO SEXUAL E JOGO DE SEDUÇÃO

É indispensável fazer distinção igualmente entre o **assédio sexual, concebido como** chantagem ou atmosfera hostil de trabalho, e o mero **jogo de sedução** entre os sexos ou entre pessoas do mesmo sexo.

Como bem anotam **José Pastore e Luiz Carlos Robortella**, "o ambiente de trabalho favorece a sociabili-

---

(3) Processo TRT 2ª Reg. n. 01531200146402000 (20030552243).
(4) Número do processo: 00967.013/00-3 (RO). Rel. Beatriz Zoratto Sanvicente. Data de Publicação: 09.06.2003.

dade e a comunicação, podendo gerar relações afetivas de toda natureza."[5] Até paixões tórridas e voluptuosas surgem como decorrência natural da convivência diária e, notadamente das fraquezas e carências humanas. O mero **jogo de sedução**, contudo, não produz consequências na ordem jurídico-trabalhista, pois não se confunde com o assédio sexual.

A tentativa de sedução no trabalho não pode ser confundida com a perseguição sexual. Em outras palavras, a simples cantada, ou o galanteio ou a paquera, ou o flerte, como se dizia outrora, manifestações do imemorial jogo de sedução e de conquista amorosa entre homens e mulheres, não constitui assédio sexual. Partindo da premissa de que tudo o que é demais é demasiado, imperativo não exagerar, imperativo não construir nesta área um estado de paranoia, sobretudo no universo masculino, enxergando-se em tudo assédio sexual.

A simples cantada não é assédio sexual porque ínsito a este uma conduta sexual **não admitida**. Ora, só é possível considerar **rechaçada** a conduta de conotação sexual quando o(a) assediado(a) inequivocamente **manifesta oposição** às propostas e insinuações sexuais do assediador.

Portanto, o assédio sexual somente começa quando e se **frustrado** o jogo de conquista amorosa. Inegável, pois, que a cantada pode evoluir para o assédio se não houver receptividade à proposta.

Sucede que, no jogo de sedução entre os sexos, eventualmente a cantada também poderá ser aceita, ou merecer receptividade. Ora, obviamente, não se pode reputar assédio sexual à investida masculina ou feminina, se a(o) destinatária(o) mostra-se receptiva(o) ao aceno.

Fundamentalmente, o 'flerte' ou a cantada não se confunde com o assédio sexual porque, ao contrário deste, o objetivo **imediato não é** obter favores sexuais de outrem, mas a conquista amorosa.

Em suma, na simples cantada estão presentes os jogos bilaterais de sedução. Nela prevalecem, como já se afirmou, "os olhares lânguidos, docemente matreiros, os gestos, as palavras, os sons, silêncios, os toques físicos sutis, as insinuações consentidas, visando à conquista amorosa de alguém."

Já o assédio sexual embute sempre uma conduta que o destinatário **reprova**, uma proposta que o assediado declaradamente recusa e pode ostentar chantagem ou abuso de poder. O assediador quer obter insistentemente e mediante importunação, quando não por meio de um tipo qualquer de chantagem, um favor sexual que o assediado voluntariamente não se dispõe a prestar.

Nessa linha, conforme já se decidiu, com absoluto acerto, poema e bilhete de amor inofensivos, que não demostrem a existência de chantagem, não comprovam assédio sexual. Ao abraçar esse entendimento, a 7ª Turma do Tribunal Regional do Trabalho da 2ª Região reformou decisão da 38ª Vara do Trabalho de São Paulo, que havia condenado uma empresa ao pagamento de indenização por dano moral.

No julgado em apreço, a ex-empregada ingressou com ação na Justiça Trabalho alegando ter sido vítima de assédio sexual por parte de supervisora da empresa.

Na petição inicial do processo, a reclamante afirmou que a supervisora "a chamava para sair, chamando-a de linda," e que lhe enviou "cartinhas com os dizeres 'eu te amo' e outras com poemas digitados via computador". A ex-empregada alegou que teria sido obrigada a "pedir demissão", "sob coação de despedida por justa causa", por não haver "cedido aos seus devaneios amorosos".

A empresa, em sua defesa, sustentou que não existiria motivo que confirmasse as afirmações e o pedido da ex-empregada.

Para a juíza Sonia Maria de Barros, relatora do Recurso Ordinário (**00157.2003.038.02.00-8**), para que exista assédio sexual é preciso que fique configurado o poder sobre a vítima, decorrente da relação de trabalho, "para submetê-la à lascívia do assediador".

De acordo com a relatora, as provas apresentadas no processo para a caracterização do assédio sexual consistem em bilhete e poema, "ressaltando-se que nenhum dos dois é ofensivo ou ameaçador, nem denota a existência de qualquer tipo de chantagem contra a reclamante. Nessa medida, embora apontem para um comportamento profissional inadequado, não se prestam a configurar o 'constrangimento insuportável' relatado na peça vestibular, ou a intenção de traficar, de valer-se do posto funcional como atrativo ou instrumento de extorsão de carícias".

"Assim, ainda que não remanescesse qualquer controvérsia sobre a autoria dos já mencionados documentos, o fato seria insuficiente para configurar o assédio sexual ou autorizar a condenação em indenização por dano moral, devendo tal parcela ser excluída da condenação", concluiu a Relatora.

---

(5) *Assédio sexual no trabalho – O que fazer?* Makron Books, 1998. p. 70.

No mesmo sentido decidiu um tribunal norte-americano há algum tempo, conforme noticiado. Ao examinar caso de assédio sexual no trabalho que lhe foi submetido, entendeu que um empregado graduado da The Coca-Cola Dotting Co., autor de inúmeros convites a uma subordinada (empregada Weiss) para se encontrarem fora da empresa e que, além disso, pôs por diversas vezes as suas mãos nas costas da subordinada, chegando até a colocar uma placa do tipo "Eu te amo" na sala onde ela trabalhava, **não cometeu assédio sexual**. Entenderam os juízes que nesse caso específico não se tratava de ato ilícito. Os juízes da Corte norte-americana concluíram tratar-se de um caso de jogo de sedução, como gostam de afirmar.

6. SUJEITO PASSIVO

Claro que o assédio sexual pode ter como sujeito passivo tanto o homem quanto a mulher. Em termos estatísticos, como se sabe, é certo que o assédio sexual no ambiente de trabalho costuma ser característica e predominantemente masculino. Vale dizer: as mulheres são as maiores vítimas na esmagadora maioria de casos. Não se pode descartar, contudo, a hipótese em que a mulher seja o agente ativo e o homem o sujeito passivo. Afinal, como já se assinalou, uma das modalidades de assédio sexual constitui típica expressão de abuso de poder, e este tanto pode ser masculino como feminino.

O assédio sexual pode configura-se até mesmo entre pessoas do mesmo sexo, nas relações homossexuais.

Há alguns anos alcançou repercussão internacional o caso de uma executiva dos EUA que obrigou um subalterno a tornar-se seu amante, levando-o a demitir-se e a pleitear indenização por dano moral.

7. CONSEQUÊNCIAS JURÍDICAS DO ASSÉDIO SEXUAL NO BRASIL

Diversas são as consequências jurídicas do assédio sexual.

À luz da legislação brasileira, o **empregado que pratica o assédio sexual** é passível de sanção disciplinar. A meu juízo, pode-se aplicar a penalidade máxima no caso de comprovar-se essa infração disciplinar. Ou seja, o assédio sexual autoriza a despedida por justa causa do empregado assediador – colega, chefe, gerentes, diretores – responsável pelo ato ilícito praticado, eventualmente na qualidade de preposto do empregador. É um comportamento que caracteriza incontinência de conduta e eventualmente até mau procedimento (art. 482, *b*, da CLT), o que torna insustentável a manutenção do vínculo empregatício.

Há algum tempo, por exemplo, o jornal "O Globo" (24.04.1998) noticiou que a Justiça do Trabalho do Rio de Janeiro reconheceu assédio sexual ocorrido nas seguintes circunstâncias: empregada, grávida de um mês, resistiu às investidas do chefe imediato, que tentou agarrá-la à força, por duas vezes. Porque resistiu, foi despedida. O empregador foi condenado a pagar R$ 300.000,00 de indenização por dano moral.

Não paira dúvida de que esse empregado-chefe assediante cometeu incontinência de conduta porque quis submeter uma subordinada grávida aos seus caprichos libidinosos, com a agravante de que provocou seriíssimo prejuízo ao empregador, o que também caracteriza mau procedimento.

No que tange ao **empregado vítima**, segundo a lei brasileira, inequívoco que os comportamentos que tipificam assédio sexual no ambiente de trabalho, se emanados de superior hierárquico, abrem para ele a perspectiva de pleitear em juízo a chamada rescisão indireta do contrato de trabalho, com base em uma das alíneas do art. 483, *a*, *b* ou *d*, da CLT (rigor excessivo, perigo manifesto de mal considerável, descumprimento de obrigações legais ou contratuais, ou por ofensa à honra e boa fama).

Vale dizer: o assédio sexual praticado por preposto do empregador caracteriza justa causa patronal, com todos os direitos daí derivados.

É concebível igualmente, em situações extremas, a declaração de nulidade da dispensa do empregado ou da empregada **vítima** de assédio sexual **se** resultar provada a relação de causalidade entre a denúncia de assédio e a dispensa.

Em tal contexto, o caráter discriminatório da despedida parece-me inquestionável.

Emprestar tratamento diferente e injustificado precisamente à vítima do assédio sexual constitui prática discriminatória em razão do sexo e, como tal, proibida por lei.

Pode haver, assim, a declaração de nulidade desse ato jurídico, com consequente determinação de reintegração no emprego.

O fundamento jurídico, para tanto, repousa nos arts. 1º e 4º, I, da Lei n. 9.029/95. A lei proíbe a adoção de qualquer prática discriminatória seja para o acesso à relação de emprego, seja para a manutenção da relação de emprego.

Além disso, a Convenção n. 111, da OIT, ratificada pelo Brasil, também proíbe qualquer tipo de discriminação no emprego e erige verdadeiros "sobreprincípios" nessa matéria dentro do ordenamento jurídico nacional.

7.1. Dano moral e patrimonial

O mais importante efeito jurídico do assédio sexual, contudo, com impacto financeiro direto na empresa, reside na possibilidade de ele gerar direito à indenização por dano moral e/ou material.

No Brasil, doutrina e jurisprudência reconhecem a responsabilidade do empregador por dano material (ou patrimonial) e por dano moral.

Entende-se por **dano patrimonial**, também denominado material, o que ofende ou "diminui certos valores econômicos" da pessoa (Fischer). É o que causa prejuízo ou, como ensina **PONTES DE MIRANDA**, "supõe ofensa ao patrimônio, tal como era". É a ofensa ao que temos, não ao que somos.

Entende-se por **dano moral**, segundo a lição de Roberto **BREBBIA**, "aquela espécie de agravo constituída pela violação de algum dos direitos inerentes à personalidade."

O dano moral manifesta-se no ataque ao patrimônio ideal das pessoas. É a ofensa ao que somos, não ao que temos.

É patente que, configurado o assédio sexual praticado por superior hierárquico, pode emergir, em primeiro lugar, a responsabilidade do empregador pela reparação dos eventuais danos patrimoniais ou de ordem econômica advindos para a vítima, desde que comprovados: despesas com médicos, psicólogos, medicamentos, laboratórios, salário por produção que deixou de auferir em decorrência de ocasionais afastamentos para tratamento de saúde etc.

Em segundo lugar, surge a responsabilidade do empregador por uma indenização (compensação, em realidade!) em favor da vítima. A indenização é devida pela ofensa à honra, à boa fama, à autoestima, à integridade física e à dignidade do empregado, bem assim em face do sofrimento íntimo vivido pela vítima do assédio sexual, que pode chegar à depressão, à semelhança do assédio moral.

O fundamento jurídico para o direito à indenização por dano moral está no art. 186 do Código Civil e no art. 5º, incisos V e X, da Constituição Federal, em que se assegura indenização por dano moral em caso de violação ao direito da pessoa à intimidade, à dignidade, à honra e à imagem.

É importante destacar que o Código Civil de 2002, nos arts. 932, inciso III, e 933, adotou a **responsabilidade civil objetiva do empregador** em virtude de ato ilícito praticado por empregados ou prepostos no exercício do trabalho que lhes competir.

Importa dizer: o empregador responde independentemente de culpa pelo assédio sexual praticado por seus prepostos.

O atual Código Civil (art. 934), entretanto, propicia um lenitivo ao empregador no tocante à obrigação de indenizar o dano moral e patrimonial: garante o **direito de regresso** daquele que ressarciu o dano causado por outrem.

Vale dizer: o empregado assediador sexual responde pela indenização a que o empregador seja condenado.

E esse direito de regresso passou a revestir-se de extraordinária importância a partir do cancelamento da Orientação Jurisprudencial n. 227 da SBDI-1, que considerava incompatível com o processo do trabalho a denunciação da lide. A superveniência da EC n. 45/2005 levou ao aludido cancelamento.

Ora, reza o art. 125 do CPC de 2015:

> Art. 125. É admissível a denunciação da lide, promovida por qualquer das partes:
>
> II – àquele que estiver obrigado, por lei ou pelo contrato, a indenizar, em ação regressiva, o prejuízo de quem for vencido no processo.

Assim, atualmente, do ponto de vista processual, na hipótese de assédio praticado por um de seus empregados, reservou-se ao empregador o direito de promover a denunciação da lide ao assediador sexual, no próprio processo trabalhista em que seja demandado por dano moral ou patrimonial, para se reembolsar da condenação que acaso lhe seja imposta.

7.2. Terceirização. Responsabilidade solidária da tomadora dos serviços

Por conta do fenômeno da terceirização, cada vez mais difundido, não raro se constata assédio sexual praticado por empregado da empresa tomadora dos serviços, tendo como vítima empregada da empresa prestadora de serviços.

A circunstância de desenvolver-se o labor nas dependências da empresa tomadora naturalmente pode ensejar o assédio sexual de gerente ou de qualquer outro preposto desta sobre empregada da empresa prestadora de serviços.

Dispõe o art. 932 do Código Civil:

> Art. 932. São também responsáveis pela reparação civil:
>
> [...]
>
> III – o empregador ou comitente, por seus empregados, serviçais e prepostos, no exercício do trabalho que lhes competir, ou em razão dele;

Por sua vez, o art. 933 declara que essa responsabilidade do empregador subsiste "ainda que não haja culpa de sua parte" e, portanto, é **objetiva**.

Prescreve ainda o art. 942, parágrafo único do Código Civil:

> Art. 942. Os bens do responsável pela ofensa ou violação do direito de outrem ficam sujeitos à reparação do dano causado; e, se a ofensa tiver mais de um autor, todos responderão **solidariamente** pela reparação.
>
> Parágrafo único. São **solidariamente** responsáveis com os autores os coautores e as pessoas designadas no art. 932.

Exsurge claramente do Código Civil, portanto, que há responsabilidade civil objetiva da empresa tomadora de serviços, por dano moral e patrimonial, na qualidade de empregadora, pelo assédio sexual praticado por seu empregado.

Se, todavia, houver comunicação ao gerente ou ao diretor da empresa **prestadora**, de que uma empregada desta está sendo vítima de assédio sexual e, ao invés de tomar providências para coibir tal conduta, a direção da empresa prestadora omite-se a respeito, ou caracteriza-se qualquer outra forma de culpa da prestadora, emerge responsabilidade civil **solidária** de ambas as empresas pelo dano moral e patrimonial causado ao empregado.

Não se aplica à espécie a Súmula n. 331, IV e VI, do TST, que trata da responsabilidade **subsidiária** da empresa tomadora de serviços porquanto a Súmula n. 331, ao declarar a responsabilidade **subsidiária** da empresa tomadora tem os olhos fitos nos **créditos trabalhistas** e, por conseguinte, não interpreta o art. 942 do Código Civil. Da mesma forma o art. 5º-A da Lei n. 6.019, com a redação da Lei n. 13.429, de 31.03.2017, ao reconhecer a responsabilidade subsidiária da empresa tomadora de serviços.[6]

8. IMPACTOS DO ASSÉDIO SEXUAL

O assédio sexual tem importantes repercussões no ambiente de trabalho. Pode acarretar consequências para a vítima, para a empresa e para o assediador.

Sobretudo é impactante na vida da empresa. O assédio sexual prejudica a vida da empresa de vários modos, em particular porque provoca uma ruptura no ambiente de trabalho (no que deteriora o relacionamento entre as pessoas) que arranha a imagem da empresa.

É de intuitiva percepção que o assédio sexual exerce influência sobre os níveis de qualidade e competitividade da empresa, refletindo-se nas condições de vida dos empregados e no ambiente em que desenvolvem suas atividades.

Naturalmente, um ambiente de trabalho hostil e degradado não pode deixar de projetar reflexos nefastos na produção e de causar sequelas negativas na imagem da empresa.

Mas é sob o ponto de vista econômico que repousa o maior impacto na empresa, representado pelo aumento dos custos.

O assédio sexual gera ao menos três espécies de **custos anormais para a empresa**:

a) o **primeiro** deriva do absenteísmo, da substituição de pessoal, de pedidos de transferência de local de trabalho e da menor produtividade. Obviamente tudo isso se traduz em perdas notórias.

b) o **segundo** tipo de custo refere-se ao tempo despendido com o pessoal dedicado à investigação, à apuração e, enfim, à elucidação de condutas; claro que tudo isso acarreta despesas.

c) o **terceiro** tipo de custo concerne às indenizações a que a empresa pode ser condenada pela Justiça do Trabalho, a título de lesão moral e por virtual rescisão indireta do contrato de trabalho do(a) empregado(a) vítima.

9. MEDIDAS DE PREVENÇÃO DO ASSÉDIO SEXUAL

Por tudo isso e porque se cuida de fenômeno crescente e em voga, a prevenção do assédio sexual pode e deve ser deflagrada de várias formas. Todas elas, porém, requerem a adoção de uma política de recursos humanos pela empresa, de que todos os empregados tomem ciência.

É fundamental, a meu juízo, aprovar regulamentos de pessoal, ou um código de ética, contendo regras bem definidas de ação antiassédio sexual, explicitando, por exemplo:

a) que o assédio sexual **não** é tolerado dentro da empresa;

b) os comportamentos considerados proibidos;

c) proporcionar meios para investigação imediata e estabelecer severas punições aos infratores;

d) propiciar, sobretudo, procedimento interno que permita a **denúncia de assédio**, isto é, um canal

---

(6) Nesse sentido: RR 1272000-34.2007.5.09.0015, 5ª Turma, Min. João Batista Brito Pereira, DEJT 19.12.2011, decisão unânime.

de comunicação para a vítima. Seja um departamento específico, seja um número telefônico (0800). E tudo isso sem quebra do sigilo do denunciante. O sigilo da denúncia permitirá que o empregado acusado de assédio seja posto em observação, ensejando a colheita de provas e a apuração dos fatos.

Essas e outras providências preventivas parecem-me essenciais. E não apenas como medidas destinadas à redução de custos. Mas principalmente porque o desempenho de uma empresa é indissociável do cuidado que a direção tem para com o bem-estar de seus empregados que, afinal, compõem o maior capital da empresa.

Combate à Jurisprudência Defensiva dos Tribunais do Trabalho. Art. 10 da IN n. 39/2016 do TST

O CPC de 2015 adota uma política judiciária deliberada de estimular e atribuir primazia à solução de mérito não apenas quando o processo esteja no primeiro grau de jurisdição, mas também e, não menos importante, quando o processo se ache no tribunal, em grau recursal.

De fato, uma das características mais marcantes do CPC de 2015 é o combate à chamada **jurisprudência defensiva** dos tribunais.

Jurisprudência defensiva, como se sabe, é a locução que designa a tendência observada até aqui de os tribunais brasileiros esquivarem-se de solucionar o mérito da causa ou o mérito do recurso, em razão do acolhimento de uma questão formal.

1. JUÍZO DE ADMISSIBILIDADE DE RECURSO E COMBATE À JURISPRUDÊNCIA DEFENSIVA

É importante ter presente, antes de mais nada, que essas normas legais de combate à jurisprudência defensiva dos tribunais **também atingem reflexamente os juízes do trabalho em 1º grau de jurisdição**, a quem compete exercer controle de admissibilidade sobre recurso ordinário e agravo de petição, assim como se dirige ao desembargador de TRT a quem competir emitir juízo de admissibilidade sobre recurso de revista, por força de lei.

Lembro que o TST considerou **inaplicável** ao processo do trabalho (art. 2º da IN n. 39), a norma do art. 1.010, § 3º, do CPC, relativa à **desnecessidade** de o juízo *a quo* exercer controle de admissibilidade sobre a apelação.

Considerou-se inaplicável porque incompatível com a norma do art. 897, *b*, da CLT, segundo o qual cabe "agravo de instrumento dos despachos que denegarem a interposição de recursos".

O § 2º do art. 897, da CLT, por sua vez, alude a "agravo de instrumento interposto contra o despacho que não receber agravo de petição".

De sorte que se compete ao juiz do trabalho em 1º grau de jurisdição exercer controle de admissibilidade sobre RO e AP, em decorrência:

1º) a ele também se aplicam as normas de combate à jurisprudência defensiva, em matéria recursal, dirigidas ao relator e ao próprio tribunal;

2º) sempre que passível de correção ou suprimento, por sua natureza, o pressuposto de admissibilidade, cabe ao juiz abster-se de denegar seguimento ao recurso, de plano, e, ao contrário, conceder o prazo de cinco dias para a parte sanar o vício; **somente se**, intimada, a parte **não sanar** o vício, **ou** se o vício for **insanável**, cabe ao juiz trancar o recurso.

2. MANIFESTAÇÕES DE JURISPRUDÊNCIA DEFENSIVA. CRÍTICA

As manifestações de jurisprudência defensiva dos tribunais são diversas e positivam-se em geral em decisões de não conhecimento de recursos, a exemplo do que sucede quando se constata irregularidade de representação (ausência de substabelecimento), ou erro no preenchimento das guias de custas processuais.

Está claro que esse posicionamento dos tribunais, sobretudo dos tribunais superiores, explica-se pelo propósito inequívoco de desafogar as cortes, a braços, como sabemos, com uma quantidade colossal de processos, que cresce em proporção quase que geométrica.

Semelhante postura, no entanto, de há muito vinha recebendo fundada crítica da doutrina, quando menos por **duas razões**:

a) implica menoscabo e esquecimento do caráter instrumental do processo;

b) trata-se de postura que atinge e frustra justamente uma das mais relevantes funções do Tribunal Superior do Trabalho e do Superior Tribunal de Justiça: uniformizar a jurisprudência.

O CPC de 2015 rompeu com o excesso de formalismo do processo judicial brasileiro.

Naturalmente, a exigência da forma não é um mal em si. O que realmente parece criticável é o demasiado formalismo, entendido como culto irracional da forma, como se fosse esse um objetivo em si.

Tudo o que é demais, é demasiado. Mesmo o leite: em excesso mata!

Daí porque o CPC de 2015 desencadeia um combate sem tréguas a esse formalismo demasiado. Para tanto, busca promover o fortalecimento do processo como instrumento de tutela de direitos materiais, na premissa de que o formalismo excessivo não serve à finalidade essencial do processo.

Em vários preceitos, sinaliza para os tribunais que o mais importante é solucionar o mérito e, não, alegar uma questão formal para abster-se de fazê-lo. Repele, assim, a arraigada jurisprudência defensiva nos tribunais, em grau recursal, a que não estão imunes os tribunais do trabalho.

O art. 10, parágrafo único, da IN n. 39/16 do TST elegeu algumas de tais normas legais que combatem a jurisprudência defensiva dos tribunais do trabalho, em grau recursal.

> "Art. 10. Aplicam-se ao processo do trabalho as normas do parágrafo único do art. 932 do CPC, §§ 1º a 4º do art. 938 e §§ 2º e 7º do art. 1.007".

É forçoso convir, no entanto, que esse elenco de normas de combate à jurisprudência defensiva dos tribunais **não é exaustivo**. Há outros casos contemplados em lei, a exemplo do art. 896, § 11, da CLT, introduzido pela Lei n. 13.015/2014.

Penso que se impõe agrupar e examinar em conjunto essas normas.[1] Parece-me inarredável uma visão holística e sistemática de tais normas, quer pela identidade substancial de conteúdo, quer porque todas dizem respeito apenas a processo que se encontra na fase recursal.

Percebe-se que as acenadas normas legais, à exceção das do art. 1.007 sobre **preparo** de recurso, têm um fio condutor ou um traço comum: são normas propositadamente de **conteúdo genérico e indeterminado**. Normas cujo conteúdo está em branco e em aberto.

São normas que **essencialmente** preveem que o relator ou o órgão fracionário competente, "antes de considerar **inadmissível** o recurso", deve conceder uma derradeira oportunidade para o recorrente **sanar um vício ou defeito formal** de que acaso padeça o recurso.

O traço comum da hipótese de regência dessas normas é constatação de que o recurso:

a) ressente-se de **um vício ou defeito formal**;

b) **vício ou defeito formal** passível **de ser sanado**.

A **questão fundamental** que se põe, então, obviamente consiste em saber **qual** vício ou defeito formal do recurso é **passível** de ser sanado.

A resposta à indagação exige que recordemos inicialmente os pressupostos de admissibilidade dos recursos em geral.

Sabemos que há **pressupostos comuns ou extrínsecos** e **pressupostos intrínsecos** ou específicos de admissibilidade.

Os pressupostos comuns ou extrínsecos são os exigíveis da generalidade dos recursos e os únicos exigíveis dos recursos de natureza ordinária: recurso ordinário, agravo de petição e agravo de instrumento.

Os pressupostos intrínsecos ou específicos de admissibilidade são requisitos legais **suplementares** – isto

---

(1)   "Art. 932. Incumbe ao relator: (...)

Parágrafo único. Antes de considerar inadmissível o recurso, o **relator concederá** o prazo de 5 (cinco) dias ao recorrente para que **seja sanado** vício ou complementada a documentação exigível."

"Art. 938. A questão preliminar suscitada no julgamento será decidida antes do mérito, deste não se conhecendo caso seja incompatível com a decisão.

§ 1º **Constatada a ocorrência de** vício sanável, inclusive aquele que possa ser conhecido de ofício, **o relator determinará a realização ou a renovação do ato processual**, no próprio tribunal ou em primeiro grau de jurisdição, intimadas as partes.

§ 2º Cumprida a diligência de que trata o § 1º, o relator, **sempre que possível, prosseguirá no julgamento do recurso**.

§ 3º Reconhecida a necessidade de produção de prova, o **relator converterá o julgamento em diligência**, que se realizará no tribunal ou em primeiro grau de jurisdição, **decidindo-se o recurso após a conclusão da instrução**.

§ 4º Quando **não determinadas pelo relator**, as providências indicadas nos §§ 1º e 3º poderão ser determinadas pelo órgão competente **para julgamento do recurso**.

"Art. 1.007. § 2º A **insuficiência no valor do preparo**, inclusive porte de remessa e de retorno, **implicará deserção se** o recorrente, intimado na pessoa de seu advogado, não vier a supri-lo no prazo de 5 (cinco) dias.

§ 7º O equívoco no preenchimento da guia de custas não implicará a aplicação da pena de deserção, cabendo ao relator, na hipótese de dúvida quanto ao recolhimento, intimar o recorrente para sanar o vício no prazo de 5 (cinco) dias."

CLT, art. 896, § 11. Quando o recurso **tempestivo** contiver **defeito formal** que não se repute grave, o Tribunal Superior do Trabalho poderá desconsiderar o vício ou mandar saná-lo, julgando o mérito."

é, além dos pressupostos comuns –, exigíveis dos recursos de natureza **extraordinária**, como o recurso de revista e o recurso de embargos para a SDI-1 no processo do trabalho. No caso do recurso de revista, a sua admissibilidade está condicionada também ao atendimento de um dos requisitos contemplados no art. 896, da CLT.

A doutrina mais prestigiosa **subclassifica** os pressupostos comuns ou extrínsecos em **subjetivo** e em **objetivos**.

Pressuposto **subjetivo** é a **legitimidade** de parte para recorrer. Diz respeito às pessoas legitimadas a recorrer.

Pressupostos extrínsecos **objetivos** são: 1º) interesse jurídico; 2º) cabimento: recorribilidade da decisão; 3º) tempestividade; 4º) adequação do recurso; 5º) preparo: recolhimento e comprovação das custas processuais; 6º) recolhimento e comprovação do depósito recursal; 7º) regularidade formal: fundamentação e assinatura; 8º) regularidade de representação.

Confrontados os pressupostos de admissibilidade e as normas legais de combate à jurisprudência defensiva, **é de indagar-se**: ante a inobservância de **qualquer** pressuposto de admissibilidade, o recorrente tem direito a uma última ocasião para se redimir e corrigir o vício ou sanar o defeito antes de o tribunal decidir não conhecer do recurso?

Em outras palavras: o combate à jurisprudência defensiva dos tribunais significa que o recorrente, sempre e sempre, tem direito a mais uma chance, anterior ao julgamento, para aperfeiçoar o recurso no tocante a qualquer pressuposto de admissibilidade, de modo a propiciar a desejável apreciação do mérito do recurso? Penso que não.

3. PRESSUPOSTOS INTRÍNSECOS E COMBATE À JURISPRUDÊNCIA DEFENSIVA DOS TRIBUNAIS DO TRABALHO

Depreende-se da própria lei que, ao combater a jurisprudência defensiva dos tribunais:

1º) dirige-se, em princípio, aos pressupostos **extrínsecos**;

2º) ainda assim, mesmo **relativamente aos pressupostos extrínsecos**, a lei **distingue** recurso com vício ou defeito **insanável** e recurso com vício ou defeito **sanável**; e obviamente o vício ou defeito será sanável ou não, conforme a natureza do vício comporte ou não suprimento (correção) pela parte.

Importa dizer, a *contrario sensu*, que são **insanáveis** quase todos **os pressupostos intrínsecos e alguns extrínsecos**, por sua natureza.

Os pressupostos **intrínsecos** especificamente são regidos por **normas de ordem pública** e, portanto, submetidos a requisitos legais mais rígidos, ditados no interesse público. Tais pressupostos concernem a recursos de natureza extraordinária, erigidos para um funcionamento suplementar da máquina judiciária, com vistas à consecução de determinados objetivos de interesse público, não da parte, a saber: uniformização da jurisprudência trabalhista no plano nacional e preservação do primado da lei federal. Por isso, **ou** bem esses requisitos são atendidos nas razões do recurso e viabiliza-se o conhecimento, **ou**, se não atendidos, o recurso não comporta conhecimento.

De sorte que os pressupostos intrínsecos são **comprováveis na petição em si das razões do recurso**. Caso **não** atendida a forma legal, opera-se a **preclusão consumativa**. Logo, **não é concebível** a concessão de uma derradeira oportunidade para o recorrente **aperfeiçoar ou aprimorar** as razões de um recurso de revista ou de um recurso de embargos, ressalvada a comprovação de divergência jurisprudencial, conforme se expõe adiante no exame da hipótese excepcionalíssima do § 11 do art. 896 da CLT (*vide infra* item 2.5).

Eis alguns exemplos de desatendimento de pressupostos intrínsecos ou específicos de admissibilidade do recurso de revista ou dos Embargos e que não comportam concessão de prazo para correção do vício formal:

a) ausência de prequestionamento da matéria fática no acórdão regional: Súmula n. 297 do TST;

b) no recurso de revista por divergência jurisprudencial: aresto inespecífico (Súmula n. 296), **ou** aresto inidôneo (do próprio Regional em recurso de revista), **ou** aresto que não abrange todos os fundamentos jurídicos da decisão recorrida (Súmula n. 23); **ou** a parte transcreve aresto, mas não declina a fonte de publicação (Súmula n. 337);

c) ou petição de recurso de revista interposto já na vigência da Lei n. 13.015/2014 em que a parte recorrente **não** satisfaz a exigência legal de **transcrição** nas razões recursais do trecho do acórdão regional que consubstancia o prequestionamento.

Sustento, portanto, que as novas normas de combate à jurisprudência defensiva **não** atingem esses casos e outros assemelhados, quer em relação aos recursos já interpostos em 18.03.2016, quer em relação aos interpostos já na vigência do CPC de 2015.

4. PRESSUPOSTOS EXTRÍNSECOS E COMBATE À JURISPRUDÊNCIA DEFENSIVA DOS TRIBUNAIS DO TRABALHO

As normas de combate à jurisprudência defensiva dos tribunais igualmente **não** atingem alguns pressupostos **extrínsecos** que, por sua natureza, não comportam suprimento pela parte.

É o que sucede nos casos a seguir enumerados.

a) ausência de interesse jurídico para recorrer: a rigor, nem é defeito formal; se a parte **não foi sucumbente**, à luz da decisão de mérito recorrida, evidentemente não há o que suprir mediante a concessão de um prazo;

b) recurso incabível. Cabimento, tecnicamente, é a recorribilidade, em tese, da decisão. Se sequer em tese é recorrível a decisão, naturalmente **também** não há como suprir a ausência desse pressuposto, por sua própria natureza, mediante a concessão de um prazo. A rigor, também não se cuida de defeito formal. Exemplos de recursos incabíveis: **b1)** agravo de decisão colegiada, como acórdão de turma do tribunal; **b2)** embargos para a SBDI-1 do TST **fora** das exceções da Súmula n. 353 ou para impugnar decisão monocrática (Orientação Jurisprudencial n. 378 da SBDI-1);

c) interposto por quem **não tem legitimidade para recorrer**. Consoante o art. 996 do CPC de 2015, o círculo dos legitimados a impugnar a decisão cinge-se à parte vencida ou que sofreu gravame, o Ministério Público do Trabalho e o terceiro prejudicado.

4.1. Aplicação aos pressupostos extrínsecos das normas de combate à jurisprudência defensiva dos tribunais

Os pressupostos **extrínsecos** em que o recurso **pode** padecer de vício ou defeito formal, em tese, passível de correção ou suprimento, conforme a sua natureza, são os seguintes:

a) preparo: recolhimento e comprovação das custas processuais; **b)** recolhimento e comprovação do depósito recursal; **c)** tempestividade; **d)** regularidade formal: fundamentação e assinatura; **e)** regularidade de representação.

4.1.1. Preparo. Equívoco no preenchimento da guia de custas. Insuficiência do valor

Como visto, **a propósito das custas processuais exigíveis no prazo do recurso**, a IN n. 39/2016 do TST reputa aplicáveis ao processo do trabalho as normas dos §§ 2º e 7º do art. 1.007 do CPC de 2015, de modo a ensejar o **afastamento da deserção** do recurso em dois casos: **a)** preenchimento equivocado da guia de custas e **b)** insuficiência do valor recolhido.

Os advogados que militam na Justiça do Trabalho e as próprias partes sabem quão frequente é o **equívoco no preenchimento** da guia de custas. Ilustram os seguintes exemplos:

1º) preenchimento incorreto da guia **GRU** judicial mediante indicação de número de processo **diverso**;

2º) preenchimento **incompleto** da guia de recolhimento de custas, **sem a identificação do número do processo**, da Vara do Trabalho ou mesmo do nome do reclamante;

3º) a parte **não** junta aos autos a **guia GRU** (Guia de Recolhimento da União) exigível, a partir de janeiro de 2011, nos termos do art. 790 da CLT e ATO CONJUNTO N. 21 TST-CSJT, de dez./2010: exibe apenas o comprovante bancário do suposto pagamento;

4º) guia de custas apresentada em fotocópia **não** autenticada;

5º) deficiência na autenticação mecânica da guia de custas que comprometa a legibilidade do documento.

Casos que tais e assemelhados de equívoco no preenchimento da guia de custas ou até mesmo de dúvida razoável sobre o recolhimento **não** devem acarretar mais inexoravelmente a deserção do recurso (interposto de decisões publicadas a partir de 18.03.2016!), no processo do trabalho: caberá ao relator, **antes do julgamento**, intimar a parte para sanar o vício, no prazo de cinco dias. Somente **se** não o fizer pode-se cogitar de deserção.

É verdade que a jurisprudência do TST já vinha sendo muito tolerante em casos de **defeito formal** na guia de custas.

A partir da vigência do CPC de 2015, porém, o § 7º do art. 1.007, típico dispositivo de combate à jurisprudência defensiva dos tribunais, exigirá que o relator, antes do julgamento, sempre conceda prazo para que o vício formal seja sanado.

Creio, no entanto, que o maior impacto no processo do trabalho está no **caso de insuficiência do valor recolhido** a título de custas processuais, por ocasião do recurso (art. 1007, § 2º, do CPC de 2015).

Recorde-se que, sob o regime do CPC de 1973, a jurisprudência trabalhista sedimentara-se no sentido de considerar **inaplicável** ao processo do trabalho norma semelhante ao § 2º do art. 1007 (art. 511, § 2º).

A partir do advento do CPC de 2015, ao contrário, o Pleno do TST, no parágrafo único do art. 10 da IN n. 39/16, considerava que "a **insuficiência no valor do preparo do recurso**, no processo do trabalho, para os efeitos do § 2º do art. 1.007 do CPC", aplicava-se unicamente **às custas** processuais.

A nova redação da Orientação Jurisprudencial n. 140 da SBDI-1, aprovada pela **Res. n. 217/2017, do Pleno do TST, publicada no DEJT de 20, 24 e 25.04.2017, ratificou esse entendimento em relação** às custas processuais e estendeu-o ao caso de insuficiência do depósito recursal.[2]

Cumpre, pois, ao relator no tribunal, relativamente aos recursos interpostos de decisões publicadas a partir de 18.03.2016, intimar a parte a suprir a diferença do valor recolhido a título de custas processuais, no prazo de cinco dias. Somente se não o fizer pode-se cogitar de deserção.

4.1.2. Depósito recursal. Insuficiência do valor. Equívoco no preenchimento da Guia GFIP

Sabe-se que basicamente as mesmas irregularidades formais apontadas no tocante às custas processuais também ocorrem em relação ao depósito recursal: insuficiência de valor e defeito formal na guia comprobatória do depósito.

Conforme já se acentuou, no que concerne à **insuficiência do valor comprovado a título de depósito recursal**, no parágrafo único do art. 10 da **IN n. 39/2016**, o Pleno do TST adotou inicialmente posição **diferente** da assumida em relação à insuficiência de valor a título de custas.

Portanto, em caso de diferença, ainda que ínfima, no valor comprovado a título de **depósito recursal, não** se concedia prazo, antes do julgamento, para a recorrente complementar o valor exigível.

Desde o princípio, porém, convenci-me de que a IN n. 39/2016 não equacionara bem a questão. Aliás, a Comissão de Ministros de que resultou a IN n. 39/2016 dividiu-se neste passo.

Não há por que adotar tratamento distinto entre custas processuais e depósito recursal, em caso de insuficiência de valor.

A um, porquanto imperativo trilhar na linha resoluta de combate à jurisprudência defensiva dos tribunais abraçada pelo CPC de 2015, em diversos preceitos.

A dois, porque o próprio TST sempre dispensou o mesmo tratamento a essa situação, seja a diferença em custas, seja no depósito recursal.

Assim, sempre entendi que, mais adequadamente, *data venia*, o Tribunal deveria:

a) afastar corretamente a aplicação do § 4º do art. 1.007 do CPC, ou seja, a dobra em relação ao **depósito recursal não realizado**, porquanto prevista em dispositivo manifestamente incompatível com o processo do trabalho, a saber, em norma que prevê, para o caso de não comprovação do preparo "no ato da interposição do recurso" o recolhimento da dobra das **custas processuais** devidas no processo civil;

b) ainda assim, **aplicar** ao depósito recursal **insuficiente** a mesma solução prevista para as custas processuais, entre outros fundamentos, por incidência analógica do § 2º do art. 1.007 e, sobretudo, por força das normas do parágrafo único do art. 932 e parágrafos do art. 938, todos preceitos do CPC de 2015 que o art. 10 da própria IN n. 39/2016 expressamente considerou aplicáveis ao processo do trabalho.

A bem de ver, se afigurava até incongruente, *data venia*, a posição assumida pela IN n. 39/2016 no que tange à insuficiência de depósito recursal.

Com efeito. Se ela própria reputou aplicáveis no processo do trabalho os preceitos legais em foco – preceitos de franco e aberto combate à jurisprudência defensiva dos tribunais, insista-se – **não haveria razão para excetuar tão somente o caso de insuficiência do depósito recursal. Igualmente nesse caso, cumpre conceder à parte derradeira oportunidade para retificação, mediante complementação. Afinal, cuida-se de defeito formal plenamente passível de correção. Não bastasse isso, a complementação é do interesse do próprio reclamante, pois quanto maior o depósito tanto melhor para ele em termos de garantia.**

Tendo presentes esses e outros fundamentos, o Tribunal Pleno do TST vem de **revogar** o parágrafo único do art. 10 da IN n. 39/2016 e, como exposto, igualmente vem de aprovar a revisão da Orientação Jurisprudencial n. 140 da SBDI-I para permitir ao recorrente, em caso de recolhimento **insuficiente**, complementar não somente as custas processuais, mas também o valor do depósito recursal insuficiente.

Está claro que a nova redação da OJ n. 140 da SBDI-I não se aplica em caso de **não realização** e comprovação integral do depósito recursal ou de não recolhimento das custas processuais. O objetivo da lei e da Orientação Jurisprudencial n. 140 foi conceder uma derradeira oportunidade à parte para **aperfeiçoar** um ato processual já praticado, ainda que com defeito formal. A parte, contudo, **buscou atender** ao pressuposto legal de admissibilidade. Se, todavia, o ato não foi pra-

---

[2] 140. DEPÓSITO RECURSAL E CUSTAS PROCESSUAIS. RECOLHIMENTO INSUFICIENTE. DESERÇÃO. (nova redação em decorrência do CPC de 2015) – Res. n. 217/2017 – DEJT divulgado em 20, 24 e 25.04.2017.
Em caso de recolhimento insuficiente das custas processuais ou do depósito recursal, somente haverá deserção do recurso se, concedido o prazo de 5 (cinco) dias previsto no § 2º do art. 1.007 do CPC de 2015, o recorrente não complementar e comprovar o valor devido.

ticado no prazo legal, não há amparo legal para uma derradeira chance de fazê-lo.

Questão correlata, similar à das custas, dá-se em face do **preenchimento incorreto da guia GFIP do depósito recursal**.

A SDI-1, em sua composição Plena, decidiu, em 2012, contra o meu voto, que o **preenchimento incorreto** da guia de depósito recursal, no que se refere ao número do processo e indicação da Vara do Trabalho de origem, **inviabiliza** o aproveitamento do ato praticado (E-ED-recurso de revista 877.540-47.2001.5.09.0013, Rel. Min. Lelio Bentes Correia).

Entendo que hoje essa jurisprudência está **superada** no tocante aos recursos interpostos das decisões publicadas a partir de 18.03.2016, em face do CPC de 2015.

Igualmente se dá em casos análogos de outros defeitos formais sanáveis, tais como: guia de depósito recursal apresentada em fotocópia **não** autenticada, guia **GFIP** do depósito recursal apresentada com autenticação **ilegível** (deficiência da autenticação mecânica na guia que comprometa a legibilidade do documento).

Nesses e em todos os demais casos similares de vícios formais relativos à guia comprobatória do depósito recursal, impõe-se ao relator, antes de propor o não conhecimento do recurso, conceder um prazo de cinco dias ao recorrente para que o defeito seja sanado, por força das normas do parágrafo único do art. 932 e §§ do art. 938 do CPC de 2015, aplicáveis ao processo do trabalho. Cuida-se de casos típicos também afetados pelas normas em apreço que repelem a jurisprudência defensiva dos tribunais.

4.1.3. Tempestividade

Às vezes, há dúvida razoável sobre a **tempestividade** do recurso.

Até recentemente, por exemplo, a jurisprudência consolidada do Tribunal Superior do Trabalho afugentava o recurso por falta de comprovação da tempestividade se ilegível a data lançada no carimbo do protocolo de apresentação.

Nesse sentido eram as Orientações Jurisprudenciais ns. 284 e 285 da SBDI-1, hoje canceladas[3], relativas ao agravo de instrumento, ao tempo em que este tramitava mediante traslado de peças.

Como é de intuitiva percepção, tratava-se de dois exemplos emblemáticos de jurisprudência tipicamente defensiva.

Ambas as OJ vêm de ser canceladas pelo TST.

Primeiro, porque conflitavam ostensivamente com os novos preceitos do CPC de 2015, em especial parágrafo único do art. 932 e §§ do art. 938.

Segundo, porque constituíam solução injusta em que se transferia para a parte uma deficiência a que **não** deu causa: protocolo ilegível e etiqueta adesiva imprestável para aferição da tempestividade ("no prazo") são vícios formais imputáveis exclusivamente ao órgão da Justiça do Trabalho.

O argumento do **prof. Barbosa Moreira**, para situações desse jaez, parece-me irrespondível: "não é o recorrente que carimba o protocolo, e não parece justo fazer recair sobre ele a consequência de defeito do serviço judiciário (...)".

A dúvida acerca da tempestividade do recurso, contudo, ainda persiste em outros casos. Digamos que se cuide de recurso trabalhista interposto por fundação, valendo-se do prazo em dobro de dezesseis dias (Decreto-lei n. 779/69), mas não esteja clara a natureza de fundação pública da entidade.

A meu juízo, em casos como esse e assemelhados, sempre que paire **dúvida** razoável sobre a tempestividade do recurso e desde que seja passível de suprimento, por sua natureza, cabe ao relator, antes do julgamento, conceder ao recorrente um prazo de cinco dias para sanar o defeito e dirimir a dúvida.

Não me parece, todavia, que **qualquer** controvérsia sobre a tempestividade do recurso imponha ao relator o dever de conceder prazo à parte para sanar o vício, antes do julgamento. Salta à vista que a lei somente cogita dessa solução extrema nos casos em que, como já expus, a natureza do defeito formal compadecer-se de retificação, suprimento ou correção.

Assim, se a controvérsia sobre a tempestividade do recurso é puramente **jurídica** não há lugar para a concessão de prazo à parte antes do julgamento, pois

---

(3) **OJ-SDI1-284 AGRAVO DE INSTRUMENTO. TRASLADO. AUSÊNCIA DE CERTIDÃO DE PUBLICAÇÃO. ETIQUETA ADESIVA IMPRESTÁVEL PARA AFERIÇÃO DA TEMPESTIVIDADE** (DJ 11.08.2003) A etiqueta adesiva na qual consta a expressão "no prazo" não se presta à aferição de tempestividade do recurso, pois sua finalidade é tão-somente servir de controle processual interno do TRT e sequer contém a assinatura do funcionário responsável por sua elaboração.
OJ-SDI1-285 AGRAVO DE INSTRUMENTO. TRASLADO. CARIMBO DO PROTOCOLO DO RECURSO ILEGÍVEL. INSERVÍVEL (DJ 11.08.2003) O carimbo do protocolo da petição recursal constitui elemento indispensável para aferição da tempestividade do apelo, razão pela qual deverá estar legível, pois um dado ilegível é o mesmo que a inexistência do dado.

não há ato processual passível de ser sanado. **Exemplos**: **a)** saber se o termo inicial do prazo de recurso do Ministério Público do Trabalho computa-se da data do recebimento dos autos do processo na secretaria da Instituição ou da data em que o Procurador ou Subprocurador toma ciência pessoal é questão exclusivamente jurídica sobre o início da contagem do prazo recursal; **b)** *idem*, se é tempestivo ou não o recurso interposto mediante peticionamento eletrônico, no último dia do prazo, após o horário do expediente forense, mas antes das 24 horas (art. 3º, parágrafo único, da Lei n. 11.419/2006; **c)** *idem*, se para a aferição da tempestividade do recurso toma-se em conta necessariamente a data do protocolo no órgão judicial ou é válida a data da postagem em agência dos correios; ou se é válida a protocolização no prazo em juízo incompetente.

Solução idêntica, *mutatis mutandis*, ensejam as questões jurídicas conexas sobre tempestividade e recurso prematuro, examinadas no tópico seguinte.

4.1.4. Tempestividade e recurso prematuro. Ratificação de recurso em face de decisão em embargos de declaração

Igualmente na linha de combate à jurisprudência defensiva dos tribunais, o CPC de 2015, em texto expresso, pôs fim à tese da intempestividade do recurso prematuro, até recentemente consagrada na jurisprudência do STF e na Súmula n. 434, item I, do TST.

Ao disciplinar os prazos, o art. **218**, § **4º**, do CPC de 2015 é explícito:

> "§ 4º Será considerado **tempestivo** o ato praticado **antes** do termo inicial do prazo."

Essa guinada da lei já levou ao cancelamento da Súmula n. 434, ainda em meados de 2015. De fato, era uma jurisprudência na contramão da história. Não se sustentava por múltiplos motivos, mormente porque terminava punindo o advogado diligente, que se antecipava à publicação do julgado para acelerar o andamento do processo.

Mas é relevante ressaltar que a **lei** foi **além**: como decorrência lógica do fim do recurso prematuro, também **afastou a necessidade de ratificação de recurso interposto anteriormente** ao julgamento de embargos de declaração interpostos pela parte contrária, desde que **não** se altere a conclusão do julgamento da decisão embargada.

É o que reza o art. 1.024, § 5º:

> § 5º Se os embargos de declaração forem rejeitados ou não alterarem a **conclusão** do julgamento anterior, o recurso **interposto pela outra parte antes** da publicação do julgamento dos embargos de declaração será processado e julgado **independentemente de ratificação**.

É comum que, publicado o acórdão do Regional, ambas as partes recorram: por exemplo, a Reclamada interpõe recurso de revista e o reclamante interpõe embargos de declaração. Ciente da decisão proferida nos EDs, **a Reclamada** interpõe **novo recurso de revista**, **ou ratifica** o anterior. Observe-se que, no exemplo, o recurso de revista **originário** da **Reclamada, em princípio**, havia sido interposto no prazo legal, mas **tornara-se precoce** visto que interposto **antes** da ciência do julgamento dos EDs interpostos pela parte adversa.

Uma variante desse fenômeno dá-se quando, publicado o acórdão proferido pelo Tribunal Regional do Trabalho, a Reclamada interpõe embargos de declaração e, antes da decisão dos EDs, sucessivamente, também interpõe recurso de revista. Publicado o acórdão referente aos embargos de declaração – por ela próprio interpostos, insisto – a Reclamada, no prazo legal, ratifica integralmente os termos do Recurso de Revista que ela própria interpusera antes da decisão dos EDs, **ou** interpõe novo recurso de revista no prazo legal.

Observe-se que nos dois casos o traço comum é a interposição de recurso de revista **antes** da publicação da decisão dos EDs. A jurisprudência, inclusive do Supremo Tribunal Federal, já se firmara no sentido de que no caso de um recurso interposto **antes** do início do prazo recursal, havendo a interposição de novo recurso, agora no prazo legal, **ou** mesmo havendo **simples ratificação** do primeiro recurso anteriormente interposto, **considerava-se válido e legítimo o segundo** recurso ou a **ratificação** do primeiro.

Agora, como consequência lógica do desaparecimento do recurso prematuro, reza a lei que o primeiro recurso será "processado e julgado **independentemente de ratificação**", **se** os EDs **não** forem acolhidos (vale dizer: mantido inalterado o acórdão originário).

Remanesce, entretanto, uma questão: **se**, ao contrário da situação prevista na lei, **houver** concessão de efeito modificativo por ocasião do julgamento dos embargos de declaração, a parte tem o ônus de **ratificar** o primeiro recurso?

Uma interpretação e aplicação literal da mencionada norma do art. 1.024, § 5º, do CPC, forma mais indigente de hermenêutica jurídica, sugeriria resposta afirmativa. A meu sentir, contudo, não mais é exigível a ratificação de recurso, em caso algum, para efeito de conhecimento e julgamento do mérito, uma vez que a premissa, para tanto, era a tese do recurso prematuro, proscrita pelo legislador.

Assim, se o tribunal atribuir efeito modificativo aos embargos de declaração, assistirá à parte, no que se tornar sucumbente, o direito de interpor outro recurso em face da nova decisão. Não há aí preclusão consumativa pelo fato de já haver sido interposto anteriormente um recurso porquanto se cuida de nova e ulterior decisão que causa gravame à parte.

4.1.5. Regularidade formal: fundamentação e assinatura

Outro pressuposto extrínseco de admissibilidade de recurso afetado pelo combate à jurisprudência defensiva é a **regularidade formal**, que compreende a fundamentação e a assinatura do recurso.

A **fundamentação do recurso**, como sabemos, é pressuposto **legal** de admissibilidade (arts. 1010, inciso III e 1016, inciso III), consagrado pela Súmula n. 422 do TST. Entendo que esse pressuposto não é afetado pelas normas do CPC de 2015 de combate à jurisprudência defensiva dos tribunais.

No caso de recurso de natureza **extraordinária** porque a fundamentação, inclusive, constitui pressuposto **intrínseco** de admissibilidade, vinculado a pressupostos específicos (art. 896 ou art. 894 da CLT). De sorte que, de duas, uma: ou bem esses pressupostos são atendidos, ou não se conhece do recurso.

No caso de recurso **ordinário** da competência de TRT porque, conforme o item III da Súmula 422, **em princípio não** se exige motivação, dada a ampla devolutividade desse recurso.

No que diz respeito, contudo, à ausência total de **assinatura do recurso**[4], quer na petição de interposição, quer nas razões recursais, constitui típico defeito formal plenamente sanável, a toda evidência.

Nesse caso, cabe ao relator, antes do julgamento, conceder ao recorrente um prazo de cinco dias para sanar o defeito. É o que deriva da aplicação do art. 932, parágrafo único e do art. 938 e §§ do CPC de 2015.

A Orientação Jurisprudencial n. 120 da SBDI-1, até recentemente, palmilhava em sentido contrário. Era outro exemplo emblemático de jurisprudência defensiva: considerava "inexistente" o recurso sem qualquer assinatura, o que provocava, de forma inexorável, o não conhecimento do recurso, independentemente de prazo para regularização.

O Tribunal Superior do Trabalho, porém, revisou parcialmente a OJ n. 120 para adaptá-la ao CPC de 2015, de modo a assegurar mais uma chance à parte que não subscreveu o recurso e, assim, em última análise, privilegiar agora o julgamento do mérito do recurso.[5]

4.1.6. Regularidade de representação

A regularidade de representação da parte é pressuposto processual que, não sanado em primeira instância, com a transposição da causa de um grau para outro de jurisdição, convola-se em pressuposto extrínseco de admissibilidade do recurso, passível de regularização, em regra.

A regularidade de representação é fenômeno processual que assume múltiplas dimensões e, pois, pode ser visualizado sob diferentes perspectivas, dentre as quais: **a)** a da regularidade formal de procuração outorgada por pessoa jurídica, parte no processo; **b)** a da **inexistência** de procuração nos autos outorgada ao advogado da parte recorrente, **ou** de irregularidade em procuração ou em substabelecimento já constante dos autos.

Igualmente nesse passo, o Tribunal Superior do Trabalho vem de adaptar a sua jurisprudência consolidada, como não poderia deixar de ser, para prestigiar o princípio da primazia da solução de mérito, prevendo prazo para regularização do defeito formal de representação, mesmo em fase recursal, em atenção às normas explícitas do art. 76, §§ 1º e 2º, do CPC de 2015.

A propósito de vício formal em procuração outorgada por pessoa jurídica, a exemplo da falta de identificação do outorgante do mandato em nome da pessoa jurídica, a nova e atual redação da Súmula n. 456 do TST assentou o seguinte entendimento:

> REPRESENTAÇÃO. PESSOA JURÍDICA. PROCURAÇÃO. INVALIDADE. IDENTIFICAÇÃO DO OUTORGANTE E DE SEU REPRESENTANTE. (inseridos os itens II e III em decorrência do CPC de 2015) – Res. n. 211/2016, DEJT divulgado em 24, 25 e 26.08.2016
>
> I – É inválido o instrumento de mandato firmado em nome de pessoa jurídica que não contenha, pelo

---

(4) Não confundir, como é comum, recurso "**sem assinatura**" com recurso **apócrifo** (falso, que não apresenta autenticidade).

(5) OJ n. 120 da SBDI-1 RECURSO. ASSINATURA DA PETIÇÃO OU DAS RAZÕES RECURSAIS. ART. 932, PARÁGRAFO ÚNICO, DO CPC DE 2015. (alterada em decorrência do CPC de 2015) Res. n. 212/2016, DEJT divulgado em 20, 21 e 22.09.2016 I – Verificada a total ausência de assinatura no recurso, o juiz ou o relator concederá prazo de 5 (cinco) dias para que seja sanado o vício. Descumprida a determinação, o recurso será reputado inadmissível (art. 932, parágrafo único, do CPC de 2015). II – É válido o recurso assinado, ao menos, na petição de apresentação ou nas razões recursais.

menos, o nome do outorgante e do signatário da procuração, pois estes dados constituem elementos que os individualizam.

II – Verificada a irregularidade de representação da parte na instância originária, o juiz designará prazo de 5 (cinco) dias para que seja sanado o vício. Descumprida a determinação, extinguirá o processo, sem resolução de mérito, se a providência couber ao reclamante, ou considerará revel o reclamado, se a providência lhe couber (art. 76, § 1º, do CPC de 2015). III – **Caso a irregularidade de representação da parte seja constatada em fase recursal, o relator designará prazo de 5 (cinco) dias para que seja sanado o vício**. Descumprida a determinação, o relator não conhecerá do recurso, se a providência couber ao recorrente, ou determinará o desentranhamento das contrarrazões, se a providência couber ao recorrido (art. 76, § 2º, do CPC de 2015).

Solução assemelhada abraçou o TST no caso de **inexistência** de procuração nos autos **ou** de irregularidade em procuração ou substabelecimento já constante dos autos.

Forçoso convir que, até recentemente, havia um grave descompasso entre as Súmulas 164 e 383 ao equacionar a irregularidade de representação por falta ou deficiência da procuração juntada.

Com efeito. Havia um conflito evidente de teses entre as referidas súmulas: enquanto uma reputava o recurso inexistente se não apresentada a procuração no **prazo para regularização** (art. 37, parágrafo único, do CPC de 1973), a outra estabelecia que na instância recursal **não era possível** juntar procuração após a interposição do recurso.

Transparecia nitidamente que a Súmula n. 164 do TST tratava do mesmo tema também regulado no item I da Súmula n. 383 do TST, o que, a bem da segurança jurídica, estava a indicar a necessidade urgente de melhor sistematização da jurisprudência consolidada do TST.

Somem-se a isso as inovações, no particular, do CPC de 2015.

De um lado, o art. 104 do CPC de 2015 dispôs que o "advogado não será admitido a postular em juízo sem procuração, **salvo** para evitar **preclusão**, decadência ou prescrição, ou para praticar ato considerado urgente".

Ora, o recurso é precisamente o ato processual que se pode praticar para afastar a preclusão máxima que é a coisa julgada. Assim, inafastável admitir, em caráter excepcional, que o advogado exiba a procuração no prazo de cinco dias, após interposto o recurso, tal como também assegura o parágrafo único do art. 932 do CPC de 2015.

Por outro lado, o art. 76, § 2º, do CPC reza que o relator, em fase recursal, "designará prazo razoável" para a parte sanar vício relacionado à incapacidade processual ou à irregularidade de representação. Outros preceitos do CPC, de aberto combate à chamada jurisprudência defensiva dos tribunais, como visto, igualmente autorizam a adoção de tal solução: é o caso do parágrafo único do art. 932 e dos §§ 1º a 4º do art. 938 do CPC de 2015. Ressalte-se, uma vez mais, que a IN n. 39/2016 do TST (art. 10) reputou aplicáveis ao processo do trabalho tais normas processuais.

Todos esses aspectos ponderados conduziram o Tribunal Superior do Trabalho a cancelar a Súmula n. 164 e a revisar a Súmula n. 383, cujo enunciado passou a ser o seguinte:

Súmula n. 383 do TST

RECURSO. MANDATO. IRREGULARIDADE DE REPRESENTAÇÃO. CPC DE 2015, ARTS. 104 E 76, § 2º (nova redação em decorrência do CPC de 2015) – Res. 210/2016, DEJT divulgado em 30.06.2016 e 01 e 04.07.2016

I – É inadmissível recurso firmado por advogado **sem procuração juntada aos autos** até o momento da sua interposição, salvo mandato tácito. Em caráter excepcional (art. 104 do CPC de 2015), admite-se que o advogado, independentemente de intimação, exiba a procuração no prazo de 5 (cinco) dias após a interposição do recurso, prorrogável por igual período mediante despacho do juiz. Caso não a exiba, considera-se ineficaz o ato praticado e não se conhece do recurso.

II – Verificada a irregularidade de representação da parte **em fase recursal, em procuração ou substabelecimento já constante dos autos**, o relator ou o órgão competente para julgamento do recurso designará prazo de 5 (cinco) dias para que seja sanado o vício. Descumprida a determinação, o relator não conhecerá do recurso, se a providência couber ao recorrente, ou determinará o desentranhamento das contrarrazões, se a providência couber ao recorrido (art. 76, § 2º, do CPC de 2015).

Infere-se que a Súmula n. 383, em síntese: no item I cogita de recurso firmado por advogado **sem procuração nos autos**; nesse caso, **ressalvado o mandato tácito**, o advogado dispõe de cinco dias, após a interposição do recurso, para exibir o instrumento de mandato, independentemente de intimação e, portanto, automaticamente; no item II, cogita de **irregularidade de representação** da parte, constatada em fase recursal e, portanto, de caso em que a parte já exibira procuração ou substabelecimento ao advogado subscritor do recurso, mas a procuração ou o substabelecimento ressente-se de algum defeito formal. Somente nesse último caso cumprirá ao relator ou ao colegiado intimar a parte para sanar o vício antes de decidir pelo não conhecimento do recurso. Exemplos: **a)** apresentada procuração em fotocópia não autenticada; **b)** procuração outorgada com poderes específicos para ajuizamento de reclamação trabalhista não autoriza a propositura de ação rescisória e mandado de segurança;[6] **c)** o substabelecimento é anterior à outorga passada ao substabelecente, de sorte que este transferiu poderes de que ainda não dispunha.[7]

Como se vê, a tese central sufragada pelo item II da Súmula n. 383 é priorizar o julgamento do mérito do recurso.

5. RECURSO TEMPESTIVO QUE SE RESSENTE DE DEFEITO FORMAL NÃO GRAVE

Ainda no campo do combate à jurisprudência defensiva, agora especificamente do Tribunal Superior do Trabalho, imperativo examinar o § 11 do art. 896 da CLT, introduzido pela Lei n. 13.015/2014, do seguinte teor:

> "§ 11. Quando o **recurso** tempestivo contiver **defeito formal** que **não se repute grave**, o Tribunal Superior do Trabalho poderá **desconsiderar o vício** ou mandar saná-lo, julgando o mérito."

Lembro inicialmente que o texto é similar à norma do art. 1029, § 3º, do Código de Processo Civil de 2015, por força da qual igualmente o Supremo Tribunal Federal e o Superior Tribunal de Justiça poderão adotar a mesma solução no julgamento de recurso extraordinário e de recurso especial.

Em razão do que estatui a aludida norma legal, o TST pode conhecer de recurso **tempestivo** e julgar o mérito, **não obstante** padeça de **defeito formal não grave**. Essa solução o TST pode adotar seja ela **precedida** de oportunidade para a parte sanar o vício, seja **desconsiderando o vício**.

Reputo o § 11 do art. 896 da CLT a **mais importante** de todas as normas processuais de combate à jurisprudência defensiva de que dispõe o TST. Não apenas pelo conteúdo amplo e indeterminado, mas porque, ao **contrário** das demais normas congêneres do CPC de 2015, confere ao prudente arbítrio do TST uma **opção**: ou mandar sanar o vício, ou mesmo desconsiderar o vício (e, portanto, relevá-lo) e desde logo julgar o mérito do recurso.

5.1. Finalidade do § 11 do art. 896 da CLT

O § 11 do art. 896 da CLT busca valorizar o papel do TST como órgão de uniformização de jurisprudência e render ensejo a que o TST dê predominância à substância sobre a forma.

Objetiva, mais precisamente:

1º) combater a jurisprudência defensiva, de forma a que o TST realmente concentre o foco no julgamento do mérito do recurso, privilegiando-o e deixando de lado questões formais menores;

2º) facultar ao TST alguma atenuação do rigor formal no exame dos pressupostos de admissibilidade do recurso de revista.

A ideia é **impedir** que o **rigor formal** no exame dos pressupostos de admissibilidade do recurso de revista **seja uma camisa de força** a tolher o julgamento do mérito e, assim, a obstar o TST de cumprir a sua **missão primacial** de promover a uniformização da jurisprudência na área trabalhista.

Em suma, a ideia que permeia o § 11 do art. 896 é impedir que **filigranas formais** obstaculizem a realização da justiça e especialmente a uniformização da jurisprudência.

5.2. Âmbito de incidência do § 11 do art. 896 da CLT

Em primeiro lugar, entendo que o § 11 do art. 896 da CLT é norma aplicável a **qualquer** recurso tempestivo da competência do TST, mormente recurso de revista, embargos para a SBDI-1 e recurso ordinário (SBDI-2). Certo que a posição topológica da norma — parágrafo do dispositivo cujo *caput* (art. 896) trata do recurso de revista — à primeira vista sugeriria aplicar-se unicamente ao recurso de revista. O preceito, contudo, alude indistintamente a "recurso tempestivo", contanto que da competência do TST. Ademais, como visto, repugna à política judiciária do CPC de 2015, também

---

(6) Nessa linha a Orientação Jurisprudencial n. 151 da SBDI-II, em que já se prevê também a possibilidade de regularização do defeito de representação processual na fase recursal, mediante a concessão de prazo de 5 (cinco) dias para isso, em consonância com os termos da Súmula n. 383, item II, do TST.

(7) Nesse sentido, acerca do último exemplo, a Súmula n. 395, itens IV e V:
MANDATO E SUBSTABELECIMENTO. CONDIÇÕES DE VALIDADE (nova redação dos itens I e II e acrescido o item V em decorrência do CPC de 2015) – Res. 211/2016, DEJT divulgado em 24, 25 e 26.08.2016
IV – Configura-se a irregularidade de representação se o substabelecimento é anterior à outorga passada ao substabelecente. (ex-OJ n. 330 da SBDI-1 – DJ 09.12.2003).
V – Verificada a irregularidade de representação nas hipóteses dos itens II e IV, deve o juiz suspender o processo e designar prazo razoável para que seja sanado o vício, ainda que em instância recursal (art. 76 do CPC de 2015).

aplicável ao processo do trabalho, persistir em práticas que traduzam jurisprudência defensiva. Assim, imperativo emprestar exegese consentânea não apenas com a amplitude e generalidade da norma, mas também ponderar e considerar a sua finalidade e os valores que busca tutelar.

Em segundo lugar, a norma incide quando se tratar precipuamente de defeito formal ou vício em **pressuposto extrínseco** de admissibilidade do recurso e ainda assim desde que, por sua natureza, seja sanável, isto é, comporte retificação, suprimento, ou correção pela parte.

Daí se segue que o § 11 do art. 896 da CLT, em princípio, **não** se dirige aos **pressupostos intrínsecos** de admissibilidade de recursos de natureza extraordinária, tais como o recurso de revista e o recurso de embargos para SBDI-1 (art. 894 da CLT). De um lado, porque de intuitiva percepção que os **pressupostos intrínsecos**, por sua natureza, em sua esmagadora maioria, não são sanáveis, isto é, não constituem exigências puramente formais passíveis de retificação, correção ou suprimento.

De outra parte, porque, conforme já exposto, concernem a recursos de natureza extraordinária e erigidos para um funcionamento suplementar da máquina judiciária, com vistas à consecução de determinados objetivos do interesse precípuo e imediato do Estado, não da parte. Eis porque, em regra, não deve haver atenuação do rigor da lei no atendimento desses requisitos legais.

Nessa perspectiva, convenci-me de que o § 11 do art. 896 não incide, por exemplo, em recurso de revista ou de embargos, para se relevar aresto que **não** tipifica divergência jurisprudencial específica (Súmula n. 296 do TST).

De sorte que os pressupostos intrínsecos, em regra, são comprováveis na petição em si das razões do recurso. Caso não atendida a forma legal, opera-se a preclusão consumativa. Logo, não é concebível a concessão de uma derradeira oportunidade para o recorrente aperfeiçoar ou aprimorar as razões de um recurso de revista ou de um recurso de embargos, no que tange aos pressupostos intrínsecos, em regra.

Ressalvo, todavia, o caso específico da comprovação idônea da publicação de aresto exibido pela parte para viabilizar o conhecimento de recurso, por divergência jurisprudencial.

Nesse último caso, não divido razão para não se admitir, em caráter excepcional, a concessão de prazo à parte para **sanar defeito formal** (deficiência formal!) no atendimento desse específico pressuposto intrínseco que a parte buscou atender, mas não logrou fazê-lo satisfatoriamente. O vício, em substância, assemelha-se a defeito formal em pressuposto extrínseco e, por natureza, é plenamente sanável.

Exemplo: prova inidônea de divergência jurisprudencial pela ausência de indicação da fonte oficial de publicação, a despeito de indicada a data.

Mais claramente: suponha-se, como sói acontecer, que o aresto paradigma trazido a confronto, em recurso de revista ou em embargos, não obstante esclareça o sítio de onde foi extraído (<www.tst.jus.br>), não indica a fonte oficial de publicação. Cinge-se a consignar que "o aresto foi publicado em 19.04.2017", ou seja, não especifica se a referida publicação deu-se no Diário Eletrônico da Justiça do Trabalho. Está claro que, a rigor, em semelhante circunstância, a conduta da parte implica desatenção ou descumprimento à exigência formal constante da Súmula n. 337 do TST, item IV. Segundo a jurisprudência da SBDI-1, tecnicamente esse aresto é inservível para caracterizar divergência jurisprudencial.

A meu juízo, contudo, em face do § 11 do art. 896 da CLT, se tempestivo o recurso, o Tribunal Superior do Trabalho pode relevar (desconsiderar!) esse vício formal e julgar desde logo o mérito, **ou** pode optar por conceder um prazo à parte a fim de sanar o defeito, em vez de decidir prontamente pelo não conhecimento.

Diga-se o mesmo quando se tratar de qualquer outro defeito formal **sanável**, por natureza, inerente a pressuposto **extrínseco**.

Evidentemente, a incidência, ou não, do § 11 do art. 896 da CLT, constitui **faculdade** do tribunal, e não direito da parte, assim como se inscreve entre as faculdades do tribunal optar por uma das soluções concebíveis pelo legislador: **ou** desconsiderar o vício, **ou** mandar repetir e retificar o ato, em prazo que assinar.

Parece-me, contudo, de toda conveniência que o TST exercite com mais entusiasmo e vigor essa faculdade.

É urgente uma mudança de cultura no Tribunal Superior do Trabalho, na trilha do que preconiza o CPC de 2015, para se priorizar o julgamento do mérito dos recursos e não permitir que filigranas formais obstaculizem a consecução desse nobilíssimo objetivo.

Com muito maior razão é recomendável a aplicação da norma àqueles casos em que a matéria de fundo reveste-se de relevância social, jurídica, política ou econômica, ou é nova e não está pacificada na jurisprudência, ou, pelo contrário, está pacificada na jurisprudência e foi contrariada no acórdão regional.

O § 11 do art. 896 da CLT, se utilizado com a necessária parcimônia e um *minimum minimorum* de critério, pode resgatar e acentuar ainda mais a relevância institucional do TST no julgamento de recursos de natureza extraordinária.

Em terceiro lugar, caso se cuide de recurso de revista ou de embargos, para se **relevar ou mandar sanar** o defeito formal que recaia em pressuposto extrínseco, parece-me indispensável aferir e demonstrar que estão atendidos os pressupostos **intrínsecos** do recurso, de modo a propiciar o julgamento **do mérito** do recurso.

De clareza meridiana que de nada adiantaria conceder derradeira oportunidade à parte para superar defeito formal em pressuposto extrínseco se, ao fim e ao cabo, por ausência de pressuposto **intrínseco**, o recurso de revista não comporta conhecimento. Equivaleria a nadar muito para morrer na praia...

Em quarto lugar, para que incida a norma do § 11 do art. 896 da CLT é indispensável que a parte haja buscado atender ao pressuposto de admissibilidade, ainda que sem êxito.

Sustento que o escopo da norma não é permitir que o TST julgue o mérito de recurso tempestivo, mesmo que totalmente **ausente** esse ou aquele pressuposto extrínseco de admissibilidade porque a parte omitiu-se em atendê-lo.

Não, o objetivo da lei é relevar imperfeições formais desprovidas de gravidade nos casos em que a parte **buscou atender ao pressuposto de admissibilidade**, mas não logrou êxito.

Se a lei alude a "defeito formal" (e não grave!) naturalmente cogita de um ato processual **praticado de forma imperfeita**. Somente há defeito no que se faz, não no que não se faz... defeito formal não equivale à omissão total em realizar o ato!

Por exemplo, se a parte absteve-se por completo de comprovar o depósito recursal, ou absteve-se por completo de recolher as custas processuais a que foi condenada, por mais relevante que seja a matéria de fundo, não se pode divisar no § 11 do art. 896 da CLT o sinal verde para o TST conceder outra chance para a parte desvencilhar-se do ônus que a lei lhe atribuiu e de que não se desincumbiu, no prazo legal.

Enfim, penso que, no fundo, o § 11 do art. 896 da CLT é uma norma processual em branco que permite ao TST, mediante exame caso a caso, lançar mão de alguma dose de **equidade** para o conhecimento de recurso tempestivo, a despeito de ressentir-se de alguma deficiência formal em algum pressuposto de admissibilidade, sobretudo extrínseco.

5.3. Exemplos de aplicação do § 11 do art. 896 da CLT

Em que situações, a título de ilustração, seria concebível a invocação desse preceito legal, por Turma do TST, no julgamento de recurso de revista?

Suponha-se o caso de interposição de recurso de revista por meio de peticionamento eletrônico (sistema e-DOC), em que haja o envio de guia de depósito recursal ilegível, ou com autenticação ilegível. Digamos que a Recorrente enviou, eletronicamente (via e-DOC), a petição do recurso de revista, acompanhada da guia de depósito recursal. Apresenta-se ilegível, não obstante, a autenticação bancária na guia de depósito recursal, o que impede a aferição do valor depositado.

Ou, então, suponha-se uma **variante** desse exemplo: a parte tentou, em vão, transmitir o recurso de revista pelo sistema e-DOC, no último dia do prazo recursal, contendo número de páginas superior ao fixado em Instrução Normativa interna do TRT. Resultado: o TRT não imprime o recurso de revista e devolve-o à parte, após o exaurimento do prazo recursal. A parte, após o término do prazo recursal, ao tomar conhecimento da devolução, pede reconsideração e reenvia o recurso de revista. Surpreendentemente, o recurso de revista é impresso e juntado aos autos. Mas o Presidente do TRT denega seguimento ao recurso de revista porque, no prazo, não interposto com o número limitado de páginas.

É certo que, a propósito desses exemplos, a Instrução Normativa n. 30/2007 do TST (art. 11, IV) dispõe que a responsabilidade pela transmissão da petição e documentos via e-DOC é do usuário.

É forçoso convir, no entanto, que é **muito draconiana** essa disposição: a parte não pode responder por um defeito formal que pode ser do sistema e-DOC. Nem por uma limitação ao exercício do direito de recorrer, assegurado em lei, advinda de ato administrativo normativo emanado do TRT. Enfim, não é justo que a parte responda por uma deficiência formal do recurso a que não deu causa. Além disso, não se pode comprometer o direito de defesa e o corolário direito de recorrer, exercido legitimamente, sob pena de afronta ao art. 5º, inciso LV, da CF/88.

Ensina o brocardo latino *summum jus, summa injuria* (excesso de direito, excesso de injustiça). Esse axioma jurídico nos adverte dos inconvenientes da aplicação muito rigorosa da lei.

Por isso, em casos que tais, a meu juízo, o TST poderia invocar o § 11 do art. 896 da CLT, no sentido de dar um voto de confiança à parte e considerar atendida a finalidade do ato, a despeito de alguma imperfeição formal, tudo no afã de privilegiar a tão decantada e desejável solução do mérito do recurso.

Competência Territorial das Varas do Trabalho para o Dissídio Individual

1. COMPETÊNCIA. CONCEITO

Sabe-se que o exercício da função jurisdicional acha-se distribuído entre os numerosos órgãos do Poder Judiciário. Competência é a quantidade de jurisdição cujo exercício é atribuído a cada órgão. Hugo Alsina conceitua a competência como "a aptidão do juiz para exercer a jurisdição em um caso determinado".[1]

Jurisdição e competência são coisas distintas, porém não se trata de uma distinção qualitativa, mas somente quantitativa. A competência é a parcela de jurisdição que concerne em concreto a cada órgão judicante singularmente considerado, segundo os critérios de distribuição da competência traçados pela lei.

As leis atribuem aos órgãos judiciais os litígios segundo um princípio de divisão racional de trabalho.

Dentre os critérios de determinação da competência dos órgãos da Justiça do Trabalho desponta o que a distribui em razão do lugar, denominada competência territorial.

A competência territorial para o dissídio individual é a que distribui o poder jurisdicional em razão de algum elemento objetivo do litígio vinculado à área geográfica demarcada por lei federal, para determinada Vara do Trabalho exercer a jurisdição.

No caso das Varas do Trabalho e, portanto, de dissídio individual, o elemento cardeal, no particular, geralmente é a localidade em que o empregado – seja reclamante, seja reclamado na demanda – preste serviços ao empregador (CLT, art. 651, *caput*).

Por conseguinte, como regra geral, o que dita a competência territorial para o dissídio individual é a circunstância de coincidir a localidade de prestação de serviços com a zona geográfica, delimitada em lei, para a atuação jurisdicional da Vara do Trabalho.

Há, entretanto, outros elementos associados ao território, como o domicílio do empregado ou o do empregador e a localidade da contratação do empregado, que também podem influir na fixação dessa competência. A bem de ver, a regra geral do foro do local da prestação dos serviços comporta três exceções, que se podem denominar de regras especiais, disciplinadas nos parágrafos do art. 651 da CLT.

2. REGRAS PARA A DISTRIBUIÇÃO DA COMPETÊNCIA TERRITORIAL DAS VARAS DO TRABALHO

2.1. Regra geral. Foro do local da prestação de serviços – art. 651, *caput*, da CLT

Dispõe o art. 651, *caput*, da CLT que a "competência das Varas do Trabalho é determinada pela localidade onde o empregado, reclamante ou reclamado, prestar serviços ao empregador, ainda que tenha sido contratado noutro local ou no estrangeiro".

A norma do art. 651, *caput*, tem natureza bifronte: de um lado, rege propriamente a **competência** territorial interna das Varas do Trabalho brasileiras para o empregado que presta serviço em local fixo. De outro, é igualmente norma de direito internacional, ao afirmar a viabilidade de exercício da **jurisdição brasileira** referente aos dissídios individuais de empregado contratado "no estrangeiro", por labor prestado no Brasil.

Conforme se nota, diferentemente da lei processual civil, que adota como regra geral de competência em razão do lugar o foro do domicílio do réu, no processo do trabalho a regra geral e cardeal definidora do juízo territorialmente competente para julgar o litígio trabalhista é a localidade onde o empregado trabalhou ou trabalha para o empregador.

---

(1) ALSINA, Hugo. *Tratado teórico práctico de derecho procesal civil y comercial*. Buenos Aires: Compañía Argentina de Editores, soc. de resp. ltda., 1941. p. 583. v. 1.

Abraçou o legislador um critério objetivo de fixação da competência territorial, animado de um claríssimo propósito protecionista: em tese, propiciar maior acessibilidade do empregado à Justiça do Trabalho para resguardar seus direitos. A adoção do critério central de considerar competente a Vara do local da prestação de serviços visou a facilitar ao empregado a produção da prova (sobretudo, pericial e testemunhal) dos fatos controvertidos e evitar-lhe despesas com locomoção. O escopo da lei é facilitar ao litigante economicamente mais débil e vulnerável o ingresso em juízo em condições mais favoráveis para a defesa de seus direitos, independentemente da posição processual que assumir.

Tomou em conta o legislador que, em tese, é mais fácil ao empregado recolher as provas no local onde ele trabalha ou trabalhou para o empregador.

E tanto e inequivocamente o critério inclui-se entre as normas básicas de proteção ao empregado que a lei declara, com todas as letras, insisto, que é indiferente se o empregado figura no polo ativo (reclamante) ou no polo passivo (reclamado) da relação processual ("empregado, reclamante ou reclamado").

Significa que se o autor da demanda é o empregador, como sucede excepcionalmente, deve propô-la perante a Vara do Trabalho da localidade em que o empregado prestou-lhe ou presta-lhe serviços. Da mesma forma, se o reclamante é o empregado. De sorte que, se aplicado a ferro e fogo, na situação clássica de empregado que presta serviço em local fixo, não há possibilidade de escolha de Vara do Trabalho distinta da que exerce a jurisdição sobre o local da prestação de serviços.[2]

A rigor, portanto, se fixo o local da prestação de serviços, irrelevante seria o foro da celebração do contrato. Mesmo que o empregado haja sido contratado em outra localidade, ou no estrangeiro (multinacional), a competência seria definida pelo local da prestação dos serviços.

Assim, por exemplo, se o empregado é contratado ou recrutado em Curitiba (PR) para atuar em Arapiraca (AL) e só trabalha em Arapiraca, deveria demandar em Arapiraca; a abraçar-se uma interpretação literal da lei, não haveria possibilidade de o empregado demandar também perante o foro da localidade onde o serviço foi ajustado ou contratado (Curitiba).

A apontada solução, contudo, é claramente insatisfatória e indesejável porque vai na contramão do escopo de acessibilidade da própria norma do art. 651 da CLT. Entendo que se **não coincidem** o local da contratação e o da prestação de serviços, cumpre aplicar o § 3º do art. 651 e reputar territorialmente competente tanto o foro do local da contratação quanto o foro do local da prestação de serviços.

Defendo a mesma solução para a hipótese análoga de haver sido prestado serviço, de forma fixa e temporária, em vários locais de trabalho, não coincidentes com o local da contratação.

Suponha-se um caso comuníssimo de transferências sucessivas, em que o empregado haja sido contratado numa praça e despedido noutra. O saudoso Valentin Carrion sustentava a competência do foro da localidade em que se prestou por último o trabalho.

Sucede, todavia, que a lei, como ressaltado, a toda evidência, norteia-se pela acessibilidade à Justiça do Trabalho do empregado economicamente hipossuficiente. Ademais, se o empregado foi submetido a sucessivas transferências e, portanto, ora trabalhou aqui, ora acolá, tal significa obviamente que o empregador desenvolveu atividades fora do lugar da contratação. Em semelhante circunstância incide o art. 651, § 3º, da CLT. Assim, é facultado ao empregado demandar em desfavor do empregador no local da contratação ou em quaisquer dos locais de prestação dos serviços. Nessa linha, diversos julgados do Tribunal Superior do Trabalho.[3]

A primeira e provisória conclusão a que se chega, portanto, acerca da regra geral de competência em razão do lugar traçada no art. 651, *caput*, é a seguinte: incide apenas no caso de empregado que presta serviço em local fixo (relativamente, por óbvio) **coincidente** com o da celebração do contrato de trabalho.

2.1.1. Competência territorial ditada pelo foro do domicílio do reclamante

A conclusão em apreço, todavia, de uns tempos a esta parte, revela-se a cada dia mais precária. Frequentemente tem sido fustigada e preterida por prestigiosa jurisprudência que reconhece, aqui e acolá, a competência territorial ditada pelo foro do domicílio atual do reclamante.

---

(2) Salvo, naturalmente, em caso de haver aquiescência tácita do reclamado ao foro territorialmente incompetente, hipótese de prorrogação de competência (*vide infra* n. 3).

(3) TST-EEDR 175840-44.2004.5.18.0006, SBDI-1, Rel. Min. Horácio Raymundo de Senna Pires, decisão unânime, julgamento em 11.11.2010, DEJT 03.12.2010; TST-CC 734467-94.2001.5.55.5555, SBDI-2, Rel. Min. João Oreste Dalazen, decisão unânime, julgamento em 03.04.2001, DJ 04.05.2001.

Forçoso convir que hoje, em muitos casos, as regras objetivas de fixação da competência territorial do art. 651 da CLT revelam-se insuficientes e desatualizadas.

De um lado, porque não abarcam o complexo mosaico de dissídios individuais presentemente confiados à competência material da Justiça do Trabalho, mormente a partir da Emenda Constitucional n. 45/2004.

De outro lado, o fenômeno social da mobilidade urbana, com a constante migração de trabalhadores para prestar serviços em plagas longínquas e ulterior retorno ao domicílio de origem para ali demandar o (ex) empregador, tem desafiado a sensibilidade hermenêutica de juízes do trabalho e tribunais. Busca-se uma construção jurídica sustentável para admitir a competência territorial do foro do domicílio atual do reclamante e, por conseguinte, obstar que se consume denegação de justiça.

Entendo que o reconhecimento da competência da Vara do Trabalho do domicílio do reclamante é plenamente concebível e juridicamente defensável em várias situações, afora o caso expresso do agente ou viajante comercial, referido no § 1º do art. 651 da CLT. (*vide infra* n. 2.2)

2.1.1.1. Dissídio individual atípico

O disciplinamento normativo da CLT para a competência territorial tem os olhos fitos no dissídio individual típico, entendendo-se como tal o conflito de interesses específicos entre um ou mais empregados e empregador, visando à aplicação da legislação material preexistente. A dinâmica socioeconômica e o alargamento da competência material da Justiça do Trabalho (Emenda Constitucional n. 45/2004) tem suscitado dissídios individuais atípicos para os quais a CLT não oferece resposta relativa à competência territorial.

Nesses casos, à falta de norma específica definidora da competência territorial, cumpre ao **órgão** jurisdicional colmatar a lacuna mediante a aplicação de norma compatível com o princípio constitucional da acessibilidade (art. 5º, inciso XXXV) por que se norteia o sistema processual trabalhista.

Em duas oportunidades, recentemente, no TST, apreciamos ação de indenização derivante de acidente de trabalho movida por filhas menores de idade de falecido ex-empregado (piloto de aeronave agrícola), que ingressaram em juízo **na defesa de direito próprio e não fruto de transmissão do *de cujus*** (dano moral ricochete). Omissa a CLT, decidimos admitir a fixação da competência territorial, no caso, pelo foro do local de domicílio das Reclamantes, por aplicação analógica do disposto no art. 147, incisos I e II, do Estatuto da Criança e do Adolescente.[4] A prevalência do foro da localidade de prestação de serviços do falecido empregado, além de contemplada para lide de natureza diversa em que o próprio empregado figura como demandante ou demandado, poderia implicar denegação de justiça em situações que tais.

Patente que, a não se entender assim, os elevados custos financeiros gerados pela necessidade de transporte, alimentação e hospedagens, ante a exigência de comparecimento pessoal às audiências, sob as penas da lei (CLT, art. 844; Súmula n. 74 do TST), acarretaria prejuízo irreparável aos menores demandantes.

A jurisprudência do TST vem consolidando esse entendimento.[5]

2.1.1.2. Coincidência entre o domicílio do empregado e o local da celebração do contrato, ou da arregimentação do empregado, ou da prestação de serviços

É pacífica e torrencial a jurisprudência do TST, notadamente da Subseção II Especializada em Dissídios Individuais, no sentido de reconhecer a competência territorial da Vara do Trabalho do domicílio do Reclamante se este coincidir com o local da prestação de serviços ou em que formalizado o contrato de trabalho, ou arregimentado o empregado.

Suponha-se que o reclamante haja sido contratado e prestou serviços na cidade de Abaetetuba (PA), local diverso do seu domicílio, Maceió (AL).

A hipótese não é de aplicação da regra contida no *caput* do art. 651 da CLT. Salta à vista que a aplicação à espécie da norma do art. 651 da Consolidação das Leis do Trabalho, implicaria considerar competente Vara do Trabalho situada em local de difícil acesso ao recla-

---

(4) Art. 147. A competência será determinada: I – pelo domicílio dos pais ou responsável; II – pelo lugar onde se encontre a criança ou adolescente, à falta dos pais ou responsável.

(5) Nesse sentido, consultem-se, entre outros: TST-ERR 86700-15.2009.5.11.0007, SBDI-1, Red. Min. João Oreste Dalazen, decisão por maioria, julgamento em 12.11.2015, DEJT 18.12.2015; TST-CC 11273-35.2013.5.11.0051, SBDI-2, Rel. Min. Maria Helena Mallmann, decisão unânime, julgamento em 06.12.2016, DEJT 19.12.2016; TST-RR 377-37.2010.5.15.0079, 4ª Turma, Rel. Min. João Oreste Dalazen, decisão unânime, julgamento em 25.03.2015, DEJT 10.04.2015.

mante. Se reside no município de Maceió, de intuitiva percepção que compelir o empregado a ajuizar e acompanhar sua reclamação trabalhista em Abaetetuba, em outra região do País e em outro Estado da Federação, a milhares de quilômetros do seu domicílio, evidentemente importaria inviabilizar o seu acesso à Justiça, direito insculpido na Constituição Federal. Importaria denegação de justiça.

Trata-se, pois, de solução inadequada, que cumpre repelir, na medida em que frustra o próprio intuito protetivo da lei, cuja tônica, em tema de competência territorial, é sempre ensejar acessibilidade e facilidade ao empregado para exercer o direito de ação.

Em semelhante circunstância, sustento que é plenamente defensável uma aplicação ampliativa do preceito contido no § 3º do art. 651 da CLT, facultando, pois, ao reclamante, a opção de ajuizar a reclamação trabalhista também no local do seu domicílio.

Certo que se adotarmos uma interpretação literal do § 3º do art. 651 da CLT, somente haveria campo para a aplicação ao caso do aludido preceito se comprovado que o empregador desenvolve atividades fora do local em que celebrado o contrato de trabalho.

Sucede, no entanto, que a interpretação literal é o método hermenêutico mais pobre e indigente de exegese de norma jurídica.

No caso, a uma interpretação e aplicação literal da norma, há que preferir exegese mediante a qual se atenda aos fins sociais a que ela se dirige, como orienta o art. 5º da Lei de Introdução às Normas do Direito Brasileiro.

Nessa linha, é de privilegiar-se também uma interpretação sistemática do ordenamento jurídico, de modo a propiciar a concretização de direitos e garantias fundamentais inscritos na Constituição Federal.

Entendo que as normas sobre competência territorial, sempre que possível, devem ser interpretadas à luz da Constituição Federal de forma a conciliar dois princípios fundamentais: de um lado, o amplo acesso do empregado à Justiça para fazer valer os seus direitos, garantido no art. 5º, XXXV, da CF. De outro lado, não comprometer o direito de defesa do empregador reclamado.

Ora, ainda que o empregador não desenvolva atividades fora do local da contratação, não há por que não reconhecer a competência territorial da Vara do Trabalho do domicílio do empregado **se** este coincide com o local da prestação de trabalho, ou da formalização do contrato de emprego, ou mesmo da mera arregimentação do empregado.

É aplicável o § 3º do art. 651 da CLT porquanto:

a) entendimento em contrário, inviabilizaria a garantia constitucional do livre acesso ao Judiciário, inscrita no art. 5º, inciso XXXV, da Constituição Federal de 1988; ademais, se a própria reclamante elegeu o foro de seu domicílio, presume-se que este lhe seja o mais conveniente, tanto do ponto de vista financeiro (deslocamento menos oneroso) quanto do ângulo da maior facilidade de produção de provas;

b) de resto, é solução que não vulnera o direito de defesa do reclamado: se será acionado no lugar da contratação ou da prestação de serviços, ou mesmo do recrutamento do empregado, etapa preparatória da contratação, presume-se que ali esteja estruturado para exercer regularmente o direito de defesa.

Nesse sentido, como realçado, posiciona-se a jurisprudência do TST.[6] Alerte-se que muitos acórdãos expressamente sublinham que se admite a competência territorial da Vara do Trabalho do domicílio do empregado **apenas** se coincidente com o lugar da contratação ou da prestação de serviços. A restrição sugerida pelo advérbio, contudo, está superada pela jurisprudência mais recente e mais avançada, conforme se expõe no tópico seguinte.

2.1.1.3. Empresa de âmbito nacional ou com agência, sucursal ou filial no domicílio do empregado, sem comprometer o direito de defesa

Questão tormentosa e atormentadora é o reconhecimento da competência territorial da Vara do Trabalho do domicílio do empregado quando o domicílio **não coincide** com o local da prestação de serviços, nem

---

(6) TST-ERR 775-66.2013.5.07.0025, SBDI-1, Rel. Min. João Oreste Dalazen, decisão por maioria, julgamento em 29.10.2015, DEJT 08.04.2016; TST-CC 994-81.2015.5.18.0129, SBDI-2, Rel. Min. Luiz Philippe Vieira de Mello Filho, decisão unânime, julgamento em 03.05.2016, DEJT 06.05.2016; TST-CC 1-64.2014.5.14.0006, SBDI-2, Rel. Min. Douglas Alencar Rodrigues, decisão unânime, julgamento em 12.04.2016, publicado no DEJT de 22.04.2016; TST-CC 10196-70.2014.5.15.0139, SBDI-2, Rel. Min. Maria Helena Mallmann, decisão unânime, julgamento em 06.10.2015, DEJT 09.10.2015; TST-CC 1536-76.2014.5.23.0006, SBDI-2, Rel. Min. Alberto Luiz Bresciani de Fontan Pereira, decisão unânime, julgamento em 08.09.2015, DEJT 11.09.2015; TST-CC 712-97.2012.5.24.0091, SBDI-2, Rel. Min. Delaíde Miranda Arantes, decisão unânime, julgamento em 11.11.2014, DEJT 14.11.2014; TST-CC 1151-11.2012.5.24.0091, SBDI-2, Rel. Min. Cláudio Mascarenhas Brandão, decisão unânime, julgamento em 30.09.2014, DEJT 10.10.2014.

tampouco coincide com o local da contratação ou da arregimentação do empregado.

Suponha-se que o reclamante haja sido contratado e prestou serviços na cidade de Porto Velho (RO), local diverso do seu atual domicílio, Pelotas (RS), onde ajuizou a reclamatória.

Um segmento da jurisprudência do TST, capitaneado notadamente pela 1ª, 2ª e 3ª Turmas, em situações que tais, fixa a competência territorial do foro do domicílio do empregado, baseando-se para tanto **somente** na posição processual do empregado reclamante. Toma-se em consideração que, em regra, trata-se de pessoa economicamente hipossuficiente. Invoca-se o princípio constitucional da acessibilidade à Justiça, bem assim o comprometimento do direito material do empregado, caso se encampe solução ortodoxa. Enfim, são julgados que dão prevalência absoluta ao princípio da acessibilidade e, por isso, admitem a **competência do foro do domicílio do reclamante nas hipóteses em que se revelar mais favorável ao empregado**.[7]

Não se pode perder de vista, porém, que o processo, por definição, é instrumento apto à realização concreta de direitos, sobretudo dos direitos fundamentais. Mais ainda: devemos aspirar sempre a proporcionar às partes um justo processo, o que se atinge, antes de mais nada, como ensina Michele Taruffo, quando são postas em prática todas as garantias processuais fundamentais de **ambas as partes**.[8]

O caso em comento suscita uma aparente colisão de direitos fundamentais.

De um lado, está em jogo a garantia fundamental da cidadania que se traduz no direito constitucional de amplo acesso à Justiça (art. 5º, XXXV, da Constituição da República). De outro lado, sobreleva ter presente o não menos importante direito assegurado ao demandado ao contraditório e à ampla defesa, com os meios e recursos que lhe são inerentes (CF, art. 5º, LV), em conformidade com o superprincípio do devido processo legal (CF, art. 5º, LIV).

Daí que para as situações em que a aplicação dos critérios objetivos delineados no art. 651 e parágrafos da CLT imponha o sacrifício de um dos princípios ora referidos, cumpre buscar a superação do impasse.

Supera-se a aparente colisão de normas, em situações que tais, idealmente mediante a harmonização ou compatibilização entre as duas garantias processuais fundamentais e, portanto, com a plena afirmação de ambas.

A acenada e avançada jurisprudência da 1ª, 2ª e 3ª Turmas do TST parece-me inadequada e inaceitável porquanto erigida ao inteiro arrepio e sacrifício, muitas vezes, das garantias processuais do empregador reclamado.

Certo que os expressivos encargos financeiros gerados com deslocamentos, alimentação e hospedagens, a fim de atender à exigência de comparecimento às audiências, sob as penas da lei (CLT, art. 844; Súmula n. 74 do TST) podem prejudicar irremediavelmente o direito do reclamante de acesso à Justiça e importar denegação de justiça se reconhecida a competência territorial da Vara do Trabalho do local da prestação de serviços.

Não se pode ignorar, contudo, que sobrepairar a competência territorial do foro do domicílio do empregado, em qualquer circunstância, incondicionalmente, ainda que sob o elevado propósito de dar cumprimento a princípios relevantíssimos, também pode comprometer, e também de forma irremediável, o direito ao contraditório e à ampla defesa do empregador demandado.

Basta ter presente a situação de um micro ou pequeno empresário, ou de um empregador doméstico, caso acionado na Vara do Trabalho do domicílio do empregado situada a milhares de quilômetros do lugar da prestação de serviços.

A solução que reputo mais razoável e juridicamente sustentável para a delicadíssima questão em apreço é admitir a competência territorial da Vara do Trabalho do domicílio do empregado, quando não coincidente com o local da prestação de serviços ou da contratação, **unicamente se** figurar como demandada empresa de grande porte, prestadora de serviços em distintas localidades do país (por exemplo, algumas construtoras, alguns Bancos) **ou** cuidar-se de empresa, mesmo que de médio ou pequeno porte, desde que conte com filial, sucursal ou agência no foro do domicílio do emprega-

---

(7) TST-RR 345-30.2013.5.04.0662, 1ª Turma, Rel. Min. Walmir Oliveira da Costa, decisão unânime, julgamento em 14.10.2015, DEJT em 16.10.2015.; TST-RR 1227-13.2012.5.07.0025, 1ª Turma, Rel. Min. Hugo Carlos Scheuermann, decisão unânime, julgamento em 17.06.2015, DEJT 26.06.2015; TST-RR 299-14.2012.5.05.0641, 1ª Turma, Rel. Min. Lelio Bentes Corrêa, Decisão unânime, julgamento em 17.12.2014, DEJT 19.12.2014; TST-RR 73-36.2012.5.20.0012, 2ª Turma, Rel. Min. Delaíde Miranda Arantes, decisão unânime, julgamento em 05.10.2016, DEJT 14.10.2016; TST- RR 20240-42.2013.5.04.0026, 2ª Turma, Rel. Min. José Roberto Freire Pimenta, decisão por maioria, julgamento em 18.05.2015, DEJT 05.06.2015; TST-RR 2298-92.2012.5.03.0047, 3ª Turma, Rel. Min. Alexandre de Souza Agra Belmonte, decisão unânime, julgamento em 28.08.2013, DEJT 30.08.2013.

(8) TARUFFO, Michele. *Lezioni sul processo civile*. 2. ed. Bologna: Il Mulino, 1998. cap. 3.

do, tudo e sempre condicionado a não se cercear o direito de defesa do empregador.

O mérito da apontada solução repousa na harmonização dos direitos em disputa e em evitar o sacrifício de qualquer um deles. Atende ao objetivo da facilitação do acesso do hipossuficiente à Justiça e igualmente garante ao reclamado o contraditório e a ampla defesa. Afasta-se, ainda, a prevalência do critério objetivo contemplado no art. 651, *caput*, da CLT, à face do qual se consagraria solução desarrazoada (foro da prestação de serviços). Solução que viria em flagrante descompasso com a necessidade de assegurar-se ao empregado acesso à jurisdição (CF/1988, art. 5º, XXXV) e que em derradeira análise acarretaria denegação de justiça a quem clama por prestações de natureza alimentar.

A jurisprudência atual e iterativa do TST, mormente da SBDI-1 e da 4ª Turma, firmou-se nessa linha.[9]

Significa, *a contrario sensu*, que a jurisprudência atual e mais prestigiosa do TST não admite o reconhecimento de competência em razão do lugar pelo critério do domicílio do empregado quando centrada meramente na hipossuficiência econômica do reclamante ou resulte comprometido o direito ao contraditório e à ampla defesa da demandada, por não se cuidar de empresa de grande porte, prestadora de serviços em distintas localidades do país ou de empresa que conte com filial, sucursal ou agência no foro do domicílio do empregado.

Em conclusão, sistematizando o que se vem de expor neste capítulo, é autorizado afirmar que a jurisprudência atual e consolidada do TST reconhece a competência territorial da Vara do Trabalho do foro do domicílio do reclamante nos seguintes casos:

a) tratar-se de dissídio individual atípico;

b) **houver coincidência** entre o domicílio e o local da celebração do contrato ou da prestação de serviço;

c) tratar-se de empregado vendedor, viajante ou pracista (CLT, art. 651, § 1º);

d) quando o domicílio do empregado **não coincide** com o local da prestação de serviços, nem tampouco coincide com o local da contratação ou da arregimentação do empregado, mas é demandada empresa de **âmbito** nacional ou com agência, sucursal ou filial no domicílio do empregado, de forma a não se cercear o direito de defesa.

2.2. Primeira regra especial: empregados agentes ou viajantes comerciais – art. 651, § 1º, da CLT

Reza a CLT, a propósito:

> Quando for parte no dissídio agente ou viajante comercial, a competência será da Vara do Trabalho da localidade em que a empresa tenha agência ou filial e a esta o empregado esteja subordinado e, na falta, será competente a Vara do Trabalho da localização em que o empregado tenha domicílio ou a localidade mais próxima. (Redação dada pela Lei n. 9.851, de 27.10.1999)

Levando em conta que nem sempre é fácil precisar o local da prestação de serviços, no caso de vendedores, viajantes ou pracistas, a lei estabeleceu outros critérios de determinação da competência territorial para o dissídio individual: em princípio, devem mover a ação, perante a Vara do Trabalho da localidade em que a empresa contar com agência ou filial a que se reporte o empregado. Também ali devem os empregados ser acionados pelo empregador.

Se, portanto, o empregado, vendedores, viajantes ou pracistas, prestar contas a uma filial ou agência da empresa situada na região onde efetua as vendas, a Vara do Trabalho local será a competente. O primeiro e deci-

---

(9) TST-E-RR 420-37.2012.5.04.0102, SBDI-1, Rel. Min. Renato de Lacerda Paiva, decisão por maioria, julgamento em 19.02.2015, DEJT 06.03.2015; TST-E-RR 522-78.2013.5.07.0025, SBDI-1, Rel. Min. Aloysio Corrêa da Veiga, decisão unânime, julgamento em 12.11.2015, DEJT 20.11.2015; TST-CC 54-74.2016.5.14.0006, SBDI-2, Red. Min. Luiz Philippe Vieira de Mello Filho, decisão por maioria, julgamento em 27.09.2016, DEJT 11.11.2016; TST-E-RR 73-36.2012.5.20.0012. SBDI-1, Rel. Min. Cláudio Mascarenhas Brandão, decisão por maioria, julgamento em 30.03.2017, pendente publicação no DEJT; TST-AIRR 310-78.2014.5.04.0551, 4ª Turma, Rel. Des. Conv. Cilene Ferreira Amaro Santos, decisão unânime, julgamento em 05.04.2017, DEJT 28.04.2017; "RECURSO DE REVISTA. COMPETÊNCIA TERRITORIAL. AJUIZAMENTO DA RECLAMAÇÃO TRABALHISTA NO FORO DO DOMICÍLIO DA RECLAMANTE. LOCAL DIVERSO DA CONTRATAÇÃO E DA PRESTAÇÃO DE SERVIÇOS. EMPRESA DE **ÂMBITO** NACIONAL. **1**. O Tribunal Regional confirmou a sentença em que acolhida a exceção de incompetência em razão do lugar, arguida pela reclamada, para determinar a remessa dos autos para **Caxias do Sul/RS**, local da contratação e prestação de serviços da reclamante. 2. A jurisprudência desta Corte Superior é no sentido de se ampliar a aplicação do disposto no art. 651, § 3º, da CLT, permitindo-se o ajuizamento da reclamação trabalhista no local do domicílio da reclamante, nas hipóteses, como a dos autos, em que a reclamada é empresa de grande porte, com âmbito de atuação em localidades distintas do país. Precedentes da SDI-I/TST. Violação do art. 5º, XXXV, da Constituição Federal configurada. **Recurso de revista conhecido e provido**.(TST-RR 145-90.2013.5.12.0018, 1ª Turma, Rel. Min. Hugo Carlos Scheuermann, decisão unânime, julgamento em 18.05.2016, DEJT 20.05.2016).

sivo critério para a fixação do foro competente em razão do lugar, no caso de vendedores, viajantes ou pracistas, vinculados a uma filial ou agência, é saber se tem o empregado superior hierárquico em tal agência ou filial, de tal modo que seja esta o ponto central e de referência de suas atividades. Caso isso se dê, a Vara do Trabalho local será a competente.

Não havendo filial ou agência da empresa na região de prestação de serviços, irrelevante para a determinação da competência territorial o domicílio da sede da empresa onde se situa a matriz. Para tal contingência, a lei elegeu um segundo e distinto critério de definição da competência territorial: será competente a Vara do Trabalho da localidade em que o empregado tenha domicílio ou a da localidade mais próxima.

Por se cuidar de norma evidentemente ditada no interesse do empregado, a fim de franquear-lhe com maior acessibilidade a Justiça do Trabalho, há que prevalecer, conforme, aliás, assentado na jurisprudência.[10]

Impende sublinhar, todavia, que não há aí propriamente uma faculdade que permita ao empregado escolher ao seu talante a Vara do Trabalho. A lei elegeu critérios sucessivos para a fixação da competência territorial, se não houver filial ou agência da empresa na região de prestação de serviços. O primeiro e preferencial é a Vara do Trabalho da localidade em que o empregado tenha domicílio. Somente se não houver Vara do Trabalho na localidade poderá o empregado ajuizar a ação na Vara do Trabalho da localidade mais próxima.

2.3. Segunda regra especial: lides ou dissídios de empregado brasileiro ocorridas no estrangeiro – art. 651, § 2º, da CLT

O § 2º do art. 651 da CLT preceitua textualmente o seguinte:

> A competência das Varas do Trabalho, estabelecida neste artigo, estende-se aos dissídios ocorridos em agência ou filial no estrangeiro, desde que o empregado seja brasileiro e não haja convenção internacional dispondo em contrário.

Não se ignora que as empresas nacionais costumam contratar empregados brasileiros para prestar serviço em filial ou agência situada no estrangeiro. O fato objetivo é que empresas brasileiras podem manter empregados brasileiros trabalhando em agências ou filiais situadas em outros países, a exemplo de banco, construtora, companhia de aviação. Eventualmente pode dar-se de uma empresa estrangeira contratar no Brasil um brasileiro para trabalhar no exterior.

Em regra, em razão do princípio da territorialidade que informa o Direito do Trabalho e o Direito Processual do Trabalho, o empregado estará sujeito às leis materiais e à jurisdição do País em que se acha trabalhando ou trabalhou.

A norma do art. 651, § 2º, da CLT é típica de Direito Internacional Privado. Não é propriamente reguladora da competência territorial interna da Justiça do Trabalho brasileira, mas afirmativa do exercício da jurisdição brasileira.

O preceito legal em foco permite a invocação (também!) da jurisdição brasileira, ou seja, não exclui a possibilidade de o empregado brasileiro invocar a tutela jurisdicional da Justiça do Trabalho no Brasil, desde que conjugados os seguintes requisitos legais:

1º) não haja convenção internacional ratificada em sentido contrário;

2º) que se trate de empregado brasileiro;

3º) que preste serviço a empresa também brasileira, com filial ou agência no exterior; para essa orientação doutrinária, sustentada por ANTÔNIO LAMARCA, estaria implícita no preceito legal essa exigência, ao aludir a agência ou filial no estrangeiro; logo, a jurisdição nacional não atuaria quando brasileiro trabalhe no exterior para empresa estrangeira, isto é, não o faça para empresa brasileira.

A meu sentir, porém, basta que a empresa, mesmo estrangeira, tenha qualquer agência, filial ou sucursal instalada ou aberta no Brasil e o trabalhador brasileiro haja prestado serviço no exterior a outra agência, filial ou sucursal.

Esta última me parece a interpretação acertada da lei, sobretudo se vincularmos o § 2º do art. 651 da CLT a outros preceitos legais que tratam dos limites da jurisdição nacional.

---

(10) No caso de **empresa sem filial ou agência no local da prestação dos serviços, a jurisprudência pacífica do TST reconhece a competência do foro de domicílio do empregado.** Consultem-se: TST-CC 1952366-71.2008.5.00.0000, SBDI-2, Rel. Min. Renato de Lacerda Paiva, decisão unânime, julgamento em 02.12.2008, DEJT 12.12.2008; TST-CC 7707400-75.2003.5.00.0000, SBDI-2, Rel. Min. Renato de Lacerda Paiva, decisão unânime, julgamento em 18.11.2003, DJ 02.04.2004; TST-CC 7144500-50.2002.5.00.0000, SBDI-2, Rel. Min. Ives Gandra Martins Filho, decisão unânime, julgamento em 21.10.2003, DJ 14.11.2003; TST-CC 556000-70.2002.5.00.0000, SBDI-2, Rel. Min. Gelson de Azevedo, decisão unânime, julgamento em 17.06.2003, DJ 01.08.2003; TST-CC 718158-32.2000.5.55.5555, SBDI-2, Rel. Min. José Luciano de Castilho Pereira, decisão unânime, julgamento em 21.08.2001, DJ 06.09.2001.

A propósito, o art. 12 da Lei de Introdução às Normas do Direito Brasileiro estatui o seguinte:

> É competente a autoridade judiciária brasileira, quando for o réu domiciliado no Brasil ou aqui tiver de ser cumprida a obrigação.

De forma ainda mais contundente e precisa, o art. 21, inciso I e parágrafo único do CPC de 2015, prescreve:

> Compete à autoridade judiciária brasileira processar e julgar as ações em que:
>
> I – o réu, qualquer que seja a sua nacionalidade, estiver domiciliado no Brasil;
>
> Parágrafo único. Para o fim do disposto no inciso I, considera-se domiciliada no Brasil a pessoa jurídica estrangeira que nele tiver agência, filial ou sucursal.

Entendo, pois, que para a incidência da jurisdição trabalhista brasileira não é imprescindível que se cuide de empresa brasileira que atue no exterior. Pode ser também empresa estrangeira, contanto que tenha domicílio no Brasil, para tanto considerada a pessoa jurídica estrangeira que aqui contar com agência, filial ou sucursal.

Presentes os apontados requisitos legais, nos dissídios individuais resultantes da execução de contrato de emprego no exterior, pode o empregado invocar a jurisdição da Justiça do Trabalho de nosso país.

Naturalmente, o empregado deve vir ao Brasil para demandar aqui o empregador, dada a exigência legal de comparecimento pessoal à audiência (CLT, art. 844).

É de clareza meridiana, contudo, que as normas em comento sobre o exercício da jurisdição brasileira para compor litígios referentes à prestação de serviço no exterior constituem uma via de mão dupla, favorecendo empregado e empregador.

Daí que igualmente o empregador pode acionar o empregado junto à Justiça do Trabalho no Brasil. Assim, por exemplo, se um antigo empregado brasileiro de empresa aérea, titular de estabilidade decenal, é acusado da prática de ato de improbidade em agência situada no exterior, o inquérito para apuração de falta grave pode ser ajuizado no Brasil.

2.3.1. Juízo territorialmente competente no Brasil

Nestes casos, é controvertido o juízo territorialmente competente no Brasil.

Para a antiga e respeitada doutrina de Mozart Victor Russomano, o empregado ou o empregador deveria propor a ação, no Brasil, perante a Vara do Trabalho do domicílio do empregador.

Não comungo, *data venia*, dessa solução. Trata-se de critério "civilista", que não encontra amparo nas regras do art. 651 da CLT.

Sustentava Antônio Lamarca, ao contrário, que se o empregado, contratado no Brasil, aqui não prestou serviços, locomovendo-se para o exterior logo após a contratação, competente no Brasil é o foro da celebração do contrato.

Penso que a competência territorial interna, na espécie, em princípio, realmente determina-se pela aplicação subsidiária do art. 651, § 3º, da CLT, em favor do foro do lugar onde celebrado o contrato de trabalho no Brasil, uma vez que o empregador realiza atividades (no exterior) fora do lugar em que celebrado o contrato de emprego.

Não se pode, todavia, descartar igualmente:

a) a competência territorial da Vara do Trabalho onde acaso o empregado trabalhou no Brasil antes da transferência para o exterior (art. 651, *caput*);

b) a competência territorial da Vara do Trabalho do domicílio do empregado no Brasil, se não coincidente com o foro da celebração do contrato de emprego, desde que para atender ao princípio constitucional da acessibilidade à Justiça, seja demandada empresa de **âmbito** nacional ou com agência, sucursal ou filial no domicílio do empregado, de forma a não se comprometer o direito de defesa. (*vide supra* item 2.1.1.3)

2.3.2. Direito de opção pela jurisdição nacional. Consequência jurídica

Ocioso assinalar que, na hipótese do § 2º do art. 651 da CLT, ao empregado assiste o direito de opção entre a jurisdição estrangeira e a brasileira, mesmo que presentes os requisitos legais. Vale dizer: o empregado brasileiro que reside e trabalha no exterior para empresa brasileira, ou para empresa estrangeira domiciliada no Brasil, obviamente não é obrigado pela lei nacional a propor a ação somente no Brasil. Pode não o fazer se não lhe convier. Em uma palavra, é facultativo demandar no Brasil no caso do art. 651, § 2º, da CLT. Está claro que também pode preferir demandar perante tribunal estrangeiro, segundo as leis locais, valendo-se do princípio da lei da execução do contrato de emprego.

A grave questão que aflora em semelhante circunstância é a seguinte: a propositura da ação em um País exclui o direito de fazê-lo em outro?

Os saudosos juslaboralistas Arnaldo Süssekind e Valentin Carrion respondiam afirmativamente.

Sucede, no entanto, que não parece haver respaldo legal para tal conclusão.

Bem ao revés, o art. 24 do Código de Processo Civil de 2015, aplicável subsidiariamente ao processo do trabalho, preceitua:

> A ação proposta perante tribunal estrangeiro não induz litispendência e não obsta a que a autoridade judiciária brasileira conheça da mesma causa e das que lhe são conexas, ressalvadas as disposições em contrário de tratados internacionais e acordos bilaterais em vigor no Brasil.

A opção pela jurisdição nacional, por conseguinte, não é excludente da opção cumulativa ou sucessiva pela jurisdição de tribunal estrangeiro.

2.3.3. Exercício da jurisdição brasileira em favor de empregado estrangeiro, com contrato de trabalho celebrado no exterior, que presta ou prestou serviços no Brasil e em outros países

Tema correlato e instigante concerne à viabilidade de exercício da jurisdição brasileira em caso de empregado **estrangeiro**, com contrato de trabalho celebrado no exterior, que presta ou prestou serviços no Brasil e também em outros Países.

Coube-me relatar embargos na SBDI-1 de empregado argentino de companhia aérea espanhola, com contrato de trabalho celebrado e rescindido na Argentina, que, por conta de transferências sucessivas, trabalhou em outros Países, inclusive no Brasil, aqui por cerca de sete anos.

A controvérsia no processo estava centrada precisamente na viabilidade de exercício da invocada jurisdição brasileira **para solver o litígio no que tange ao período em que prestou serviços no Brasil**.

A Reclamada, mediante "**exceção de incompetência** territorial", em substância defendeu a jurisdição do foro do local onde rescindido o contrato de trabalho (Argentina) e, por isso, arguiu a "**incompetência**" da **Justiça do Trabalho brasileira**, uma vez que no Brasil não teria havido o encerramento do contrato de trabalho, mas a mera prestação intermediária de serviços.

Antes de mais nada, cumpre esclarecer que a questão não diz respeito propriamente à competência territorial **interna** da Justiça do Trabalho brasileira porquanto a controvérsia está centrada no reconhecimento, ou não, do poder-dever de o Estado brasileiro julgar a lide em face da soberania de outros Estados estrangeiros. Assim, cuida-se aqui mais adequadamente de questão relativa aos limites do exercício da **jurisdição** brasileira, como expressão da soberania nacional.

Fixada essa premissa, penso que a questão não se equaciona pela norma típica e exclusiva de competência territorial interna do § 3º do art. 651 da CLT. Cumpre equacioná-la, em primeiro lugar, à face do art. 651, *caput*, da CLT, que é norma processual de natureza bifronte: fixa a regra geral propriamente de **competência** territorial do foro da prestação dos serviços, mas também norma de direito internacional sobre o exercício da jurisdição brasileira mesmo que o empregado haja sido contratado "no estrangeiro".

Esse aspecto não escapou à argúcia do saudoso Christovão Piragibe Tostes Malta:

> Conquanto a Consolidação das Leis do Trabalho fale apenas em competência, seu art. 651 também firma inequívoca regra de jurisdição pois, atribuindo às varas do trabalho competência para dirimir litígios versando sobre obrigações contraídas ou cumpridas no estrangeiro, antes de tudo determina a própria jurisdição nacional.[11]

Em suma, o art. 651, *caput*, da CLT determina, como regra geral, seja de competência territorial interna, seja de direito internacional, o exercício da jurisdição trabalhista do foro do lugar da prestação do serviço. *Lex loci executionis*.

Bem se compreende que assim seja.

Segundo Gilda Maciel Corrêa Meyer Russomano, em sua obra, o critério do lugar da execução do contrato como solução para os conflitos de jurisdição de natureza trabalhista apresenta a vantagem de ser *"o cenário em que se desenvolve a vida profissional do trabalhador e aí surgem ou crescem os problemas que resultam de execução do contrato"*[12]

Acrescentou ainda a saudosa Autora que a adoção de tal critério é consentânea com o **escopo protetivo** das normas trabalhistas, uma vez que *"resolver-se o conflito pela lei do lugar da prestação do serviço, em princípio, pode ser um modo de resguardar o interesse do trabalhador, visto que, geralmente, o local da execução do contrato de trabalho é o seu habitat, ou seja, não, apenas,*

---

(11) MALTA, Christovão Piragibe Tostes. *Prática do processo trabalhista*, 30. ed. São Paulo: LTr, 2000. p. 320.
(12) RUSSOMANO, Gilda. Os *conflitos espaciais de leis no plano das relações trabalhistas*. Rio de Janeiro: José Konfino, 1964. p. 164.

o meio físico, mas, sobretudo, o meio social (no sentido amplo da expressão) em que o obreiro está situado e ao qual se liga pelos laços da coexistência" (op. cit., p. 164).

Robustece a convicção acerca da incidência da jurisdição brasileira o art. 12, da Lei de Introdução às Normas do Direito Brasileiro, segundo o qual:

> É competente a autoridade judiciária brasileira, quando for o réu domiciliado no Brasil ou aqui tiver de ser cumprida a obrigação.

Em conclusão, pois, tratando-se de hipótese em que o empregado **estrangeiro** presta labor, sucessivamente, em diversos Países, filio-me à corrente segundo a qual "*a solução encontrada será a aplicação da lei em que o trabalho estiver sendo realizado em certo momento*", caso em que "*o trabalhador ficará, sucessivamente, sob a proteção de ordenamentos jurídicos distintos à medida que passe do território de um Estado para o de outro Estado*", *conforme* diretriz endossada pela festejada doutrina de Balladore Palieir e Krotoschin.[13]

Nesta perspectiva, se o empregado estrangeiro foi submetido a sucessivas transferências entre distintos Países, entendo que lhe é lícito demandar perante o Estado brasileiro para solver o litígio concernente **apenas** ao período em que **prestou serviços no Brasil**.

Imperativo notar que o referido art. 651, *caput*, da CLT, como realçado, erige norma sobre jurisdição, mas obviamente não norma de **sobredireito**, aplicável a todos os países. Jurisdição é expressão da soberania nacional de um Estado. Uma vez que o Estado brasileiro não tem soberania sobre outros Estados, manifesto que o art. 651, *caput*, da CLT, não constitui sinal verde para, em transgressão à soberania estrangeira, submeter-se à jurisdição brasileira também as lides do empregado estrangeiro relativas aos períodos de prestação de serviço em outros Países.[14]

2.4. Terceira regra especial: empregador que promove atividades em várias localidades – art. 651, § 3º, da CLT

Eis o que estatui o art. 651, § 3º, da CLT

> Em se tratando de empregador que promova realização de atividades fora do lugar do contrato de trabalho, é assegurado ao empregado apresentar reclamação no foro da celebração do contrato ou no da prestação dos respectivos serviços.

Nas situações em que o empregador realiza atividades fora do lugar do contrato de trabalho, o art. 651, § 3º, da CLT erige regra especial facultativa de determinação da competência territorial: ou o foro da celebração do contrato de trabalho ou o da localidade da prestação de serviços.

Uma interpretação restrita, inaceitável, sugeriria que o preceito aplicar-se-ia unicamente às empresas móveis. Desse modo, empregador que promove atividade em outro lugar quereria dizer empregador que desenvolve sua atividade em locais incertos, eventuais ou transitórios, tal como é o caso de uma EMPRESA que se desloca para a consecução de sua atividade fim: circense, companhia artística de balé, companhia teatral etc.

Prevalece amplamente na doutrina e na jurisprudência, porém, a interpretação segundo a qual é também a mobilidade do empregado, não apenas a da empresa, que permite a opção.

A opção do art. 651, § 3º, da CLT é de ser assegurada quando o empregado, em virtude da atividade econômica da empresa (seja qual for!) precisa locomover-se de um lugar para outro.

Importa afirmar: se o empregado ora trabalha aqui, ora acolá, então lhe é lícito optar entre o foro da celebração do contrato e o da prestação dos serviços, à semelhança do que se dá no caso do empregado que presta serviços a uma empresa de auditoria.

O § 3º do art. 651 da CLT incide igualmente no caso de empregado transferido, pois a empresa que transfere o empregado evidentemente promove atividade fora do lugar do contrato de trabalho.

No caso de empregado submetido a diversas transferências, a jurisprudência do TST, precisamente por aplicação do art. 651, § 3º, da CLT, reconhece a competência do foro de qualquer uma das localidades em que houve prestação de serviços, não necessariamente da última[15], ou no foro do local da contratação.[16]

Se o contrato social demonstra que o objeto da sociedade é a "logística e agenciamento de cargas aéreas,

---

(13) RUSSOMANO, Gilda. *Op. cit.*, 1964, p. 169.

(14) Na linha exposta no texto, consultem-se os seguintes precedentes do Tribunal Superior do Trabalho: TST-ERR 478490-12.1998.5.01.5555, SBDI-1, Rel. Min. João Oreste Dalazen, decisão por maioria, julgamento EM 10.10.2005, DJ 03.02.2006; TST-RR 385900-69.2003.5.09.0009, 3ª Turma, Rel. Min. Alberto Luiz Bresciani de Fontan Pereira, decisão unânime, julgamento em 24.06.2009, DEJT 14.08.2009; TST-RR 37900-48.1996.5.02.0043, 7ª Turma, Rel. Des. Conv. Maria Doralice Novaes, decisão unânime, julgamento em 14.09.2010, DEJT 24.09.2010.

(15) EMBARGOS EM RECURSO DE REVISTA. ACÓRDÃO PUBLICADO NA VIGÊNCIA DA LEI N. 11.496/2007. COMPETÊNCIA TERRITORIAL. CRITÉRIO DE FIXAÇÃO. Registra a r. sentença (fls. 30 e 85) que o autor iniciou sua prestação laboral em Goiânia (local

terrestres e fluviais em âmbito estadual, interestadual e internacional", flagrante e insofismável que se trata de "empregador que promove as suas atividades fora do lugar do contrato de trabalho".

Daí que no caso específico dos aeronautas e de motoristas intermunicipais e interestaduais de ônibus ou caminhão, que prestam serviço a empresas dedicadas ao transporte de carga ou de passageiros, também incide o § 3º do art. 651: podem apresentar reclamação trabalhista tanto no foro do local da contratação, como no ponto final do itinerário ou nos pontos intermediários, tal como se posiciona, em geral, a jurisprudência do TST.[17]

É certo que isso tem o inconveniente de permitir, em tese, por espírito de represália ou de litigiosidade, o ajuizamento de ações em locais distantes, onde o empregador não tem representação, de modo a embaraçar ou impedir o exercício do direito de defesa.

Eis porque, nesse caso, defendia o saudoso Prof. Amauri Mascaro Nascimento a aplicação da regra do § 1º do art. 651, uma vez que a situação do aeronauta e do motorista assemelhar-se-ia a um vendedor, viajante ou pracista.

Conquanto seja inquestionável a presença do inconveniente apontado, entendo que incide mesmo o § 3º do art. 651, não apenas porque é a solução legal expressa para a hipótese de mobilidade do empregado que não seja vendedor, viajante ou pracista, mas também porque, do contrário, esvaziaríamos de eficácia essa norma legal (quase todas as hipóteses do § 3º em tese seriam agasalhadas, por analogia, na solução do § 1º).

Para efeito de incidência do § 3º do art. 651, é inafastável reconhecer a competência territorial da Vara do Trabalho do lugar em que se deu a arregimentação ou o recrutamento do empregado, ainda que ali não haja sido formalizado o contrato de emprego. O escopo nitidamente protetivo da norma, destinado a ensejar acessibilidade à Justiça do Trabalho, bem assim a circunstância de a arregimentação constituir etapa preparatória da própria celebração do contrato, não permitem outra exegese do preceito legal. Robustece sobremaneira a convicção em apreço a constatação de que, de ordinário, o local da arregimentação coincide com o foro do domicílio do empregado, o que, em última análise, permite o reconhecimento deste, em tese mais acessível e conveniente ao empregado. (*vide supra*, item 2.1.1.2)

---

da contratação), atendendo à região de Ceres/GO, tendo sido transferido para diversas outras localidades e, por **último**, para Brasília, onde permaneceu até a ruptura do contrato. E o e. TRT entendeu que se -o empregado for reclamante, poderá demandar o empregador tanto no foro onde tiver sido contratado como em quaisquer dos outros onde tiver trabalhado, inclusive o do **último** lugar, se assim lhe convier- (fls. 121-122). Vê-se, assim, que o Colegiado a quo agiu com acerto, pois decidiu em conformidade com o § 3º do art. 651 da CLT, que confere ao empregado o direito de eleição de foro. Doutrinando sobre a interpretação do § 3º da norma consolidada em referência, Délio Maranhão e João de Lima Teixeira Filho esclarecem que -A disposição do § 3º do art. 651, (...) é a que melhor espelha o sentido do critério da fixação da competência ratione loci no processo do trabalho: facilitar ao litigante economicamente mais fraco o ingresso em juízo de condições mais favorável à sua defesa, seja qual for sua posição processual- (Instituições vol. II, 20ª ed. LTr, 2002, p. 1314). Logo, tendo o reclamante sido contratado em Goiânia/GO e também ali prestado serviços, além de Brasília/DF, o ajuizamento da ação naquela cidade está em conformidade com o dispositivo consolidado disciplinador da matéria, que não determina a obrigatoriedade de que o ajuizamento da ação seja no **último** local em que prestado o serviço. Recurso de embargos a que se nega provimento." (TST-EEDR 175840-44.2004.5.18.0006, SBDI-1, Rel. Min. Horácio Raymundo de Senna Pires, decisão unânime, julgamento em 11.11.2010, DEJT 03.12.2010).

(16) Consultem-se: "JUSTIÇA DO TRABALHO. COMPETÊNCIA TERRITORIAL. MOTORISTA DE ÔNIBUS DE NATUREZA INTERESTADUAL. ART. 651, § 3º, DA CLT. 1. A exceção contida no art. 651, § 3º, da CLT refere-se à mobilidade do empregado, não apenas à da empresa. Portanto, a opção existe quando o empregado, em virtude da atividade econômica da empresa (seja qual for!), precisa locomover-se de um lugar para outro. 2. Empregado-demandante, motorista de ônibus de natureza interestadual, pode optar entre o foro da celebração do contrato, onde a empresa tem a sede (Goiás), e o da efetiva prestação do trabalho (Distrito Federal). 3. Conflito de competência acolhido para declarar a competência da MM. Vara do Trabalho de Brasília – DF" (TST-CC 559049-16.1999.5.55.5555, SBDI-2, Rel. Min. João Oreste Dalazen, decisão unânime, julgamento em 20.09.1999, DJ 12.11.1999); TST-EEDR 175840-44.2004.5.18.0006, SBDI-1, Rel. Min. Horácio Raymundo de Senna Pires, decisão unânime, julgamento em 11.11.2010, DEJT 03.12.2010; TST-CC 734467-94.2001.5.55.5555, SBDI-2, Rel. Min. João Oreste Dalazen, decisão unânime, julgamento em 03.04.2001, DJ 04.05.2001.

(17) Confiram-se: TST-CC 2756300-14.2002.5.00.0000, SBDI-2, Rel. Min. Renato de Lacerda Paiva, decisão unânime, julgamento em 23.09.2003, DJ 03.10.2003; TST-CC 3721700-47.2002.5.00.0000, SBDI-2, Rel. Des. Conv. Aloysio Corrêa da Veiga, decisão unânime, julgamento em 17.12.2002, publicado no DJ 07.02.2003; TST-CC 619298-30.1999.5.55.5555, SBDI-2, Rel. Min. Francisco Fausto Paula de Medeiros, decisão unânime, julgamento em 28.03.2000, DJ 05.05.2000; TST-CC 659637-94.2000.5.55.5555, SBDI-2, Rel. Min. Antonio José de Barros Levenhagen, decisão unânime, julgamento em 29.08.2000, DJ 22.09.2000; TST-CC 515133-63.1998.5.5555, SBDI-2, Rel. Min. Ronaldo Lopes Leal, decisão unânime, julgamento em 23.11.1999, DJ 18.02.2000; TST-CC 559049-16.1999.5.55.5555, SBDI-2, Rel. Min. João Oreste Dalazen, decisão unânime, julgamento em 20.09.1999, DJ 12.11.1999; TST-RR 860-96.2011.5.05.0342, 3ª Turma, Rel. Min. Alberto Luiz Bresciani de Fontan Pereira, decisão unânime, julgamento em 06.03.2013, DEJT 08.03.2013; TST-RR 311-86.2011.5.05.0342, 6ª Turma, Relator Ministro Augusto César Leite de Carvalho, decisão unânime, julgamento em 17.12.2013, DEJT 07.02.2014.

Nesse sentido, irrepreensíveis a Súmula n. 12 do TRT da 23ª Região[18] e o Enunciado n. 7, aprovado na 1ª Jornada de Direito Material e Processual da Justiça do Trabalho, promovido pela ANAMATRA.[19]

3. FORO DE ELEIÇÃO. MODIFICAÇÃO DA COMPETÊNCIA TERRITORIAL

Sabe-se que no direito processual civil a competência territorial, modalidade de competência relativa, pode ser modificada quer mediante eleição de foro (CPC, art. 63), quer mediante prorrogação se o réu não alegar a incompetência em preliminar da contestação (CPC, art. 65).

Não é bem assim no processo do trabalho.

As regras que disciplinam a competência territorial da Justiça do Trabalho para o dissídio individual, como visto, são de ordem pública e ditadas em favor do empregado. Por isso, não se admite foro de eleição, ou contratual, no processo do trabalho, em detrimento do empregado. É nulo, pois, em face do que dispõe o art. 9º da CLT, o **ajuste expresso** entre as partes cujo objeto seja modificar as regras do art. 651 e parágrafos da CLT, em prejuízo do empregado, de modo a proporcionar a escolha de foro segundo critério distinto.

A pedra de toque da nulidade, contudo, deve repousar no prejuízo causado ao empregado. Daí que se o foro de eleição não acarreta prejuízo ao empregado, do ponto de vista da acessibilidade à Justiça do Trabalho, não há razão para se pronunciar a nulidade (CLT, art. 794).

Paradoxalmente, no processo do trabalho admite-se a **prorrogação tácita** da competência da Vara do Trabalho territorialmente incompetente. Vale dizer, admite-se uma espécie de foro contratual tácito quando, a despeito de proposta a ação perante Vara do Trabalho territorialmente incompetente, o Reclamado não alegar a incompetência territorial.

A rigor, uma aplicação literal do art. 795, § 1º, da CLT, sugeriria o contrário, ao dispor que deve ser declarada até mesmo de ofício a "nulidade fundada em incompetência de foro".

Com efeito. "Incompetência de foro" significa tecnicamente incompetência territorial. Logo, não deveria ensejar a prorrogação da competência: poderia ser proclamada de ofício caso se emprestasse tal significado à locução.

Prevalece, entretanto, em doutrina e jurisprudência trabalhistas o entendimento de que a locução "incompetência de foro" foi usada na lei em sentido **impróprio** de "foro trabalhista", distinguindo-se do "foro comum" ou do "foro criminal".

De sorte que se interpreta o § 1º do art. 795 no sentido de que alude à **incompetência material**, por natureza absoluta, improrrogável e pronunciável **de ofício**.

No caso da incompetência territorial, no processo do trabalho, a exemplo do que sucede no processo civil, prevalece a orientação de que se a parte não a arguir, prorroga-se a competência do Juízo que, a rigor, não seria o competente em razão do lugar (CPC, art. 65).

Eis porque não se declara de ofício a incompetência territorial no processo do trabalho, conforme consagrado na Orientação Jurisprudencial n. 149 da SBDI-2 do TST[20] e igualmente na Súmula n. 33 do STJ.[21]

4. FORMA DE ARGUIÇÃO DA INCOMPETÊNCIA TERRITORIAL

A forma ideal, moderna, simples e desburocratizada, de alegar-se qualquer modalidade de incompetência, inclusive territorial, está prevista no art. 64 do Código de Processo Civil: "como questão preliminar de contestação".

Desafortunadamente, neste passo, o processo do trabalho persiste sendo mais rigoroso quanto à forma que o processo civil, o que é um absurdo.

---

(18) Súmula n. 12 do TRT da 23ª Região: COMPETÊNCIA EM RAZÃO DO LUGAR. A competência territorial para o ajuizamento da Reclamatória Trabalhista é do local da arregimentação, da contratação ou da prestação dos serviços. Pleno – IUJ – DEJT/TST n. 1623/2014 de 12.12.2014.

(19) ACESSO À JUSTIÇA. CLT, ART. 651, § 3º. INTERPRETAÇÃO CONFORME A CONSTITUIÇÃO. ART. 5º, INC. XXXV, DA CONSTITUIÇÃO DA REPÚBLICA. Em se tratando de empregador que arregimenta empregado domiciliado em outro município ou outro Estado da federação, poderá o trabalhador optar por ingressar com a reclamatória na Vara do Trabalho de seu domicílio, na do local da contratação ou na do local da prestação dos serviços.

(20) CONFLITO DE COMPETÊNCIA. INCOMPETÊNCIA TERRITORIAL. HIPÓTESE DO ART. 651, § 3º, DA CLT. IMPOSSIBILIDADE DE DECLARAÇÃO DE OFÍCIO DE INCOMPETÊNCIA RELATIVA. (DEJT divulgado em 03, 04 e 05.12.2008). Não cabe declaração de ofício de incompetência territorial no caso do uso, pelo trabalhador, da faculdade prevista no art. 651, § 3º, da CLT. Nessa hipótese, resolve-se o conflito pelo reconhecimento da competência do juízo do local onde a ação foi proposta.

(21) A incompetência relativa **não** pode ser declarada de ofício.

Resulta claro que a arguição dessa defesa processual sob a forma de "exceção", com suspensão do exame do mérito, implica inarredável retardamento, que deveria ser evitado num processo, como o trabalhista, cioso pela celeridade e em que as pretensões são de natureza alimentar.

A CLT, contudo, é expressa: o art. 799 preceitua que "na Justiça do Trabalho, somente podem ser opostas, com suspensão do feito, as exceções de suspeição ou de incompetência".

O art. 800 e parágrafos da CLT, por sua vez, consoante a nova redação aprovada pela Câmara dos Deputados (Reforma Trabalhista, Projeto de Lei n. 6.787, de 2016), não apenas explicitam que a forma de arguição de incompetência territorial em dissídio individual é mediante exceção, mas traçam o seguinte procedimento:

a) apresentação da exceção de incompetência territorial no prazo de cinco dias, a contar da notificação do reclamado para o processo trabalhista, antes da audiência e, por conseguinte, em Secretaria; intimação do excepto para responder, em igual prazo;

b) suspensão do processo principal até que se decida a exceção e consequente não realização da audiência para instrui-lo, a que se refere o art. 843 da CLT;

c) virtual designação de audiência específica para produção de prova oral concernente à exceção e julgamento desta, a seguir, com retomada do curso do processo principal no juízo territorialmente declarado competente.

Como se percebe, o novo art. 800 e parágrafos da CLT traça um rito absolutamente desnecessário, que conspira contra a razoável duração do processo trabalhista. A arguição da incompetência territorial no bojo da própria contestação, ainda que com suspensão da instrução do processo principal, não comprometeria a defesa e propiciaria ganho notável de eficiência e rapidez ao processo trabalhista.

CPC de 2015 e alguns Impactos no Processo do Trabalho

1. INTRODUÇÃO. ORIGEM DO CPC/2015. JUÍZO CRÍTICO PRELIMINAR

Nem bem a Justiça do Trabalho assimilara ainda as profundas repercussões da Lei n. 13.015/2014 no processo do trabalho e eis que se vê a braços com o CPC de 2015.

O projeto de CPC de 2015, como se recorda, é **originário** do Senado Federal, mas o Senado debruçou-se sobre ele por apenas **quatro meses**, a um primeiro momento.

A Câmara dos Deputados, a seguir, trabalhou nele ao longo de quatro anos e devolveu ao Senado um substitutivo substancialmente reformulado. O texto que o Senado finalmente aprovou, em larga medida, é o do substitutivo reformulado em substância pela Câmara dos Deputados. Um texto, portanto, pensado e amadurecido por muito mais tempo. Por isso, preparado com maior reflexão em cotejo com o projeto que se originou do Senado Federal.

Além disso, pela primeira vez em nossa história, o CPC/2015 foi fruto de amplas discussões democráticas, de que participaram e colaboraram centenas de ilustres processualistas patrícios. Nunca antes o Brasil tivera a experiência de debater democraticamente um projeto de CPC.

Não obstante, expressivos segmentos da magistratura, inclusive trabalhista, que opuseram e opõem viva resistência a muitas das normas e institutos do CPC. Argumenta-se que é uma lei **de advogados e para advogados**, em detrimento da magistratura, em muitos pontos.

Não vejo o CPC/2015 como uma lei corporativa, embora aqui e acolá haja uma ou outra norma que beneficie os advogados. Em contraponto, basta recordar os imensos poderes que o CPC atribui ao juiz, em capítulo próprio, a exemplo dos incisos IV e VI do art. 139. Afora isso, a lei é resultado de comissões heterogêneas, constituídas também de professores universitários e magistrados.

Isso não nos impede de reconhecer que, como toda obra humana, naturalmente o CPC/2015 padece de muitas **imperfeições formais**, de maior ou menor gravidade.

Primeiro, ressente-se até mesmo de **erros gramaticais sérios**. O art. 315, § 2º, por exemplo, reza que o processo ficará suspenso pelo prazo máximo de um ano, ao final do qual **aplicar-se-á** (*rectius*: ao final do qual se aplicará...) o disposto na parte final do § 1º.

Segundo, e sobretudo, não é uma lei que preze o vocabulário técnico, diferentemente do CPC de 1973, para não lembrar do primoroso Código Civil[1] de 1916. Olvidou-se que, até mesmo para o desenvolvimento da Ciência Processual, o apuro na linguagem técnica é fundamental. Afinal, toda questão terminológica implica uma questão conceitual.

Dois de inúmeros exemplos ilustram o que se vem de afirmar.

O art. 21 reconhece competência à autoridade judiciária brasileira para "processar e **julgar as ações** em que...", como se o objeto do processo fosse "ação" e não uma lide. Ora, inconfundíveis os conceitos técnicos de ação e de lide. E o que se julga é a lide.

Por sua vez, o art. 891, a propósito do leilão dos bens penhorados, reza que "não será aceito **lance** que **ofereça preço** vil". Redação curta e sobremodo infeliz. Não se trata de "lance", mas de **lanço**, vocábulos de acepção distinta.[2] O lanço em si já é uma oferta para

---

(1) Revisado por RUI, é obra monumental e imorredoura seja sob o prisma do vocabulário técnico, seja para os que primam pelo respeito à Língua Portuguesa.

(2) O CPC de 1973 não incidiu nesse erro grave.

a arrematação de um bem, de modo que redundante o verbo "ofereça" no contexto. Ademais, não se cuida de "preço" porque pacífico hoje que a expropriação de bens do executado não ostenta natureza jurídica de um contrato de compra e venda. Houvesse mais zelo nesse passo e o CPC poderia dispor simplesmente assim: "não será admitido lanço vil".

Abstraindo esses aspectos, o certo é que o CPC/2015 trouxe exuberante e profunda reformulação das normas do processo civil, na busca de incorporar os avanços da doutrina do Direito Processual Civil, ciência que, no País, tem cultores e estudiosos renomados.

Como é de intuitiva percepção, é colossal a repercussão do Código de Processo Civil no processo do trabalho brasileiro. Tal se deve ao fato de que nosso País conta com uma Justiça do Trabalho, ramo especializado do Poder Judiciário, mas curiosa e estranhavelmente não dispõe de um Código de Processo do Trabalho, ao revés do que sucede em outros Países (Portugal, p.ex.), como seria desejável. Ademais, dispomos de pouquíssimas normas processuais trabalhistas na CLT e em leis esparsas, não raro precárias e totalmente desatualizadas.

Eis porque, para **avaliar** a **dimensão** desse impacto e **propor** uma Instrução Normativa, o Tribunal Superior do Trabalho constituiu uma Comissão de Nove Ministros, que me coube coordenar.

O fruto desse ingente labor, após acalorados e densos debates, em infindáveis reuniões, é a Instrução Normativa n. 39/2016, aprovada, à unanimidade, pelo TST.

2. INSTRUÇÃO NORMATIVA N. 39/2016 DO TST

A IN n. 39/2016 **objetivou** essencialmente:

a) garantir **segurança jurídica e previsibilidade** aos jurisdicionados e **órgãos** da Justiça do Trabalho;

b) prevenir **nulidades** processuais em detrimento da aspirada celeridade. Esse foi o escopo central da IN n. 39/2016.

Salta à vista que a vastíssima gama de questões técnico-processuais, muitas delas **tormentosas e atormentadoras**, exigiu do Tribunal Superior do Trabalho uma pronta resposta sobre a dimensão da aplicação do CPC/2015 ao processo do trabalho.

Inconcebível e absolutamente desarrazoado, por exemplo, aguardar-se, por anos a fio, até a jurisprudência sedimentar-se sobre a incidência ou não do § 1º do art. 489 do CPC, em que se explicita quando é nula uma decisão judicial em virtude de não respeitar determinada forma de fundamentação prescrita na nova lei.

Acerca da IN n. 39/2016, impõe-se elucidar três aspectos importantes.

Em primeiro lugar, o TST **não legislou** e nem poderia fazê-lo: quando muito adaptou normas legais do CPC a normas legais da CLT ou legislação esparsa.

Em segundo lugar, e por isso mesmo, a IN n. 39/2016 **tem natureza meramente orientacional**. Não obriga, conquanto possam advir **da lei** consequências jurídico-processuais em caso de inobservância.[3]

Em terceiro lugar, releva ter presente que o escopo da IN em apreço não foi, nem poderia ser, identificar, de modo exauriente, as normas do CPC de 2015 aplicáveis e as inaplicáveis no processo do trabalho.

O que se quis foi apenas **identificar algumas das questões mais polêmicas e algumas das questões inovatórias relevantes** para efeito de aferir a compatibilidade ou não de aplicação subsidiária ou supletiva no processo do trabalho.

Para isso, a IN n. 39/2016 agrupou as normas do CPC/2015 em três grandes gêneros:

a) as normas **inaplicáveis** (art. 2º);

b) as normas **aplicáveis** (art. 3º);

c) e as normas **aplicáveis em termos**, isto é, com as necessárias adaptações (as demais referidas na IN a partir do art. 4º).

Resulta claro, pois, até pelo alcance limitado da IN n. 39/2016, que persiste ainda um elenco imenso de **outras normas do CPC** cuja aplicação, ou não, no processo do trabalho está ainda **em aberto**.

A questão preliminar, central e basilar que se põe consiste em saber por que critério louvou-se o TST para identificar os aludidos três grandes gêneros de normas e, afinal, qual o critério por que se deve orientar o intérprete no futuro na identificação de outras normas aplicáveis ou inaplicáveis no processo do trabalho.

Equacionar o **critério** por que deva nortear-se a **transposição** de normas e institutos do CPC para o processo do trabalho implica, antes de tudo e necessariamente, examinar o alcance do novo e controvertido **art. 15 do** CPC de 2015 e confrontá-lo com o art. 769 da CLT.

---

(3) Por exemplo, nulidade da decisão de desconsideração da personalidade jurídica que não aplicar o incidente previsto nos arts. 133 a 137 do CPC/2015, por desrespeito ao contraditório prévio.

3. APLICAÇÃO SUBSIDIÁRIA E SUPLETIVA DO CPC DE 2015 NO PROCESSO DO TRABALHO

Como se recorda, vivíamos felizes e não sabíamos na Justiça do Trabalho com o critério simples, sábio e preciso do art. 769 da CLT, segundo o qual se permite, na fase de conhecimento, a invocação subsidiária de normas do **direito processual comum** (não apenas do processo civil, portanto!) **desde que**:

a) a CLT seja omissa quanto à disciplina da matéria;

b) a norma do CPC não apresente **incompatibilidade** com os princípios ou com o sistema do processo do trabalho.

Eis, contudo, que sobrevém o malsinado art. 15 do CPC de 2015 que dispõe:

> Art. 15. Na ausência de normas que regulem processos eleitorais, trabalhistas ou administrativos, as disposições deste Código lhes serão aplicadas supletiva e subsidiariamente.

Este preceito legal suscitou perplexidades e dúvidas. Gerou uma situação **intrigante e inquietante**, sobretudo para nós, da Justiça do Trabalho.

É manifesto que o aludido preceito, se aplicado à risca, **mudaria**, de forma drástica, e para pior, o perfil do processo do trabalho.

Por quê? Porque, como se percebe, **diferentemente** dos critérios do art. 769 da CLT, o art. 15 do CPC:

1º) **não cogita de compatibilidade** da norma do CPC para aplicá-la ao processo do trabalho; bastaria a omissão;

2º) manda aplicar direta e unicamente o **CPC**, em caso de omissão, e **não** o **direito processual comum**; ora, algumas vezes o próprio Código de Processo Penal pode ser invocado subsidiariamente no processo do trabalho, a exemplo do art. 579, que reconhece explicitamente o princípio da fungibilidade dos recursos, ao contrário do CPC;

3º) oficializa a aplicação também **supletiva** do CPC: cogita **não apenas** de aplicação **subsidiária** –para suprir lacunas – mas também **oficializa** a aplicação **supletiva**, ou seja, **em caráter de complementariedade**.

Naturalmente, para se chegar a esse resultado supõe-se a **revogação tácita** do art. 769 da CLT.

Resta saber se o art. 15 do CPC de 2015, por se cuidar de lei posterior, teria mesmo revogado tacitamente o art. 769 da CLT.

A IN n. 39/2016 do TST partiu da premissa de que o art. 769 da CLT não foi revogado.

Primeiro, em face do que prescreve o art. 1046, § 2º, do próprio CPC, que expressamente preserva as "disposições especiais dos procedimentos regulados em outras leis", dentre as quais despontam as **normas especiais** que disciplinam o Direito Processual do Trabalho.

Segundo, em razão do que estatui a Lei de Introdução às Normas do Direito Brasileiro (art. 2º, § 2º) ao consagrar a regra clássica segundo a qual a lei **geral posterior** não derroga a **especial** anterior.[4]

Ora, não se pode negar que as normas do Direito Processual do Trabalho – a exemplo das normas do Direito do Trabalho – integram um **direito especial**.

Direito especial por quê?

Porque é **um direito elaborado totalmente com o propósito de** disciplinar a solução de uma **lide especial**: o **conflito** derivado das relações de trabalho.

Conflito que, como ensinava **Eduardo Couture** já na década de 40 do século passado, por sua complexidade, por sua especificidade e por suas próprias necessidades, deve escapar do sistema de justiça comum ou ordinária.[5]

De sorte que o Direito Processual do Trabalho nasce precisamente da **inadequação** de muitas normas e institutos do Direito Processual Civil para reger, com presteza e eficácia, a solução dos dissídios cujas pretensões repousem nas relações de trabalho, individuais ou coletivas.

No caso do processo do trabalho, a explicação para isso está na desigualdade sociológica e econômica do empregado, em regra, desigualdade que também se projeta no processo do trabalho. Parte-se da constatação de que a inferioridade do empregado reclamante não desaparece, mas persiste, no processo do trabalho. O empregado reclamante, em regra, é uma pessoa vulnerável, tal como analogamente o é o consumidor frente ao fornecedor. Por isso, ambos merecem proteção, inclusive processual.

De fato. A superioridade patronal no processo judicial trabalhista evidencia-se sob múltiplos aspectos:

a) possibilidade, em tese, de melhor assessoria jurídica;

---

(4) "Art. 2º. § 2º A lei nova, que estabeleça disposições **gerais** ou especiais a par das já existentes, **não revoga** nem modifica a lei anterior."

(5) "Algumas nociones fundamentales del derecho procesal del trabajo", artigo in *Tribunales del Trabajo* – Derecho Procesal del Trabajo, 1941, p. 115.

b) pela maior facilidade na obtenção da prova, especialmente a testemunhal, colhida entre os seus subordinados;

c) pela maior idoneidade econômica para suportar as delongas e despesas do processo.

Daí porque, no processo trabalhista, não raro se observa uma desigualdade de tratamento **legal** entre as partes. Ou seja, o DPT é regulado, não raro, por normas processuais específicas e também **protetivas** (compensatórias) da desigualdade.

Eis alguns exemplos da desigualdade de tratamento **legal** no processo trabalhista:

1º) determinação favorecida da competência **territorial** trabalhista para o dissídio individual: toma-se em conta a localidade em que **o empregado, reclamante ou reclamado**, prestar serviços ao empregador (art. 651, *caput* e § 3º, da CLT);

2º) regime jurídico de **despesas processuais favorecido ao reclamante**: inexigibilidade de **antecipação** de custas e quaisquer despesas processuais e quase sempre gratuidade ao final (possibilidade de concessão de **justiça gratuita**, de ofício, nos termos do art. 790, § 3º, CLT, e não condenação em custas proporcionais, ou *pro-rata*);

3º) unilateralidade do depósito recursal (art. 899, § 1º);

4º) assistência judiciária **sindical gratuita** é proporcionada ao **empregado demandante**, não ao empregador;

5º) inversão do ônus da prova e criação de presunções que favorecem o empregado autor, não o empregador demandado.[6]

O DPT igualmente tem normas específicas, como sabemos, sobre conciliação, sobre recorribilidade, sobre coisa julgada no dissídio coletivo etc.

Nessa perspectiva, pois, situa-se o art. 769 da CLT. Trata-se de norma basilar de proteção e de **salvaguarda** de todo esse direito processual especial, na medida em que somente permite a invocação subsidiária do direito processual comum caso haja compatibilidade com as normas e princípios do DPT. Não basta omissão!

Ora, a prevalecer a exegese de que o art. 15 do CPC de 2015 teria revogado tacitamente o art. 769 da CLT, as normas do Direito Processual Civil seriam **necessariamente** aplicadas em todas as hipóteses de simples omissão de norma processual trabalhista, sem se aferir a compatibilidade.

Isso, em última análise, implicaria **ignorar e desfigurar todo esse especial arcabouço principiológico e axiológico** que norteia o Direito Processual do Trabalho.

Implicaria, em suma, abrir caminho para se **desfigurar** o processo do trabalho e transformá-lo num verdadeiro "Frankenstein processual", resultante da **mescla** de normas **inconciliáveis** entre si, em face dos valores distintos que buscam tutelar.

Exemplo: o art. 63 do CPC de 2015 dispõe[7] que as partes podem **eleger foro** e, assim, alterar a competência territorial.

A CLT, como sabemos, é totalmente omissa quanto ao foro de eleição. A seguir-se à risca o art. 15 do CPC de 2015 deveríamos validar o foro de eleição livremente pactuado entre empregado e empregador.

O foro de eleição, todavia, nunca foi permitido no processo do trabalho, em detrimento do empregado.

Por quê? Porque conflita abertamente com as normas protecionistas do mencionado art. 651 da CLT que ditam a competência territorial para o dissídio individual.

Esse é um dos incontáveis exemplos da **inadequação** do processo civil, muitas vezes, para suprir lacuna do DPT.[8]

O Tribunal Superior do Trabalho ponderou todos esses aspectos e concluiu que o art. 769 da CLT permanece em vigor. Uma vez que ostenta natureza de lei especial, não foi revogado pela lei geral (CPC de 2015).

O TST **também** entendeu que pode perfeitamente haver uma convivência ou coabitação harmoniosa do art. 15 do CPC de 2015 não apenas com o art. 769 da CLT, mas também com o art. 889 da CLT.

---

(6) O que se observa é que, na **distribuição do ônus da prova**, as legislações, cada vez mais, beneficiam o empregado, estabelecendo presunção *juris tantum* em favor dele; **no Brasil, temos exemplos** reconhecidos pela jurisprudência sumulada do TST: em matéria de equiparação salarial (Súm. n. 68, do TST); Súm. n. 212; jornada de trabalho: o não registro de fatos em documentos de controle legal cria a presunção de verossimilhança em favor do alegado pelo empregado reclamante (Súmula n. 338, item I, do TST).

(7) Art. 63. As partes podem **modificar** a competência em razão do valor e do **território**, **elegendo foro** onde será proposta ação oriunda de direitos e obrigações.

(8) Outro exemplo está consagrado na Orientação Jurisprudencial n. 98 da SBDI-2: incompatibilidade da exigência de depósito prévio dos honorários periciais com o processo do trabalho.

Afinal, qual é a ideia central que permeia o art. 15 do CPC de 2015? A aplicação **subsidiária e supletiva** do CPC no processo do trabalho em caso de **ausência** de normas específicas.

Ora, essa diretriz pode persistir, mesmo em face do CPC de 2015. Sempre condicionada, porém, à compatibilidade com o sistema de normas processuais trabalhistas.

Eis porque o art. 1º da IN n. 39/2016 do TST abraça exatamente esse entendimento, como se nota de suas disposições textuais:

> Art. 1º. Aplica-se o Código de Processo Civil, subsidiária e supletivamente, ao processo do trabalho, em caso de omissão e desde que haja compatibilidade com as normas e princípios do Direito Processual do Trabalho, na forma dos arts. 769 e 889 da CLT e do art. 15 da Lei n. 13.105, de 17.03.2015.
>
> § 1º. Observar-se-á, em todo caso, o princípio da irrecorribilidade em separado das decisões interlocutórias, de conformidade com o art. 893, § 1º da CLT e Súmula n. 214 do TST.
>
> § 2º. O prazo para interpor e contra-arrazoar todos os recursos trabalhistas, inclusive agravo interno e agravo regimental, é de oito dias (art. 6º da Lei n. 5.584/1970 e art. 893 da CLT), exceto embargos de declaração (CLT, art. 897-A).

Especificamente sobre esse preceito da IN gostaria de deter-me agora.

Como salta à vista, o art. 1º, *caput,* constitui a premissa e o fio condutor de toda a Instrução Normativa. É a espinha dorsal da IN n. 39/2016, a norma mediante a qual o Tribunal Superior do Trabalho pretende:

a) explicitar a metodologia pela qual elegeu os já referidos grupos de normas do CPC de 2015 aplicáveis, inaplicáveis ou aplicáveis no processo do trabalho mediante adaptação;

b) balizar o intérprete no futuro, no que tange ao campo de incidência, ou não, no processo do trabalho, de outras normas do CPC/2015;

c) deixar claro que o art. 15 do CPC/2015 **não** constitui **sinal verde** para a **transposição** de qualquer instituto ou norma do processo civil para o processo do trabalho, ante a mera constatação de **omissão**.

Ao contrário, o TST sinaliza claramente que a **transposição** de qualquer norma ou instituto jurídico do CPC para o processo do trabalho continua pressupondo o concurso dos dois requisitos clássicos que todos conhecemos: a) omissão; b) compatibilidade.

Afora isso, o art. 1º da IN n. 39/2016 quis dirimir qualquer dúvida acerca da viabilidade de aplicação **também supletiva** do CPC no processo do trabalho.

Quer dizer, em caso de **compatibilidade**, pode haver aplicação não apenas **subsidiária** (suprir **lacuna total**) do CPC no processo do trabalho, como também **supletiva** (para complementar ou suplementar um disciplinamento normativo **existente**, mas acaso precário ou insuficiente).

A rigor, não é novidade no processo do trabalho a invocação meramente **supletiva** do CPC, mesmo **não** havendo omissão **total** na CLT.

Sem permissivo legal expresso, há muito que a Justiça do Trabalho pacificamente promove, em alguns casos, uma espécie de **simbiose** de normas do CPC e da CLT. Exemplos:

a) sempre admitimos no processo do trabalho **embargos de declaração** fundados em **obscuridade**, hipótese de cabimento de que **não** cogita o art. 897-A da CLT;

b) aplicamos **também supletivamente a multa** por embargos de declaração **protelatórios** prevista no CPC, a despeito de o art. 897-A da CLT regular o cabimento dos EDs e não a contemplar;

c) sempre aplicamos **supletivamente** os casos de **impedimento e de suspeição do magistrado do trabalho** regulados no CPC em face da precariedade e insuficiência da norma do art. 801 da CLT;

d) suplementamos os casos de suspeição, incapacidade e impedimento de **testemunhas**, regulados no art. 829 da CLT, com a norma do art. 405 e §§ do CPC de 1973 (atual art. 447 e §§);

e) invocamos o art. 692 do CPC de 1973 (atual art. 891) para indeferir arrematação por lanço vil, não obstante o art. 888, § 1º, da CLT preceitue que o bem penhorado em execução será expropriado em hasta pública pelo maior lanço;

f) apesar de o Decreto-lei n. 779/69 disciplinar os casos de **reexame necessário** da sentença trabalhista, transplantamos do CPC unicamente os preceitos que **não** sujeitam a sentença ao reexame necessário **se** a condenação for **inferior** a determinado valor (art. 496 e §§ do CPC de 2015 – art. 3º da IN n. 39/2016 – §§ 2º e 3º do art. 475 do CPC de 1973); a Súmula n. 303, itens I e II, do TST, vem de ser adaptada[9] ao CPC de 2015.

---

(9) Súmula n. 303 do TST:
"FAZENDA PÚBLICA. REEXAME NECESSÁRIO (nova redação em decorrência do CPC de 2015) – Res. 211/2016, DEJT divulgado em 24, 25 e 26.08.2016.

Pois bem. Esse amálgama de normas do CPC e da CLT que o TST ou a Justiça do Trabalho adota em casos que tais – amálgama de duvidosa legalidade até sobrevir o CPC de 2015 –, agora tem a chancela oficial e pode render ensejo a uma profusão de outras situações.

A própria IN n. 39/2016 (art. 15), por exemplo, considera aplicável ao processo do trabalho a forma de fundamentação das decisões judiciais prevista no art. 489, § 1º, do CPC. É um caso típico de aplicação supletiva porque o art. 832 da CLT dispõe sobre os requisitos formais da decisão, inclusive o atendimento à exigência de fundamentação. Não regula, todavia, a **forma da fundamentação** da decisão judicial para efeito de ela considerar-se **válida, ou não**.

De outro lado, uma palavra precisa ser dita sobre o supracitado § 2º do art. 1º da IN n. 39/2016, ao **uniformizar o prazo para recursos** e contrarrazões no processo do trabalho. Pode parecer estranha a norma, à luz do art. 6º da Lei n. 5.584/1970 e do art. 893 da CLT.

Sucede que essas **últimas** normas **legais**, como sabemos, uniformizaram em oito dias o prazo dos recursos trabalhistas **a que se reportam**, dentre os quais **não figura** o **agravo regimental**. E o art. 1.070 do CPC de 2015 dispôs que é de **quinze dias** o prazo para qualquer agravo, inclusive o regimental.

O aludido art. 1.070 é um **exemplo emblemático** de preceito do CPC de 2015 que **ensejaria muita controvérsia** sobre a sua aplicação ou não no processo do trabalho **se** a IN n. 39/2016 não se posicionasse.

O Tribunal Superior do Trabalho entendeu, por isso, que na Justiça do Trabalho deveríamos estender a uniformização do prazo em **oito** dias para **qualquer agravo**, inclusive o **regimental**.

O fundamento legal, para tanto, no caso de agravo regimental da competência do TST, repousa no art. 909 da CLT. No que concerne ao agravo regimental da competência dos TRTs, o fundamento está na aplicação extensiva do art. 893 da CLT.

4. NOVA DIMENSÃO DO PRINCÍPIO DO CONTRADITÓRIO. VETO À DECISÃO SURPRESA

Uma das grandes inovações do CPC de 2015 consistiu em disciplinar, em diversas normas,[10] e em redimensionar profundamente o princípio do contraditório. Paralelamente, impôs veto explícito à chamada decisão surpresa.

Como se recorda, até sobrevir o CPC de 2015, prevaleceu o conceito de princípio do contraditório formulado na lição clássica de Joaquim Canuto Mendes de Almeida: é a "expressão da ciência **bilateral** dos atos e termos do processo e a possibilidade de contrariá-los".

Por essa concepção antiga e tradicional, o contraditório consiste no binômio informação (intimação) + oportunidade de participação. Consiste na necessidade de que se informe a cada litigante os atos processuais praticados pelo adversário, a fim de que a parte contrária disponha de oportunidade para reagir ou participar de tais atos.

Assim, por exemplo, as partes devem ser intimadas de toda e qualquer produção de prova no processo para que possam intervir, contrariar ou mesmo produzir contraprova.

Em suma, uma vez que não se concebe o exercício da atividade jurisdicional sem o respeito ao direito de as partes serem oportunamente ouvidas, segundo essa concepção clássica o contraditório é visto simplesmente como exigência de audiência bilateral das partes sobre os atos do processo.

Percebe-se que, nesta perspectiva, o contraditório se estabelece **entre as partes no processo e não com o juízo**.

I – Em dissídio individual, está sujeita ao reexame necessário, mesmo na vigência da Constituição Federal de 1988, decisão contrária à Fazenda Pública, salvo quando a condenação não ultrapassar o valor correspondente a: a) 1.000 (mil) salários mínimos para a União e as respectivas autarquias e fundações de direito público; b) 500 (quinhentos) salários mínimos para os Estados, o Distrito Federal, as respectivas autarquias e fundações de direito público e os Municípios que constituam capitais dos Estados; c) 100 (cem) salários mínimos para todos os demais Municípios e respectivas autarquias e fundações de direito público.

II – Também não se sujeita ao duplo grau de jurisdição a decisão fundada em:

a) súmula ou orientação jurisprudencial do Tribunal Superior do Trabalho;

b) acórdão proferido pelo Supremo Tribunal Federal ou pelo Tribunal Superior do Trabalho em julgamento de recursos repetitivos;

c) entendimento firmado em incidente de resolução de demandas repetitivas ou de assunção de competência;

d) entendimento coincidente com orientação vinculante firmada no âmbito administrativo do próprio ente público, consolidada em manifestação, parecer ou súmula administrativa."

(10) **Art. 9º** Não se proferirá decisão contra uma das partes sem que ela seja **previamente ouvida**.

Parágrafo único. O disposto no *caput* não se aplica: I – à tutela provisória de urgência; II – às hipóteses de tutela da evidência previstas no art. 311, incisos II e III; III – à decisão prevista no art. 701.

Art. 10. O juiz **não pode** decidir, **em grau algum de jurisdição**, com base em **fundamento** a respeito do qual **não** se tenha dado às **partes** oportunidade de se manifestar, **ainda que se trate de matéria sobre a qual deva decidir de ofício**.

O CPC de 2015, contudo, não apenas valorizou sobremaneira e de forma muito especial o princípio do contraditório.[11] Alinhado a avançados Códigos de Processo Civil europeus – Portugal, França, Itália, Alemanha, entre outros – reformulou e redimensionou o conceito de contraditório, na premissa de que, em um Estado Democrático de Direito, o contraditório não pode resumir-se à acenada concepção estática e formal. Exige uma dimensão dinâmica.

Segundo o CPC de 2015, o princípio do contraditório caracteriza-se como o direito à oportunidade de a parte tentar influenciar ou influir **previamente** na decisão do juiz ou do tribunal; enfim, é o direito de participar na formação do convencimento do juiz ou tribunal.

A nova concepção de contraditório **originou-se** especialmente da jurisprudência dos tribunais estrangeiros, inclusive da Corte Europeia de Direitos Humanos, que se viu na contingência de examinar um caso muito interessante. A Corte Europeia anulou uma decisão de um Tribunal belga, na qual, por ocasião dos debates, o Representante do Ministério Público suscitou uma questão formal e o Tribunal **belga** acolheu tal alegação do Representante do Ministério Público **sem que as partes pudessem sobre ela se manifestar**. A Corte Europeia entendeu que isso **violava o direito ao contraditório**, porquanto as partes foram privadas de discutir aquele ponto e de participar na formação do convencimento do órgão jurisdicional.

Qual o conteúdo e em que se traduz essa nova e mais ampla concepção de contraditório?

1º) traduz-se no dever de o órgão jurisdicional **consultar previamente as partes** sempre que quiser, **de ofício**, na sentença ou acórdão, louvar-se de **fundamento de fato ou de direito**, antes não debatido no processo; assim se concretiza a garantia de influência na decisão judicial;

2º) traduz-se também no **veto à chamada decisão surpresa**: o juiz ou tribunal não decidirá fora do que foi submetido ao debate das partes; busca-se, assim, que haja alguma previsibilidade no processo.

O CPC de 2015 considera que **todos** os sujeitos processuais têm direito de colaborar democraticamente na construção do provimento jurisdicional. Assim, é direito também das partes expor uma visão diferente sobre os fatos, ou sobre o direito, eventualmente suscetível de mudar o convencimento do juiz ou do tribunal.

A ideia subjacente ao CPC de 2015 é de que no processo moderno, marcado pelo direito-dever de coparticipação das partes (explicitada no art. 6º), a solução da lide deixe de ser ato de vontade imperial do juiz, como agente do Estado, para transformar-se no fruto da cooperação democrática estabelecida entre o órgão judicial e as partes e, assim, ostente, inclusive, maior legitimidade.

Sem dúvida, o CPC de 2015 elegeu o princípio do contraditório, em sua nova concepção, como o mais importante de todos, um verdadeiro pilar do processo moderno.

Tanto isso é exato que, inclusive, estabelece uma indissociável e estreita conexão entre o princípio do contraditório e a própria fundamentação das decisões judiciais.

De fato, a mudança de ótica do CPC sobre o contraditório não se destina apenas a assegurar um diálogo formal ou de fachada entre o órgão judicante e as partes, no sentido de tão somente garantir direito à manifestação prévia das partes sobre fundamento que influa na decisão.

O CPC de 2015 vai muito além: garante que os argumentos das partes sejam efetivamente tomados em conta pelo juiz atribuindo-lhe o dever de **responder** aos argumentos relevantes e pertinentes aduzidos pelas partes.

O art. 489, § 1º, IV, do CPC bem exprime essa nova dimensão de contraditório **efetivo** e sua vinculação com a fundamentação da decisão judicial. Ali se reputa passível da sanção de nulidade a decisão em que o juiz deixe de considerar (**responder**!) os argumentos da parte.[12]

A norma processual em apreço bem denota a valorização excepcional que o CPC de 2015 empresta ao novo princípio do contraditório: não se contenta em assegurar apenas a audiência prévia das partes. Considera que seria praticamente inútil que as partes se pronunciassem sozinhas no processo ou mantivessem com o juiz um diálogo semelhante ao que há entre surdo e mudo. Por isso, determina que o juiz enfrente todos os

---

(11) Suficiente realçar que ele aparece expressamente declarado três vezes nas normas fundamentais do processo civil e em muitos outros preceitos esparsos.

(12) Art. 489. Não se considera fundamentada qualquer decisão judicial, seja ela interlocutória, sentença ou acórdão, que: (...) IV – não enfrentar todos os argumentos deduzidos no processo capazes de, em tese, infirmar a conclusão adotada pelo julgador.

argumentos deduzidos no processo capazes de, em tese, infirmar a conclusão da decisão.

5. A NOVA CONCEPÇÃO DE CONTRADITÓRIO E O PROCESSO DO TRABALHO

Proponho-me agora a concentrar o foco sobre alguns aspectos da nova concepção de contraditório especificamente sob a perspectiva do processo do trabalho.

É indiscutível e óbvio que o contraditório também informa o processo do trabalho, em observância à norma insculpida no art. 5º, LV, da Constituição Federal.

Uma vez que a legislação processual trabalhista é totalmente omissa a respeito, evidente que o Tribunal Superior do Trabalho não poderia recusar a aplicação subsidiária no processo do trabalho do novel e impactante conceito de contraditório abraçado pelo CPC de 2015.

A IN n. 39/2016 do TST, contudo, aprovou a **aplicação em termos**, no processo do trabalho, do novo conceito de contraditório adotado no CPC de 2015, da seguinte forma (sem negrito no original):

> Art. 4º. Aplicam-se ao processo do trabalho as normas do CPC que regulam o princípio do contraditório, em especial os arts. 9º e 10, no que vedam a decisão surpresa.
>
> § 1º. Entende-se por "decisão surpresa" a que, no julgamento final do mérito da causa, em qualquer grau de jurisdição, aplicar fundamento jurídico ou embasar-se em fato não submetido à audiência prévia de uma ou de ambas as partes.
>
> § 2º. Não se considera "decisão surpresa" a que, à luz do ordenamento jurídico nacional e dos princípios que informam o Direito Processual do Trabalho, as partes tinham obrigação de prever, concernente às condições da ação, aos pressupostos de admissibilidade de recurso e aos pressupostos processuais, salvo disposição legal expressa em contrário.

Conforme se infere da IN n. 39/2016, o novo conceito de contraditório ora se aplica, ora não se aplica no processo do trabalho.

Nota-se que, como regra geral (art. 1º e § 1º), o TST **restringiu ou limitou a aplicação da nova concepção de contraditório** aos fundamentos e fatos concernentes ao julgamento do **mérito da causa** (lide).

Tanto faz que o julgamento do mérito da causa se dê em primeiro grau de jurisdição ou em grau recursal. Naturalmente que em grau recursal a vedação da decisão surpresa incide, em regra, nos casos em que o mérito do recurso coincide com o mérito da causa, o que nem sempre se dá (em agravo de instrumento, p. ex.)

Vamos ilustrar com alguns **exemplos** a aplicação da nova concepção de contraditório **segundo a regra geral** (art. 1º e § 1º):

1º) suponha-se um processo cujo objeto seja indenização por dano material decorrente de acidente de trabalho em que as partes debateram tão somente sobre responsabilidade civil **subjetiva**; digamos que não resulte provada a culpa patronal; a questão é: o juiz ou o tribunal pode reconhecer de ofício a responsabilidade civil **objetiva**, tema não debatido pelas partes? Em outras palavras, pode aplicar o princípio expresso no brocardo latino *jura novit cúria?* (segundo o qual se permite ao juiz decidir com base em fundamentos jurídicos não invocados pelas partes). Evidentemente que sim. Mas não de modo a surpreender as partes mediante a adoção de um fundamento jurídico não debatido anteriormente pelas partes.

Importa dizer: no exemplo, a decisão de mérito, para fundar-se no reconhecimento de responsabilidade civil objetiva haverá de ser precedida de consulta às partes, a respeito.

2º) Outro exemplo: declaração incidental, **de ofício**, de inconstitucionalidade de norma legal vinculada à solução do mérito da causa; suponha-se que não foi alegada e debatida no processo pelas partes; nesse caso também a decisão de mérito, para arguir ou declarar a inconstitucionalidade haverá de ser precedida de consulta às partes, a respeito. Do contrário, haveria decisão surpresa, vedada pela lei.

3º) Suponha-se que em **ação rescisória**, o requerido não alegue **decadência**, prejudicial de mérito; o relator do RO no TST ou relator da causa no TRT, porém, percebe que transcorreu o prazo decadencial para propor a ação rescisória; pode declarar a decadência **de ofício?** Inequivocamente, pode (IN n. 39/2016, art. 7º, parágrafo único); mas uma coisa é decidir de ofício e outra é decidir **sem** ouvir as partes, a respeito de uma questão prejudicial de mérito não debatida; cumpre ao relator, no caso, antes conceder às partes oportunidade para manifestarem-se; aliás, o CPC de 2015 é expresso, no particular (art. 487, parágrafo único).

4º) Outro exemplo, agora relativo à iniciativa probatória do juiz, hoje muito mais fácil com a Internet; sabemos que a Internet é um repositório quase inesgotável de dados, registros e notícias; às vezes acontece de, no momento do julgamento, o Magistrado ir à Internet colher informações e trazê-las na sentença; suponha-se que o juiz, ao sentenciar, **de ofício**, consulte o sítio eletrônico do TRT para comprovar a alegação do reclamante de que **houve interrupção** da prescrição pelo ajuizamento de reclamação trabalhista anterior; patente que, nesse caso, sob a nova perspectiva do contraditório, para que o Juiz louve-se na sentença da informação extraída da rede mundial de computadores, deverá submetê-la ao crivo prévio do contraditório entre as partes, ouvindo-as sobre o fato antes de proferir a sentença.

5º) Diga-se o mesmo relativamente ao **fato novo**, comprovado **depois** da propositura da ação. A exemplo do CPC de 1973, reza o art. 493 do CPC de 2015 que se o fato novo influir no julgamento do mérito, caberá ao juiz ou tribunal tomá-lo em consideração, de ofício ou a requerimento da parte interessada. Entretanto, se constatar o fato novo **de ofício**, ou alertado por **uma** das partes, caberá ao juiz ou tribunal ouvir as partes, ou a parte contrária, sobre esse fato antes de tomá-lo em conta ao decidir, nos termos do que estatui o parágrafo único do art. 493 (exigência que não havia no art. 462 do CPC de 1973). Eis porque o TST vem de revisar a Súmula n. 394, no ponto.[13]

6º) Um derradeiro exemplo: o Tribunal que pretender solucionar o mérito da causa com base em uma súmula que adote tese de direito material sobre o mérito da causa, **ainda não debatida no processo**, quer a súmula emane de TRT, do TST ou do STF, deve ouvir previamente as partes, a teor do art. 927, § 1º, do CPC e IN n. 39/2016.

O CPC de 2015 não especifica qual a consequência ou sanção para a **inobservância do princípio do contraditório**. Por isso, já há fundadas críticas da doutrina no sentido de que o CPC de 2015 deveria especificar a sanção que, para alguns (Marinoni; Mitidiero) é a **ineficácia** da decisão.

Entendo que a virtual **inobservância** do princípio do contraditório acarreta a **nulidade da decisão**, não apenas por afronta a essa garantia constitucional, mas também porque implica cerceamento de defesa e afronta à garantia do devido processo legal.

6. O NOVO CONTRADITÓRIO, CONDIÇÕES DA AÇÃO, PRESSUPOSTOS PROCESSUAIS E PRESSUPOSTOS DE ADMISSIBILIDADE DE RECURSO NO PROCESSO DO TRABALHO

Não há dúvida de que a doutrina do processo civil preconiza uma obediência quase cega à nova concepção de contraditório, em relação a **qualquer** decisão judicial, mesmo que não seja relativa ao mérito da causa.

É praticamente pacífico **no processo civil**, assim, que para o juiz ou o tribunal louvar-se de um fundamento jurídico não debatido pelas partes, deverá ouvir previamente as partes, seja qual for a natureza da decisão: processual ou material, preliminar ou de mérito, em primeiro ou segundo grau de jurisdição, interlocutória ou sentença.

Em geral, **no processo civil**, preconiza-se a incidência, mais ou menos a ferro e fogo, do novo contraditório do CPC de 2015. Sustenta-se, com autoridade, que mesmo as decisões judiciais que independem de provocação das partes, a respeito de questões de ordem pública, devem ser precedidas de contraditório, com efetiva oportunidade de prévia manifestação dos interessados (Arruda Alvim).

Naturalmente que se o Tribunal Superior do Trabalho considerasse compatível com o processo do trabalho aplicar, de forma rígida e ortodoxa, o novo conceito de contraditório, decerto seguiria nessa trilha e não precisaria adaptá-lo para tanto, como o fez, e construir a **limitação** do § 2º do art. 4º da IN n. 39/2016.

Preocupou e inquietou sobremodo o TST, todavia, transpor *in totum* para o processo do trabalho a nova concepção de contraditório.

É forçoso convir, com efeito, que a nova concepção de contraditório tem uma **natureza bifronte**, equiparável aos dois lados de uma mesma moeda: de um lado, apresenta as inegáveis virtudes já realçadas; de outro, porém, se não aplicado *cum granus salis*, também pode conduzir a resultados nefastos e indesejáveis, máxime no processo do trabalho.

Como toda solução, o novo contraditório segue uma das chamadas "Leis de Murphy": cria novos problemas.

Não é necessária qualquer digressão para se concluir que uma aplicação rígida e exacerbada dessa nova concepção de contraditório acarreta um alongamento do processo. Claro que uma maior participação das partes no desenvolvimento do processo consome, indiscutivelmente, um tempo precioso na resolução das questões processuais ou materiais.

---

(13) FATO SUPERVENIENTE. ART. 493 do CPC de 2015. ART. 462 DO CPC de 1973. (atualizada em decorrência do CPC de 2015) – Res. 208/2016, DEJT divulgado em 22, 25 e 26.04.2016.
O art. 493 do CPC de 2015 (art. 462 do CPC de 1973), que admite a invocação de fato constitutivo, modificativo ou extintivo do direito, superveniente à propositura da ação, é aplicável de ofício aos processos em curso em qualquer instância trabalhista. **Cumpre ao juiz ou tribunal ouvir as partes sobre o fato novo antes de decidir.**

Como ensina a sabedoria popular, "não há como fazer omelete sem quebrar o ovo".

Ora, como vimos, relativamente às questões de direito **material**, o TST entendeu que a Justiça do Trabalho não poderia furtar-se ao cumprimento à risca da nova concepção de contraditório.

No que tange às questões processuais, entretanto, pareceu-me imperativa e sustentável juridicamente que houvesse no processo do trabalho **um certo temperamento na aplicação do novo conceito de contraditório**.

Óbvio que se se entendesse, de forma absoluta e inflexível, que o juiz ou tribunal, para decidir qualquer matéria de ordem pública, cognoscível de ofício, somente poderia fazê-lo mediante audiência **prévia** das partes, tal poderia significar um completo e total desprestígio à regra da celeridade processual e ao princípio constitucional da duração razoável do processo.

Pareceu ao Tribunal Superior do Trabalho que esse grave comprometimento da celeridade processual seria intolerável, mormente no processo do trabalho, que, como se sabe, tem por objeto quase sempre prestações de natureza alimentar.

Seria até desarrazoado que se incensasse o novo contraditório, ao ponto de provocar fatalmente uma demora ainda maior do que já experimentará pela aplicação nas questões de direito **material**.

Daí porque, **no plano estritamente processual**, o TST mitigou o rigor da aplicação da nova concepção de contraditório no processo do trabalho, tal como deriva do § 2º do art. 4º da IN n. 39/2016.

Os fundamentos jurídicos que deram suporte à aludida diretriz sumariamente são os seguintes:

1º) devido às já realçadas especificidades do processo do trabalho, notadamente a exigência de celeridade (duração razoável do processo) e a concentração dos atos processuais em virtude da natureza alimentar das pretensões deduzidas em juízo;

2º) porque o próprio Código de Processo Civil não adota de forma absoluta a observância do princípio do contraditório **prévio** como vedação à decisão surpresa; é o que sucede, por exemplo, em todas as hipóteses de julgamento **liminar** de improcedência do pedido, inclusive por decadência (art. 332, *caput* e § 1º, conjugado com a norma expressa do parágrafo **único** do art. 487), nos casos de tutela provisória liminar de urgência ou da evidência (parágrafo único do art. 9º) e no caso de indeferimento liminar da petição inicial (CPC, art. 330);

3º) em razão da experiência do direito comparado europeu, berço da nova concepção de contraditório, que recomenda algum temperamento em sua aplicação; tome-se, a título de ilustração, a seguinte decisão do Tribunal das Relações de Portugal de 2004:

A **decisão surpresa** apenas emerge quando ela comporte uma solução jurídica que, perante os factos controvertidos, as partes **não tinham** obrigação de **prever**.

Daí a posição assumida pela IN n. 39/2016, a *contrario sensu*: se, ao contrário, as partes tinham obrigação de prever a decisão, **não** se reputa "decisão surpresa". É o que se dá no caso de decisão concernente à ausência das condições da ação, ou de ausência de pressuposto de admissibilidade de recurso, ou de ausência de pressuposto processual. Nestes casos, em regra, por não se cuidar de decisão surpresa, pode ser proferida decisão lastreada em fundamento jurídico não debatido sem audiência prévia das partes.

Ainda aqui, todavia, a IN n. 39/2016 **ressalva** os casos excepcionais em que, a propósito desses institutos, haja disposição legal expressa em sentido contrário, isto é, determinando a audiência prévia da parte, a exemplo das normas dos §§ 2º e 7º do art. 1007 e §§ 1º a 4º do art. 938 do CPC de 2015.

Note-se, pois, que a IN n. 39/2016 alude a três categorias distintas, matérias de ordem pública, em relação às quais o juiz ou o tribunal do trabalho, em princípio, pode decidir de ofício, **sem** audiência prévia das partes:

a) condições da ação;

b) pressupostos processuais;

c) pressupostos de admissibilidade de recurso.

Vamos ilustrar com alguns exemplos a aplicação do § 2º do art. 4º da IN n. 39/2016 do TST.[14]

6.1. Admissibilidade de recurso: não conhecimento de ofício

Suponha-se que para não conhecer de ofício de um recurso, por **intempestivo ou incabível**, o Relator

---

(14) Para melhor compreensão e uma visão mais aprofundada, remeto o leitor ao artigo sobre "O Princípio da Primazia da Solução de Mérito" e o Processo do Trabalho", nesta obra.

ou o tribunal devesse sempre ouvir previamente o recorrente. Ou, em caso de recurso de revista, constatado de ofício que a divergência jurisprudencial não abrange todos os fundamentos jurídicos da decisão recorrida (caso da Súmula n. 23 do TST), o Relator ou a Turma do TST devesse sempre ouvir previamente o recorrente antes de decidir pelo não conhecimento.

Naturalmente haveria um insuportável retardamento na outorga da prestação jurisdicional nesses e em muitos outros casos similares.

Iríamos **emperrar** o processo do trabalho e quase que inviabilizar o funcionamento dos tribunais, mormente dos tribunais superiores (que trabalham com um número muito maior de pressupostos de admissibilidade e hoje não conhecem, no todo ou em parte, da imensa maioria dos recursos).

Para se ter ideia desse impacto basta atentar para a estatística de recursos (todas as classes de recurso) não conhecidos pelo TST em **2016**.

Em 2016, o TST solucionou 273.215 recursos, dos quais 86.219 não foram conhecidos totalmente. Significa que **31,5%** não foram conhecidos **integralmente**.

Se tomarmos em conta estritamente os recursos de revista, em 2016 foram solucionados 43.368 e destes não foram conhecidos totalmente **25,9%** (11.264). Nos agravos de instrumento em recurso de revista o percentual de não conhecimento atingiu **40.1%** em 2016.

Convenceu-se, pois, o Tribunal Superior do Trabalho de que a aplicação ortodoxa e rígida do novo contraditório não seria razoável e consentânea com a agilidade de que é tão cioso o processo do trabalho.

Mais ainda: a declaração de **ausência** de um pressuposto de admissibilidade de recurso, nos exemplos figurados e em outros concebíveis, **não acarreta propriamente a decisão surpresa** que o legislador quis proscrever.

Por quê? Porque, **excetuados** os casos em que o CPC de 2015 combate a jurisprudência defensiva dos tribunais e alguns poucos em que pode haver razoável controvérsia acerca da admissibilidade do recurso, em geral é mais do que **previsível** o desfecho de não conhecimento do recurso em casos de desatendimento a um pressuposto de admissibilidade.

E se as partes tinham obrigação de prever a decisão, a decisão de não conhecimento do recurso definitivamente não configura decisão surpresa. Por isso, nos exemplos figurados, segundo a IN n. 39/2016, o tribunal pode e deve decidir não conhecer do recurso, de ofício, sem audiência prévia das partes. Diga-se o mesmo para todos os demais casos de ausência de pressuposto intrínseco de admissibilidade de recurso de natureza extraordinária (recurso de revista e embargos da competência funcional do TST).

Ressalvem-se, todavia, os casos excepcionais em que haja norma processual expressa que, privilegiando a solução de mérito, imponha a concessão de nova oportunidade ao recorrente, antes do julgamento, para que renove ou retifique o ato processual para atendimento integral ao pressuposto comum ou extrínseco de admissibilidade. É o que deriva dos seguintes preceitos: art. 896, § 11 da CLT (redação da Lei n. 13015/2014) e CPC de 2015, parágrafo único do art. 932, §§ 1º a 4º do art. 938 e §§ 2º e 7º do art. 1007 (aplicáveis ao processo do trabalho, segundo o art. 10 da IN n. 39/2016 do TST).

O exemplo típico é o de insuficiência do valor recolhido no prazo recursal a título de custas processuais.[15] Em casos que tais, é imperativa a concessão de um prazo suplementar de cinco dias ao recorrente, antes do julgamento do recurso, para corrigir a deficiência ou o defeito formal no atendimento a pressuposto comum de admissibilidade de recurso.

6.2. Novo contraditório e condição da ação

Apesar de o CPC **não** mais aludir textualmente às condições da ação, enumera **duas**, determinantes da extinção do processo, sem resolução de mérito: a **legitimidade** (ativa e passiva *ad causam*) e o **interesse processual** (art. 485, VI). Apenas deixou de elencar a possibilidade jurídica como condição da ação, no que, aliás, andou muito bem porquanto ao emitir um pronunciamento a respeito o órgão jurisdicional profere pronta e acabada decisão de mérito.

Diferentemente do que se passa no plano do processo civil, todavia, de conformidade com a IN n. 39/2016 do TST, mesmo que o reclamado não alegue a ausência de uma das duas condições da ação, o juiz ou o TRT não apenas pode conhecer dessa matéria de ofício – por se tratar de questão de ordem pública – mas pode fazê-lo sem audiência prévia das partes.

Suponha-se que o juiz ou o TRT perceba a ilegitimidade ativa do sindicato ou do MPT para a ação civil pública. Digamos que essa questão **não** haja sido discutida pelas partes. Se a Justiça do Trabalho seguisse à risca a nova concepção de contraditório, a decisão do

---

(15) Nesse sentido a Orientação Jurisprudencial n. 140 da SBDI-1 do TST.

juiz ou do TRT que declarasse de ofício a ilegitimidade ativa deveria ser **precedida** de um despacho mais ou menos do seguinte teor: "manifestem-se as partes sobre a legitimidade ativa *ad causam* do sindicato, no prazo de dez dias".

De conformidade com a orientação emanada da IN n. 39/2016 do TST, contudo, o juiz ou o TRT pode (continuar) extinguir o processo, **sem** resolução de mérito, de ofício, mesmo sem ouvir o que as partes têm a dizer.

6.3. Novo contraditório e pressupostos processuais

Como se sabe, os pressupostos processuais são requisitos previstos em lei para a constituição e desenvolvimento válido do processo.

Quando se alude a pressuposto processual, estamos cuidando de **questão** referente à validade da relação processual, a ser apreciada **preliminarmente** ao mérito.

Não há um critério uniforme na enumeração e na classificação doutrinária dos pressupostos processuais.

Em geral, a doutrina agrupa os pressupostos processuais em **dois** grandes gêneros: **subjetivos e objetivos**.

Esquematicamente, os pressupostos processuais **subjetivos** são: **a)** referentes ao **juiz** (investidura, **competência**, imparcialidade); **b)** referentes às **partes** (capacidade de ser parte, capacidade de estar em juízo **ou** capacidade processual e capacidade postulatória).

Os pressupostos processuais **objetivos** dizem respeito à relação processual em si mesma: **a)** procedimento adequado; **b)** existência de **citação**; **c)** ausência de óbices à instauração da relação processual, como coisa julgada, litispendência, perempção (**pressupostos negativos**); **d)** petição inicial não inepta.

A exemplo das condições da ação, a ausência de um pressuposto processual, **em geral**, conduz à extinção do processo, sem resolução de mérito,[16] segundo o art. 485, inciso IV, do CPC de 2015. Não necessariamente, todavia. Por exemplo: se carece de competência, o mérito não pode ser julgado por determinado juízo, mas o corolário não é a extinção do processo, sem resolução de mérito e, sim, o deslocamento da causa do juízo incompetente para outro que não o seja.

Pois bem. Na IN n. 39/2016 o TST abraçou o entendimento segundo o qual o juiz ou o TRT pode pronunciar de ofício a ausência de pressuposto processual e extinguir o processo, sem resolução de mérito, **se for o caso**, independentemente (sem necessidade!) de esta decisão ser **precedida** de audiência das partes. **Salvo** se houver norma legal **expressa** em sentido contrário.

Significa, insisto, que, **em regra**, de conformidade com a IN n. 39/2016 do TST, **não há necessidade** de audiência prévia das partes para se declarar **de ofício** a ausência de um pressuposto processual ou de uma das condições da ação.

No processo do trabalho especificamente, consoante a parte final do § 2º do art. 4º da IN n. 39/2016 do TST, somente em caráter excepcional se exige audiência prévia da parte para se declarar de ofício a ausência de pressuposto processual: caso haja expressa determinação da lei nesse sentido no tocante a determinado pressuposto processual. É o que se verifica com as normas do art. 76 e §§ que tratam da incapacidade processual e irregularidade de representação da parte. Foi com os olhos fitos nessa última e específica situação que a parte final do § 2º do art. 4º da IN n. 39/2016 abriu **exceção** à regra da **desnecessidade** de, no processo do trabalho, a decisão de extinção do processo sem resolução de mérito ser precedida de audiência das partes. Vale dizer: somente nos casos das normas do art. 76 e §§ do CPC a decisão de extinção do processo, sem resolução de mérito, haverá de ser necessariamente antecedida de oportunidade à parte para suprir ou retificar, se possível, vício concernente a pressuposto processual.

Se, entretanto, em contestação, o reclamado alegar a ausência de um pressuposto processual ou de uma das condições da ação (entre outras matérias), o art. 351 do CPC determina expressamente a audiência prévia do autor, no prazo de quinze dias. Trata-se, porém, de situação naturalmente **distinta**, uma variante do fenômeno, em que **não** se cogita de declaração **de ofício** de ausência de pressuposto processual. Não é propriamente a situação jurídica a que tem em vista a IN n. 39/2016 do TST.

Tecidas essas considerações doutrinárias, sobreleva mencionar a seguir alguns **exemplos práticos** da declaração **de ofício** de ausência de pressuposto processual pelo Juiz do Trabalho ou pelo TRT, sob o prisma da IN n. 39/2016 do TST.

---

(16) Art. 485. O juiz não resolverá o mérito quando: (...) IV – verificar a ausência de pressupostos de constituição e de desenvolvimento válido e regular do processo; V – reconhecer a existência de perempção, de litispendência ou de coisa julgada; VI – verificar ausência de legitimidade ou de interesse processual;

1º) Suponha-se que o juiz do trabalho ou o TRT esteja convencido da incompetência material da Justiça do Trabalho para solucionar a lide, ou da incompetência funcional do TRT. Pretende pronunciá-la **de ofício**, uma vez que o reclamado não alegou preliminar de incompetência. Está claro que pode e deve fazê-lo porque a lei é expressa[17] (art. 64, § 1º, do CPC). A questão é: a invocação de ofício de ausência desse pressuposto processual como fundamento para decidir pode ocorrer sem prévia audiência das partes? Ou, será que mesmo para pronunciar de ofício a incompetência absoluta, o juiz ou o TRT deve submeter a matéria previamente ao crivo do contraditório das partes?

À luz da IN n. 39/2016 do TST, no processo do trabalho, excepcionalmente **não** é necessária audiência prévia das partes para a decisão de declinar da competência material ou funcional.

Além dos fundamentos já referidos anteriormente para o TST não adotar de forma rígida o novo contraditório prévio em casos que tais, robustece tal convicção, na hipótese figurada, o próprio CPC: num dispositivo permite que se declare de ofício a incompetência absoluta (§ 1º do art. 64) e noutro[18] (§ 2º do art. 64) cogita de intimação da parte contrária apenas em caso de **alegação** de incompetência apresentada em contestação.

De resto, não há aí qualquer vulneração ao contraditório porquanto não se exclui do litigante a possibilidade de discutir a questão no recurso que cabe da decisão. Nesses casos de declaração de incompetência absoluta, de ofício e sem ouvir as partes previamente, o contraditório somente não é prévio: é meramente diferido ou postergado para a oportunidade do recurso.

2º) Suponha-se agora que no processo X, o juiz do trabalho ou o TRT constate, **de ofício**, que já **há coisa julgada material**. Ausente um pressuposto processual, de ofício pode extinguir o processo, sem resolução de mérito (art. 485, inciso V e § 3º), independentemente de a decisão ser **precedida** de audiência das partes.

É certo que o art. 139, inciso IX, do CPC dispõe que incumbe ao Juiz determinar o "suprimento de pressupostos processuais". A norma em apreço, contudo, ao revés do que sugere, não pode ser entendida e aplicada literalmente.

Antes de mais nada, somente incide, seja no cível, seja no processo do trabalho, nos casos excepcionais em que obviamente seja **possível o suprimento do ví-** **cio** (falta do pressuposto), o que nem sempre se dá. A **natureza** do vício pode não comportar suprimento. É o que sucede precisamente com a coisa julgada. Se a lide entre as mesmas partes e pela mesma causa de pedir já foi equacionada por decisão anterior transitada em julgado, ulterior processo idêntico carece de originalidade e em nenhuma hipótese pode subsistir, sob pena de a nova decisão de mérito afrontar a coisa julgada. Trata-se, a toda evidência, de vício **insanável** e, pois, que não se compadece de suprimento.

No processo do trabalho especificamente não incide o referido art. 139, inciso IX, do CPC porquanto, como visto, a parte final do § 2º do art. 4º da IN n. 39/2016 do TST somente exige audiência prévia da parte para declarar **de ofício** a ausência de pressuposto processual caso haja expressa determinação da lei no tocante a determinado pressuposto processual. É o que se verifica com as normas do art. 76 e §§ que tratam da incapacidade processual e irregularidade de representação da parte. Foi com os olhos fitos nessa última e específica situação que a parte final do § 2º do art. 4º da IN n. 39/2016 abriu **exceção** à regra da **desnecessidade** de, no processo do trabalho, a decisão de extinção do processo sem resolução de mérito ser precedida de audiência das partes. Vale dizer: somente nos casos das normas do art. 76 e §§ do CPC a decisão de extinção do processo, **de ofício**, sem resolução de mérito, haverá de ser necessariamente antecedida de oportunidade à parte para suprir ou retificar, se possível, vício concernente a pressuposto processual.

Não é o que sucede no exemplo figurado em que se apura, **de ofício**, que já se operou a coisa julgada material.

Cumpre ressalvar e não confundir, todavia, a hipótese exemplificada sob exame (extinção do processo **de ofício**) com o caso em que haja **alegação** em defesa de **preliminar** na qual se sustente a ausência de pressuposto processual ou condição da ação (matérias do art. 337 do CPC). Se houver tal **alegação**, o art. 351 do CPC determina que haja sempre a audiência prévia do autor, no prazo de quinze dias, permitindo-lhe a produção de prova em contrário (evidentemente para a rejeição da preliminar).

3º) Ilustre-se agora com um caso de **petição inicial inepta**. A ausência do pressuposto processual petição **não inepta** conduz inexoravelmente ao indeferimento

---

(17) "Art. 64. A incompetência, absoluta ou relativa, será alegada como questão preliminar de contestação.
§ 1º A incompetência absoluta pode ser alegada em qualquer tempo e grau de jurisdição e deve ser declarada de ofício."

(18) "Art. 64. § 2º. Após manifestação da parte contrária, o juiz decidirá imediatamente a **alegação** de incompetência".

da petição inicial e à extinção do processo, **sem resolução de mérito**, segundo o CPC (art. 330, I, c/c art. 485, I), independentemente de a decisão ser proferida mediante audiência prévia do autor.

Ressalte-se, a propósito, que o CPC de 2015, a exemplo do CPC anterior, essencialmente **distingue** entre a petição inicial que padece de **defeito substancial** (vício **insanável**, como a **inépcia**, disciplinada no art. 330, inciso I, § 1º) e a petição inicial que **não** padece de defeito **substancial** (defeitos ou irregularidades **sanáveis**). Apenas nesta ultima situação, em que não se cuida de inépcia da petição inicial, o art. 321 do CPC de 2015 determina a concessão do prazo de quinze dias para emenda ou aditamento. Nesse sentido foi revisada a Súmula n. 263 do TST.[19]

4º) Considere-se agora que o juiz do trabalho ou o TRT constate **de ofício** no processo X, que há uma irregularidade de representação do reclamante: por exemplo, embora seja **menor**, **não** está legalmente representado ou assistido na outorga de procuração ao seu advogado; ou, então, apure que há uma irregularidade de representação da pessoa jurídica reclamada.

Em casos que tais, incide a exceção de que cogita a parte final do art. 4º, § 2º, da IN n. 39/1976: o juiz do trabalho ou o TRT **não** poderá declarar de ofício a ausência desse específico pressuposto processual **antes** de conceder um prazo de cinco dias à parte para que seja sanado o vício.

Nesse sentido são as normas expressas[20] do art. 76 e §§ do CPC de 2015 que, inclusive, já provocaram a revisão, nessa linha, da Súmula n. 383 do TST[21] e igualmente da Súmula n. 456 do TST.[22]

7. AMPLIAÇÃO DOS CASOS DE IMPEDIMENTO DO JUIZ

Conforme já ressaltei, aplicam-se supletivamente ao processo do trabalho as normas do CPC sobre os mo-

---

(19) PETIÇÃO INICIAL. INDEFERIMENTO. INSTRUÇÃO OBRIGATÓRIA DEFICIENTE (nova redação em decorrência do CPC de 2015) – Res. 208/2016, DEJT divulgado em 22, 25 e 26.04.2016
Salvo nas hipóteses do art. 330 do CPC de 2015 (art. 295 do CPC de 1973), o indeferimento da petição inicial, por encontrar-se desacompanhada de documento indispensável à propositura da ação ou não preencher outro requisito legal, somente é cabível se, após intimada para suprir a irregularidade em 15 (quinze) dias, mediante indicação precisa do que deve ser corrigido ou completado, a parte não o fizer (art. 321 do CPC de 2015).

(20) Art. 76. Verificada a **incapacidade processual ou a irregularidade da representação da parte**, o juiz suspenderá o processo e **designará prazo razoável para que seja sanado o vício.**
§ 1º **Descumprida a determinação**, caso o processo esteja na instância originária: I – o processo será extinto, se a providência couber ao autor; II – o réu será considerado revel, se a providência lhe couber; III – o terceiro será considerado revel ou excluído do processo, dependendo do polo em que se encontre.
§ 2º **Descumprida a determinação em fase recursal** perante tribunal de justiça, tribunal regional federal ou tribunal superior, o relator:
I – **não conhecerá do recurso**, se a providência couber ao recorrente; II – determinará o desentranhamento das contrarrazões, se a providência couber ao recorrido.

(21) RECURSO. MANDATO. IRREGULARIDADE DE REPRESENTAÇÃO. CPC DE 2015, ARTS. 104 E 76, § 2º (nova redação em decorrência do CPC de 2015) – Res. 210/2016, DEJT divulgado em 30.06.2016 e 01 e 04.07.2016
I – É inadmissível recurso firmado por advogado sem procuração juntada aos autos até o momento da sua interposição, salvo mandato tácito. Em caráter excepcional (art. 104 do CPC de 2015), admite-se que o advogado, independentemente de intimação, exiba a procuração no prazo de 5 (cinco) dias após a interposição do recurso, prorrogável por igual período mediante despacho do juiz. Caso não a exiba, considera-se ineficaz o ato praticado e não se conhece do recurso.
II – Verificada a irregularidade de representação da parte em fase recursal, em procuração ou substabelecimento já constante dos autos, o relator ou o órgão competente para julgamento do recurso designará prazo de 5 (cinco) dias para que seja sanado o vício. Descumprida a determinação, o relator não conhecerá do recurso, se a providência couber ao recorrente, ou determinará o desentranhamento das contrarrazões, se a providência couber ao recorrido (art. 76, § 2º, do CPC de 2015).

(22) Súmula n. 456 do TST
REPRESENTAÇÃO. PESSOA JURÍDICA. PROCURAÇÃO. INVALIDADE. IDENTIFICAÇÃO DO OUTORGANTE E DE SEU REPRESENTANTE. (inseridos os itens II e III em decorrência do CPC de 2015) – Res. 211/2016, DEJT divulgado em 24, 25 e 26.08.2016
I – É inválido o instrumento de mandato firmado em nome de pessoa jurídica que não contenha, pelo menos, o nome do outorgante e do signatário da procuração, pois estes dados constituem elementos que os individualizam.
II – Verificada a irregularidade de representação da parte na instância originária, o juiz designará prazo de 5 (cinco) dias para que seja sanado o vício. Descumprida a determinação, extinguirá o processo, sem resolução de mérito, se a providência couber ao reclamante, ou considerará revel o reclamado, se a providência lhe couber (art. 76, § 1º, do CPC de 2015).
III – Caso a irregularidade de representação da parte seja constatada em fase recursal, o relator designará prazo de 5 (cinco) dias para que seja sanado o vício. Descumprida a determinação, o relator não conhecerá do recurso, se a providência couber ao recorrente, ou determinará o desentranhamento das contrarrazões, se a providência couber ao recorrido (art. 76, § 2º, do CPC de 2015).

tivos determinantes do impedimento do juiz, até porque o art. 801 da CLT somente busca disciplinar os casos de suspeição, ainda assim precária e insatisfatoriamente.

E eis que o art. 144 do CPC de 2015 ampliou sobremodo os casos de impedimento do juiz, isto é, em que há um veto dirigido ao magistrado de exercer a função jurisdicional, ante a presunção legal absoluta de parcialidade.[23]

Confrontados os novos preceitos legais com os do art. 134 do CPC de 1973, percebe-se para logo que a ampliação dos casos de impedimento do magistrado deu-se em **duas dimensões**.

De um lado, houve dilatação do grau de parentesco para efeito de impedimento: enquanto sob o CPC de 1973 o grau de parentesco ia até o **segundo grau** (ou seja, por consanguinidade, por exemplo, atingia irmãos, avós e netos), sob o CPC de 2015 vai até o **terceiro grau**. Significa que hoje o impedimento do juiz, em virtude de parentesco por consanguinidade, alcança até tios, sobrinhos, bisavós e bisnetos, embora não atinja o primo, parente em quarto grau. Significa igualmente que o impedimento do juiz, em virtude de parentesco **por afinidade**, compreende sogro, sogra, genro e nora (1º grau); padrasto, madrasta e enteados (1º grau); cunhados (2º grau).

Ao dilatar o grau de parentesco para efeito de impedimento, penso que andou muito bem o CPC de 2015 porquanto corrigiu uma incongruência do CPC anterior que, para efeito de impedimento do magistrado tomava em conta o parentesco até o segundo grau e para efeito de suspeição considerava o parentesto até o terceiro grau.

De outro lado, inovou o CPC atual na criação de novos casos de impedimento do juiz. Quais os novos casos?

Em primeiro lugar, previu-se o impedimento do juiz (inciso VII) para o processo envolvendo Instituição de Ensino com a qual mantenha relação de emprego ou contrato de prestação de serviços. Nesse passo, creio que o legislador não disse tudo e não disse bem. Uma aplicação literal do texto sugeriria que apenas vínculo jurídico de natureza **contratual** com Instituição de Ensino configuraria o impedimento. Penso, todavia, que substancialmente as mesmas razões que ditaram o acenado impedimento em caso de vínculo contratual concorrem em caso de vínculo jurídico de natureza estatutária entre o magistrado e a Instituição de Ensino.

Em segundo lugar, o CPC passou a considerar que há impedimento do juiz (inciso VIII) para o processo em que figure como parte **cliente** do escritório de advocacia de um parente até o terceiro grau, inclusive.

Assim, por exemplo, se a empresa Y é **cliente** do tio ou filho do magistrado, titular ou sócio de determinado escritório de advocacia, o magistrado estará impedido de atuar em **todos** os processos dessa empresa, ainda que o tio ou filho advogado não atue como advogado da parte no processo específico e mesmo que patrocinado por advogado de outro escritório.

Ao tempo do CPC de 1973 não havia esse impedimento.

A meu juízo, trata-se de inovação profundamente infeliz. Reflete uma visão injustamente preconceituosa em relação aos magistrados, na perspectiva de que **todos** são tendenciosos se julgarem litígio de cliente do escritório do parente, ainda que patrocinada a causa por advogado de outro escritório. Ora, se o escritório do advogado parente não patrocina a causa não me parece que haja razoabilidade em se presumir a parcialidade do juiz.

Ademais, a norma suscita dificuldades seríssimas para cumprimento e, inclusive, se aplicada à risca, pode ser fonte indesejável de constantes nulidades processuais provocadas involuntariamente e até mesmo de acolhimento de ações rescisórias.

Não é razoável conceber, com efeito, que para tanto o magistrado tenha ciência própria de **todos** os clientes patrocinados pelo escritório de advocacia do parente, que podem ser milhares, muitas vezes empresas de pequeno ou médio porte, compondo uma carteira que muda dia após dia.

Exigir-se-á que o juiz, para declarar o malsinado impedimento, consulte diariamente o parente dono do escritório de advocacia para saber que pessoas físicas ou jurídicas integram a sua clientela? Convenhamos, seria desarrazoado.

---

(23) Art. 144. Há **impedimento** do juiz, sendo-lhe vedado exercer suas funções no processo: **III** – quando nele estiver **postulando**, como defensor público, **advogado** ou membro do Ministério Público, seu cônjuge ou companheiro, **ou qualquer parente**, consanguíneo ou afim, em linha reta ou colateral, **até o terceiro grau, inclusive**; ... **VII** – em que figure **como parte** instituição de ensino com a qual tenha **relação de emprego** ou decorrente de **contrato** de prestação de serviços; **VIII** – em que figure como **parte cliente** do escritório de advocacia de seu cônjuge, companheiro ou parente, consanguíneo ou afim, em linha reta ou colateral, até o terceiro grau, inclusive, **mesmo que patrocinado por advogado de outro escritório**; ... § 3º O impedimento previsto no inciso III **também se verifica** no caso de **mandato conferido a membro de escritório de advocacia** que tenha em seus quadros **advogado** que individualmente ostente a condição nele prevista, mesmo que **não** intervenha diretamente no processo.

Creio que, no silêncio da lei, é mais prudente e razoável invocar, em termos, a aplicação analógica do art. 144, inciso III, § 1º, do CPC, relativamente ao impedimento do juiz derivante de parentesco com o **advogado** que patrocine a causa, em que se requer, para tanto, que o advogado esteja constituído nos autos e, portanto, figure como procurador de uma das partes, para emergir o impedimento. Se o impedimento pelo parentesco com o advogado pressupõe prova documental (procuração) do patrocínio, com muito maior razão se haverá de exigir prova produzida pelo interessado de que um dos sujeitos do processo é **cliente** do escritório de advocacia do parente.

Entendo, por isso, que a causa de impedimento do art. 144, inciso VIII, do CPC de 2015, não se aplica de forma objetiva, a ferro e fogo, pela mera constatação de que figura como parte no processo cliente do escritório de advocacia do parente.

Aplica-se somente se o interessado notificar previamente o magistrado desse fato e, dessa forma, demonstrar o fator determinante do impedimento.

Aplica-se, ademais, quando a pessoa física ou jurídica, parte no processo, ostente a condição de cliente de escritório de advocacia em que o parente seja o titular único ou um dos sócios, mas não quando o advogado parente do magistrado é empregado, ou "associado", ou colaborador, ou estagiário e, pois, **não** figura entre os donos do escritório. Note-se que a lei alude a escritório de advocacia **de** seu cônjuge ou parente. Concebeu o legislador, assim, iniludivelmente, um impedimento para o magistrado no caso em que for parte no processo cliente do parente do juiz que seja o **dono do escritório**, ou um dos sócios, não em relação a advogado parente do juiz que atue nesse mesmo escritório em outra qualidade, à semelhança de empregado ou associado.

Uma terceira causa de impedimento do juiz, substancialmente ampliada, repousa no inciso III do art. 144 do CPC: caso postule no processo como **advogado da parte**, defensor público ou membro do Ministério Público, cônjuge, companheiro ou parente do juiz, consanguíneo ou afim, em linha reta ou colateral, **até o terceiro grau, inclusive**.

O impedimento em apreço, resultante de parentesco do juiz com **advogado** de uma das partes, a rigor, já havia sob o CPC anterior. O CPC de 2015, porém, ampliou o espectro de incidência, seja no que alargou o grau de parentesco (era até o segundo grau), seja no que passou a considerar que também há impedimento no caso de advogado(a) companheiro(a) do juiz.

Sobretudo, porém, a ampliação desse caso de impedimento do juiz deriva da norma do § 3º do art. 144:

o impedimento do inciso III **também se verifica** no caso de haver sido outorgada procuração a membro de escritório de advocacia que tenha em seus quadros **advogado** que individualmente ostente a condição de parente do juiz, mesmo que o advogado parente **não** intervenha diretamente no processo.

Quer dizer: considera a lei que há impedimento do juiz para **todas** as causas patrocinadas por escritório de advocacia em que atua advogado parente, ainda que não conste o nome deste na procuração e ainda que o advogado parente não intervenha diretamente no processo.

Suponha-se que a irmã do juiz ou a tia do juiz é **advogada** chefe do **cível** em um grande escritório de advocacia. Não atua na área trabalhista, mas foi outorgada procuração a outros advogados do escritório e estes intervêm em processo trabalhista. Segundo a lei, mesmo que não postule no processo, a advogada parente e, portanto, mesmo que não seja juntada aos autos procuração em seu nome, ainda assim há impedimento do juiz para atuar nesse processo e em qualquer outro patrocinado por outro advogado do escritório em que trabalhe advogado parente do juiz.

Impende ressaltar que a Resolução n. 200, do Conselho Nacional de Justiça, de 03.03.2015, ao interpretar a norma do art. 134, inciso IV, do CPC de 1973, correspondente ao comentado art. 144, inciso III, do CPC de 2015, fixou precisamente o entendimento que venho de sustentar e que pouco depois foi consagrado em lei no atual § 3º do art. 144. Nesse sentido o parágrafo único do art. 1º da Resolução em tela (sem negrito no original):

> O impedimento se configura **não só quando o advogado está constituído nos autos**, mas também quando integra ou exerce suas atividades no mesmo escritório de advocacia do respectivo patrono, como sócio, associado, colaborador, ou empregado, ou mantenha vínculo profissional, ainda que esporadicamente, com a pessoa física ou jurídica prestadora de serviços advocatícios.

A ideia claramente subjacente à Resolução n. 200 do CNJ e ao § 3º do art. 144 do CPC é de que o Juiz, à semelhança da mulher de César, não apenas tem de ser honesto, mas parecer honesto!

8. RECURSO ORDINÁRIO. EFEITO DEVOLUTIVO. SENTENÇA *CITRA PETITA*

Na vigência do CPC de 1973, acerca do efeito devolutivo do recurso ordinário, a Súmula n. 393 do TST consagrou o entendimento de que, em princípio, o Tribunal não poderia suplementar diretamente a lacuna da sentença *citra petita* mediante apreciação de pedido não julgado na sentença, salvo se a causa estivesse madura (§ 3º do art. 515).

Sucede, todavia, que o CPC de 2015 ampliou sobremaneira o efeito devolutivo da apelação e, pois, do recurso ordinário, ao contemplar novos casos em que, na apreciação do recurso, o Tribunal pode julgar desde logo a lide (art. 1.013, §§ 3º e 4º, do CPC de 2015). Um deles concerne precisamente à sentença *citra petita* de que cogita a parte final da Súmula n. 393 do TST.

O inciso III do § 3º do art. 1.013 do CPC de 2015 dispõe que, se o processo estiver em condições de imediato julgamento, o tribunal deverá decidir desde logo o mérito quando "constatar a omissão no exame de um dos pedidos, hipótese em que poderá julgá-lo".

Verifica-se, pois, que o CPC de 2015, ao contemplar a possibilidade de o Tribunal examinar e julgar desde logo pedido não apreciado na sentença, foi de encontro à tese tradicional consolidada na parte final da Súmula n. 393 do TST. Impôs-se, assim, a sua revisão,[24] de sorte a que passasse a adotar tese em sentido diametralmente oposto, até mesmo em homenagem aos princípios da economia e celeridade processuais, que constituíram a inspiração do novo preceito legal.

---

(24) Súmula n. 393 do TST
RECURSO ORDINÁRIO. EFEITO DEVOLUTIVO EM PROFUNDIDADE. art. 1.013, § 1º, do cpc de 2015. ART. 515, § 1º, DO CPC de 1973. (nova redação em decorrência do CPC de 2015) – Res. 208/2016, DEJT divulgado em 22, 25 e 26.04.2016
I – (omite-se). II – Se o processo estiver em condições, o tribunal, ao julgar o recurso ordinário, deverá decidir desde logo o mérito da causa, nos termos do § 3º do art. 1.013 do CPC de 2015, **inclusive quando constatar a omissão da sentença no exame de um dos pedidos.**

Dano Moral Trabalhista e Tarifação da Indenização

1. INTRODUÇÃO

O dano moral persiste sendo tema sobremodo rico, atual e complexo no plano das relações de trabalho, onde encontra campo propício por excelência para florescer, em virtude do caráter pessoal, subordinado e duradouro da prestação de trabalho.

Não surpreende, assim, que hoje seja rara, na Justiça do Trabalho, a ação em que não se postule indenização por dano moral. As estatísticas revelam que o número de tais causas e de delicadas questões sobre o tema crescem em progressão quase geométrica.

Some-se a isso a questão do valor da indenização para a reparação da lesão moral. Trata-se de ponto tormentoso e atormentador do tema, de longa data. Assume feição ainda mais delicada, contudo, nestes meados de 2017, ante a acenada perspectiva de **tarifação** da indenização para evitar que as empresas sejam oneradas em demasia pelos excessivamente ambiciosos que postulam e prejudicada pelos excessivamente magnânimos que concedem quantias exorbitantes.

Esses e outros aspectos inquietantes do fenômeno certamente constituem um convite à retomada da reflexão sobre o tema.

2. CONCEITO DE DANO MORAL

O grande jurista austríaco RUDOLF VON IHERING já disse, com rara felicidade, que o Direito não protege somente o que **temos** (bens patrimoniais), mas **também** o que **somos** (bens **não** patrimoniais ou imateriais).

De conformidade com essa premissa, uma **primeira linha de pensamento**, hoje minoritária, sustentava que a noção de dano moral **deveria inferir-se por exclusão**: dano moral era todo **agravo** que **não** podia ser considerado dano **patrimonial**.

Mas esse era um critério **simplista**, consistente em **definir por negação**, sem brindar pautas positivas para dar uma noção mais precisa de dano moral. O dano moral deve ser conceituado antes pelo que é do que por aquilo que não é.

A doutrina mais prestigiosa – de grande aceitação na França, Itália, Argentina e também em nosso país – considera **dano moral a lesão ao Direito extrapatrimonial de uma pessoa**; isso em contrapartida ao dano patrimonial, que é pura e exclusivamente a lesão a bens materiais.

Em rigor, a denominação "direito **extrapatrimonial**" é manifestamente **imprópria** porque faz supor que somente há bens integrantes do patrimônio **material** quando o maior patrimônio de uma pessoa é o acervo de seus valores espirituais. É o estofo moral que predica a pessoa, sobretudo. Valemos, sobretudo, o que somos, não o que temos.

Melhor será afirmar, portanto, que o dano moral manifesta-se no ataque ao **patrimônio ideal** das pessoas.

Nesse sentido, a lição mais precisa de **Wilson Melo da Silva**: dano moral é a lesão sofrida pela pessoa "em seu **patrimônio ideal**, entendendo-se **patrimônio ideal**, em contraposição a patrimônio **material**, o conjunto de tudo aquilo que **não** seja suscetível de valor econômico".[1]

De sorte que o correto seria reputar dano moral a lesão ao nosso patrimônio ideal.

A despeito disso, feita a ressalva da impropriedade da locução, vamos nos referir muito ao dano moral como **lesão** a direito extrapatrimonial porque essa é uma conceituação de uso corrente na doutrina.

O certo é que o dano moral deve necessariamente derivar de uma lesão a bem jurídico integrante **do patrimônio ideal**. Ou seja: deve derivar da lesão a um interesse **não** patrimonial (de caráter extrapatrimonial) **reconhecido pelo Direito**.

O que se convencionou chamar "dano moral" é sempre **lesão** a um bem ou interesse da personalidade protegido pelo Direito.

---

(1) SILVA, Wilson Melo da. *O dano moral e sua reparação*. Rio de Janeiro: Revista Forense, 1955. p. 11.

Rigorosamente, pois, "dano" moral é **um não dano**, em que a palavra "dano" é utilizada em sentido **impróprio**: não há desfalque no patrimônio **material** de alguém, mas lesão em direitos inerentes à personalidade, física ou jurídica.

Em suma: o chamado dano moral é "aquela espécie de **agravo** constituída pela violação de algum dos direitos inerentes à personalidade". (BREBBIA)[2]

O dano moral configura-se na **lesão a direitos** subjetivos reconhecidos à pessoa **como ser existencial**.

Na lição de **ORLANDO GOMES**, é lesão em direito personalíssimo, ilicitamente produzida por outrem.

O "dano moral trabalhista", em particular, é o agravo ou o constrangimento moral infligido quer ao empregado, quer ao empregador, mediante violação a direitos ínsitos à personalidade, "como consequência da relação de emprego"[3], ou de outra relação de trabalho.

Está claro que o contrato de emprego rende ensejo a que ambos os sujeitos (empregado e empregador) infrinjam direitos da personalidade, conquanto "o mais comum seja a violação da intimidade, da vida privada, da honra ou da imagem **do trabalhador**".[4]

Ainda sobre a conceituação de **dano moral**, concepção doutrinária antiga e ainda muito arraigada entre nós insiste em associá-lo à **dor e ao sofrimento da vítima**, de sorte que a indenização correspondente justificar-se-ia como *pretium doloris*. A aludida doutrina, contudo, hoje está superada.

Conforme bem pondera o jurista argentino **RAMÓN DANIEL PIZARRO**, "o **sofrimento não é** (...) um **requisito** indispensável para que haja dano moral, ainda que seja uma de suas possíveis manifestações mais frequentes".[5]

Efetivamente, do contrário **não** haveria como explicar o dano moral de que inequivocamente podem ser vítimas, por exemplo, as **pessoas físicas dementes** ou incapazes de discernimento, ou temporariamente privadas das faculdades mentais. Ora, é induvidoso que mesmo "sem lágrimas" ou sem percepção sensitiva do sofrimento pode configurar-se o dano moral em tais casos. Diga-se o mesmo da pessoa jurídica como vítima, tópico que examinaremos mais adiante.

Em realidade, as angústias, as aflições, as humilhações, o medo, os padecimentos, a dor e, enfim, o sofrimento espiritual são apenas possíveis consequências ou efeitos do dano moral.

Entretanto, isso não basta e nem é o traço decisivo para caracterizar o dano moral: somente haverá dano moral se esses efeitos forem provocados pela lesão a um interesse ou bem não material, reconhecido à vítima do evento danoso pelo ordenamento jurídico.

Sem lesão a um bem não material reconhecido pelo Direito, o sofrimento espiritual da pessoa física, ainda que presente, não configura dano moral ressarcível.

Por isso, pode haver sofrimento **sem** que se caracterize dano moral.

Apenas para ilustrar, se um casal de **namorados** rompe o relacionamento e um deles entra em depressão, a angústia experimentada **não** é ressarcível.[6] Assim também na órbita especificamente trabalhista. Se o empregador pura e simplesmente exerce o direito potestativo de despedir, o empregado não tem direito à indenização por dano moral decorrente do padecimento espiritual e material decerto advindo do desemprego porque **não há** um direito personalíssimo violado, como se expõe mais adiante.

A recíproca também é verdadeira: pode não haver padecimento espiritual e configurar-se dano moral, como num caso de quebra ilegal de sigilo, ou de violação do direito à imagem.

Sem mais, se o sofrimento da vítima fosse essencial para a configuração da lesão moral não haveria como explicar o direito da pessoa **jurídica** à indenização, a tal título.

Portanto, ao contrário do que se imagina, o **sofrimento** espiritual **não é** a **pedra de toque** do dano moral.

O **essencial** é que haja sempre lesão a um bem ou interesse da personalidade, **não material, protegido pelo Direito**.

---

(2) BREBBIA, Roberto. *El daño moral*. Buenos Aires: Ed. Bibliográfica Argentina, 1950. p. 91.
(3) RUBINSTEIN, Santiago. *Fundamentos del derecho laboral. El daño moral*. Buenos Aires: Depalma, 1988. p. 102.
(4) SÜSSEKIND, Arnaldo. *Dano moral na relação de emprego*. Revista do Direito Trabalhista, p. 45, jun./95.
(5) PIZARRO, Ramón Daniel. *Daño Moral*. 2. ed. Buenos Aires: Hammurabi, 2004. p. 45.
(6) Diferente seria se perante os convidados em cerimônia de casamento, um dos noivos resolve dizer "não", deixando o outro em situação humilhante.

3. DIREITOS DA PERSONALIDADE PASSÍVEIS DE LESÃO MORAL

Releva examinar agora quais são os direitos inerentes à personalidade cuja lesão é passível de configurar dano moral, em tese.

Inconteste que, devido à sua **amplitude**, é muito difícil captar e enumerar todos esses direitos passíveis de dano moral, até porque, como disse **JORGE LUÍS BORGES**, "nas enumerações, o primeiro que sobressai são as omissões".

Durante largo período, a doutrina reconheceu que eram apenas a **vida e a honra** os bens jurídicos personalíssimos cuja lesão configuraria dano moral.

A doutrina e a jurisprudência modernas, todavia, interpretando a lei, e em elenco **não exaustivo**, avançaram para reputar suscetível de dano moral a lesão aos seguintes direitos personalíssimos:

a) à intimidade ou à privacidade (de que são desdobramentos ou **subespécies** a violação dos sigilos bancário, industrial e das comunicações, assim como a violação do direito de propriedade industrial);

b) à honra, à dignidade, à honestidade, à imagem, ao bom nome, à reputação, à liberdade;

c) lesão à vida (o dano biológico) e lesão à saúde.

O Projeto de Lei da Reforma Trabalhista, aprovado pela Câmara dos Deputados e ora submetido à apreciação do Senado Federal, amplia o elenco de bens juridicamente tutelados inerentes à pessoa física, de modo a compreender também a **sexualidade e o lazer** (art. 223-C).

Devo referir, todavia, que há alguns poucos julgados antigos e hoje superados, sustentando uma visão mais restritiva para caracterização do dano moral. Segundo esses julgados, os bens protegidos pela Constituição Federal, para efeito de dano moral, seriam apenas a honra, a imagem e a intimidade da pessoa, **não** comportando ampliação para abarcar, por exemplo, o "sofrimento psicológico decorrente" da aquisição de doença profissional, como a **LER**.[7] **A apontada jurisprudência, contudo**, *data venia*, é um equívoco, fruto de interpretação literal do art. 5º, inciso X, da Constituição Federal. Obviamente, a **vida e a incolumidade física não** integram o patrimônio **material** das pessoas. Compõem, sim, o nosso **patrimônio ideal**, pois são bens, por natureza, insuscetíveis de avaliação econômica e absolutamente fora de mercado. São, aliás, como é de intuitiva percepção, os nossos bens jurídicos mais preciosos, direitos até mesmo naturais, matriz de todos os demais direitos. Diga-se o mesmo da **liberdade**.

4. CARACTERIZAÇÃO DO DANO MORAL TRABALHISTA

Em linha de princípio, à luz do art. 186 do Código Civil, a caracterização do ato ilícito e, portanto, da responsabilidade civil em geral, pressupõe a **conjugação** dos seguintes requisitos:

1º) a **ação** ou a **omissão voluntária** do agressor; logo, **exclui** a responsabilidade do empregador o **caso fortuito externo**: por exemplo, o empregado, ao prestar serviços em rede elétrica, falece em virtude de haver sido atingido por um **raio**;

2º) **dano, ou lesão a direito personalíssimo**;

3º) **nexo de causalidade** entre a ação e o resultado lesivo, ou seja, é indispensável que a lesão ao direito personalíssimo haja sido **causada** por aquele a quem se quer imputar responsabilidade.

Assim, se o empregado é vítima de **furto ocorrido nas dependências da empresa**, durante a jornada de trabalho, **não há como** imputar responsabilidade ao empregador, por dano moral, **somente** em virtude de o empregador não disponibilizar escaninho para o empregado guardar os seus pertences. Claro que o empregador **não** concorreu para o resultado (furto) na medida em que nem tem obrigação de providenciar escaninho para guarda de bens pessoais do empregado.

4º) culpa em sentido amplo: dolo (elemento intencional), ou culpa *stricto sensu* (negligência, imprudência, imperícia).

A responsabilidade civil, portanto, inclusive por dano moral, em princípio, é **subjetiva** (baseada na culpa do agente), salvo nos casos previstos em lei de responsabilidade civil **objetiva** do causador do dano.

Daí se extraem duas conclusões lógicas.

A **primeira** é que o empregador, por exemplo, em caso de acidente de trabalho, ou doença profissional (por lei equiparada a acidente de trabalho) **responde por dano moral** se concorrer culposamente para causar o infortúnio, **salvo em caso de atividade de risco** (em que a responsabilidade é objetiva).

A jurisprudência do TST, todavia, mesmo **não** sendo **atividade de risco**, tende a reconhecer que incumbe ao empregador o ônus de provar que **não** se houve com

---

(7) TST, SDI-1, E-RR 483206, Rel. Min. Vantuil Abdala, DJU 17.10.2003; TST, 7ª T, AIRR 2427/2006-017-06-40, Rel. Min. Ives Gandra Martins Filho, DJU 15.05.2009.

culpa na ocorrência do sinistro, em virtude de tratar-se de responsabilidade **contratual**.

Vale dizer: parte-se da premissa de que é **obrigação contratual do empregador** cumprir as normas de segurança e medicina do trabalho. Está implícita no contrato de trabalho, assim, a obrigação de o empregador respeitar a saúde e a integridade física do trabalhador. De modo que, para **não** ser condenado a indenizar, o **empregador tem o ônus de provar** que cumpriu essa obrigação – por exemplo, mediante a exibição de documentos que evidenciem a realização de **manutenção** na máquina em que se deu o acidente e entrega de EPI. E tem o **empregador** o ônus de provar também alguma causa excludente de responsabilidade civil, nos termos da lei, como, por exemplo, que o acidente deu-se por **culpa exclusiva da vítima, ou em virtude de caso fortuito ou força maior**.

Dito de outro modo: nos acidentes por **condições inseguras de trabalho** (descumprimento de normas de segurança), **salvo atividade de risco**, a responsabilidade é **subjetiva** (baseada na culpa), mas toca ao empregador provar que **não** se houve com culpa no sinistro.

Emerge, pois, a responsabilidade civil do empregador se este não demonstrar que cumpriu as normas básicas de **proteção à saúde e incolumidade física do empregado**, de que resultou o acidente de trabalho, ou de que resultou a equivalente doença profissional pelas **sequelas físicas e psicológicas, tal como sucede no caso típico da** lesão por esforço repetitivo – LER.

A **segunda** ilação que se extrai da lei é que se, pelo contrário, a **culpa pelo acidente é exclusiva da vítima** (do empregado, digamos) **não há** responsabilidade civil do empregador por dano moral ou material. **Vale dizer: o empregador não responde por indenização!** Em rigor, é um caso de ausência de nexo causal.

É o que sucede, por exemplo, quando o empregado causa um acidente de trabalho porque negligencia ou se descuida das normas de segurança.

Suponha-se o caso concreto de um **eletricista** que precisa fazer a manutenção de um motor em local distante e que, para tanto, à falta de **motorista**, resolve ele próprio dirigir veículo, sem permissão da empresa e sem estar habilitado para isso. Suponha-se que, durante o percurso, ele sofra um acidente, que lhe cause a perda de um olho e de uma perna. A meu juízo, num caso como esse, a empresa **não** responde por dano material e tampouco moral decorrente do acidente de trabalho visto que exclusivamente o empregado concorreu para o resultado verificado.

5. RESPONSABILIDADE CIVIL OBJETIVA. ATIVIDADE DE RISCO. ACIDENTE DE TRABALHO

Mas a responsabilidade civil das empresas, inclusive na esfera trabalhista, **nem sempre é baseada apenas na culpa**.

O Código Civil de 2002 prevê casos **excepcionais** de **responsabilidade civil objetiva** ou **sem** culpa, em atividade de risco para a empresa.

É o que reza o parágrafo único do art. 927 Código Civil de 2002:

> Haverá obrigação de reparar o dano, independentemente de culpa (...) quando a atividade normalmente desenvolvida pelo autor do dano implicar, por sua natureza, risco para os direitos de outrem.

Contemplou-se aí inequivocamente um caso de responsabilidade civil **objetiva**, com fundamento na teoria do risco criado ou desenvolvido pelo agente (pela empresa).

Assim, se **não** se tratar de **acidente de trabalho**, é indiscutível que, em atividade de risco da empresa, a responsabilidade civil **independe de culpa: é objetiva!** Basta a demonstração da lesão e da relação causalidade, ou seja, que a lesão seja proveniente da empresa.

A questão **controvertida** que aqui se põe é se em caso de **acidente de trabalho em atividade de risco** para a empresa, a responsabilidade civil por dano moral ou material é baseada na culpa (subjetiva) ou é objetiva (**sem** culpa do empregador).

Bem se compreende a controvérsia porque, como ninguém ignora, em caso de **acidente de trabalho**, o **art. 7º, inciso XXVIII**, da Constituição da República reza que o empregador responde por indenização "quando incorrer em dolo ou culpa".

Conforme se nota, **em caso de acidente de trabalho**, enquanto o art. 7º, inciso XXVIII, da CF/88 prevê uma responsabilidade **subjetiva do empregador**, o Código Civil prevê **uma responsabilidade civil objetiva genérica** em caso de a empresa desenvolver **atividade de risco**.

Sucede que o *caput* do art. 7º da Constituição da República, como se recorda, expressamente permite a outorga de **outros direitos** que visem à melhoria da condição social dos trabalhadores.

Significa que o elenco de direitos enumerados no art. 7º da CF/88 **não é taxativo, podendo o legislador ordinário ampliá-los,** por juízo de conveniência e oportunidade. Tal compreende obviamente a possibilidade de a **lei** ampliar, como se deu, a responsabilidade civil do empregador em matéria de acidente de trabalho e, pois, do dano moral dele derivante.

Daí se segue que a alusão do **inciso XXVIII** do art. 7º à culpa ou dolo do empregador como pressuposto de responsabilidade civil por acidente de trabalho, sob minha ótica, **não** constitui óbice intransponível à aplicação **também**, se for o caso, da norma do parágrafo único do art. 927 do Código Civil, em caso de acidente de trabalho em atividade de risco.

Não há, enfim, **antinomia ou incompatibilidade** em se reconhecer:

a) de um lado, que a responsabilidade patronal por dano moral ou material advindo de acidente de trabalho, **em regra**, é **subjetiva** (baseada na culpa);

b) **por exceção, estritamente** se o infortúnio sobrevier em atividade **de risco**, essa responsabilidade **independe** de culpa do empregador.

A **jurisprudência do TST**, após alguma resistência da 4ª e 5ª Turmas, sob outras composições, aferradas ao teor literal e à supremacia do referido art. 7º, inciso XXVIII, da Constituição da República sedimentou-se no sentido da responsabilidade objetiva em caso de acidente de trabalho em atividade de risco.[8]

O Supremo Tribunal Federal, contudo, vai dar a última palavra sobre o tema, a respeito do qual reconheceu repercussão geral da questão constitucional suscitada, em 10.02.2017, no recurso extraordinário n. 828040, Rel. Min. Alexandre de Moraes.

---

(8) Julgados recentes da SBDI-1: ERR 64700-62.2009.5.16.0013, Min. Hugo Carlos Scheuermann, DEJT 01.07.2016/J-23.06.2016, Decisão unânime *(Cobrador de ônibus. Assalto. Danos morais, materiais e estéticos.)*; ERR 176400-13.2009.5.07.0007, Min. José Roberto Freire Pimenta, DEJT 20.05.2016/J-12.05.2016, Decisão unânime, ERR 10191-31.2013.5.03.0167, Min. Aloysio Corrêa da Veiga, DEJT 06.11.2015/J-29.10.2015, Decisão unânime, EEDRR 133700-20.2007.5.15.0120, Min. Hugo Carlos Scheuermann, DEJT 19.12.2014/J-11.12.2014, Decisão unânime *(Servente de lavoura. Labor desenvolvido em plataforma com piso molhado e escorregadio. Esmagamento do segundo dedo da mão esquerda.)*; ERR 22400-84.2008.5.10.0111, Min. Renato de Lacerda Paiva, DEJT 07.11.2014/J-30.10.2014, Decisão unânime *(Adoção da teoria da Culpa presumida. Educadora agredida por menores infratores submetidos à medida de restrição de liberdade)*; ERR 2637-69.2010.5.02.0202, Min. Luiz Philippe Vieira de Mello Filho, DEJT 07.11.2014/J-23.10.2014, Decisão por maioria, *(Dano moral decorrente de roubo ao veículo que transportava cigarros – mercadoria extremamente visada por assaltantes – que se revela uma atividade de risco)*; EEDRR 148100-16.2009.5.12.0035, Red. Min. Alberto Luiz Bresciani de Fontan Pereira, DEJT 07.11.2014/J-23.10.2014, Decisão por maioria *(Motorista de viagem – acidente de trabalho)*; EEDRR 96600-26.2008.5.04.0662, Min. Lelio Bentes Corrêa, DEJT 07.11.2014/J-09.10.2014, Decisão por maioria, *(Motorista – acidente de trânsito – morte)*; EDEEDRR 881-92.2010.5.12.0025, Min. Márcio Eurico Vitral Amaro, DEJT 24.10.2014/J-16.10.2014, Decisão unânime, *(Motorista – acidente de trânsito – morte – art.2º, par. único, da Lei nº 12.619/2012 determina a realização de seguro obrigatório a dispensa do empregador, o qual decorre dos riscos inerentes à atividade.)*; ERR 39300-88.2006.5.17.0121, Min. Luiz Philippe Vieira de Mello Filho, DEJT 26.09.2014/J-18.09.2014,Decisão unânime, *(Motorista de ônibus. Perda total do olho esquerdo)*; EEDRR 201900-26.2009.5.09.0654, Min. Lelio Bentes Corrêa, DEJT 03.10.2014/J-25.09.2014, Decisão unânime, *(Motorista de caminhão. Transporte rodoviário de cargas. Acidente de trânsito)*, EEDEDERR 26640-22.2006.5.03.0034, Min. Márcio Eurico Vitral Amaro, DEJT 22.08.2014/J-14.08.2014, Decisão unânime, *(Operador de máquina laminadora no ramo da siderurgia. Falha na operação da máquina por outro empregado que pressionou erroneamente o botão que aciona os rolos limpadores, que desceram sobre a vítima e causaram-lhe a morte por esmagamento.)*. EEDRR 276-57.2010.5.03.0071, Min. Alexandre de Souza Agra Belmonte, DEJT 22.08.2014/J-07.08.2014, Decisão por maioria, *(Motorista no transporte rodoviário de carga)*, EEDRR 168500-81.2009.5.03.0009, Min. Augusto César Leite de Carvalho, DEJT 13.06.2014/J-05.06.2014, Decisão unânime, *(Motoboy – atividade de risco. Decisão por maioria quanto ao conhecimento. A divergência – LBC – não conhecia do RR pois o paradigma discutia a questão da aplicabilidade ou não da responsabilidade objetiva na Justiça do Trabalho.)*, EEDRR 170100-91.2008.5.07.0032, Min. João Oreste Dalazen, DEJT 30.05.2014/J-15.05.2014, Decisão unânime, *(Viúva de ex-empregado falecido em decorrência de acidente de trabalho em atividade profissional de "encarregado de manutenção elétrica", que o submeteu a descarga elétrica de grande intensidade, levando-o a óbito.)*, EEDRR 35400-70.2006.5.04.0732, Min. Luiz Philippe Vieira de Mello Filho, DEJT 21.03.2014/J-13.02.2014, Decisão unânime, *(Veículo de transporte de valores – acidente de trânsito que vitimou o vigilante/reclamante. O fortuito – acidente – é inerente à atividade desenvolvida pela reclamada, mesmo quando causado por terceiros – caso fortuito interno)*, ERR 65300-32.2005.5.15.0052, Min. Aloysio Corrêa da Veiga, DEJT 14.03.2014/J-22.09.2011, Decisão por maioria, *(SDI-1 Plena) (Aplicação, também, da teoria da culpa presumida. Perda parcial de um dedo durante o corte de cana.)*, EEDRR 132300-20.2006.5.15.0115, Min. Renato de Lacerda Paiva, DEJT 07.03.2014/J-20.02.2014, Decisão unânime, *(Cortador de cana-de-açúcar que sofreu incapacidade parcial e temporária decorrente de "deformidade do segundo dedo da mão esquerda associado a um déficit da sensibilidade")*, EEDRR 12525-32.2010.5.04.0000, Min. Delaíde Miranda Arantes, DEJT 07.02.2014/J-28.11.2013, Decisão unânime, *(O reclamante, no exercício das suas atividades, sofreu acidente automobilístico causado por terceiro, que redundou na sua aposentadoria por invalidez.)*, EEDRR 49200-86.2007.5.09.0023, Min. Augusto César Leite de Carvalho, DEJT 29.11.2013/J-03.10.2013, Decisão por maioria, *(Acidente de trabalho em atividade na lavoura de cana-de-açucar, a qual acarretou entorse do joelho, em decorrência da perda do apoio do pé por irregularidade natural no solo agrícola.)*, EEDRR 70100-58.2005.5.15.0067, Min. Renato de Lacerda Paiva, DEJT 22.11.2013/J-14.11.2013, Decisão unânime, *(Empregado coletor de lixo acometido de alienação mental total e irrecuperável em razão do acidente.)*, ERR 99300-59.2007.5.17.0011, Red. Min. Aloysio Corrêa da Veiga, DEJT 04.10.2013/J-09.05.2013, Decisão por maioria, *(Amputação parcial da falange distal do dedo indicador direito decorrente de acidente na estivagem para embarque de arroz.)*, EEDRR 12600-04.2007.5.05.0015, Red. Min. João Oreste Dalazen, DEJT 27.09.2013/J-12.09.2013, Decisão por maioria, *(Operador de subestação que perdeu parcialmente a capacidade auditiva devido a ruídos de alta intensidade, provenientes das máquinas do ambiente de trabalho.)*.

5.1. O que é atividade de risco

Desafortunadamente, a lei previu responsabilidade civil **objetiva** do empregador em uma **norma aberta**, mediante a qual se **transferiu** ao Poder Judiciário a questão tormentosa e atormentadora referente à conceituação de atividade de risco.

A lei não enunciou sequer as diretrizes e características mínimas de tal atividade.

Entendo que a atividade de risco a que alude a lei é a atividade de **natureza extraordinariamente perigosa, desenvolvida por empresa** comercial ou industrial, ou mesmo no exercício de profissão. Atividade que exponha a um risco **anormal** a segurança, a vida ou a integridade física de terceiros ou de empregados que nela atuem.

Notoriamente, atividades de risco, entre tantas outras, são as das empresas de transporte de valores, de transporte de combustível, indústria de produtos químicos ou tóxicos, empresas de vigilância, de geração e distribuição de energia elétrica, de comércio de inflamáveis, de fabricação e armazenamento de armas e explosivos, atividade de manuseio ou guarda de valores em instituições financeiras etc.

Abstraindo, no entanto, casos notórios como esses, patente que é espinhosa e dificílima a tarefa da jurisprudência de decidir concretamente o que deve ser considerado, ou não, atividade de risco. Por exemplo: a atividade de transporte em si em uma empresa de prestação de serviços.

É tarefa que exigirá muita sabedoria, prudência e parcimônia dos juízes e tribunais.

De todo modo, penso que é imperativo admitir algumas **limitações** ao reconhecimento dessa responsabilidade **objetiva** em acidente de trabalho.

5.2. Limitações

Em primeiro lugar, cumpre realçar que a responsabilidade **objetiva não** se aplica a **qualquer** acidente de trabalho, mas **tão somente** àquele advindo de **atividade de risco**.

Em segundo lugar, é indispensável que se cuide de atividade de "**risco acentuado**", que exponha as pessoas a um risco **anormal ou excepcional, como frisei**.

Todos nos sujeitamos a riscos e perigos, pela simples condição de estarmos **vivos**. Não sem razão que JOÃO GUIMARÃES ROSA, em sua clássica saga "GRANDE SERTÃO: VEREDAS", afirmou que "**viver é um negócio perigoso**". Claro que nenhuma atividade laboral está infensa a riscos de acidentes. No caso, todavia, estamos cogitando de um **perigo superior ao normal**, característico de atividades de elevado potencial ofensivo.

Em terceiro lugar, parece-me que para emergir a responsabilidade **objetiva** em acidente de trabalho é essencial que o infortúnio ocorra na consecução dessa atividade. **Se**, a despeito da natureza **perigosa** intrínseca da atividade da empresa, o acidente de trabalho deu-se no desempenho de função ou ofício **alheio** à atividade de risco – tal como o que envolve um empregado da área administrativa – em meu entender **não** há que perquirir de responsabilidade **objetiva** do empregador pelo dano moral decorrente do acidente de trabalho. A hipótese segue a regra geral: responsabilidade **subjetiva**.

Em quarto lugar, para aflorar a responsabilidade **objetiva** em acidente de trabalho é fundamental que **não** resulte provado que o infortúnio deveu-se a **caso fortuito ou força maior**, tampouco que se deveu à **culpa exclusiva** do empregado, porquanto, se isso ocorreu, não haverá sequer relação de causalidade para imputar-se responsabilidade objetiva ao empregador.

Suponha-se o caso de **motorista** empregado da empresa de transporte de valores (típica atividade de risco, portanto) que se envolveu em **acidente de trânsito** em veículo da empregadora, durante o serviço. Imagine-se que resulte comprovado, no entanto, que ele, empregado, agiu de forma **negligente** e imprudente ao provocar o acidente de trabalho. Digamos: dirigia em alta velocidade e não respeitou normas elementares de direção defensiva. Entendo que também aí **não** há responsabilidade civil **objetiva** da empresa, tampouco subjetiva, visto que ela **não concorreu** para o resultado.

Em síntese: embora concebível, em caráter **excepcional**, a responsabilidade objetiva ou sem culpa do empregador por dano moral advindo de acidente de trabalho em atividade de risco não pode ser aplicada a ferro e fogo.

6. SUJEITO PASSIVO. PESSOA JURÍDICA

Questão sumamente relevante é a consistente em saber se a pessoa **jurídica** pode ser sujeito **passivo** de dano **puramente** moral, inclusive nas relações de trabalho.

Rechaçando essa possibilidade, uma corrente doutrinária e jurisprudencial antiga afirmava que o dano moral **teria por suposto ontológico** a **dor**, seja a dor provocada pelo padecimento **espiritual**, seja a dor **física** infligida à vítima. Daí porque seria pertinente **exclusivamente** à pessoa **física**, única dotada de **percepção sensorial**.

Trata-se de **entendimento superado**.

Primeiro, porque, como visto, o dano moral virtualmente **não** tem como **substrato a dor**.

Segundo, porque no caso das **pessoas jurídicas**, é inquestionável que o ordenamento jurídico protege **ao menos alguns** dos direitos inerentes à personalidade **compatíveis** com a **natureza delas**, pessoas jurídicas.

O art. 52 do Código Civil de 2002 dirimiu quaisquer dúvidas, a respeito, ao dispor que se aplica "às pessoas jurídicas, **no que couber**, a proteção dos direitos da personalidade".

De sorte que se aplicam às pessoas jurídicas **direitos tais** como o da inviolabilidade da honra e da imagem (CF/88, art. 5º, inciso X), ao **bom nome comercial ou civil, direito ao sigilo** etc. Ou seja, a exemplo das pessoas naturais, as pessoas jurídicas também são titulares de **alguns** bens **imateriais**, amparados pelo Direito.

Assim, a pessoa jurídica pode, por exemplo, **sofrer ofensa à honra objetiva** mediante **difamação** que lhe abale o conceito, a boa fama ou a imagem, na esfera civil ou comercial em que atua.

Recorde-se que a **jurisprudência do STJ** está sedimentada no sentido de **acolher** indenização **em favor de pessoa jurídica**, por dano moral, em casos de protesto indevido de título cambial e, mais recentemente, conforme Súmula n. 388, em caso da simples devolução indevida de cheque.

No domínio específico do Direito do Trabalho, embora menos frequente, é perfeitamente concebível também a responsabilização do **empregado** por dano moral **puro** causado ao **empregador**, inclusive quando organizado sob a forma de pessoa jurídica. Eis alguns exemplos, apenas para ilustrar:

1º) num caso concreto raro, o TRT da 3ª Região condenou ex-bancário a pagar indenização ao Banco ex-empregador, por dano moral decorrente de conduta negligente que lesou a **imagem** do Banco: no terminal de caixa em que trabalhava, **por culpa do empregado**, houve saques irregulares de benefícios previdenciários de terceiros, clientes do Banco, que dirigiram inúmeras reclamações ao Banco, e até acionaram judicialmente o Banco;[9]

2º) Outro exemplo concebível é o de quebra do dever de fidelidade, mais precisamente do sigilo profissional, de modo a afetar o patrimônio **imaterial** do empregador; caso concreto: determinado empregado de companhia multinacional de bebidas, alto executivo, usando e-mail corporativo, na iminência da contratação por empresa concorrente, **desviou centenas de documentos contendo informações sigilosas e confidenciais** da então empregadora, a que teve acesso pela confiança nele depositada durante o contrato de emprego, informações essas sobre marcas, nome comercial, planos estratégicos e sobre seus produtos (descrevendo, por exemplo, fases do processo de produção, fórmulas e ingredientes etc.); enfim, o **empregado violou o direito de propriedade industrial, imaterial, da empregadora**, ao divulgar, sem autorização, informações e dados confidenciais a que se obrigara contratualmente a guardar sigilo.

3º) Na mesma linha do anterior, outro exemplo concreto, ocorrido no Estado do Amazonas, em indústria de motos: empregado indiscreto e curioso viola o sigilo industrial ao adentrar em recinto fechado da fábrica, onde estava depositado produto novíssimo e destinado a lançamento futuro; ali, o empregado, utilizando-se de celular, saca fotos do produto e expõe tais fotos em *site* de relacionamento da Internet, naturalmente para alegria da concorrência...

Parece-me induvidoso que condutas antijurídicas desse jaez, de **clara violação do direito de propriedade industrial do empregador**, sujeitam o **empregado** a indenizar o dano moral causado ao empregador, ainda que constituído sob a forma de pessoa jurídica.

4º) Suponha-se agora caso de **boato** espalhado pelo empregado de instituição financeira, de que o empregador, que obviamente carece de **credibilidade**, está em situação financeira difícil ou ruinosa; ou, então, alardeia que a empresa **sonega impostos** e explora os seus empregados!

Em situações como essas, salta à vista que o **empregador** é vítima de **difamação**.

A meu ver, condutas antijurídicas que tais sujeitam o **empregado** a indenizar o dano moral.

É forçoso convir, porém, que a jurisprudência trabalhista é praticamente inexistente para casos que tais em que o dano moral provém **do empregado**.

7. CASUÍSTICA DO DANO MORAL TRABALHISTA EM QUE O EMPREGADO É VÍTIMA

A jurisprudência registra riquíssima casuística de dano moral trabalhista praticado **pelas empresas antes, durante e na cessação contrato de emprego**.

---

(9) *Valor Econômico* de 21.06.2005.

7.1. Dano moral na fase pré-contratual

Pode haver dano moral **ainda** na fase pré-contratual, eis que há muitas situações de empresas que no curso das **tratativas** para a admissão lesam bens jurídicos importantes do pretendente ao emprego.

Eis alguns exemplos:

1º) dano à imagem e à intimidade da pessoa em face da eventual publicidade que a empresa dê a **laudos e pareceres obtidos na avaliação de candidatos a emprego** mediante a aplicação de testes psicológicos e entrevistas.

2º) exigência de **teste sorológico da AIDS**, como condição para a **admissão** em emprego, ou mesmo para a manutenção do emprego; **além de implicar discriminação**, vedada pela Lei n. 9.029/1999, essa exigência também importa **violação ao direito à intimidade da pessoa**; por isso, também gera direito à indenização por dano moral.

É certo que o art. 168 da CLT estipula a obrigatoriedade de a empresa realizar **exames médicos** pré-admissionais. O aludido **teste sorológico**, no entanto, não pode ser levado a cabo sem a permissão da pessoa.

3º) Em caso de frustração na contratação, quando havia efetiva intenção de contratar e ocorre um rompimento injustificado das tratativas. Ofensa ao princípio da boa-fé objetiva.[10]

4º) "I) não é legítima e caracteriza lesão moral a **exigência de Certidão de Antecedentes Criminais de candidato a emprego** quando traduzir tratamento discriminatório ou não se justificar em razão de previsão de lei, da natureza do ofício ou do grau especial de fidúcia exigido." Tese jurídica de eficácia obrigatória aprovada pela SBDI-1, em 20.04.2017, por ocasião do julgamento do Incidente de Recurso de Revista Repetitivo n. 243000-58.2013.5.13.0023, acórdão pendente de julgamento, Redator Min. João Oreste Dalazen.

7.2. Dano moral durante a execução do contrato de emprego

O mais frequente, contudo, é o dano moral configurar-se **durante** a execução do contrato de emprego e por distintas formas.

7.2.1. Calúnia, injúria e difamação

Formas clássicas de lesão moral são a **calúnia, a injúria e a difamação**, que constituem os chamados crimes contra a honra.

Como anotou o jurista francês **GEORGES RIPPERT**, as nódoas da difamação, da injúria e da calúnia "são como as pétalas da flor da paineira que, desprendidas ao vento, jamais poderão ser recolhidas todas".

Não foi à toa que igualmente o gênio de **SHAKESPEARE**, em Ricardo II, proclamou:

> "Minha honra é minha vida; meu futuro, de ambas depende. Serei homem morto se me privarem da honra".

7.2.2. Câmeras de vídeo

Forma bastante corriqueira de dano moral no curso do contrato de emprego dá-se mediante a instalação de câmeras de vídeo, ofensivas da intimidade e da privacidade do empregado.

Vivemos **não** apenas em uma sociedade da informação, mas também em uma **sociedade** cada vez mais **da vigilância**, em uma sociedade cada vez mais de **controle**. O "Big Brother" de que nos fala **GEORGE ORWELL**, em "1984", há muito deixou de ser ficção científica.

---

(10) AIRR 560-29.2013.5.02.0252, TST, 1ª T, Min. Hugo Carlos Scheuermann, DEJT 26.06.2015/J-17.06.2015, Decisão unânime, (A reclamante já havia sido aprovada no processo seletivo e se desligado da empresa anterior.); RR 4-46.2014.5.02.0008, 2ª T, Min. Delaíde Miranda Arantes, DEJT 17.03.2017/J-08.02.2017, Decisão unânime, (Responsabilidade civil do empregador por prática abusiva. O reclamante, após a conclusão de regular processo seletivo e submissão aos exames médicos admissionais, não obteve a efetivação de sua contratação, ao fundamento de cancelamento da vaga e abertura de novo processo seletivo.); RR 1500-05.2010.5.02.0444, 3ª T, Min. Mauricio Godinho Delgado, DEJT 30.11.2012/J-28.11.2012, Decisão unânime, (Vaga cancelada. Empresa contratante (tomadora de serviços) cancelou a obra por tempo indeterminado. Retenção da CTPS por 04 meses.); RR 1686-37.2010.5.18.0006, 3ª T, Min. Horácio Raymundo de Senna Pires, DEJT 28.10.2011/J-19.10.2011 Decisão unânime, (Não se trata de mera possibilidade de preenchimento da vaga, mas de efetiva intenção de contratar. O reclamante apresentou documentação, fez exames admissionais, forneceu o número da conta bancária e pediu demissão do emprego.); RR 1987-50.2013.5.09.0128, 4ª T, Min. João Oreste Dalazen, DEJT 19.12.2016/J-07.12.2016, Decisão unânime, (Realização de exames admissionais e entrega da CTPS.); ARR 1648-80.2014.5.02.0442, 4ª T, Min. Maria de Assis Calsing, DEJT 01.04.2016/J-30.03.2016, Decisão unânime, RR 335-86.2011.5.07.0010, 5ª T, Min. Guilherme Augusto Caputo Bastos, DEJT 19.12.2014/J-17.12.2014, Decisão unânime, (Exigência de documentos e exames para admissão, inclusive a apresentação da CTPS com baixa das empresas anteriores. Demora na contratação.), RR 944-75.2013.5.04.0271, 7ª T, Min. Luiz Philippe Vieira de Mello Filho, DEJT 12.02.2016/J-03.02.2016, Decisão unânime; RR 92-70.2012.5.04.0664, 7ª T, Min. Cláudio Mascarenhas Brandão, DEJT 18.12.2015/J-16.12.2015, Decisão unânime.

O fato objetivo é que "câmeras, softwares, GPS" estão cada vez mais presentes na vida do homem moderno e igualmente no ambiente de trabalho. As pessoas nunca foram tão vigiadas na atividade profissional.

Penso que a caracterização do dano moral pela instalação de **câmeras televisivas** no ambiente de trabalho depende da **finalidade** do sistema de vigilância e em particular da sua **localização**.

Se o objetivo evidente é o resguardo da **segurança e do patrimônio da empresa** e as câmeras de vídeo **não** são invasivas da intimidade ou da privacidade do empregado, **não** há dano moral.

Por quê? Porque **não há lesão** a direito personalíssimo do empregado.

Figuremos alguns exemplos a título ilustrativo.

Assim, **se** a instalação de câmeras de vídeo, deu-se em áreas abertas ao público, ou em área de trânsito ou frequência comum de pessoas na fábrica e objetivou a **proteção** da indústria e das pessoas que lá se encontram, com o intuito de evitar furtos e roubos, parece-me que são válidos os registros audiovisuais e não caracterizam dano moral.

Suponha-se o caso de uma empresa de transporte coletivo urbano que instala circuito televisivo no interior de ônibus, por razões de segurança e, desse modo, flagra uma justa causa cometida pelo cobrador. Por exemplo: o cobrador sistematicamente **não** cobra tarifa de alguns passageiros. Em meu entender, essa câmera de vídeo é válida **e não tipifica dano moral**, seja pela finalidade do sistema, seja porque o **empregado tem conhecimento da existência do equipamento** de antemão, seja porque **não** está comprometida a intimidade do empregado.

Em síntese: **se** o equipamento de registro audiovisual for instalado em local onde há prestação de serviços, visando à segurança do meio ambiente de trabalho, **não há invasão de privacidade** e, portanto, não há dano moral.

Muito diferente será, porém, a hipótese de instalação das câmeras de vídeo em locais privativos, como os banheiros, cantinas, refeitórios e vestiários.

Viola a intimidade do empregado e extrapola os limites do seu poder diretivo e fiscalizador, a empresa que instala câmera de vídeo **em tais ambientes**, acarretando evidentes constrangimentos, como reconhece copiosa jurisprudência do TST e dos TRTs.[11]

7.2.3. Revista íntima

Igualmente pode configurar dano moral na vigência do contrato de emprego a revista **pessoal** de controle, também denominada **revista íntima**, desde que ofensiva da intimidade e da dignidade do empregado.

Como se sabe, em relação às mulheres, a CLT é expressa (art. 373-A, inciso VI, da Lei n. 9.799/1999) ao **proibir** revistas íntimas.

Sucede que, em algumas empresas, sobretudo em algumas indústrias de confecção e de medicamentos, além de algumas empresas de transporte e segurança, os empregados manipulam bens de fácil ocultação. Daí que, com frequência, às vezes são até mesmo compelidos a despirem-se, total ou parcialmente, de modo a permitir a verificação de eventual subtração de produtos.

A posição francamente majoritária do Tribunal Superior do Trabalho reconhece em tal conduta **afronta ao direito à intimidade** e condena ao pagamento de indenização por dano moral.

Tornou-se célebre o caso de operárias do setor de produção de indústria fabricante de lingerie, do Rio Janeiro, que eram encaminhadas a cabines sem cortina, em grupos de trinta, onde recebiam instruções para levantar as saias e blusas ou abaixar as calças compridas, a fim de que fossem examinadas as etiquetas das peças íntimas.

Naturalmente, essas empregadas submetiam-se a constrangimento moral, com violação ao direito constitucional à intimidade, em situação vexatória e humilhante.

Embora o objetivo da revista fosse evitar e desencorajar o furto na indústria, penso que em nome da defesa do patrimônio não se pode violar a dignidade humana. O poder de direção da empresa está sujeito a limites inderrogáveis, como o respeito à dignidade do empregado e à liberdade que lhe é reconhecida no plano constitucional.

---

(11) TRT 3ª Reg., RO n. 413/2004.103.03.00-7, 4ª T, Rel. Juiz Fernando Luiz G. Rios Neto, DJMG 18.12.04; TST RR 74800-42.2009.5.03.0109, 2ª T, Min. José Roberto Freire Pimenta, DEJT 19.06.2015/J-10.06.2015, Decisão unânime; RR 259300-59.2007.5.02.0202, 3ª T, Min. Alberto Luiz Bresciani de Fontan Pereira, DEJT 19.10.2012/J-05.09.2012, Decisão unânime; RR 1285-31.2011.5.04.0511, 6ª T, Min. Kátia Magalhães Arruda, DEJT 10.04.2015/J-08.04.2015, Decisão unânime; AIRR 32040-38.2005.5.03.0103, 7ª T, Min. Pedro Paulo Teixeira Manus, DEJT 19.03.2010, Decisão unânime, (No caso as câmeras não funcionavam, fato que não afastou a caracterização do dano.); ARR 107700-32.2011.5.17.0008, 8ª T, Min. Márcio Eurico Vitral Amaro, DEJT 18.09.2015/J-16.09.2015, Decisão unânime.

A jurisprudência da SBDI-1 do TST pacificou-se no sentido de reconhecer que a revista íntima acarreta lesão moral.[12]

Forçoso convir, no entanto, que a revista pessoal de controle realiza-se de diversas formas e para cumprir distintas finalidades, o que, não raro, suscita fundadas dúvidas acerca da configuração do dano moral. Coube-me participar do julgamento de caso em que:

1) a Empresa reclamada lidava com medicamentos compostos por substâncias psicotrópicas e de efeitos alucinógenos;

2) para coibir o **furto** de produtos, instituiu sistema de controle consistente em "supervisão" pessoal por pessoa do mesmo sexo que a empregada supervisionada, a qual presenciava a troca de roupas nos vestiários.

Não há dúvida de que o direito de propriedade, de que é titular a Empresa, encontra tutela no ordenamento jurídico e há de ser respeitado, inclusive para efeito de instituição de mecanismos de controle do fluxo de produtos e mercadorias de ordem a resguardar seu patrimônio.

Daí porque compreensível a preocupação demonstrada pela Empresa, no caso, no sentido de cercar de cuidados a manipulação dos medicamentos, tendo em vista as possibilidades de subtração e os danos não só econômicos, mas sociais daí advindos, em virtude das propriedades alucinógenas dos produtos.

Ainda assim, no caso, a 1ª Turma do TST reputou caracterizado o dano moral.

Por quê?

Porque o compreensível controle que a empresa pode exercer com a finalidade de fiscalizar eventual subtração de produtos deve observar os limites que o próprio ordenamento jurídico traça, dentre os quais figura como essencial o respeito à intimidade e à dignidade do empregado. Dito de outro modo, o poder de direção patronal está sujeito a limites inderrogáveis, como o respeito à dignidade do empregado e à liberdade que lhe é reconhecida no plano constitucional.

Ora, no caso narrado, ao destacar empregado para supervisionar a troca de roupas nos vestiários, ainda que do mesmo sexo, o empregador excedeu os limites de seu poder de fiscalização. Invadiu a intimidade pessoal dos empregados, privando-os do exercício de direito constitucionalmente assegurado (art. 5º, inciso X, da CF).

Irrelevante a circunstância de a supervisão haver sido empreendida por pessoa do mesmo sexo, uma vez que o constrangimento persiste, ainda que em menor grau. A mera exposição, quer parcial, quer total, do corpo do empregado, caracteriza grave invasão à sua intimidade, traduzindo a incursão em domínio para o qual a lei franqueia o acesso somente em raríssimos casos e com severas restrições, tal como se dá até mesmo no âmbito do direito penal (art. 5º, incisos XI e XII, da CF).

Entendeu-se, por isso, que em semelhante circunstância a empregada foi vítima de indisfarçável constrangimento, mediante violação ao direito constitucional à intimidade, porquanto submetida a situação vexatória e humilhante.

Entendeu-se ainda que a empresa exorbitou dos limites do poder diretivo e fiscalizador, ao impor a presença de supervisor(a), ainda que do mesmo sexo, para acompanhar a troca de roupa dos empregados no vestiário.

É imperativo ter presente que, como bem observou a saudosa Profª **ALICE MONTEIRO DE BARROS**, "*a inserção do obreiro no processo produtivo não lhe retira os direitos da personalidade, cujo exercício pressupõe liberdades civis*".[13]

Eis porque, nesse caso, entendeu-se que nem mesmo em nome da defesa do patrimônio, tampouco por interesse supostamente público, poder-se-ia desrespeitar a dignidade humana.

Pareceu-nos que incumbiria à empresa, nesse contexto, valer-se de meios de controle **não agressivos** à intimidade de seus empregados, tais como o controle numérico dos medicamentos, o monitoramento por meio de câmeras de vídeo nos ambientes em que há manipulação dos produtos e a verificação contábil mais detalhada do estoque.

De fato, idealmente e em linha de princípio, considerando a necessidade de salvaguarda do patrimônio da empresa e seu indiscutível direito de fiscalização, o que parece recomendável é um controle mediante a utilização dos novos meios tecnológicos, tais como etiquetas magnéticas em roupas, livros, CDs, DVDs, controle de

---

(12) ERR 22800-62.2013.5.13.0007, Min. João Oreste Dalazen, DEJT 13.11.2015/J-29.10.2015, Decisão por maioria, (*Toques na cintura do empregado*); EEDRR 90340-49.2007.5.05.0464, Min. Alberto Luiz Bresciani de Fontan Pereira, DEJT 01.03.2013/J-21.02.2013, Decisão unânime; EEDRR 19900-83.2003.5.01.0042, Min. João Batista Brito Pereira, DEJT 21.08.2009, Decisão unânime, (A empregada era submetida, diariamente, a revistas íntimas, em que era obrigada a tirar toda a roupa.), ERR 641571-42.2000.5.02.5555, Min. Maria Cristina Irigoyen Peduzzi, DJ 13.08.2004, Decisão unânime, (Existência de previsão em norma coletiva.).

(13) BARROS, Alice Monteiro de. *Proteção à intimidade do empregado*. São Paulo: LTr, 1997.

entrada e saída de estoque e de produção, detector de metais etc.

De todo modo, reputo importantes dois esclarecimentos finais sobre a revista íntima:

1º) a existência de **cláusula contratual** autorizando a empresa a realizar a revista íntima não afasta o dano moral porquanto o contrato não pode sobrepor-se à lei e à Constituição Federal.

2º) consolidou-se a jurisprudência do TST, nas Turmas e na SBDI-1, no sentido de que a revista moderada em bolsas, sacolas e outros pertences do empregado não constitui dano moral. Desde que realizada com moderação e razoabilidade, não há ofensa à dignidade do empregado e inscreve-se no poder diretivo e de fiscalização do empregador.[14]

7.2.4. Mora salarial contumaz

Penso que não pode haver banalização no reconhecimento de dano moral na Justiça do Trabalho, ao ponto de identificá-lo, na vigência do contrato de emprego, em toda violação de direito ou descumprimento de obrigação contratual de que seja vítima o empregado.

Pessoalmente sempre entendi que o descumprimento ou o retardamento **em si** na obrigação de pagar salário, ainda que contumaz, **não** caracteriza dano moral.

A **mora salarial em si**, ainda que grave, **não** acarreta lesão a qualquer direito subjetivo personalíssimo do empregado. Claro que traduz infração contratual, sob a forma de justa causa patronal, que rende ensejo à resolução motivada do contrato de trabalho pelo empregado (CLT, art. 483, "d").

Não é, todavia, dano moral em si mesma, a menos que se persista, equivocadamente, identificando o dano moral com o sofrimento espiritual causado a outrem.

Nesse sentido, há julgados de TRT e de Turmas do TST, inclusive acórdãos que **não** reconhecem, no caso, que o dano moral configura-se *in re ipsa*.[15]

A jurisprudência da SBDI-1 do TST, contudo, consolidou-se no sentido de que se configura o dano moral pelo atraso reiterado no pagamento de salários. Mais precisamente: em caso de mora salarial contumaz. Entende-se que a configuração do dano opera-se, na espécie, *in re ipsa*, ou seja, pela simples ocorrência do fato.[16]

---

(14) ERR 171900-91.2013.5.13.0007, Min. Walmir Oliveira da Costa, DEJT 04.11.2016/J-27.10.2016, Decisão unânime; ERR 130730-23.2015.5.13.0023, Min. Márcio Eurico Vitral Amaro, DEJT 14.10.2016/J-06.10.2016, Decisão unânime; EEDRR 68500-09.2006.5.09.0657, Min. Hugo Carlos Scheuermann, DEJT 17.06.2016/J-09.06.2016, Decisão unânime; EEDEDRR 1564400-69.2005.5.09.0010, Min. Augusto César Leite de Carvalho, DEJT 10.06.2016/J-02.06.2016, Decisão unânime; ERR 1390-97.2010.5.19.0002, Min. Renato de Lacerda Paiva, DEJT 18.03.2016/J-10.03.2016, Decisão unânime.

(15) TRT 9ª Reg., RO 16.277/95, ac. 1ª T., Rel. Juiz Tobias de Macedo Filho. DJPr. 08/11/96; 6ª Turma do TST, RR 176/2007-661-04-00.3, Rel. Min Aloysio Correa da Veiga, DJE da JT de 20.03.2009; RR 77600-78.2009.5.15.0054, 2ªT Min. Renato de Lacerda Paiva, DEJT 21.02.2014/J-05.02.2014, Decisão por maioria ; RR 729-49.2013.5.09.0663,4ªT, Min. Maria de Assis Calsing, DEJT 31.03.2015/J-25.03.2015, Decisão unânime, (Atraso no pagamento dos salários ou das verbas rescisórias); RR 183-19.2011.5.04.0205, 4ªT, Red. Min. João Oreste Dalazen, DEJT 19.12.2013/J-18.09.2013, Decisão por maioria, (Atraso de 2 (dois), 1 (um) e 6 (seis) dias no pagamento dos salários de junho, julho e agosto de 2008); ARR 55300-09.2008.5.01.0035, 4ªT, Min. Fernando Eizo Ono, DEJT 13.09.2013/J-28.08.2013, Decisão unânime, (Atrasos no pagamento de salários e verbas rescisórias); RR 1396-09.2011.5.04.0028,5ªT, Red. Min. Emmanoel Pereira, DEJT 21.08.2015/J-18.03.2015, Decisão por maioria; RR 1144-42.2012.5.18.0008, 5ªT, Min. Guilherme Augusto Caputo Bastos, DEJT 15.04.2014/J-01.04.2014, Decisão unânime (14.04.14/CLC), (salários e verbas rescisórias); RR 1419-48.2010.5.02.0382, 5ªT, Min. João Batista Brito Pereira, DEJT 01.07.2013/J-26.06.2013, Decisão unânime (23.08.13/SHM), (salários e verbas rescisórias); . RR 3450700-19.2007.5.09.0008, 6ªT, Min. Aloysio Corrêa da Veiga, DEJT 15.02.2013/J-06.02.2013, Decisão por maioria; RR 30200-64.2009.5.09.0562, 6ªT, Min. Kátia Magalhães Arruda, DEJT 10.08.2012/J-27.06.2012, Decisão por maioria; AIRR 45600-39.2009.5.01.0531,7ªT, Min. Cláudio Mascarenhas Brandão, DEJT 23.09.2016/J-14.09.2016, Decisão unânime, (Não há registro acerca de efetivos prejuízos decorrentes do atraso no pagamento das obrigações contratuais ou das verbas rescisórias).

(16) AgREEDRR 113500-92.2007.5.04.0024, Min. Cláudio Mascarenhas Brandão, DEJT 30.09.2016/J-22.09.2016, Decisão por maioria; EARR 241400-36.2009.5.09.0093, Min. Hugo Carlos Scheuermann, DEJT 22.04.2016/J-14.04.2016, Decisão unânime; ERR 98-21.2012.5.05.0027; Min. Aloysio Corrêa da Veiga, DEJT 08.04.2016/J-31.03.2016, Decisão unânime, (Mora salarial contumaz, em conjunto com o descumprimento de direitos trabalhistas por longo período de tempo, determinou a rescisão indireta do contrato de trabalho da autora, aos 72 anos de idade.); ERR 1250-49.2012.5.04.0701, Min. Guilherme Augusto Caputo Bastos, DEJT 18.03.2016/J-10.03.2016, Decisão unânime; EARR 155400-04.2011.5.17.0008, Min. João Oreste Dalazen, DEJT 11.03.2016/J-03.03.2016, Decisão unânime, (lesão presumida); ERR 89000-56.2007.5.09.0562, Min. João Oreste Dalazen, DEJT 20.02.2015/J-05.02.2015, Decisão unânime; ERR 971-95.2012.5.22.0108, Min. Augusto César Leite de Carvalho, DEJT 31.10.2014/J-23.10.2014, Decisão por maioria, (Atraso salarial se restringiu ao meses de julho e outubro de 2012, sendo o de novembro/2012 quitado em proximidade ao prazo legal. Incontroverso atraso de forma reiterada.); ERR 577900-83.2009.5.09.0010, Min. Márcio Eurico Vitral Amaro, DEJT 24.10.2014/J-09.10.2014, Decisão por maioria, (Atraso nos últimos 5/6 meses – percepção do salário em torno do dia 20º/25º do mês subsequente. Atrasou também o pagamento do vale-alimentação, do vale-transporte e, ainda, por ocasião da dispensa, não lhe foram pagas as verbas rescisórias.).

Penso, *data venia*, que somente se poderia cogitar de dano moral, nesse caso, **se** o empregado provar um nexo causal entre o atraso no pagamento dos salários e eventual abalo de crédito sofrido, advindo, por exemplo, do atraso no pagamento de aluguéis, prestações, mensalidades escolares etc., provocado pela mora salarial contumaz.

7.2.5. Atraso na quitação das verbas rescisórias

A jurisprudência do TST é remansosa no que não reconhece dano moral no caso de atraso na quitação das verbas rescisórias.[17] Costuma-se invocar como fundamento a existência da penalidade específica do art. 477, § 8º, da CLT. Parece-me, todavia, que a razão para tanto repousa essencialmente na inexistência de violação de direito fundamental personalíssimo.

7.2.6. Anotações na CTPS. Informação de que se trata de cumprimento de decisão judicial. Art. 29, § 4º, da CLT

Penso que não caracterizam dano moral as anotações promovidas pelo empregador em cumprimento de decisão judicial.

A responsabilidade civil do empregador por dano moral supõe conduta culposa infringente de direito personalíssimo do empregado.

No caso, não se constata conduta patronal culposa, porquanto não se divisa ato discriminatório no cumprimento de decisão judicial. Ademais, caso a empregadora não proceda à retificação determinada, a anotação pode emanar da Secretaria da Vara do Trabalho, nas hipóteses do art. 39 e parágrafos, da CLT. Ora, esta **última** situação é objetivamente idêntica e também levará à identificação de que feita em razão de determinação judicial. No entanto, ninguém cogita de dano moral do Estado.

A jurisprudência do TST, porém, mormente da SBDI-1, estabilizou-se em sentido contrário.[18] Variante do fenômeno é a anotação da CTPS pelo empregador dos afastamentos do empregado por motivo de saúde. A meu sentir, em semelhante circunstância caracteriza-se nitidamente o dano moral porquanto se estigmatiza e discrimina o empregado. Afeta-se e compromete-se também a sua imagem.

A jurisprudência do TST alinha-se nesse sentido.[19]

---

(17) SBDI-1, ERR 571-13.2012.5.01.0061, Min. Lelio Bentes Corrêa, DEJT 29.04.2016/J-17.03.2016, Decisão por maioria; RR 136-06.2010.5.01.0030, 1ªT, Min. Walmir Oliveira da Costa, DEJT 05.08.2016/J-03.08.2016, Decisão unânime; RR 76300-28.2006.5.02.0255, 1ªT, Min. Lelio Bentes Corrêa, DEJT 06.02.2015/J-04.02.2015, Decisão unânime; RR 623-37.2010.5.01.0042, 1ªT, Min. Hugo Carlos Scheuermann, DEJT 16.11.2012/J-22.10.2012, Decisão unânime; RR 972-17.2013.5.04.0021, 2ªT, Min. Renato de Lacerda Paiva, DEJT 20.03.2015/J-04.03.2015, Decisão por maioria; RR 126-49.2013.5.02.0055, 2ªT, Min. José Roberto Freire Pimenta, DEJT 30.01.2015/J-17.12.2014, Decisão unânime; RR 1192-70.2013.5.09.0863, 3ªT, Min. Alberto Luiz Bresciani de Fontan Pereira, DEJT 06.02.2015/J-04.02.2015, Decisão unânime; RR 3583200-91.2008.5.09.0015,4ªT, Min. Maria de Assis Calsing, DEJT 04.05.2012/J-02.05.2012, Decisão unânime; RR 1561-76.2012.5.04.0204, 5ªT, Min. Emmanoel Pereira, DEJT 31.03.2015/J-25.03.2015, Decisão unânime; RR 1077-65.2012.5.09.0093, 5ªT, Min. Guilherme Augusto Caputo Bastos, DEJT 17.10.2014/J-08.10.2014, Decisão unânime; RR 66-52.2012.5.04.0121, ,5ªT, Min. João Batista Brito Pereira, DEJT 15.02.2013/J-06.02.2013 , Decisão unânime (23.04.13/RV); RR 601-30.2011.5.05.0010,6ªT, Min. Kátia Magalhães Arruda, DEJT 17.10.2014/J-15.10.2014, Decisão unânime; RR 890-27.2013.5.03.0081,6ªT, Min. Aloysio Corrêa da Veiga, DEJT 23.05.2014/J-21.05.2014, Decisão unânime; RR 264-96.2012.5.15.0052, 7ªT, Min. Douglas Alencar Rodrigues, DEJT 05.12.2014/J-02.12.2014, Decisão unânime; RR 926-79.2010.5.01.0065, 8ªT, Min. Dora Maria da Costa, DEJT de 31.03.2015/J-25.03.2015, Decisão unânime.

(18) EEDRR 1861-66.2013.5.20.0007, Min. Cláudio Mascarenhas Brandão, DEJT 20.04.2017/J-30.03.2017, Decisão unânime; EEDRR 900-56.2012.5.02.0074, Min. Walmir Oliveira da Costa, DEJT 18.11.2016/J-10.11.2016, Decisão unânime; EEDRR 2403-30.2011.5.02.0048, Min. Alexandre de Souza Agra Belmonte, DEJT 12.08.2016/J-04.08.2016, Decisão unânime; ERR 199200-27.2008.5.20.0001, Min. Hugo Carlos Scheuermann, DEJT 01.07.2016/J-23.06.2016, Decisão unânime; ERR 177-48.2014.5.04.0741, Min. Cláudio Mascarenhas Brandão, DEJT 24.06.2016/J-16.06.2016, Decisão unânime; EEDRR 1216-98.2010.5.15.0067, Min. José Roberto Freire Pimenta, DEJT 20.05.2016/J-12.05.2016, Decisão unânime; EEDRR 148100-34.2009.5.03.0110, Min. Hugo Carlos Scheuermann, DEJT 30.06.2015/J-18.06.2015, Decisão unânime; EEDRR 2800-93.2007.5.15.0072, Min. José Roberto Freire Pimenta, DEJT 13.03.2015/J-05.03.2015, Decisão unânime; EEDRR 325400-42.2008.5.09.0662, Min. Augusto César Leite de Carvalho, DEJT 23.08.2013/J-15.08.2013, Decisão unânime.

(19) RR 522-91.2010.5.05.0008, 2ªT, Min. Maria Helena Malmann, DEJT 04.11.2016/J-26.10.2016, Decisão unânime; RR 371-06.2013.5.20.0008, 2ªT, Min. Delaíde Miranda Arantes, DEJT 01.07.2016/J-29.06.2016, Decisão unânime; RR 687-71.2012.5.20.0002, 2ªT, Min. José Roberto Freire Pimenta, DEJT 09.05.2014/J-30.04.2014, Decisão por maioria; RR 1120-09.2011.5.20.0003, 3ªT, Min. Alexandre de Souza Agra Belmonte, DEJT 11.04.2017/J-05.04.2017, Decisão unânime; RR 74900-77.2009.5.05.0032, 3ªT, Min. Alexandre de Souza Agra Belmonte, DEJT 29.04.2016/J-27.04.2016, Decisão unânime(Violação do artigo 29, § 4º, da CLT); RR 2190-64.2011.5.20.0002,3ªT, Min. Alberto Luiz Bresciani de Fontan Pereira, DEJT 12.12.2014/J-10.12.2014, Decisão unânime, (Fazer anotações na CTPS do empregado consignando os atestados médicos apresentados por ele configura conduta discriminatória, ensejando o pagamento de indenização por dano moral. O procedimento adotado pela empresa só tem uma finalidade, o desgaste da imagem do empregado, o que acaba dificul-

7.2.7. Dano moral por discriminações arbitrárias

A discriminação **nem sempre** é injusta e inválida. É relevante, portanto, examinar em que medida práticas discriminatórias na vigência do contrato de emprego são ou não são válidas para efeito de gerar direito à indenização por dano moral.

O vocábulo "discriminar" tem uma **dupla acepção**: de um lado, "discriminar" significa "separar, distinguir, diferenciar"; de outro lado, transmite a ideia de dar **tratamento de inferioridade** a uma pessoa ou a uma coletividade, por motivos raciais, religiosos, políticos etc.

A **discriminação arbitrária** é uma manifestação concreta, individual ou coletiva, de **negação** do princípio da **isonomia ou da igualdade** constitucional.

A Constituição Federal garante o direito à igualdade, um princípio básico de todo sistema democrático: "todos são iguais perante a lei, sem distinção de qualquer natureza" (art. 5º).

Entretanto, como assinala o jurista argentino **RAMÓN DANIEL PIZZARRO**: "(...) a igualdade constitucional **não** importa um **mero igualitarismo**, senão uma aberta repulsa à existência de privilégios ou exceções que excluam a uns o que se concede a outros em iguais circunstâncias. **Uma igualdade entre iguais.**"

É o que **SANTO TOMÁS** afirmou:

> "A justiça absoluta se dá tão-somente entre aqueles que são absolutamente iguais; entre os que assim **não** forem, jamais poderia dar-se".

É o que também expôs **RUI BARBOSA** em fórmula clássica: igualdade é tratar desigualmente aos desiguais na medida em que se desigualam.

Daí se segue que **não é qualquer** tipo de discriminação que é antijurídica e apta para gerar dano moral.

A discriminação reprovada pela lei e pela Constituição é a *arbitrária*, ou seja, a **carente de razoabilidade** e, por isso, injusta, o que impõe uma **valoração particularizada**, caso a caso (tomando-se em conta se as circunstâncias particulares justificam, **em termos de razoabilidade**, o tratamento diferenciado que se pretende emprestar ao caso).[20] Quer dizer: assim como há discriminações arbitrárias e injustas, há **discriminações razoáveis e justificadas**, de que **não** deriva dano moral.

Assim, por exemplo, conquanto não seja pacífica a questão, penso que é legítimo que uma companhia aérea condicione a contratação de comissárias a que a candidata exiba uma boa aparência física. Entendo que o acesso a ocupações específicas pode subordinar-se a determinados caracteres físicos dos postulantes; trata-se, a meu sentir, de uma **discriminação justa**. Não há dano moral em semelhante prática.

De igual forma, é justo e razoável que uma empresa jornalística, de determinada ideologia política, exija que o jornalista comungue do mesmo ideário político para contratá-lo. Não diviso aí lesão moral.

Em muitos outros casos, contudo, tal como reconhece a jurisprudência há discriminação injusta que tipifica dano moral. Eis alguns exemplos:

a) DISPENSA IMOTIVADA DE IDOSOS OU SOROPOSITIVOS: em tais casos, de fato, é irretorquível o direito do empregado à indenização por dano moral, com esteio, inclusive, na Lei n. 9.029/1995, em virtude da odiosa e injustificada discriminação.

Impende destacar ainda que, no caso do soropositivo, a jurisprudência vem registrando casos de condenação por dano moral mesmo que o empregador busque encobri-la sob a forma de dispensa imotivada ou até de dispensa por justa causa.

b) despedida por preconceito sexual: a jurisprudência igualmente registra condenação de empregador a indenizar dano moral decorrente de despedida por preconceito ou discriminação sexual. É o caso do empregado despedido porque é homossexual, por exemplo, o que também traduz flagrante violação à liberdade de orientação sexual.

7.2.8. Quebra de sigilo bancário pelo banco empregador

Questão interessante é a consistente em saber se caracteriza lesão moral, por afronta ao direito à privacidade, o monitoramento da conta corrente salário do empregado efetivada pelo próprio Banco empregador.

---

tando ou até mesmo impossibilitando seu eventual reingresso no mercado de trabalho); RR 384-54.2012.5.20.0003, 6ªT, Min. Kátia Magalhães Arruda, DEJT 01.04.2016/J-30.03.2016, Decisão unânime; RR 766-58.2014.5.20.0009,6ªT, Min. Aloysio Corrêa da Veiga, DEJT 18.12.2015/J-16.12.2015, Decisão unânime; RR 11078-32.2014.5.03.0150, 7ªT, Red. Min. Cláudio Mascarenhas Brandão, DEJT 20.05.2016/J-11.05.2016, Decisão por maioria; RR 20353-61.2012.5.20.0001, 7ªT, Min. Douglas Alencar Rodrigues, DEJT 15.04.2016/J-13.04.2016, Decisão unânime, (Ressalvado o entendimento contrário do Relator); RR 1633-65.2011.5.20.0006, 7ªT, Min. Cláudio Mascarenhas Brandão, DEJT 08.04.2016/J-30.03.2016, Decisão por maioria.

(20) A injustiça da discriminação se aprende quando se coloca a pessoa em uma situação de inferioridade, **lesiva de sua dignidade**.

A meu ver, assim como a quebra do sigilo bancário pode não implicar agressão a direito, na hipótese de derivar do cumprimento de ordem judicial, o **monitoramento rotineiro e indiscriminado** de contas-salário de todos os empregados de instituição bancária não acarreta, por si só, violação ao direito à privacidade.

Revela-se indispensável, em semelhante circunstância, a comprovação de que o empregador, de alguma forma, abalou a honorabilidade do empregado, atuando ilicitamente. É o que ocorreria, hipoteticamente, ao conferir-se publicidade a dados da conta corrente de titularidade do empregado, em auditoria interna do Banco, fora das hipóteses previstas em lei ou sem autorização judicial, em flagrante quebra ilegal de sigilo bancário.

Da mesma forma se diga quanto a eventual manipulação de informações relativas à saúde financeira do empregado, mediante monitoramento de sua conta-salário, para a prática de assédio moral no ambiente de trabalho.

Em ambos os casos, exsurge patente a ilicitude da conduta patronal, a ensejar a reparação do dano moral sofrido, por lesão do direito à privacidade.

A *contrario sensu*, o monitoramento indiscriminado de contas-salário de todos os empregados da instituição financeira não constitui violação ilícita do sigilo bancário, **se** observados os limites da legislação vigente acerca da obrigatoriedade de prestação de informações, por parte das instituições bancárias, ao Conselho de Controle de Atividades Financeiras (COAF) e ao Banco Central do Brasil – Lei n. 9.613/1998 (alterada pela Lei n. 12.613/2012) e Lei Complementar n. 105/2001.

Nessas circunstâncias, o empregador confunde-se, em razão de previsão legal expressa, com a autoridade a quem o sistema normativo incumbe o direito-dever de guardar o sigilo bancário e, ao mesmo tempo, prestar informações aos órgãos de controle acerca do conteúdo das movimentações financeiras de todos os correntistas, o que inclui seus próprios empregados. Não dispõe o Banco, em face desse quadro, da alternativa de não monitorar as contas correntes dos clientes, dentre os quais figuram os seus próprios empregados.

Ao meramente atender à determinação legal, o Banco empregador não comete ato ilícito porquanto não infringe ilegalmente o direito fundamental à privacidade dos seus empregados submetidos a tal controle. Impende sublinhar que a própria Lei n. 9.613/1998, no art. 11, § 2º, ressalva que "as comunicações de boa-fé, feitas na forma prevista neste artigo, **não acarretarão responsabilidade civil** ou administrativa." (sem grifo no original). Não se configura, em conclusão, lesão moral passível de reparação.

Entendo, em suma, que não se configura dano moral se a Instituição financeira promove monitoramento nas contas-salário de todos os seus empregados, de forma rotineira e indiscriminada, em cumprimento à lei.

A jurisprudência da SBDI-1 do TST consolidou-se nesse sentido.[21]

7.3. Dano moral na cessação contratual

Igualmente ao ensejo da **rescisão** contratual, **ou após** a rescisão do contrato de emprego, mas **em razão dele**, inúmeras situações caracterizam dano moral passível de gerar direito à indenização, ou suscitam controvérsia.

Em linha de princípio, pode-se afirmar que a dispensa, sem ou por justa causa, **pode, ou não**, gerar direito a indenização por danos morais, dependendo da forma mediante a qual ela se opera.

7.3.1. Dispensa sem justa causa

Às vezes se vê o reconhecimento de dano moral pela suposta "**depressão**" advinda da **despedida**, sem justa causa,[22] ou pelo sofrimento advindo do **desemprego**.

Equivocadamente, inclusive, já se decidiu que há dano moral em caso de dispensa do empregado **às vésperas da aposentadoria** (TRT 3ª Reg.: RO 00990-2007-127-03-00-9), a pretexto de violação dos princípios constitucionais da dignidade da pessoa humana e valoração social do trabalho.

Ora, dano moral não se confunde com a mera infração contratual ou o desrespeito à norma coletiva, senão tudo passaria a ser dano moral na relação de emprego.

---

(21) EEDRR 154200-75.2009.5.03.0022, Min. Hugo Carlos Scheuermann, DEJT 15.04.2016/J-07.04.201, Decisão unânime; ERR 1447-77.2010.5.05.0561, Min. Lelio Bentes Corrêa, DEJT 05.06.2015/J-28.05.2015, Decisão unânime; ERR 2688-50.2011.5.03.0030, Min. João Oreste Dalazen, DEJT 20.03.2015/J-12.02.2015, Decisão por maioria; ERR 82200-95.2009.5.03.0113, Min. Luiz Philippe Vieira de Mello Filho, DEJT 23.05.2014/J-15.05.2014, Decisão unânime; EEDRR 128700-65.2009.5.03.0132, Min. Augusto César Leite de Carvalho, DEJT 28.03.2014/J-20.03.2014, Decisão unânime; ERR 1517-92.2010.5.03.0030 Red. Min. João Oreste Dalazen, DEJT 14.03.2014/J-07.02.2013, Decisão por maioria.

(22) TST, 4ª T., AI-RR 11.627/2000-651-09-40.1, Rel. Min Ives Gandra Martins Filho, julgado em junho/2007.

De outro lado, está claro que a despedida sem justa causa pode provocar "**desemprego**" e **depressão** e, por conseguinte, lamentavelmente gerar aflição à alma e atingir a própria autoestima da pessoa.

Entretanto, como sabemos, a despedida **sem** justa causa, em nosso País, é direito **potestativo** do empregador, **salvo** os casos excepcionais de empregado amparado por garantia de emprego. A despedida traduz, enfim, o exercício regular de um **direito**.

Por isso, as **consequências pessoais, sociais e econômicas** da **despedida** sem justa causa, **em si mesma**, não podem gerar responsabilidade civil do empregador por dano moral. Com todo respeito, seria até um contrassenso entender em contrário: inconcebível que o exercício de um **direito** acarrete responsabilidade civil.

Além disso, os **prejuízos econômicos** inerentes à **privação do emprego e à natural aflição** derivada dessa perda estão ressarcidos pela indenização prevista na Lei trabalhista.

No caso de despedida **sem** justa causa, o **empregador somente suporta responsabilidade civil** por dano moral em caso de **abuso ou discriminação injusta** no exercício desse direito. A jurisprudência reconhece que há discriminação injusta, por exemplo, como visto, na dispensa imotivada de idosos ou soropositivos, ou por preconceito sexual.

7.3.2. Dispensa por justa causa. Reversão em juízo

Uma outra variante do tema, bastante delicada e **polêmica**, é a **estreita** vinculação entre o dano moral e a despedida por justa causa, quando esta **não** resultar **provada em juízo**.

A jurisprudência atual, notória e iterativa da SBDI-1 do TST é no sentido de que **há dano moral** em caso de reversão em juízo da justa causa consistente em prática de ato de improbidade imputada ao empregado. Considera-se que o dano moral, no caso, configura-se *in re ipsa* por presunção de grave ofensa à imagem.[23]

Excepcionalmente, a justa causa imputada ao empregado e não provada pode **não** ser a prática de ato de improbidade.

A 1ª Turma do TST teve ensejo de reconhecer dano moral em caso de empregada despedida por **desídia** decorrente **de diferenças apresentadas no caixa**. No caso, o empregador **não** logrou provar a justa causa em juízo e, além disso, resultou evidenciado que ele **divulgou** a subtração do numerário imputada à empregada. Claro que, sendo ela a responsável pelo caixa, esse comportamento leviano da empresa abala a imagem e a honorabilidade da empregada.[24]

A questão relativa ao dano moral por reversão de justa causa em juízo, todavia, é altamente controvertida na jurisprudência, tanto que quase todas as decisões da SBDI-1, ora referidas, que o reconhecem e traduzem a jurisprudência amplamente majoritária, foram tomadas por maioria.

Filio-me à corrente minoritária, prestigiada por acórdãos mais antigos da SBDI-1.[25] Estou convencido de que **não há uma relação de causalidade automática** entre a ausência de **prova** de ato de improbidade e caracterização do dano moral.

---

(23) EARR 1034-08.2013.5.12.0030, Red. Min. José Roberto Freire Pimenta, DEJT 19.12.2016/J-27.10.2016, Decisão por maioria, (Imputação de ato de improbidade – apropriação de valores de passagens de ônibus. Dano *in re ipsa*); ERR 48300-39.2003.5.09.0025, Min. Augusto César Leite de Carvalho, DEJT 16.10.2015/J-10.09.2015, Decisão por maioria, (Imputação de ato de improbidade); ERR 271-07.2013.5.15.0100, Min. Aloysio Corrêa da Veiga, DEJT 25.09.2015/J-17.09.2015, Decisão por maioria, (Imputação de ato de improbidade, não comprovado em juízo, a ensejar a reversão da justa causa, se perfaz *in re ipsa*); EEDRR 128800-91.2002.5.15.0015, Min. Lelio Bentes Corrêa, DEJT 24.10.2014/J-16.10.2014, Decisão unânime, (Improbidade. Acusação leviana. Reclamado não se dedicou a apurar a prática do suposto ato faltoso, ou individualizar a responsabilidades, além de não ter considerado os mais de 20 anos de serviços prestados pelo empregado.); ERR 56400-24.2008.5.07.0005, Min. Augusto César Leite de Carvalho, DEJT 30.05.2014/J-10.04.2014, Decisão por maioria, (Imputação de ato de improbidade); ERR 164300-14.2009.5.18.0009, Min. Renato de Lacerda Paiva, DEJT 14.03.2014/J-12.12.2013, Decisão por maioria, (Imputação de ato de improbidade); EEDRR 19900-81.2003.5.15.0046, Min. Delaíde Miranda Arantes, DEJT 14.03.2014/J-12.12.2013, Decisão por maioria, (Desconstituição de justa causa fundada em ato de improbidade em juízo); ERR 20500-90.2003.5.07.0025, Red. Min. José Roberto Freire Pimenta, DEJT 25.05.2012/J-03.05.2012, Decisão por maioria, ("Aqui, a ofensa à honra subjetiva do reclamante, o abalo e dano moral, revelam-se "in re ipsa", ou seja, presumem-se, sendo desnecessário qualquer tipo de prova para demonstrar o abalo moral decorrente da acusação de ato de improbidade desconstituído judicialmente."); EEDRR 23300-46.2001.5.05.0016, Red. Min. Milton de Moura França, DEJT 14.11.2008/J-09.06.2008, Decisão unânime, (Imputação de ato de improbidade).

(24) Nessa linha: TST, 1ª Turma, Rel. Min João Oreste Dalazen, PROC. Nº TST-RR-101.612/2003-900-04-00.4, DJ 17/12/2004.

(25) ERR 774061-06.2001.5.02.0023, Red. Min. João Oreste Dalazen, DEJT 01.02.2013/J-04.10.2012, Decisão por maioria, (Imputação de ato de improbidade); ERR 169500-84.2003.5.16.0003, Min. Maria Cristina Irigoyen Peduzzi, DEJT 05.02.2010/J-03.12.2009, Decisão por maioria, (Imputação de ato de improbidade); ERR 1878600-54.2002.5.02.0900, Min. João Batista Brito Pereira, DJ 18.08.2006/J-07.08.2006, Decisão por maioria, (Imputação de ato de improbidade).

Cumpre não olvidar que, antes de tudo, o dano moral **supõe a prática de um ato ilícito**, seja um ilícito civil, seja um ilícito penal.

Entendo que a **reversão** judicial da justa causa, máxime sob a modalidade de ato de improbidade, atribuída ao empregado, somente tipifica dano moral **se** o empregador comete **ato ilícito** sob uma das seguintes formas:

a) ao conferir **publicidade ou dar divulgação** ao fato imputado e **não provado** em juízo, de tal sorte que abale a honorabilidade do empregado;

b) **ou** ao imputar ao empregado a prática de ato de improbidade de forma leviana e precipitada, com base em informações inconsistentes, em claro abuso de poder;

c) **ou** ao agir de forma **maliciosa**, mediante denunciação caluniosa.

O que me parece equivocado, *data venia*, é o reconhecimento do dano moral *in re ipsa*, em caso de desconstituição judicial da justa causa.

Se o empregado não demonstrar que o empregador cometeu qualquer das apontadas formas de ato ilícito com o propósito de prejudicá-lo e o empregador apenas foi infeliz na prova da acenada justa causa, não descortino mácula sobre a honra do empregado.

O posicionamento mais prestigioso no TST, em última análise, implica impor aos empregadores uma espécie de **responsabilidade objetiva** por dano moral porquanto todo aquele que dispensar empregado por ato de improbidade e não lograr comprová-lo em juízo estará fadado a indenizar o empregado.

Ora, o dano moral, como vimos, a exemplo de qualquer ato ilícito, em linha de princípio, pressupõe ato ilícito e culpa em sentido amplo do agente, à luz do art. 186 do Código Civil e do art. 5º, inciso X, da Constituição Federal.

Parece-me demasia e impróprio, pois, que o mero **insucesso** na prova configure o dano moral.

A contrario sensu, penso que tipifica **dano moral** a imputação leviana e precipitada, por exemplo, de furto de mercadoria, de modo a lançar suspeita sobre o empregado com base em indícios superficiais. Tal conduta reveste-se ainda de maior gravidade se ocorre a prisão em flagrante do trabalhador (chapa) em cidade de pequeno porte, onde exponencial a repercussão de qualquer informação negativa sobre a vida da pessoa.

Inafastável o reconhecimento de que, em semelhante circunstância, a empresa macula a reputação e a dignidade do trabalhador.

Em casos como esse, de leviandade e abuso de poder na imputação, ou em casos de denunciação caluniosa na comunicação à autoridade policial, penso que andam bem os julgados do TST que reconhecem o dano moral.[26]

7.3.2.1. Comunicação de delito pela reclamada à autoridade policial. Autoria atribuída ao empregado

Seja em virtude do fato imputado ao empregado a título de **justa causa**, **ou mesmo que não haja controvérsia sobre justa causa**, o certo é que frequentemente o empregador solicita à autoridade policial a abertura de inquérito para a apuração da responsabilidade penal do empregado.

Trata-se de saber se a chamada *notitia criminis* **em si** dirigida à autoridade policial caracteriza ato ilícito, mormente dano moral.

Pessoalmente, parece-me que se a empresa, de forma séria e de boa-fé, ante suposta apropriação indébita ou outro delito cometido no ambiente de trabalho, requer a abertura de inquérito policial para apuração de responsabilidade penal, **não** provoca dano moral, mesmo que não logre provar o mesmo fato na Justiça do Trabalho, a título de ato de improbidade.

É que a *notitia criminis* à autoridade policial **em si**, se não for promovida em represália de reclamação trabalhista e, portanto, não traduzir denunciação caluniosa, ou abuso de direito, ou imputação leviana e inconsistente, **constitui exercício regular de direito**, à luz do que reza o art. 5º, § 3º, do Código de Processo Penal:

> § 3º Qualquer pessoa do povo que tiver conhecimento da existência de **infração penal** em que caiba ação pú-

---

(26) RR 9951800-65.2006.5.09.0562, 4ª T, Rel. Min. João Oreste Dalazen, DEJT 02.10.2015/J-23.09.2015, Decisão unânime; RR 1417-18.2012.5.08.0002, 7ª T, Min. Cláudio Mascarenhas Brandão, DEJT 26.06.2015/J-24.06.2015, Decisão unânime, (Dano moral pós--contratual. Acionamento da autoridade policial para imputar à ex-empregada um crime que sabia não ser verdadeiro, efetuando falsa representação, de modo a criar um constrangimento ou intimidar a reclamante para que cessasse a comunicação com os até então empregados da empresa.); RR 54000-94.2008.5.04.0013, 8ª T, Des. Conv. Sebastião Geraldo de Oliveira, DEJT 25.11.2011/J-23.11.2011, Decisão unânime, (Suspeita de apropriação indébita. Noticiar a ocorrência de suposto crime é exercício regular de direito. Mas, na hipótese dos autos, a atitude da reclamada revelou-se insensata, na medida em que constatado que os mecanismos de controle interno da empresa estavam eivados de falhas, impedindo até mesmo o convencimento do juízo penal acerca do alegado ilícito.).

blica **poderá**, verbalmente ou por escrito, comunicá-la à autoridade policial, e esta, verificada a procedência das informações, mandará instaurar inquérito.

Ora, não caracteriza ato ilícito o exercício regular de direito, consoante dispõe o art. 188, inciso I, do Código Civil. Daí que, em última análise, não pode logicamente resultar em responsabilidade civil por dano moral o requerimento de abertura de inquérito policial formulado pelo empregador.

A jurisprudência do TST, **exceto em caso de reversão de justa causa**, firmou-se no sentido de que a comunicação de delito pelo empregador à autoridade policial, ainda que a autoria seja atribuída ao empregado, não constitui ato ilícito. Antes, ao contrário, traduz exercício regular de direito. Não se configura, por conseguinte, dano moral.[27]

8. DETERMINAÇÃO DO VALOR DA "INDENIZAÇÃO" POR DANO MORAL TRABALHISTA. TARIFAÇÃO. REFORMA TRABALHISTA

Segundo a tradição do Direito brasileiro, tal como se observa em geral no Direito Comparado, a **quantificação** do valor da indenização por dano moral dá-se por **arbitramento** do Juiz, **sem** limites predeterminados.

O Código Civil de 2002, tal como sucedia com o Código Civil de 1916, **não** estabelece sequer critérios para a fixação do valor da **indenização**.

Vê-se, assim, que é um **sistema aberto** e, portanto, **ilimitado e não tarifário**, em que se confia **exclusivamente na prudente discricionariedade** do Juiz para a fixação do valor da indenização.

8.1. Inconstitucionalidade da tarifação do valor da indenização por dano moral

Sucede, todavia, que **o projeto de lei que implanta a reforma trabalhista, já aprovado na Câmara dos Deputados e ora em tramitação no Senado Federal**, passa a adotar um sistema **tarifário** de arbitramento do valor da indenização,[28] em norma do seguinte teor:

Art. 223-G. Ao apreciar o pedido, o juízo considerará:

I – a natureza do bem jurídico tutelado;

II – a intensidade do **sofrimento** ou da humilhação;

III – a possibilidade de superação física ou psicológica;

IV – os reflexos pessoais e sociais da ação ou da omissão;

V – a extensão e a duração dos efeitos da ofensa;

VI – as condições em que ocorreu a ofensa ou o **prejuízo moral**;

VII – **o grau de dolo ou culpa**;

VIII – a ocorrência de retratação espontânea;

IX – o esforço efetivo para minimizar a ofensa;

X – o perdão, tácito ou expresso;

XI – a situação social e econômica **das partes envolvidas**;

XII – o grau de publicidade da ofensa.

§ 1º Se julgar procedente o pedido, o juízo **fixará a indenização a ser paga**, a cada um dos ofendidos, em um dos seguintes **parâmetros**, vedada a acumulação:

I – ofensa de natureza **leve**, até três vezes **o último salário** contratual do ofendido;

II – ofensa de natureza **média**, até cinco vezes o último salário contratual do ofendido;

III – ofensa de natureza **grave**, até vinte vezes o último salário contratual do ofendido;

IV – ofensa de natureza **gravíssima**, até cinquenta vezes o último salário contratual do **ofendido**.

§ 2º Se o **ofendido for pessoa jurídica**, a indenização será fixada com observância dos mesmos parâmetros estabelecidos no § 1º deste artigo, mas em relação ao **salário contratual do ofensor**.

---

(27) RR 570200-34.2006.5.09.0892, 1ªT, Min. Walmir Oliveira da Costa, DEJT 22.05.2015/J-13.05.2015, Decisão por maioria, (Suspeita de furto – registro de boletim de ocorrência policial); RR 35700-08.2006.5.02.0079, 1ªT, Min. Walmir Oliveira da Costa, DEJT 04.05.2015/J-29.04.2015, Decisão unânime, (Suspeita de fraude – instauração de auditoria interna); RR 1644500-34.2007.5.09.0012, 2ªT, Min. Guilherme Augusto Caputo Bastos, DEJT 11.03.2011/J-02.03.2011, Decisão unânime, (Suspeita de apropriação indébita – formulação de notícia crime); AIRR 71100-62.2002.5.18.0052,6ªT, Min. Mauricio Godinho Delgado, DEJT 05.03.2011/J-24.02.2010, Decisão unânime, (Suspeita de apropriação indébita – empregado foi denunciado e absolvido por falta de provas); RR 1270-17.2011.5.09.0093,7ªT, Min. Luiz Philippe Vieira de Mello Filho, DEJT 07.10.2016/J-28.09.2016, Decisão unânime, (Suposta ameaça de extorsão. Instauração de inquérito policial. Prisão. Arquivamento do inquérito policial.), AIRR 184-51.2012.5.01.0205, 7ªT, Des. Conv. Arnaldo Boson Paes, DEJT 04.05.2015/J-29.04.2015, Decisão unânime, (Suspeita de uso de entorpecente – instauração de inquérito policial); RR 1674-43.2010.5.18.0161,7ªT, Min. Ives Gandra da Silva Martins Filho, DEJT 21.10.2011/J-11.10.2011, Decisão por maioria, (Suspeita de furto – instauração de inquérito policial).

(28) Projeto decalcado do **projeto de lei** aprovado no Senado Federal nº 150, de 1999, com o substitutivo do ex-Senador **PEDRO SIMON**, igualmente estabelecendo **tarifação** para a indenização por dano moral, praticamente nos mesmos termos.

§ 3º Na **reincidência** entre partes idênticas, o juízo poderá elevar ao dobro o valor da indenização.

Como se percebe, em essência, o projeto de lei em apreço:

a) cria quatro categorias de dano moral, conforme a gravidade;

b) **limita** o valor da indenização ao **máximo** que estipula, conforme a natureza da ofensa;

c) vincula o valor da indenização ao último salário contratual do ofendido;

d) adota critérios para a mensuração em concreto do valor da indenização.

Salta à vista, a meu sentir, a **inconstitucionalidade** da virtual norma legal ora referida, por diversos fundamentos.

Como se sabe, entre os direitos e garantias fundamentais, a Constituição Federal de 1988 assegura à vítima de dano moral direito à indenização a ser fixada, observados os requisitos de **razoabilidade e proporcionalidade** ao agravo infligido (art. 5º, incisos V e X).

Ao tarifar e estandardizar o valor da indenização por dano moral, o legislador, além de seguir na contramão da história e do Direito, contrapõe-se logicamente à exigência da norma constitucional de que a indenização seja **proporcional** ao agravo sofrido pela vítima.

O vocábulo "proporcional" significa que o valor deve obedecer à dimensão da lesão, sobretudo do ponto de vista da gravidade e do bem personalíssimo atingido. Ora, isso é absolutamente incompatível com a predeterminação de um valor **máximo** para a indenização.

De fato, impossível conciliar a estandardização do valor da indenização por dano moral com a exigência constitucional de proporcionalidade. Parece de lógica cartesiana irrefutável que "**proporcional**" **não se compadece jamais com a estipulação de um valor máximo** a título de indenização, mormente levando em conta as múltiplas e heterogêneas formas de lesão moral que a dinâmica social e econômica suscita.

Assim, **em primeiro lugar**, a inconstitucionalidade repousa na contradição **intrínseca** entre a norma constitucional que não limita o valor da indenização e a norma legal que impõe valor máximo a título de dano moral.

Anoto, a propósito, que está sedimentado na jurisprudência brasileira do Superior Tribunal de Justiça o entendimento de que, em face da Constituição de 1988, **não** há qualquer **tarifação** para a indenização do dano moral, nem mesmo para aqueles casos previstos na Lei de Imprensa. A **Súmula n. 281 do STJ** consagrou essa orientação: "A indenização por dano moral não está sujeita à tarifação prevista na Lei de Imprensa".

Por isso, no Direito brasileiro, a exemplo do Direito Comparado, a quantificação do valor da indenização por dano moral dá-se por **arbitramento** do Juiz, **sem** limites predeterminados.

Entendo, igualmente, que qualquer critério tarifário na fixação do valor da indenização por dano moral **não** mais se coaduna com a já referida diretriz de **proporcionalidade** entre a reparação e o agravo, hoje elevada à dignidade constitucional (art. 5º, inciso V).

Em segundo lugar, a inconstitucionalidade, no caso, desponta de a **lei** (**iminente!**) tarifar em valor quase vil o montante máximo da indenização.

Note-se que para os milhões de brasileiros que auferem salário mínimo, se forem vítimas de um dano moral considerado "leve", como a anotação na CTPS pelo empregador dos afastamentos por motivo de saúde, o valor máximo da indenização a que farão jus será de "até três vezes" o valor do salário mínimo, correspondente, no caso, ao salário contratual do ofendido. Importa afirmar: em maio de 2017 (salário mínimo: R$ 937,00), corresponde a R$ 2.811,00 (dois mil e oitocentos e onze reais), quantia flagrantemente irrisória.

Percebe-se, no exemplo figurado, que a lei em gestação no Congresso Nacional, no afã de aviltar e malbaratar o valor da indenização:

a) rende ensejo a que a indenização seja fixada em montante **tão baixo e desprezível** que se revele inteiramente **desproporcional** à natureza e à gravidade da lesão;

b) não permite igualmente que a indenização cumpra a **função pedagógica e inibitória**, que também lhe cabe, de desencorajar o ofensor a persistir na mesma prática.

Recorde-se, a propósito deste último aspecto, o caso narrado por **ROBERTO LYRA**, do "romano Nerácio", que "passeava pelas ruas de Roma, acompanhado de um escravo, encarregado de pagar a taxa legal pelas bofetadas que se divertia em vibrar nos transeuntes".[29]

Em terceiro lugar, igualmente realça a inconstitucionalidade a circunstância de o legislador preocupar-se **estritamente** em fixar um valor **máximo** a título de indenização por dano moral, olvidando por completo de um **valor mínimo**, como seria mais coerente e consentâneo com o espírito da norma. De sorte que, como

---

(29) LYRA, Roberto. *Comentários ao código penal*, 3. ed. Forense, 1958, v. II, n. 33, p. 246-247.

posta, a norma legal também chancela um valor mínimo **irrisório ou ínfimo**, desde que não ultrapasse o valor máximo de que (unicamente!) cogita. No entanto, esse valor irrisório ou ínfimo pode afigurar-se, precisamente por isso, **desproporcional** à lesão!

Em quarto lugar, sobressai ainda a inconstitucionalidade da circunstância de a lei em gestação, se finalmente aprovada, sancionada e publicada, negar aplicação ao **princípio constitucional da máxima efetividade** das normas constitucionais.

A respeito, ensina o clássico **CANOTILHO** (sem negrito no original):

> Este princípio, também designado por *princípio da eficiência* ou princípio da interpretação efectiva, pode ser formulado da seguinte maneira: **a uma norma constitucional deve ser atribuído o sentido que maior eficácia lhe dê**. É um princípio operativo em relação a todas e quaisquer normas constitucionais, e embora a sua origem esteja ligada à tese da actualidade das normas programáticas (THOMA), é hoje sobretudo invocado no âmbito dos direitos fundamentais (no caso de dúvidas deve preferir-se a interpretação que reconheça maior eficácia aos direitos fundamentais).[30]

LUÍS ROBERTO BARROSO, a seu turno, anota:

> Efetividade significa a realização do Direito, a atuação prática da norma, fazendo prevalecer no mundo dos fatos os valores e interesses por ela tutelados. Simboliza, portanto, a aproximação, tão íntima quanto possível, entre o *dever-ser* normativo e o *ser* da realidade social. O intérprete da Constitucional deve ter compromisso com a efetividade da Constituição (...)[31]

Ora, bem ao contrário, a iminente norma legal sob exame, no que busca tarifar, achatar e quase padronizar, em última análise **limita** drasticamente o valor devido a título de indenização por dano moral, o que implica **reduzir ou limitar a eficácia dos preceitos insculpidos no art. 5º, incisos V e X, da Constituição Federal, em detrimento da vítima de dano moral trabalhista**.

Em quinto lugar, a inconstitucionalidade material da norma legal que limita o valor da indenização por dano moral deriva de propiciar patente vulneração ao **princípio constitucional da isonomia**, inscrito no art. 5º, *caput*, da Constituição Federal. A lei não pode emprestar tratamento desigual a pessoas que se acham na mesma situação jurídica.

Suponha-se dois empregados bancários, gerente geral da agência e caixa, vítimas de acidente de trânsito em atividade de transporte de valores. O último salário do gerente era R$ 12.000,00 (doze mil reais). O caixa auferia R$ 4.000,00 (quatro mil reais). Sendo o labor prestado em atividade tipicamente de risco, há responsabilidade civil do Banco empregador por dano moral em virtude da perda trágica de duas vidas humanas. A prevalecer o critério contemplado no projeto de lei em comento e caso se considere a ofensa de natureza **gravíssima**, os familiares dos bancários, na qualidade de sucessores, terão direito à indenização por dano moral correspondente a cinquenta vezes o último **salário contratual**. Por conseguinte, os sucessores do gerente geral de agência têm direito a R$ 600.000,00 (seiscentos mil reais), a título de indenização por dano moral; os sucessores do caixa, por sua vez, farão jus a R$ 200.000,00 (duzentos mil reais). Conclusão: **ambos os empregados perdem a vida em serviço, mas a vida do caixa vale apenas um terço do que vale a vida do gerente geral de agência**. Evidentemente, a lei não pode consentir em que se dê esse tratamento desigual, injusto e discriminatório a dois empregados que se achavam na mesma situação jurídica.

8.2. Alguns parâmetros para a determinação do valor da indenização por dano moral

Descartada a constitucionalidade da tarifação perante o Direito brasileiro, é forçoso convir que, infelizmente, não há uma **equação matemática** para a **justa quantificação** do valor da indenização por dano moral. Nem pode haver visto que cumpre guardar proporcionalidade com a dimensão e a gravidade da lesão, o que, por sua vez, varia sobremodo nas miríades de situações concebíveis.

Compreender que o dano moral em si é incomensurável: como ensina o argentino JORGE ITURRASPE, "a dor, as disfunções nos estados de ânimo, os ataques à personalidade e à vida de relação, as frustrações nos projetos de vida, assim como os danos estéticos, à harmonia do corpo, à intimidade, **não podem ser traduzidos em dinheiro. Deve-se compreender, portanto, a impossibilidade de fórmulas matemáticas**" com vistas a preestabelecer um número.[32] Não deve consti-

---

(30) CANOTILHO, José Joaquim Gomes. *Direito constitucional*. 5. ed. Coimbra: Almedina, 1991. p. 233.
(31) BARROSO, Luís Roberto. *Curso de Direito Constitucional Contemporâneo*. 5. ed. São Paulo: Saraiva, 2015. p. 341.
(32) ITURRASPE, Jorge Mosset. *Daño moral* (cuantia del resarcimiento por daño moral), p. 31 e segs.

tuir preocupação, pois, apurar uma soma pecuniária que corresponda ao valor **intrínseco** preciso dos bens morais ofendidos. Afinal, por exemplo, é estimável em dinheiro a honra ultrajada?

É certo que o aludido sistema de culto à discricionariedade judicial para efeito de arbitramento da indenização (em rigor, uma compensação!) tem gerado **cifras ostensivamente desiguais para casos similares**, em que a prudente discricionariedade do Juiz, em alguns casos, **tangencia perigosamente os limites da arbitrariedade**, pura e simples.

A arbitrariedade deriva da ausência ou deficiência de fundamentação das decisões, o que se combate apontando a nulidade da decisão (CF/88, art. 93, inciso IX). **Vide infra item 7.4.**

A discrepância de valores, contudo, conquanto indesejável em virtude de conspirar contra a segurança jurídica, desafortunadamente é ínsita a esse sistema aberto e de arbitramento proporcional ao agravo, consagrado no Direito brasileiro.

Trata-se de um sistema em que o Juiz assume papel de destaque, cabendo-lhe examinar detidamente caso a caso para, **moderada e equitativamente, estimar** o valor da indenização (compensação) por dano moral.

Uma vez que se cuida de um **juízo de equidade**, entendo que, na delicada tarefa destinada a **dimensionar concretamente o valor** da indenização (compensação) pela lesão moral, ideal é que o Juiz se paute por alguns critérios, de forma a individualizar a responsabilidade do ofensor.

O acenado Projeto de Lei da Reforma Trabalhista, já aprovado na Câmara dos Deputados, como visto, delineia critérios, alguns bastante discutíveis, a exemplo do que determina que o Juiz considere a situação econômica e social **das partes envolvidas e, portanto, da própria vítima**, o que é, *data venia*, absurdo.

Daí que, enquanto tal Projeto não se convolar em lei, penso que o Juiz deve pautar-se pelos **critérios** a seguir expostos.

1º) considerar a **gravidade objetiva do dano**, o que implica avaliar a **extensão e a profundidade da lesão**, tomando em conta os meios utilizados na ofensa, as sequelas deixadas, a intencionalidade do agente etc.; **ofensa mais grave, como a morte do empregado**, em confronto com a **perda de um membro**, deve desafiar resposta maior, ou seja, indenização mais elevada;

Da mesma forma, distinguir uma ofensa **duradoura ou definitiva, de outra transitória**: uma coisa são a lesão e o sofrimento advindos da **perda** de um membro em decorrência de acidente de trabalho por culpa do empregador; outra, é a **fratura** de uma perna também por acidente de trabalho culposo.

2º) levar em conta a intensidade do sofrimento da vítima, que é um elemento marcantemente individual e variável; lesões igualmente graves do ângulo objetivo, podem provocar sofrimento diverso às pessoas, segundo a maior ou menor sensibilidade física ou moral de cada um; a verdade é que cada pessoa tem um padrão ético e sentimental, umas mais sensíveis e outras insensíveis;

Há até aqueles tão **insensíveis** que RIPERT denominou-os, em frase imortal, de "**estoicos de coração seco**"; claro que o sofrimento destes é menos intenso e, portanto, a indenização deve ser **menor**; já uma **cicatriz no rosto** de quem **vive da imagem**, como é o caso de **artista ou modelo**, por certo atinge a vítima de forma mais **intensa**, devendo ser mais significativa a indenização;

3º) considerar o **maior ou menor poder econômico do ofensor**; a compensação deve ser estipulada de forma a **inibir** o ofensor quanto a **novas investidas**, tomando em conta as condições econômicas do ofensor; uma indenização de **5 (cinco) salários mínimos como forma de coibir revistas íntimas numa grande empresa pode se revelar inútil e ela pode até preferir assumir o risco**, porque poderia sair mais barato do que os danos materiais causados por eventuais furtos de mercadorias. É importante que o valor arbitrado desestimule futuras investidas do ofensor.

O que não me parece admissível, contudo, é a **capacidade financeira do causador do dano, por si só**, ditar a fixação da indenização, em valor que propicie o enriquecimento sem causa, ou desproporcional, da vítima ou de terceiro interessado.

4º) pautar-se, enfim, pela razoabilidade e equitatividade na estipulação, **evitando-se: de um lado**, um valor exagerado e exorbitante, ao ponto de levar a uma situação de enriquecimento sem causa, ou conduzir à ruína financeira o ofensor; de outro, evitando-se um valor que seja irrisório ou insignificante, ao ponto de **não** cumprir sua **função pedagógica e inibitória**.

O **ideal** é que a **indenização** respeite a fórmula proposta pelo saudoso Prof. **CAIO MÁRIO DA SILVA PEREIRA**:

> "... Nem tão **grande** que se converta em fonte de enriquecimento, nem tão **pequena** que se torne inexpressiva..."

O **ideal** é a **moderação ou parcimônia** na fixação do valor.

8.3. Controle do valor da indenização em SI pelo TST

Em situações excepcionais, a exemplo do STJ, a jurisprudência do **TST** admite o processamento de Recurso de Revista para viabilizar a **revisão** do montante da indenização a título de dano moral, **na hipótese de arbitramento em valor excessivo ou irrisório**, sob o fundamento de que decisão desse jaez **viola** os princípios da **razoabilidade e da proporcionalidade na fixação da indenização**, tal como exige o art. 5º, inciso V, da Constituição da República.

Mesmo em face da **Súmula n. 126**, o TST entende que **não pode escapar ao seu controle** o valor da indenização por dano moral, de modo que o **patrimônio do ofensor não seja duramente abalado** mediante enriquecimento sem justa causa, ou que o valor arbitrado não cumpra o papel pedagógico de desestimular a reincidência do ofensor.

Embora seja tecnicamente questionável, a viabilidade de o TST, em recurso de revista, reduzir ou majorar o valor da indenização, **eticamente** não cabe dúvida acerca da imperiosa necessidade de revisão de certos valores, com vistas a **atender aos critérios da razoabilidade e da proporcionalidade**.

8.4. Exigência de fundamentação da decisão de arbitramento da indenização

O primeiro é um controle da regularidade formal (**extrínseca**) da decisão, em especial no que tange à exigência **essencial** de fundamentação.

Está claro que o arbitramento da indenização dos danos morais está subordinado ao princípio da **motivação** das decisões judiciais, estatuído no art. 93, inciso IX, da Constituição Federal; do contrário, **não seria arbitramento, e sim arbitrariedade**, prática incompatível com o Estado Democrático de Direito e causa de nulidade da decisão.

Na tarefa **prudente e criteriosa de estimação** da indenização do dano moral, patente que o órgão jurisdicional tem o **dever** de declinar as **razões** que lhe formaram o convencimento, analisando as particularidades ou especificidades **fáticas** do caso concreto.

Na Argentina, em que também se registram problemas semelhantes aos nossos no tocante à fixação do valor da indenização do dano moral, a "**Corte Suprema de Justicia de la Nación**" vem sustentando, há décadas, que, embora as normas legais confiem à prudência dos magistrados a determinação do valor da indenização, isso **não** os autoriza a prescindir de **fundamentar** a decisão.

Dito de outra maneira: **na Argentina**, considera-se **nula** a decisão se o Juiz, ao determinar o montante da indenização, louva-se em "**generalidades**" que **não** permitem a apreciação correta do **processo racional** que seguiu para fixar o valor da indenização, no caso concreto.

No Brasil, sabemos que são costumeiras essas "generalidades", não raro para fixar valor exorbitante ou inexpressivo.

Penso que a parte interessada pode e deve insistir na **motivação** das razões que ditaram o valor da indenização para o **caso concreto, isto é,** exigir que se examinem todas as nuances de fato da acenada lesão moral, para efeito de arbitramento. **Pode e deve** recusar-se a aceitar as mencionadas "**generalidades**", sob a forma de chavões, que convertem o arbitramento em **arbítrio judicial**.

Como ensina RAMÓN DANIEL PIZZARRO:

> Não basta uma mera invocação genérica da existência do dano moral. É mister que se especifique em que consiste o dano moral, quais são as circunstâncias do caso, como incidiu sobre a personalidade da vítima. Estas circunstâncias do caso têm um grande significado para a determinação objetiva do dano moral experimentado pela vítima e, ao mesmo tempo, para facilitar a concretização de uma solução equitativa".[33]

Isso é tanto mais importante quando se tem presente que, em sede de recurso de revista, o TST **não pode revolver fatos e provas** concernentes à fixação do valor da indenização.

Logo, **se** houver **omissão** sobre aspecto **fático** relevante na determinação da indenização, cumpre à parte interpor embargos de declaração para suplementar a tutela jurisdicional.

Se persistir a omissão a propósito de **fato relevante**, o caso será típico de o recurso de revista arguir preliminar de nulidade do acórdão regional, por negativa de tutela jurisdicional, apontando-se explicitamente **afronta** ao art. 93, inciso IX, da CF/88, ao art. 11 do CPC/15 e ao art. 818 da CLT (Orientação Jurisprudencial n. 115 da SDI-1).

---

(33) PIZARRO, Ramón Daniel. *Daño Moral.* 2. ed. Buenos Aires: Hammurabi, 2004. p. 428.

Direito de Greve e Interdito Proibitório

1. DIREITO DE GREVE. CONCEITO

Como se sabe, a greve é um mecanismo de **autotutela** ou de autodefesa de interesses, que se materializa no exercício direto das próprias razões, excepcionalmente acolhido pela ordem jurídica.

Por isso, a greve já foi comparada à guerra.

Tecnicamente, a greve é a expressão ou manifestação de um conflito coletivo de trabalho.

A greve é um direito individual de exercício coletivo.

Depreende-se da Lei n. 7.783/89 que a greve é um direito individual do trabalhador, de exercício **coletivo** declarado pelo sindicato.

2. NÃO HÁ DIREITO ABSOLUTO

Impõe-se, todavia, ter presente que, embora a greve seja um direito social e constitucional inalienável e fundamental dos trabalhadores, não é um direito absoluto em nosso ordenamento jurídico, não é um direito amplo e irrestrito.

Aliás, num Estado Democrático de Direito não há direito absoluto! O direito de um termina sempre onde começa o direito do outro.

No caso do direito de greve, em quase todos os sistemas jurídicos, a exemplo do brasileiro, é um direito relativo, sujeito a algumas limitações impostas pela CF/88, pelas leis ordinárias ou por normas internacionais.

Tanto que o art. 6º, § 1º, da Lei de Greve do Brasil reza:

> "Em nenhuma hipótese, os meios adotados por empregados e empregadores poderão **violar ou constranger os direitos e garantias fundamentais de outrem.**"

Inquestionável, portanto, que o direito de greve sofre restrições ou limitações impostas pela necessidade de serem preservados outros direitos, *muitos deles superdireitos, direitos* fundamentais consagrados pela ordem jurídica constitucional, alguns elevados à dignidade de direitos naturais do Homem.

Bem se compreende, nesta perspectiva, que a própria Declaração Universal dos Direitos do Homem que aprovara em 1948, haja proclamado que o direito de greve deve ser "exercido de conformidade com as leis de cada país", que podem prever limitações **"para proteção dos direitos e liberdades de outrem"** (art. 8º, alíneas *c* e *d, do* Pacto Internacional dos Direitos Econômicos Sociais e Culturais – N.Y., 1966).

Bem se compreende igualmente que o próprio Comitê de Liberdade Sindical da OIT – o mais conceituado *forum* para a salvaguarda dos direitos sindicais – admita limitações ao direito de greve, sobretudo para que se respeite a liberdade de trabalho e não se cometam atos de violência.

No ordenamento jurídico brasileiro, essas limitações extraem-se, antes de mais nada, da própria Constituição Federal.

Como sabemos, a Constituição Federal consagra diversos **outros** direitos fundamentais de toda pessoa, tais como:

1º) de livre manifestação de pensamento, inclusive daqueles que são **contrários** à greve (art. 5º, inciso IV);

2º) dignidade humana (art. 1º, inciso III);

3º) o **direito à vida** e, portanto, à incolumidade física, à **liberdade**, à **segurança** (art. 5º, *caput*);

4º) **propriedade privada** (art. 5º, inciso XXII);

5º) **a liberdade de trabalho,** ou seja, o direito ao livre exercício de qualquer ofício ou profissão (art. 5º, inciso XIII);

6º) direito à **liberdade de locomoção** (art. 5º, inciso XV);

7º) direito de indenização por dano material, moral ou à imagem (art. 5º, inciso V);

8º) o direito à livre iniciativa da atividade econômica (art. 170 da CF/88).

E o que se infere da consagração desses princípios fundamentais na Constituição Federal?

A meu juízo, extraem-se daí, ao menos, duas **conclusões**.

Primeira, que esses princípios e garantias fundamentais do cidadão **também** merecem proteção diante do direito de greve e, portanto, **restringem** o direito de greve para que possam ser preservados e se exercitem na plenitude.

Segunda, isso implica afirmar que há uma **vinculação** sistemática desses direitos e liberdades fundamentais, de sorte que todos são o limite de cada um.

Qual direito é maior, qual direito tem **primazia** sobre o outro? O de greve ou o da livre iniciativa? O de greve ou o da **liberdade de trabalho?** O de greve ou o direito à **liberdade de locomoção?**

Patente que são direitos de igual hierarquia, não há hierarquia de um sobre os outros.

Por conseguinte, tanto é abuso do direito à livre iniciativa tolher o exercício do direito de greve, como é abuso do direito de greve o piquete violento, que compromete a ordem pública, impede o direito de ir e vir das pessoas e, em especial, o direito ao trabalho daqueles que não querem aderir ao movimento grevista.

Vale dizer: todos esses direitos devem **conviver harmoniosamente**. A Constituição deve ser obedecida integralmente e não somente no que nos convém.

Da própria Lei de Greve inferem-se também diversos atos ilícitos ou abusivos, que podem ser praticados por ação ou omissão, seja pelos dirigentes sindicais que comandam a greve, seja pelos próprios grevistas.

Um dos principais abusos é a violência à pessoa ou ao patrimônio (com base no art. 6º, inciso I e §§ 1º, 2º e 3º, e nos arts. 9º, 11 e 14 da Lei n. 7.783, de 1989), que, em geral, se concretiza na participação em piquetes obstativos ou arrastões.

Em nosso país, é forçoso convir, *os* piquetes obstativos ou ofensivos da liberdade de trabalho têm sido amplamente utilizados, embora sejam explicitamente proibidos pela Lei de Greve (art. 6º, § 3º) e até constituam crime, em certos casos.

São tolerados com alguma leniência.

Todos sabemos que no Brasil, a exemplo do Direito Comparado, somente são **permitidos** os piquetes de simples propaganda; não os de coação física ou moral.

O piquete permitido é o pacífico, de mera dissuasão ou convencimento: o piquete permitido é, na realidade, aquele que se constitui um simples método de propaganda do movimento grevista.

O único piquete perfeitamente lícito é o consistente em arregimentar novos adeptos, ou o apoio da opinião pública, seja portando cartazes ou faixas, seja usando aparelhagem de som, seja mediante a movimentação de aliciadores da greve, mas sempre de forma pacífica.

Impende ponderar, no entanto, que uma coisa é o uso de argumentos de retórica ou outros de convencimento. Isso é inerente ao Estado Democrático de Direito que nos rege.

Outra coisa, muito diferente, é a barreira humana que se interpõe, obstaculizando empregados e clientes a ter acesso ao estabelecimento, vedando-se a entrada dos empregados que **não** queiram aderir à greve, ou que obstem o direito de ir e vir de qualquer cidadão. Claro que isso **não é lícito**.

Assim como não é lícito manter veículos, correntes, cavaletes, ou qualquer outro tipo de força física ou material que impeça o normal funcionamento da agência ou estabelecimento, ou que impeça a entrada e saída de clientes e empregados.

Naturalmente, atos consistentes em impedir a entrada e a saída de pessoas ou de veículos do estabelecimento comercial ou da agência, agressões físicas e verbais às pessoas que ali tentam ingressar, enfim, atitudes hostis e de vandalismo orquestrado praticadas pelos integrantes do movimento desqualificam a greve e são, pura e simplesmente, atos ilícitos, passíveis de sanção cível, trabalhista e até criminal!

Não há dúvida de que o **piquete obstativo ou violento** perpetra uma série enorme de violações a direitos do empregador ou de terceiros.

Em primeiro lugar, afronta os direitos de posse e de propriedade do empregador sobre os prédios do estabelecimento comercial ou da agência. Patente que esses direitos compreendem, necessariamente, a possibilidade da exploração do bem, de modo a atender aos seus fins, do que fica privado o empregador.

Em segundo lugar, transgride o direito constitucional à livre iniciativa econômica (Constituição Federal, art. 170).

Em terceiro lugar, o piquete obstativo também viola o direito de ir e vir dos empregados que **não** aderiram à greve e dos clientes que necessitem ingressar nos estabelecimentos ou deles sair (Constituição Federal, art. 5º, inciso XV).

Salta à vista, pois, que o direito de **greve** assegurado pela Constituição Federal não pode suplantar a liberdade de locomoção, erigida que foi ao cerne da liberdade da pessoa física pelo sistema jurídico brasileiro.

Pior ainda: constata-se muitas vezes que esse comprometimento à liberdade de locomoção prejudica, gravemente, não só os empregados e clientes da empresa, mas a própria sociedade. Sim, porque, a bem da verdade, o **bloqueio**, por exemplo, de agências bancárias, atinge a população em geral, mormente os menos favorecidos, aposentados e pensionistas do INSS, que precisam sacar seus benefícios, além de prejudicar o recebimento de salários.

Em quarto lugar, o piquete violento viola o direito não menos sagrado **ao** trabalho do empregado que não quiser aderir à greve, direito social tão importante quanto o direito de greve.

Não há dúvida, portanto, de que há limitações ao exercício do direito de greve e de que pelos **excessos** respondem grevistas e dirigentes sindicais nas esferas cível, penal e trabalhista.

No âmbito estritamente trabalhista, o empregador pode obter a responsabilização do sindicato por tais excessos mediante a declaração de abusividade do movimento paredista pela Justiça do Trabalho, ao ensejo do julgamento de dissídio coletivo e na declaração de perda dos salários dos participantes referente aos dias de paralisação. Tudo isso, obviamente, sem prejuízo da responsabilidade pessoal de cada empregado a ser apurada em dissídio individual (justa causa).

Pode-se igualmente pugnar por que o Ministério Público promova a responsabilização penal dos grevistas, em casos mais extremos, uma vez que o Código Penal brasileiro, ao disciplinar os "Crimes contra a organização do trabalho", prevê alguns **delitos** que podem ser cometidos no curso da greve.

3. AÇÕES POSSESSÓRIAS. INTERDITO PROIBITÓRIO

No elenco de armas de que dispõe o empregador para o bom combate aos atos ilícitos ou abusivos verificados na deflagração e no curso da greve figuram as ações possessórias para a defesa da posse.

Sob o ângulo cível, as ações possessórias são precisamente um dos remédios jurídico-processuais de que se pode valer o empregador em caso de agressão ou ameaça de agressão à posse, por conta de uma greve abusiva.

3.1. Espécies de possessórias

Como se sabe, conforme a exata extensão da ofensa ou do **molestamento** à posse cabe uma espécie de ação possessória:

a) a mais grave ofensa à posse é o esbulho, a **espoliação**, que significa a **perda da posse** em virtude da ofensa consumada por terceiro; nesse caso, cabe **ação de reintegração de posse**;

b) numa gradação intermediária da ofensa à posse situa-se a turbação, representada pela restrição imposta ao possuidor, pelo terceiro, ao pleno exercício da posse; a turbação perturba ou limita o livre exercício da posse pelo seu legítimo titular, sem implicar, contudo, a perda da posse; cabe ação de manutenção de posse; por exemplo: o movimento grevista ocupa a agência ou estabelecimento comercial por algumas horas e depois se retira; o próprio piquete obstativo importa turbação à posse...

c) finalmente, se a ofensa à posse é simplesmente **potencial**, é apenas temida – vale dizer: se há simples ameaça de turbação, ou de esbulho e, por conseguinte, se a ameaça à posse ainda não se concretizou, mas é iminente – cabe interdito proibitório.

O interdito proibitório, portanto, é um remédio jurídico-processual (ação!) mediante o qual se pode prevenir uma lesão concreta à posse.

O interdito proibitório distingue-se das demais ações possessórias, sobretudo pelo seu **caráter preventivo**, pois não é seu objetivo fazer cessar os efeitos de um ataque à posse já consumado materialmente, mas antes **impedir** essa consumação.

Ante a mera **ameaça** de molestamento, o possuidor pode agir. E a ameaça, como se sabe, é muito comum em caso de greve, precisamente por não se respeitarem os **limites** do direito de greve.

Segundo a lei brasileira, o interdito proibitório é, em essência, uma *ação mandamental de natureza preventiva*: objetiva obter uma *ordem judicial*, inclusive por meio de liminar, que determine e *mande* que o autor da ameaça à posse *abstenha-se* de concretizar a ameaça propalada.

E por que se diz que é *ação mandamental*? Porque o juiz, por meio dela, ordena, manda que o ameaçante **abstenha-se** de cumprir a ameaça de molestar ou esbulhar a posse do possuidor. O nome "*interdito proibitório*" deve-se exatamente ao fato de que o juiz **proíbe** que o demandado concretize a promessa de molestar a posse.

Justamente para imprimir **maior força coercitiva** ao comando judicial, permite a lei que o juiz fixe uma <u>multa</u> para a hipótese de descumprimento da ordem, por parte de quem dirigiu a ameaça.

São traços característicos do interdito proibitório:

a) um veto emitido pelo juiz ao réu;

b) a coerção indireta de uma sanção pecuniária aplicável no caso de infração.

Mas para o juiz emitir esse veto, essa proibição, é preciso que a ameaça se revista de gravidade e de seriedade tal que levem a crer que ela efetivamente possa vir a ocorrer a qualquer momento.

Exige a lei (CPC de 2015, art. 567):

1º) que haja **justo receio** do possuidor de sobrevir turbação ou esbulho possessório: isso significa um temor justificado, no sentido de estar embasado em **fatos exteriores**, **em dados objetivos**. Imprescindível uma fundada desconfiança!

2º) que a **ameaça** de isso ocorrer **seja** iminente, isto é, esteja prestes a ocorrer.

Está claro que o autor tem o **ônus de provar**, além de sua posse, a ameaça de turbação ou de esbulho na posse, o que pode dar-se mediante prova documental, ou **justificação**, ou **diligência** do Oficial de Justiça.

Penso que constitui caso típico e adequado para interdito proibitório o anúncio pelo sindicato da categoria profissional de deflagração de uma greve, acompanhado de prova de que o sindicato realizará piquetes dentro ou na porta da agência ou do estabelecimento da empresa e de prova evidenciando igualmente que a práxis do sindicato é promover, ordinariamente, piquetes obstativos...

Manifesto que esse anúncio, nas circunstâncias, é capaz de incutir justo receio no possuidor, o que preenche o suporte fático a autorizar o manejo do interdito proibitório.

Parece-me claro que a demonstração de que em outros episódios de greve da categoria profissional houve realização de piquetes obstativos na agência X ou Y constitui motivo suficiente para causar justo receio do possuidor em relação à sua posse e enseja a invocação da proteção do interdito.

Por tudo o que venho de expor, tenho por premissa objetiva indiscutível o **cabimento** do interdito proibitório em caso de greve. Parece-me evidente que a greve pode suscitar fatos cuja gravidade reclame o manejo de interdito proibitório.

4. COMPETÊNCIA MATERIAL

A Súmula Vinculante n. 23 do Supremo Tribunal Federal pacificou a controvérsia sobre a competência material: "A Justiça do Trabalho é competente para processar e julgar ação possessória ajuizada em decorrência do exercício do direito de greve pelos trabalhadores da iniciativa privada."

O primeiro fundamento para se reconhecer que a Justiça do Trabalho é o segmento do Poder Judiciário a que se confiou a competência material para os interditos proibitórios está na norma do art. 114, inciso III, da CF/88, ao dispor que "compete à JT processar e julgar:

III – as ações sobre representação sindical, entre sindicatos, entre sindicatos e trabalhadores, **e entre sindicatos e empregadores**".

Ora, é insofismável que os interditos proibitórios em caso de greve quase sempre expressam uma lide entre um sindicato de categoria profissional e uma empresa.

O segundo e não menos importante fundamento em que repousa o reconhecimento da competência material da JT para interditos proibitórios em caso de greve está no art. 114, inciso II, da Constituição Federal, ao prescrever que compete à Justiça do Trabalho processar e julgar "**as ações que envolvam exercício do direito de greve**".

De que ações trata esse dispositivo? Das ações **coletivas** decorrentes da greve **não pode ser** porque delas já tratam os §§ 2º e 3º do art. 114 da CF/88.

A interpretação sistemática da CF parece conduzir à conclusão de que o art. 114, inc. II, concerne às ações **individuais**, em virtude do exercício do direito de greve.

Quais ações individuais? Quaisquer ações individuais não penais provocadas pelo exercício do direito de greve.

Em face da nova redação do art. 114 da CF, todos os conflitos individuais, não penais, emergentes do exercício do direito de greve, estão inscritos na competência material da JT, inclusive o litígio em matéria possessória, desde que seja um desdobramento do movimento paredista.

Importa dizer: sempre que houver uma **relação de causalidade entre a greve e a ameaça de molestamento à posse** em bem do empregador, o interdito proibitório é da competência da JT.

E por que essa competência é e deve ser mesmo da JT?

O primeiro motivo é porque no julgamento do interdito proibitório em caso de greve, inclusive da **liminar**, há sempre subjacente um debate sobre os limites do direito de greve.

A rigor, conforme ressaltamos, a CF e a lei garantem o direito de greve, mas, ao mesmo tempo, a CF e a lei também garantem muitos outros direitos, inclusive o de posse. A greve, portanto, desencadeia interesses em antagonismo.

Cabe à JT o papel de intervir para demarcar onde termina o direito de greve e onde começam outros direitos, inclusive o de posse. Há uma vinculação direta e estreita entre o exercício do direito de greve e a ameaça à posse que se pretende afastar mediante o manejo de interdito proibitório.

Para isso é necessário apurar o comportamento *in concreto* dos grevistas, ou o comportamento costumeiro, usual, nas mesmas circunstâncias.

É preciso avaliar, enfim, particularmente, se a categoria profissional em greve costuma, ou não, desbordar dos limites traçados na Lei de Greve e na Constituição Federal e se isso tem o condão de ameaçar a posse do empregador, ou não. Ou até se já está desbordando...

Vale dizer: **se** o autor do interdito proibitório produz prova de costumeiros desvios e abusos cometidos pela categoria em greve, estará presente o **fundado receio** de iminente ofensa à posse.

A rigor, essa e outras questões permitem-nos concluir que no interdito proibitório decorrente de greve a matéria não é exclusivamente possessória. A questão tem sempre um pano de fundo trabalhista, conquanto a decisão seja sobre a ameaça à posse ou sobre a ofensa consumada à posse.

Não é simplesmente uma questão possessória. É uma possessória diferente: de corpo possessório, mas de alma trabalhista.

No equacionamento de uma lide desse jaez, o Juiz põe-se como algodão entre o cristal. Precisa ter uma sensibilidade aguçada para bem compreender que estão em jogo não apenas o direito possessório mas diversos outros direitos, como visto.

Por isso, se o comprometimento ou a ameaça de comprometimento do direito à posse não é senão um desdobramento do exercício do direito de greve, a figura do Juiz do Trabalho desponta, sem nenhum desdouro aos demais segmentos da magistratura, como mais vocacionada e mais talhada a enfrentar essa questão que, no âmago, também é social.

Ademais, eventual dicotomia da competência para os diferentes aspectos ou desdobramentos não penais da greve poderia, inclusive, ensejar pronunciamentos **decisórios conflitantes** entre a Justiça do Trabalho e a Justiça comum estadual, o que só deporia contra o Poder Judiciário, causando-lhe desprestígio.

É função do Poder Judiciário outorgar a **jurisdição** de forma **homogênea e justa**, o que **não** se dá mediante cisão da competência.

Um dos vários exemplos emblemáticos para ilustrar a possibilidade concreta de decisões discrepantes dá-se em caso de ação civil pública proposta na Justiça do Trabalho pelo sindicato em face do empregador, em caso de greve, e interdito ajuizado pelo empregador na Justiça **estadual**. Na ACP, por exemplo, na JT, o Sindicato alega, com êxito, que o empregador estaria impedindo o exercício do direito de greve, coagindo e ameaçando os trabalhadores que aderiram à greve. Pleiteia e obtém liminar.

Por sua vez, na Justiça estadual, o empregador também obtém liminar em interdito proibitório por conta dos fatos referentes à mesma greve, na premissa de que é o sindicato ou são os grevistas que abusam do direito de greve, de modo a comprometer a posse.

Quadros tais como este, que já ocorreram e que depõem contra a imagem do Poder Judiciário, agora estão descartados, concentrando-se na JT a competência para todas as lides não penais referentes à greve.

5. COMPETÊNCIA FUNCIONAL

Fixada a competência material, trata-se de saber agora se o interdito proibitório derivante de greve é causa da competência funcional do TRT ou do TST (visto que ambos dispõem de competência funcional para o julgamento do dissídio coletivo), **ou** se a competência é da Vara do Trabalho, segundo a regra geral de determinação de competência das causas trabalhistas.

Entendo que deve haver reconhecimento da competência para o interdito proibitório da Vara do Trabalho em cuja jurisdição se constata ameaça concreta à posse, por várias razões.

1º) Não há lei que outorgue expressamente essa competência aos Tribunais e, em boa técnica, competência funcional **não** se reconhece por **analogia**;

2º) Por **não** envolver a solução do próprio dissídio coletivo de greve.

Parece-me, todavia, que **se** porventura **já há** dissídio coletivo de greve no momento em que se propõe a possessória, não se pode descartar a atração da competência do Tribunal do Trabalho a que competir, em tese, o julgamento do dissídio coletivo de greve para processar e julgar igualmente a possessória.

Por quê?

1º) porque, embora **omissa** a lei a respeito, **não** seria a primeira vez em que a jurisprudência reconheceria competência funcional dos Tribunais por analogia: isso já se dá no caso da ação anulatória de cláusula de CCT ou ACT;

2º) porque convém que assim seja para se **conjurar o risco** de decisões conflitantes que poderiam surgir entre o Tribunal Regional e a Vara do Trabalho para o exame de aspectos do mesmo exercício do direito de greve em concreto: por exemplo, o **Tribunal** declara **abusiva** a greve no julgamento do dissídio coletivo, sob o fundamento de violência do movimento paredista contra pessoas e o patrimônio do empregador; a Vara do

Trabalho, a seu turno, ao apreciar o interdito ou outra possessória, afirma exatamente o **oposto**.

6. AJUIZAMENTO SIMULTÂNEO DE INTERDITOS PROIBITÓRIOS. CONDUTA ANTISSINDICAL. DANO MORAL COLETIVO

Questão interessante consiste em saber se, em tese, o ajuizamento simultâneo de vários interditos proibitórios em face do mesmo sindicato de categoria profissional caracteriza conduta antissindical e, em última análise, gera direito à indenização por dano moral coletivo.

Não consigo atinar para tanto.

O direito de greve, como exposto, não é **um direito** absoluto ou incondicionado.

O legislador ordinário, em harmonia com o texto constitucional, explicitou que, efetivamente, o direito de greve sofre restrições ou limitações impostas pela necessidade de serem preservados outros direitos, *muitos deles superdireitos – direitos* fundamentais consagrados pela ordem jurídica constitucional, alguns elevados à dignidade de direitos naturais do Homem.

Já no plano internacional, a Assembleia-Geral das Nações Unidas, ao regulamentar a Declaração Universal dos Direitos do Homem que aprovara em 1948, proclamou que o direito de greve deve ser *"exercido de conformidade com as leis de cada país"*. Reportou-se, ainda, a limitações *"no interesse da segurança nacional ou da ordem pública, ou para proteção dos direitos e liberdades de outrem"* (art. 8º, alíneas *c* e *d, do* Pacto Internacional dos Direitos Econômicos Sociais e Culturais – N.Y., 1966).

No mesmo sentido, o Comitê de Liberdade Sindical da Organização Internacional do Trabalho – o mais conceituado *forum* para a salvaguarda dos direitos sindicais – tem admitido limitações e até proibições a greve *"nos serviços essenciais no sentido estrito do termo, isto é, aqueles serviços cuja interrupção possa pôr em perigo a vida, a segurança ou a saúde da pessoa"*, (*"La Libertad Sindical – Recopilación de decisiones y principios"*, Genebra, OIT, 3. ed., 1985, verbete 394).

Logo, o direito de greve não ostenta caráter absoluto ou ilimitado, nem no ordenamento jurídico brasileiro, nem no plano internacional.

Nessa perspectiva, não diviso conduta antissindical se o ajuizamento simultâneo de interditos proibitórios não implica, por qualquer forma, a adoção de ato obstativo ao exercício do direito de greve ou a adoção de medidas intimidativas ao acesso dos grevistas aos estabelecimentos ou agências do empregador, cingindo-se a assegurar a liberdade de ir e vir aos empregados que optaram por não aderir ao movimento grevista.

De outro lado, o interdito proibitório, expressamente previsto em lei, está franqueado a quem **alegue** justo receio de afronta ao seu direito de posse, na iminência de deflagração ou no transcorrer do movimento grevista.

Trata-se de direito público subjetivo e abstrato derivante do art. 5º, inciso XXXV, da Constituição Federal, o qual não se confunde com o exame do mérito das questões nele veiculadas.

Dessa forma, os empregadores que propõem interditos proibitórios simultâneos exercem direito constitucionalmente assegurado. Se assim é, inconcebível e ilógico que sejam sancionados por conduta antissindical. Quando muito, poder-se-ia conceber, meramente em tese, sanção por litigância de má-fé. Não, porém, pela litigância **coletiva** em si dos distintos empregadores que **alegam** justo receio de afronta ao seu direito de posse.

A separação entre direito de ação e mérito da causa torna insustentável decisão judicial desse jaez que, de alguma forma, tolhe o exercício do direito de ação, penalizando-o mediante condenação ao pagamento de indenização por dano moral coletivo.

Por derradeiro, não impressiona o número de interditos proibitórios ajuizados concomitantemente se a amplitude da base territorial do Sindicato da categoria profissional compreende vários municípios e, por conseguinte, em tese, o exercício abusivo do direito de greve pode atingir o direito de posse de numerosos empregadores.

Do Incidente de Desconsideração da Personalidade Jurídica no Processo do Trabalho

1. INTRODUÇÃO

Uma das marcantes e louváveis inovações do CPC de 2015 repousa na disciplina do novo Incidente de Desconsideração da Personalidade Jurídica (IDPJ).

O tema, como é de intuitiva percepção, está imbricado ao princípio do contraditório e ao conceito de justo processo.

De modo que, como condição um tanto necessária, preliminarmente pretendo tratar dessas duas questões antes da abordagem do incidente propriamente dito e de sua aplicação no processo do trabalho.

2. PRINCÍPIO DO CONTRADITÓRIO NO CPC/2015

Cumpre recordar inicialmente que o CPC de 2015, em numerosos dispositivos, em especial nos arts. 9º e 10, redimensionou o conceito de contraditório e adotou como regra a observância do contraditório **prévio**.

O art. 10 do CPC de 2015 reza:

> Art. 10. O juiz não pode decidir, em grau algum de jurisdição, com base em fundamento a respeito do qual não se tenha dado às partes oportunidade de se manifestar, ainda que se trate de matéria sobre a qual deva decidir de ofício.

Segundo o CPC de 2015, portanto, o princípio do contraditório é o direito à oportunidade de a parte tentar influir previamente na decisão do juiz ou do tribunal e, pois, de participar da formação do convencimento do órgão jurisdicional. Trata-se, em suma, de uma nova concepção de contraditório, inspirada no direito processual civil europeu, em que o referido princípio constitui expressão de um processo judicial cooperativo e democrático.

Daí que o novo princípio do contraditório traduz-se:

1º) no dever de o órgão jurisdicional consultar previamente as partes sempre que quiser, de ofício, na sentença ou acórdão, ao julgar o mérito da causa, louvar-se de fato ou fundamento jurídico antes **não debatido** no processo; por isso se afirma que é a garantia de influência na decisão de mérito;

2º) também na garantia de que **não haverá decisão surpresa**: o juiz ou tribunal não pode surpreender as partes proferindo decisão de mérito baseada em fundamento jurídico ou em fato que não haja sido previamente submetido ao debate das partes.

A nova concepção de contraditório do CPC de 2015, inspirada no direito processual europeu, parte da premissa de que, em um Estado Democrático de Direito, o processo também deve ser um instrumento democrático e cooperativo.

Por isso, todos os sujeitos processuais têm direito de colaborar na construção do provimento jurisdicional, expondo uma visão diferente, eventualmente suscetível de mudar o convencimento do juiz ou do tribunal.

Eis porque, como corolário lógico do sistema, bem se compreende que o CPC de 2015 haja criado um incidente processual típico, no título dedicado às modalidades de **intervenção de terceiros**, com procedimento específico, de observância obrigatória, para a desconsideração da personalidade jurídica.

De modo que, ao fazê-lo, o CPC/2015 apenas reafirmou a primazia e a transcendental valorização que atribuiu à nova concepção de contraditório, efetivo e prévio, em regra, de forma a impedir a decisão surpresa.

A rigor, o IDPJ não passa de um desdobramento lógico dos arts. 9º e 10 do CPC.

A premissa é a distinção entre débito e responsabilidade patrimonial.

Nessa perspectiva, transparece claro que se se quer obter, no processo, a responsabilidade patrimonial de terceiro por dívida de outrem – terceiro estranho ao título executivo –, é absolutamente inarredável que se assegure contraditório **prévio** ao terceiro.

Em outras palavras, se o que se busca é alcançar o patrimônio de uma pessoa que não é devedora, mas terceira, segundo o título executivo, é muito mais congruente com o sistema de normas do CPC/2015 e consentâneo com o princípio do devido processo legal que seja dada oportunidade de prévia manifestação a essa pessoa.

Afinal, uma vez citada para o IDPJ ela passa a compor também a relação processual e, como tal, também não pode ser vítima de decisão surpresa.

3. JUSTO PROCESSO

Outro aspecto indissociável do tema é o conceito de justo processo. É ocioso afirmar que, até por um comezinho dever de ofício, cabe aos juízes empenhar os seus melhores esforços para propiciar a todos os jurisdicionados um **justo processo**.

Vale lembrar que, a exemplo da Convenção Europeia de Direitos Humanos, o art. 111 da Constituição italiana é expresso a respeito.[1]

Mas o que é justo processo?

O Prof. Michele Taruffo, com a autoridade insuspeita de um dos grandes processualistas italianos da atualidade, da linhagem de outros legendários mestres da Ciência Processual, bem esclarece esse ponto (sem grifo e negrito no original):

> Frisa-se, todavia, o surgimento de pelo menos **duas noções diferentes de justo processo**. Segundo a primeira delas, **tem-se um processo justo quando são postas em prática todas as garantias processuais fundamentais**, e em particular aquelas que concernem às partes. Essa noção pode ser certamente aceita, mas a propósito pode-se observar que de tal modo os critérios do justo processo coincidem substancialmente com as garantias fundamentais do processo (...). O processo, por conseguinte, é justo se e desde que seja correto o procedimento em que se articula (...). Na segunda interpretação da expressão justo processo, o processo é justo se arquitetado de modo que, além de assegurar que se ponham em prática as garantias, faça com que nele se obtenham decisões justas. (...). Mesmo um processo em que as garantias fundamentais são postas em prática pode produzir uma decisão injusta, como ocorre – por exemplo – se for violada ou mal aplicada a norma substancial que regula a situação que é objeto do processo.[2]

O conteúdo do justo processo, a rigor, identifica-se, em essência, no complexo de garantias processuais fundamentais que compõem o devido processo legal, insculpido no art. 5º, LIV, da Constituição Federal de 1988. Cuida-se de exigência basilar para a outorga da tutela jurisdicional em um Estado Democrático de Direito.

Em suma, a ideia de justo processo, por conseguinte, pressupõe o concurso de **dois requisitos**: **a)** procedimento mediante acatamento dos **princípios processuais fundamentais**, **máxime o** mais elevado respeito ao contraditório; **b) decisão de mérito justa**.

Importa dizer, a *contrario sensu*, que **não** há justo processo **sem** a observância das garantias processuais fundamentais.

Mesmo um processo em que haja decisão de mérito justa, mediante adequada e correta aplicação da norma de direito material que rege a lide – por exemplo, decisão justa e correta de desconsideração da personalidade jurídica –, mas em que se transgridam garantias processuais fundamentais, jamais será um justo processo. O processo não deve ser um instrumento maquiavélico, para se alcançar a qualquer custo determinado desiderato.

No tocante especificamente à desconsideração da personalidade jurídica, o CPC de 2015 buscou colmatar uma grave lacuna legislativa de que tanto nos ressentíamos sobre a questão procedimental e sobre a observância das garantias processuais fundamentais. Inquestionável que um dos traços mais marcantes do atual CPC é o respeito aos princípios e às garantias fundamentais.

Como esclarece a Exposição de Motivos, o CPC de 2015 empenhou-se em dar concreção aos princípios constitucionais processuais em geral. Precisamente para isso, criou um incidente, com procedimento próprio, defesa, *contraditório* e produção de provas, tudo **prévio** à decisão que desconsidera a pessoa jurídica.

No fundo, o que pretendeu o CPC de 2015 foi atribuir a essa matéria um tratamento procedimental consentâneo com a garantia constitucional do devido processo legal e, em última análise, na perspectiva de assegurar sempre um justo processo aos jurisdicionados.

Substancialmente o que se quis foi abrir espaço para o contraditório prévio nos casos de desconsideração

---

(1) *"La giurisdizione si attua mediante il giusto processo regolato dalla legge."*
(2) *Lezioni sul Processo Civile.* 2. ed. Bologna: il Mulino, 1998. cap.3.

da personalidade jurídica, evitando *violência* desnecessária, geradora de verdadeira insegurança jurídica.

A propósito, não é demasia recordar também que há uma estreita vinculação entre a proteção aos direitos humanos fundamentais e a observância das garantias processuais.

O prof. mexicano Héctor Fix Zamudio assinala:

> ...son numerosos los constitucionalistas que consideran que la verdadera garantía de los derechos de la persona humana consiste precisamente en su protección procesal, para lo cual es preciso distinguir entre los derechos del hombre y las garantías de tales derechos, que no son otras que los medios procesales por conducto de los cuales es posible su realización y eficacia.[3]

Ora, não é demasia ressaltar que a desconsideração da personalidade jurídica destina-se, em última análise, a atingir o **direito de propriedade de terceiro** que até então **não** integrou a relação processual e é constrangido a suportar a responsabilidade patrimonial por débito de outrem.

Está em jogo, pois, na desconsideração da personalidade jurídica, de forma inequívoca, o direito humano fundamental de propriedade, tutelado expressamente no art. 5º, *caput*, e XXII, da Constituição Federal.

E ao aludir ao **direito de propriedade**, não podemos nos esquecer de que **estamos aludindo a direito fundamental** de qualquer pessoa, assegurado em âmbito quase universal, há séculos!

Lembremos que há 700 anos, o art. 39 da célebre Magna Carta de 1215 do Rei João Sem Terra, dispunha que nenhum homem pode ser "privado de uma propriedade (...), a não ser por julgamento legal dos seus pares, ou pela lei da terra."

Portanto, hoje, mais do que nunca, nessa linha histórica da Magna Carta inglesa, **se** o Processo, por definição, é o instrumento apto à realização concreta dos direitos, sobretudo, dos direitos fundamentais, inconcebível e intolerável um Processo digno desse nome em que se prive uma pessoa do direito de propriedade sem que antes lhe sejam asseguradas as garantias processuais inerentes ao devido processo legal.

Pois foi nessa perspectiva principiológica que o Código de Processo Civil de 2015 criou o IDPJ, seja para a desconsideração da personalidade jurídica **direta** (da pessoa jurídica, para responsabilizar sócio), seja para a desconsideração **inversa ou às avessas** (em que se busca o bem em nome da pessoa jurídica, e não da pessoa física devedora, nos casos em que a pessoa física oculta o patrimônio na pessoa jurídica).

4. PANORAMA DA DESCONSIDERAÇÃO DA PERSONALIDADE JURÍDICA NA JUSTIÇA DO TRABALHO ANTES DO CPC DE 2015. EXAME CRÍTICO

Como é sabido, a Justiça do Trabalho foi a causa do surgimento desse incidente.

E qual era o **cenário** na Justiça do Trabalho, de um modo generalizado, em caso de desconsideração da personalidade jurídica, até sobrevir o CPC de 2015?

Notoriamente havia uma grande discrepância de procedimentos adotados nas Varas do Trabalho para a desconsideração da personalidade jurídica. O ponto em comum, na esmagadora maioria dos casos, era a declaração de desconsideração em execução, sem observância do direito dos sócios ao contraditório prévio, à defesa e, portanto, à prévia produção de prova. Vale dizer: a tônica era uma acentuada dose de arbitrariedade contra os sócios no momento da desconsideração da personalidade jurídica.

De modo geral, a declaração de desconsideração em execução era decidida liminarmente e de forma automática pelo juiz do trabalho, com base nos elementos de prova trazidos exclusivamente pelo exequente, desde que frustrada a execução contra a pessoa jurídica.

Declarada a desconsideração, alguns poucos magistrados determinavam a citação do sócio para integrar a relação processual; outros, para maior eficácia da medida, não determinavam a citação e desde logo promoviam atos de constrição em bens do terceiro, inclusive bloqueio de numerário pelo sistema BACENJUD. Ou seja, repentinamente, sem ser ouvido, o sócio passava a ser executado por dívida da sociedade empresária... E sofria bloqueio de numerário.

Sempre entendi que o bloqueio *online* direto de numerário de terceiro, após a desconsideração decidida liminarmente, representava e representa violência inominável ao patrimônio do terceiro suposto responsável, uma arbitrariedade contra o direito fundamental de propriedade, mormente porque efetivada sem direito de defesa e de contraditório prévios.

Sempre me perguntei: qual de nós, juízes, gostaria de receber o mesmo tratamento? Não creio que haja

---

(3) ZAMUDIO, Fix. *La protección procesal de los derechos humanos*. Madrid: Civitas, 1982. p. 51 e 54.

algum juiz disposto a submeter-se a tal arbitrariedade. No entanto, sabemos que é ínsito ao exercício da jurisdição não condenar sem ouvir previamente. Ademais, até mesmo regra de ouro do cristianismo recomenda: "Não faça aos outros o que você não quer que seja feito a você mesmo." Especialmente para exercer a jurisdição é indispensável sempre se colocar no lugar do outro, destinatário da decisão.

Ora, esse atropelo de garantias processuais constitucionais e legais elementares, frequentemente levava o juiz a ignorar, entre outros aspectos, que há, por exemplo, **duas categorias distintas de "terceiros"** para efeito de responsabilidade patrimonial por dívida da pessoa jurídica. Uma é a situação do sócio que continua compondo o quadro social e, às vezes, até a administração da pessoa jurídica. Outra, muito diferente, é a do sócio que se retirou do quadro social, às vezes há muito tempo. E esse **sócio retirante**, então, era surpreendido com atos de constrição em bens do seu patrimônio sem que lhe haja sido dada oportunidade para defesa e contraditório prévios.

Recorde-se que os arts. 1.003, parágrafo único, e 1.032 do Código Civil fixam um limite temporal para a responsabilidade pessoal do sócio retirante por dívida da sociedade: até dois anos, por exemplo, depois de averbada a modificação do contrato social.

O que mais impressiona em casos que tais é subtrair-se ao terceiro o direito de defesa, sem tomar em conta o sábio ensinamento do Padre A. Vieira, já no século XVI: "O direito de resposta é tão natural, que até os penhascos duros respondem, porque têm, para as vozes, ecos."

Em outros casos, ainda mais dramáticos, juízes do trabalho penhoravam imóvel **bem de família** sem respeitar sequer a meação do cônjuge do sócio. O desenlace final, não raro, era e é um recurso de revista em execução, por suposta violação do art. 7º, XXII, da Constituição Federal, de dificílimo conhecimento no TST. Vale dizer: criavam-se situações kafkianas de iniquidade que clama aos céus.[4]

A meu sentir, somente as inúmeras questões jurídicas relativas à impenhorabilidade de **bem de família já justificariam a existência e adoção do IDPJ**. Tenha-se presente, por exemplo, o que reza, a propósito, o art. 5º, parágrafo único, da Lei n. 8.009: "se o casal é proprietário de vários imóveis utilizados como residência, a impenhorabilidade recairá sobre o de menor valor, salvo se outro houver sido registrado, para esse fim, no registro de imóveis".

Manifesto que cumpre ao juiz tomar em conta essa e inúmeras outras questões jurídicas relevantíssimas já ao decidir pela desconsideração da personalidade jurídica, pois imperativo declarar, se for o caso, a **dimensão** da responsabilidade patrimonial do sócio por dívida de outrem.

Está claro, porém, que, a despeito de animada dos melhores propósitos, não atende à exigência de um justo processo essa malsinada política judiciária, abraçada por alguns juízes do trabalho, de promover, em linguagem figurada e simbólica, uma "**degola**" sumária do sócio ou administrador da pessoa jurídica para responder por dívida da sociedade.

Ao adotar esse procedimento, totalmente incompatível com a ideia de assegurar às partes um justo processo, os juízes transformavam-se, assim, com todo respeito, em verdadeiros justiceiros,[5] que deflagravam na prática um rito sumário de confisco de bens, para satisfação do crédito trabalhista, a qualquer custo.

A meu juízo, hoje, em nosso País, mais do que nunca, essa é uma prática inadmissível, que não pode

---

(4) Em 2016, recebi em meu Gabinete uma carta pungente de uma senhora que **não** era sócia da empresa, mas casada com um dos sócios. Eis os fatos, sumariamente: a) infrutífera a execução, houve decisão de desconsideração da personalidade jurídica da executada, com fulcro no art. 28 do CDC; b) penhorou-se a totalidade de imóvel do marido e sócio, sem se respeitar a meação da mulher; c) o imóvel era "uma casinha", bem de família típico, depois levado à hasta pública e já arrematado; d) a signatária da carta opôs embargos de terceiro para defender a meação, **posteriormente** à decisão de desconsideração e à própria constrição; e) os embargos de terceiro foram julgados intempestivos; seguiu-se agravo de petição, desprovido; f) denegou-se seguimento ao recurso de revista em execução: não se divisou afronta direta e literal do art. 7º, XXII, da CF/1988... g) coube-me, por fim, como relator, participar da decisão iníqua no TST, ainda que absolutamente correta sob o prisma técnico e formal, de negar provimento ao AIRR-909-98.2010.5.15.0147; óbvio que não ofende diretamente o direito de propriedade decisão regional que julga intempestivos embargos de terceiro... E, assim, consumou-se clamorosa injustiça que poderia ter sido evitada se houvesse audiência prévia do sócio antes de decidir-se arbitrariamente pela desconsideração da personalidade jurídica...

(5) Aqui me parece oportuno lembrar, uma vez mais, um dos famosos Sermões do **Padre Antônio Vieira**, em que ele, querendo provar que a humanidade é o realce da Justiça, distingue entre as significações de **justo e justiceiro**: "Entre o justo e o justiceiro há esta diferença: ambos castigam, mas o justo castiga e pesa-lhe; o justiceiro castiga e folga. O justo castiga por justiça, o justiceiro por inclinação. O justo com mais vontade absolve que condena; o justiceiro com mais vontade condena que absolve. A justiça está entre a piedade e a crueldade: o justo propende para a parte do piedoso, o justiceiro para a de cruel."

persistir. Ela afronta a lei e é totalmente incompatível com a ideia de assegurar às partes um justo processo. Ademais, abala a **segurança jurídica** de empresários e cidadãos, além de causar incomensuráveis prejuízos ao prestígio e à respeitabilidade da Justiça do Trabalho.

Naturalmente, não questiono que a desconsideração da personalidade jurídica, em muitos casos, é imperativa para a efetivação da tutela jurisdicional.

De há muito, todos temos ciência de diversas manobras fraudulentas de sócios e membros de pessoas jurídicas, que buscam esquivar-se de qualquer responsabilidade patrimonial por dívida da sociedade, escudando-se na ficção legal da personalidade jurídica, inconfundível com a da pessoa física do sócio.

O que me parece questionável, *data venia*, **era a forma** de apurar-se e declarar-se a responsabilidade patrimonial de terceiro por dívida da sociedade empresária, até sobrevir o CPC/2015.

É certo que essa prática explicava-se pela ausência ou falta, até recentemente, de um disciplinamento normativo do procedimento legal para esse fim.

O CPC de 2015, porém, quis dar um basta a esse estado de coisas.

5. FUNDAMENTOS PARA A APLICAÇÃO DO INCIDENTE NO PROCESSO DO TRABALHO

A Instrução Normativa n. 39/2016 do TST (art. 6º)[6] reputou aplicável ao processo do trabalho, com algumas **adaptações**, o incidente de desconsideração da personalidade jurídica previsto no CPC de 2015. Essa foi uma decisão consensual na Comissão de Ministros de que resultou a IN n. 39/2016 e do próprio Tribunal Pleno que a aprovou, a despeito de não se ignorar que havia e há resistência de um certo segmento da magistratura do trabalho.

E por que foi consensual tal questão no TST?

Em primeiro lugar, porque não se pode ignorar que a desconsideração é uma **sanção**.

Sanção por quê? Porque o pressuposto material da desconsideração, sobretudo se fundada no art. 50 do Código Civil, é o de que tenha havido **abuso de direito**. No caso, abuso na utilização de uma personalidade jurídica, o que constitui modalidade de ato ilícito, punido com a sanção da desconsideração, como ensina Fredie Didier Jr.[7]

Inquestionavelmente, do ponto de vista jurídico, a desconsideração é uma sanção. Como tal, somente pode ser aplicada se se assegurar **direito de defesa e contraditório prévios** ao terceiro.

Em segundo lugar, porque assiste ao terceiro suposto responsável patrimonial o **direito a um justo processo**, como se expôs, inclusive porque se cuida exatamente da aplicação de sanção pelo abuso na utilização da personalidade jurídica e que se traduz precisamente na desconsideração.

Em terceiro lugar, a aplicação do IDPJ no processo do trabalho justifica-se, afinal, porque *habemus legem* (CPC/2015, arts. 15, 133 a 137, 795, § 4º; CLT, art. 769) e a Justiça do Trabalho não poderia eleger ou pinçar, meramente ao sabor de suas conveniências, os dispositivos do CPC/2015 que aplica ou não aplica.

Ressalte-se que o CPC de 2015 não se cingiu a disciplinar o incidente como modalidade de intervenção de terceiro (arts. 133 a 137) na fase de cognição: também no Livro do Processo de Execução dispôs enfaticamente que "para a desconsideração da personalidade jurídica é obrigatória a observância do incidente previsto neste Código" (art. 795, § 4º).

Por fim – *last but not least,* diriam os ingleses – obviamente pesou muito na decisão do TST de aplicar o IDPJ a firme convicção de que, como é notório, comumente eram relegados ou ignorados direitos processuais fundamentais do terceiro suposto responsável, o que derivava, em certa medida, exatamente da inexistência de um procedimento legal para a desconsideração no processo do trabalho até o advento do CPC/2015.

6. PRINCIPAIS OBJEÇÕES À APLICAÇÃO DO IDPJ NA JT

Costuma-se objetar que o incidente seria incompatível com o processo do trabalho.

Argumenta-se que seria "incompatível" porque o CPC de 2015 restringe a legitimidade para instaurá-lo à parte e ao Ministério Público (art. 133) enquanto o juiz do trabalho pode iniciar de ofício a execução trabalhista (CLT, art. 878). Ora, precisamente por isso, a IN n. 39/2016 assegurou a iniciativa também do juiz do trabalho para instaurar o incidente na fase de execução, adaptando-o ao sistema processual trabalhista.

---

(6) Art. 6º Aplica-se ao Processo do Trabalho o incidente de desconsideração da personalidade jurídica regulado no Código de Processo Civil (arts. 133 a 137), assegurada a iniciativa também do juiz do trabalho na fase de execução (CLT, art. 878).

(7) DIDIER JR., Fredie. *Curso de Direito Processual Civil*. 18. ed. Salvador: JusPodivm, 2016. p. 524.

Outra objeção suscitada é a seguinte: o IDPJ seria "incompatível" porque o CPC de 2015 atribui ao requerente do IDPJ o ônus de provar o atendimento dos pressupostos legais **materiais** da desconsideração (CPC, art. 134, § 4º). Já no processo do trabalho, pondera-se, pode-se chegar à desconsideração com fundamento no art. 28, § 5º, do Código de Defesa do Consumidor,[8] cuja aplicação não requer que se atribua ao autor o ônus da prova do fundamento material para a desconsideração. O raciocínio dos que assim objetam é substancialmente o seguinte: o CDC é menos exigente para a desconsideração. Logo, não se aplicaria o IDPJ na JT.

Ora, por esse raciocínio equivocado também não se aplicaria o IDPJ na Justiça estadual quando o fundamento material seja o CDC...

Absolutamente não diviso a acenada incompatibilidade. O CPC de 2015 não explicita o pressuposto material para a desconsideração, nem lhe caberia. Nada impede, assim, que o juiz do trabalho adote o incidente e continue invocando o CDC como fundamento para a desconsideração, caso em que bastará demonstrar o inadimplemento da sentença condenatória trabalhista pela pessoa jurídica. Basta que seja infrutífero o cumprimento da sentença em face da pessoa jurídica devedora.

Quer dizer: nesse caso, se aplicar o CDC, não cabe cogitar de atribuir ao requerente o ônus da prova, quer na Justiça do Trabalho, quer na Justiça estadual, relativamente ao atendimento dos pressupostos legais materiais para a desconsideração porquanto repousa no fato objetivo, constatado de ofício pelo juízo, de a execução do título revelar-se infrutífera em face da pessoa jurídica.

Objeta-se igualmente que o incidente seria "incompatível" com o processo do trabalho porque o CPC de 2015 **prevê** recurso da decisão interlocutória que julga o incidente, ao passo que tal recurso seria incompatível com o sistema recursal trabalhista (CLT, art. 893, § 1º).

Eis aí outra objeção que me parece infundada e inconvincente.

Como é sabido, o art. 134 do CPC de 2015 dispõe que o "incidente é cabível em qualquer fase do processo de conhecimento, no cumprimento de sentença e na execução fundada em título executivo extrajudicial".

A IN n. 39/2016 do TST bem equacionou essa questão, tomando em conta, para efeito de recorribilidade, a **fase do processo** em que declarada a desconsideração. Reza o art. 6º, § 1º, da IN n. 39/2016:

§ 1º Da decisão interlocutória que acolher ou rejeitar o incidente:

I – **na fase de cognição, não cabe recurso de imediato**, na forma do art. 893, § 1º, da CLT;

II – **na fase de execução**, cabe agravo de petição, independentemente de garantia do juízo;

III – cabe **agravo interno** se proferida pelo Relator, em incidente instaurado originariamente no tribunal (CPC, art. 932, VI).

Percebe-se que, nesse passo, a IN n. 39/2016 adaptou o CPC ao princípio da irrecorribilidade em separado da decisão interlocutória declaratória da desconsideração proferida **na fase de conhecimento**, de conformidade com o art. 893, § 1º, da CLT.

Não se poderia, contudo, abraçar essa mesma solução no caso de decisão proferida na fase de execução ou quando instaurado o incidente no próprio tribunal. Por quê?

Porque nesse caso o procedimento do próprio processo do trabalho, ao contrário do que se dá na fase de cognição, <u>não</u> prevê a prolação de uma sentença final ulterior de que caiba recurso e em que, então, a parte pudesse impugnar a anterior decisão de desconsideração que não ficara preclusa.

Daí porque a IN n. 39 do TST reconhece a excepcional recorribilidade imediata da decisão de desconsideração, na fase de execução ou quando instaurado o incidente no próprio tribunal. Esses recursos não conflitam com o sistema recursal trabalhista.

Impõe-se ter presente, ademais, que o princípio da irrecorribilidade das interlocutórias no processo do trabalho não é e nunca foi absoluto, como se extrai das várias exceções contempladas na Súmula n. 214 do TST.

De resto, não assegurar recurso desde logo nos dois casos em apreço constituiria, inclusive, solução de má política judiciária: abriria caminho para o mandado de segurança, que proliferaria nos tribunais.

Objeta-se ainda que o incidente também seria "incompatível" exatamente porque pressupõe um contraditório **prévio** enquanto na Justiça do Trabalho sempre se observou o contraditório **diferido**. Não se assegurava prévia manifestação do terceiro nos casos de desconsideração. Entendia-se que lhe cabia o ônus de opor embargos de terceiro após a decisão de desconsideração e a consumação da penhora.

---

(8) Também poderá ser desconsiderada a pessoa jurídica sempre que sua personalidade for, de alguma forma, obstáculo ao ressarcimento de prejuízos causados aos consumidores.

De fato, assim se alinhava a jurisprudência, tanto trabalhista quanto cível. É verdade que, até o advento do CPC/2015, prevaleceu na jurisprudência cível e na Justiça do Trabalho, a tese do contraditório diferido, isto é, pós-decisão de desconsideração e por iniciativa do terceiro.

Sucede, todavia, que a lei mudou radicalmente. Como ressaltei, o CPC de 2015 não apenas reformulou a concepção de contraditório, como também, em regra, consagrou expressamente o contraditório **prévio e vedou a decisão surpresa** (arts. 9º e 10).

É certo também que até sobrevir o CPC de 2015 havia a aparente justificativa da ausência de um procedimento legal específico para esse fim.

A lei, contudo, como sabemos, mudou.

Então, hoje a questão que se põe na Justiça do Trabalho, em última análise, é tão somente esta: cumprir, ou não cumprir a lei. E a resposta me parece óbvia. Mesmo porque, como advertiu Rui Barbosa: "Com a lei, pela lei e dentro da lei; porque fora da lei não há salvação." Afinal, vivemos em um Estado Democrático de Direito.

6.1. Cautelar

Outro fundamento ou motivo invocado para a recusa em se aplicar o novo incidente no processo do trabalho é o receio de que as delongas do procedimento do IDPJ propiciem uma dilapidação do patrimônio do sócio.

A crítica parte da premissa de que a instauração do incidente, antes da determinação de medidas de constrição sobre o patrimônio do sócio ou da sociedade, **frustraria** a própria desconsideração da personalidade jurídica.

De que forma? O interessado (o sócio), ao tomar conhecimento prévio dessa intenção, após ser citado para responder, transferiria os seus bens a outrem. Enfim, a desconsideração mediante a observância do incidente se ressentiria de uma falta de efetividade.

A meu juízo, **não procede a crítica**.

Primeiro: a alienação de bens do sócio, após a citação para o IDPJ, se acolhido o pedido de desconsideração, é considerada pela lei em **fraude à execução**, conforme resulta de normas expressas dos arts. 137 e 792, § 3º, do CPC/2015. É ineficaz ao exequente, tanto que o art. 790, V, reza que o bem fica sujeito à execução! (*vide infra*)

Segundo: não se pode deixar de tomar em conta igualmente que, na pendência do incidente de desconsideração da personalidade jurídica, **são cabíveis as tutelas provisórias de urgência** previstas no CPC de 2015 (arts. 294 e segs.). O art. 301, em particular, dispõe que a "tutela de urgência de natureza cautelar pode ser efetivada mediante **arresto** (...) e qualquer outra medida idônea para asseguração do direito".

Releva notar, inclusive, que o CPC de 2015 abraçou mecanismos que simplificam sobremodo a concessão de medidas de urgência, a exemplo da dispensa de caução da parte economicamente hipossuficiente que não puder oferecê-la (art. 300, § 1º, *fine*).

Por sua vez, o art. 6º, § 2º, da IN n. 39/2016 do TST explicitamente reconheceu ao juiz do trabalho a possibilidade de "concessão da tutela de urgência de natureza cautelar de que trata o art. 301 do CPC", ou seja, efetivada mediante arresto!

Assim, diante de elementos que "evidenciem a probabilidade do direito e o perigo de dano ou risco ao resultado útil do processo", a teor do que preceitua o art. 300 do CPC, nada impede que o juiz do trabalho, liminarmente, conceda a tutela provisória de urgência sob a forma de arresto em bens do terceiro e, em seguida ou ao mesmo tempo, determine a citação dele para responder ao IDPJ, ou seja, para responder à pretensão de desconsideração.

Importa dizer: é perfeitamente viável o juiz do trabalho adotar **medidas constritivas de urgência**, de natureza acautelatória, sobre bens do terceiro suposto responsável, antes de proferir a decisão propriamente de desconsideração, se entender que há comprovadamente risco ao resultado útil do processo, isto é, risco de dilapidação do patrimônio.

Nesse caso, **ou** cita-se para responder à desconsideração e, ao mesmo tempo se **arresta**, por exemplo. **Ou** arresta-se primeiro e depois cita-se o terceiro.

Mais adiante, caso se declare mesmo a desconsideração, mediante decisão final, converte-se o arresto em penhora e praticam-se os demais atos de expropriação, tendo por objeto o bem do terceiro responsável.[9]

Em suma: **não procede** a alegação de que pode cair no vazio a desconsideração, caso se aplique o incidente.

A viabilidade jurídica de o juiz do trabalho arrestar bens do sócio e, inclusive, promover o bloqueio de numerário do sócio pelo sistema BACENJUD, no curso do

---

(9) Note-se que procedimento análogo de há muito já se observa em relação ao **executado**, segundo o título exequendo: **caso não encontrado**, incumbe ao oficial de justiça arrestar-lhe tantos bens quantos bastem para garantir a execução. Após a citação, se transcorrido em vão o prazo para pagamento, converte-se automaticamente o arresto em penhora (CPC/2015, art. 830 e §§; CPC de 1973, art. 653).

IDPJ, não significa, todavia, que possa fazê-lo de ofício, como já se observa aqui e acolá, sem que haja respaldo legal para tanto. A permissão ou legitimação que a IN n. 39 do TST reconheceu excepcionalmente ao juiz do trabalho, inspirada no art. 878 da CLT, é tão somente para a instauração do IDPJ.

A regra e princípio básico, contudo, é considerar que a jurisdição é inerte, tal como dispõe o art. 2º do CPC de 2015: salvo exceções previstas em lei, "o processo começa por iniciativa da parte". Eis porque, coerentemente, o art. 299 do CPC/2015 prescreve que a tutela cautelar "será requerida ao juízo da causa". Portanto, entendo que somente mediante postulação do reclamante/exequente pode o juiz do trabalho, atendidos os requisitos legais, acolher pleito de arresto em bens do sócio antes da decisão definitiva sobre desconsideração.

7. PROCEDIMENTO EM SI. ALGUMAS OBSERVAÇÕES

7.1. Legitimidade para instauração do IDPJ

No CPC, a instauração do incidente **pressupõe postulação**: ou a pedido da parte ou do Ministério Público nos casos em que lhe couber intervir no processo (art. 133). Na sistemática ortodoxa do CPC, portanto, o Juiz não pode desconsiderar de ofício.

Diferentemente do processo civil, no processo do trabalho, o Tribunal Superior do Trabalho reconheceu que a iniciativa também é do juiz do trabalho, na fase de execução, em face do que estatui o art. 878 da CLT (art. 6º da IN n. 39/2016).

Pareceu-nos bem razoável e defensável que o juiz do trabalho, de ofício, possa deflagrar o incidente de desconsideração. Está claro que se ele dispõe de poder inquisitorial para iniciar a própria execução, com muito maior razão dispõe de poder para suscitar de ofício um incidente da execução. É até mesmo de lógica pura que quem pode o mais igualmente pode o menos.

Questão correlata interessante deriva da norma do § 1º do art. 133 do CPC, segundo a qual o "**pedido de desconsideração** da personalidade jurídica observará os **pressupostos** previstos em lei".

A norma em apreço suscita a seguinte **indagação**: a exigência de um "pedido" seria **incompatível** com a iniciativa do juiz do trabalho de instaurar de ofício o IDPJ?

Convenci-me de que a exigência do art. 133 do CPC não constitui razão suficiente para afastar a legitimidade excepcional que se reconhece ao juiz do trabalho para provocar o incidente, restrita à fase de execução, ante a norma do art. 878 da CLT.

O que, por óbvio, **não significa** que se aplique a exigência de "**pedido**" quando o juiz do trabalho agir de ofício. Neste passo, cumpre **adaptar** a incidência da norma processual civil à especificidade do processo do trabalho, aplicando-a *cum grano salis*, isto é, somente **se** o incidente for de iniciativa da parte ou do Ministério Público. Naturalmente, ao contrário, quando instaurado de ofício, **não** se aplica a exigência, até porque seria surrealista o juiz do trabalho formular pedido para si mesmo.

7.2. Despacho de instauração do IDPJ

A dispensa de "pedido", contudo, não exime o juiz do trabalho de proferir **despacho**, em qualquer caso, seja para instaurar de ofício, seja para se pronunciar sobre o **deferimento ou não** de instauração do incidente.

No caso de haver postulação nesse sentido, a despeito de o art. 133 aparentemente sugerir que instaurar o incidente seria um **direito processual de natureza potestativa da parte**, ao estatuir que "o incidente (...) será instaurado a pedido da parte ou do Ministério Público, quando lhe couber intervir no processo", é mais consentâneo com o espírito da lei a submissão do pleito, como qualquer outro, tanto a um juízo de admissibilidade, quanto a um juízo de mérito.

Assim, **se for incabível**, em tese, a desconsideração, o juiz pode e deve indeferir, de plano, a instauração do incidente, ante a clara inadequação da postulação da parte.

Suponha-se, a título de ilustração, que a parte pleiteie, equivocadamente, a desconsideração da personalidade jurídica, pela via direta, quando o caso, a toda evidência, comporta simples solidariedade passiva (grupo econômico, por exemplo: art. 2º, § 2º, da CLT) e, portanto, litisconsórcio passivo facultativo.

Penso que, em semelhante circunstância, o juiz pode e deve indeferir liminarmente a instauração do incidente.

7.3. Requisitos do despacho

Se, todavia, emitir juízo positivo de admissibilidade ao pleito de instauração do incidente, ou caso tome a iniciativa de instaurá-lo, incumbirá ao juiz proferir **despacho**, em que deverá:

a) explicitar contra quem instaura o incidente, ordenar a respectiva citação e estipular prazo para defesa;

Uma vez **citado**, o CPC reserva à parte interessada – o sócio ou a pessoa jurídica – o prazo de 15 (quinze) dias para apresentação de defesa (art. 135).

No processo do trabalho, todavia, entendo que o prazo para a defesa do sócio ou da pessoa jurídica é de 5 (cinco) dias, por aplicação analógica do prazo para a preparação da defesa em geral no dissídio individual, previsto no art. 841 da CLT. Impõe-se, pois, **adaptar** o prazo ordinário de defesa contemplado no processo civil para tomar em conta a especificidade do processo do trabalho. Ademais, parece desarrazoado e ilógico assegurar-se um prazo mínimo de preparação para a defesa de 5 (cinco) dias no processo principal e de 15 (quinze) dias em incidente do mesmo processo.

Citado para o IDPJ, o sócio pode apresentar defesa no plano processual (transgressão às garantias processuais) e/ou no plano do direito material (por exemplo, eximir-se de responsabilidade por se tratar de bem de família, ou de sócio retirante há mais de dois anos depois de averbada a modificação do contrato social, eventualmente antes mesmo da celebração do contrato de trabalho).

b) determinar a comunicação imediatamente ao distribuidor, se for o caso, para as devidas anotações (CPC, art. 134, § 1º), de modo a conferir **publicidade** ao incidente e resguardar, assim, terceiros de boa-fé, virtualmente interessados na aquisição de bem de propriedade da pessoa jurídica (ou eventualmente da pessoa física, no caso de desconsideração inversa);

c) ordenar a **suspensão do processo** principal (art. 134, § 3º), **salvo** se postulada a desconsideração na petição inicial; a **não suspensão** do trâmite processual nesse último caso justifica-se graças à possibilidade de o demandado defender-se nos autos principais;

d) caso tome a iniciativa do incidente, a meu sentir, o juiz do trabalho deverá ainda indicar no despacho, de forma sucinta e inconclusiva (para não prejulgar), o fundamento jurídico (pressuposto material) de que cogita para levantar o véu da pessoa jurídica, seja o art. 28, § 5º, do Código de Defesa do Consumidor, seja o art. 50 do Código Civil, ou qualquer outro. Indicar e sinalizar tal fundamento parece-me essencial em virtude da exigência legal de contraditório prévio e da vedação legal da decisão surpresa.[10]

e) determinar que os atos processuais concernentes ao incidente – defesa, contraditório prévio, instrução e decisão de mérito sobre a desconsideração – sejam praticados e componham os autos do próprio processo principal. O IDPJ é incidente do processo, o que não se pode baralhar com **processo incidente**. Não deriva ele de ação autônoma para se obter a desconsideração e, portanto, não gera nova relação jurídica processual autônoma. Por isso, tramita nos autos do próprio processo principal.

7.4. Fases instrutória e decisória

O direito à **instrução probatória** específica, previsto nos arts. 135 e 136 do CPC, assegura às partes e ao terceiro (sócio ou pessoa jurídica) **ampla dilação probatória**, mediante o uso de todos os meios legais de prova e os "moralmente legítimos" (art. 369), desde que relevantes, pertinentes e para apurar a controvérsia acerca da pretensa responsabilidade patrimonial de pessoa estranha ao título exequendo.

7.5. Fase recursal

Infere-se do art. 6º, § 1º, da IN n. 39/2016 que são concebíveis os seguintes recursos das **decisões** sobre desconsideração na Justiça do Trabalho:

a) recurso ordinário para impugnar a **sentença** (CLT, art. 895); entretanto, não cabe **de imediato** recurso algum **se** ocorrer ao longo da **fase de cognição**, mediante decisão interlocutória, em primeiro grau de jurisdição (art. 893, § 1º, da CLT; Súmula n. 214 do TST);

b) na fase de execução, cabe agravo de petição, independentemente de garantia do juízo;

c) se proferida pelo Relator, em incidente instaurado originariamente em tribunal, cabe **agravo interno** (CPC, art. 932, VI).

8. PRESSUPOSTOS MATERIAIS PARA A DESCONSIDERAÇÃO

Naturalmente, o procedimento do IDPJ culmina com decisão sobre a desconsideração, o que nos remete ao fato gerador da desconsideração. Caberá ao juiz apreciar os requisitos jurídicos necessários para que haja desconsideração da personalidade jurídica, sob o prisma do direito material (CPC, art. 133, § 1º).

Antes de examinar esses pressupostos materiais, recorde-se que a teoria da desconsideração da personalidade jurídica (*disregard of the legal entity*) originou-se na jurisprudência do *Common Law* (Inglaterra e Estados Unidos da América, como forma de "impedir que a pessoa jurídica seja utilizada, com sucesso, para fins imorais ou antijurídicos", na lição do saudoso prof. José Lamartine Correa de Oliveira.[11]

---

(10) Por exemplo: "O caso aparentemente sugere que haveria responsabilidade patrimonial do sócio sr. ..., por dívida da sociedade, em face da incidência virtual do art. 28, § 5º, do CDC."

(11) *A dupla crise da pessoa jurídica*, 1979. p. 262.

Surgiu, portanto, em razão do desvirtuamento na utilização da pessoa jurídica ao longo da história. Nasceu da necessidade de obstar a utilização da personalidade jurídica de forma abusiva, em especial para fraudar direito de terceiro. Surgiu para coibir a ilicitude na utilização da autonomia patrimonial da pessoa jurídica.

No Direito brasileiro, para se levantar o véu da pessoa jurídica há vários permissivos legais. São leis que dispõem em que casos o sócio responde por dívida da sociedade.

A doutrina tradicional costuma classificar em **teoria maior** e em **teoria menor** os diversos diplomas legais que regem a desconsideração no Direito brasileiro, conforme haja maior ou menor rigor para tanto.

A teoria maior está positivada sobretudo no art. 50 do Código Civil, que dispõe:

> Art. 50. Em caso de **abuso da personalidade jurídica**, caracterizado pelo **desvio de finalidade, ou pela confusão patrimonial**, pode o juiz decidir, a requerimento da parte, ou do Ministério Público quando lhe couber intervir no processo, que os efeitos de certas e determinadas relações de obrigações sejam estendidos aos bens particulares dos administradores ou sócios da pessoa jurídica.

Como se percebe, o pressuposto da teoria maior para a desconsideração é somente o abuso de direito, caracterizado, nos termos do art. 187 do CC/2002, pelo desvio de finalidade <u>ou</u> confusão patrimonial. A denominada teoria maior, por conseguinte, restringe a ilicitude para a desconsideração da personalidade jurídica à configuração objetiva de **um** desses requisitos.

A teoria menor, a seu turno, foi positivada, entre outros, no art. 28 e, em especial, no § 5º do Código de Defesa do Consumidor, que preceitua:

> Art. 28. O juiz poderá desconsiderar a personalidade jurídica da sociedade quando, em detrimento do consumidor, houver abuso de direito, excesso de poder, infração da lei, fato ou ato ilícito ou violação dos estatutos ou contrato social. A desconsideração também será efetivada quando houver falência, estado de insolvência, encerramento ou inatividade da pessoa jurídica provocados por má administração.
> (...)
> § 5º Também poderá ser desconsiderada a pessoa jurídica sempre que sua personalidade for, de alguma forma, obstáculo ao ressarcimento de prejuízos causados aos consumidores.

Vê-se que a teoria menor não exige pressupostos tão restritos e rigorosos para se levantar o véu da pessoa jurídica: basta, por exemplo, a mera insolvência, o encerramento irregular das atividades, ou infração à lei, ou apenas que a pessoa jurídica constitua um obstáculo à satisfação do crédito (execução infrutífera!).

Para a legislação consumerista, basta a mera comprovação da impossibilidade de a pessoa jurídica ressarcir os consumidores, independentemente da configuração de fraude ou confusão patrimonial, para que seja aplicada a desconsideração da personalidade.

Como bem pondera Fábio Ulhoa Coelho:

> O seu pressuposto é simplesmente o desatendimento de crédito titularizado perante a sociedade, em razão da insolvabilidade ou falência desta. De acordo com a teoria menor da desconsideração, se a sociedade não possui patrimônio, mas o sócio é solvente, isso basta para responsabilizá-lo por obrigações daquela. A formulação menor não se preocupa em distinguir a utilização fraudulenta da regular do instituto, nem indaga se houve ou não abuso de forma.[12]

Por isso, o Superior Tribunal de Justiça, inclusive, já consolidou o entendimento de que, se o fundamento material para a desconsideração for a aplicação do Código de Defesa do Consumidor, dispensa-se a demonstração de abuso de poder, de fraude ou de desvio de finalidade da sociedade empresária.

Quer dizer: à luz do Direito do Consumidor, é possível a desconsideração da personalidade jurídica da sociedade empresária mediante a mera prova de insolvência da pessoa jurídica para o pagamento de suas obrigações, independentemente da existência de desvio de finalidade ou de confusão patrimonial. Ou então mediante a constatação de que houve dissolução irregular da empresa sem a devida baixa na Junta Comercial.

É certo que, nesses mesmos casos, **se o fundamento material para a desconsideração for o art. 50 do Código Civil** (teoria maior), o STJ sedimentou entendimento em sentido contrário: no sentido de que o simples encerramento irregular e de fato das atividades da empresa, sem baixa na Junta Comercial ou deixando dívidas na praça, não é suficiente para autorizar a desconsideração de sua personalidade jurídica.

Da mesma forma, sob a ótica do art. 50 do Código Civil, a jurisprudência cível é pacífica no sentido de que não basta a simples execução frustrada para autorizar a

---

(12) *Curso de Direito Comercial*. 2. ed. São Paulo: Saraiva, 2000. p. 46. v. 2.

constrição em relação ao patrimônio dos sócios, sobretudo quando se trata de sociedade de quotas de responsabilidade limitada, em que o capital social foi integralizado.

Entendo, porém, que, no âmbito da Justiça do Trabalho, a teoria menor (em especial, o Código de Defesa do Consumidor) pode continuar sendo preferencialmente adotada, como o é, sem prejuízo de aplicar-se igualmente o art. 50 do Código Civil.

Por quê? De conformidade com o art. 8º, parágrafo único, da CLT, "o direito comum será fonte subsidiária do direito do trabalho, naquilo em que não for incompatível com os princípios fundamentais deste".

Ora, tanto o CC quanto o CDC compõem o chamado direito comum, para efeito de aplicação subsidiária nas relações de trabalho. De sorte que, em tese, ambos os diplomas legais aplicam-se subsidiariamente para regular as relações de trabalho e, pois, para a desconsideração da personalidade jurídica.

Não se pode perder de vista, no entanto, que, segundo o referido art. 8º, parágrafo único, da CLT, o critério central de aplicação subsidiária é a compatibilidade com os princípios fundamentais do Direito do Trabalho.

Nessa perspectiva, não creio que haja dúvida de que o Código de Defesa do Consumidor é o diploma legal que guarda maior identidade e afinidade com a CLT.

A razão é de clareza solar. Constata-se similitude e equiparação na situação jurídica de desigualdade tanto do empregado economicamente hipossuficiente frente ao empregador quanto na situação análoga do consumidor frente ao fornecedor.

A CLT tem por fundamento o princípio da proteção ao empregado. O CDC tem por fundamento a necessidade de proteção do consumidor. Ambos regem relações jurídicas marcadas pela desigualdade e em favor de **pessoas vulneráveis**, bem ao contrário do Código Civil que disciplina relações jurídicas cuja tônica é a igualdade e em que, portanto, naturalmente são mais rigorosas as exigências para a desconsideração da personalidade jurídica.

Por isso, para efeito de desconsideração, as normas do art. 28 do CDC se ajustam e se integram melhor ao espírito e aos fundamentos da legislação material trabalhista.

De resto, se há lei especial mais afinada ao Direito do Trabalho que a lei geral (Código Civil), como sucede no caso, não há razão lógica nem jurídica para se exigir a invocação da lei geral. A lei especial sempre prefere à lei geral, tanto que nem é revogada por norma geral posterior (Lei de Introdução do Direito Brasileiro).

Eis porque sustento que as normas do Código de Defesa do Consumidor preferem às normas do Código Civil para efeito de desconsideração da personalidade jurídica.

Menos rigorosas, elas propiciam maior efetividade ao crédito trabalhista exequendo.

Daí não se segue, mesmo à luz do CDC, que apenas a busca infrutífera de bens passíveis de penhora via sistema BACENJUD, INFOJUD, RENAJUD autorize a imediata desconsideração da personalidade jurídica da empresa executada. Se a empresa ainda se encontra ativa, é indispensável a realização de diligências frustradas no endereço da empresa para que se possa cogitar da desconsideração.

9. CONSEQUÊNCIA JURÍDICA DA DECISÃO DE DESCONSIDERAÇÃO

Importantíssimo efeito da decisão de desconsideração e, pois, da própria instauração do incidente, está contemplado no art. 137 do CPC, segundo o qual "acolhido o pedido de desconsideração, a alienação ou oneração de bens, havida em fraude de execução, será **ineficaz** em relação ao requerente".

Cumpre interpretar e aplicar a referida norma de forma conjugada com o § 3º do art. 792, de conformidade com o qual "nos casos de desconsideração da personalidade jurídica, a fraude à execução verifica-se a partir da citação da parte cuja personalidade se pretende desconsiderar."

Importa afirmar que, uma vez acolhido o incidente, qualquer iniciativa que vise a frustrar a eficácia da decisão, pela dilapidação patrimonial do devedor, será reputada ineficaz ou inoponível em relação ao reclamante/exequente.

Assim, **se** acolhido o pedido de desconsideração **direta**, ou declarada de ofício pelo juiz do trabalho, toda a alienação ou oneração de bem promovida pelo sócio, a partir do momento em que citado para o incidente, considerar-se-á **em fraude à execução**.

A alienação ou oneração de bem tecnicamente não é nula e nem anulável, mas é ineficaz ou inoponível ao reclamante/exequente, que poderá penhorar o bem em nome de quem quer que esteja, como se não houvesse alienação ou oneração.[13]

---

(13) Ilustre-se com o seguinte exemplo: o empregado Tibúrcio propõe ação trabalhista em face da sociedade por cotas **X**. Suponha-se que na fase de execução do processo trabalhista seja instaurado **IDPJ** e tomada a providência de comunicação ao distribuidor para as devidas anotações (CPC, art. 134, § 1º), de modo a conferir **publicidade** ao incidente e resguardar, assim, terceiro de boa-fé. Suponha-se que

Certo que, sob a égide do CPC de 1973, em que não havia normas iguais ou semelhantes às do § 3º do art. 792 e do art. 137 do CPC de 2015, a Súmula n. 375, do Superior Tribunal de Justiça abraçou o seguinte e corretíssimo entendimento:

> O reconhecimento da fraude à execução depende do registro da penhora do bem alienado ou da prova de má-fé do terceiro adquirente.

A toda evidência, o escopo da aludida súmula do STJ foi resguardar o terceiro adquirente de boa-fé.

Entendo que, à luz do CPC de 2015, por força do § 3º do art. 792 e do art. 137, não incide a Súmula n. 375 do STJ, para caracterização da fraude à execução em caso de desconsideração, se o juiz, ao determinar a instauração do IDPJ, em obediência à lei (art. 134, § 1º), ordenou a comunicação ao distribuidor para a anotação devida de que pende IDPJ contra o sócio fulano de tal. Adotada essa cautela essencial de publicidade para precatar terceiro de boa-fé, a fraude à execução consuma-se independentemente de averbação da penhora no registro público ou de perquirir-se sobre a boa-fé ou má-fé do terceiro adquirente.

10. CONSEQUÊNCIAS JURÍDICAS SE O JUIZ DO TRABALHO NÃO APLICAR O IDPJ

Na fase de cognição, se a desconsideração consumar-se, **sem** observância do IDPJ, mediante decisão interlocutória (anterior à sentença e, portanto, irrecorrível de imediato), a meu sentir é cabível correição parcial, na Corregedoria Regional, **ou** na Corregedoria Geral da Justiça do Trabalho (se rejeitado o pleito no Regional), com suporte no art. 709, II, da CLT. Há grave subversão procedimental ou, na linguagem da lei, "prática de atos atentatórios da boa ordem processual". Por quê? Devido à inobservância da garantia processual fundamental de contraditório e defesa prévios, além de tolher-se a oportunidade de o terceiro produzir prova antes da decisão de desconsideração. Uma vez que não cabe recurso de imediato, cabe correição parcial.

Presente, pois, a **inversão tumultuária** de atos processuais de que não cabe recurso de imediato. O Corregedor pode (e deve!) corrigi-la, determinando que se obedeça ao procedimento do incidente previsto no CPC de 2015. Quando menos, o Corregedor-Geral da Justiça do Trabalho, se não lograr êxito a correição parcial no Regional, poderá suspender, *ad cautelam*, a eficácia da decisão impugnada, com esteio no art. 13, parágrafo único, do Regimento Interno da CGJT.

De todo modo, no recurso que couber da sentença, o terceiro poderá alegar **preliminar de nulidade**, por cerceamento de defesa, em razão do comprometimento do direito de defesa e da inobservância do princípio constitucional e legal do contraditório **prévio**. A consequência poderá ser o provimento do recurso e a **anulação do processo**, a partir da decisão interlocutória de desconsideração, por afronta, entre outros, dos arts. 9º, 10, 134 e 135 do CPC, além do art. 5º, LIV e LV, da Constituição Federal.

Diga-se o mesmo em caso de decisão desconsideração proferida na fase de execução **ou** proferida originariamente em tribunal, **sem observância** do procedimento previsto no CPC de 2015 para o IDPJ.

Para impugnar essas decisões, segundo a lei e a IN n. 39 do TST, **ou** cabe agravo de petição, **ou** agravo interno. O agravo de petição cabe em face do que reza o art. 897, *a*, da CLT; o agravo interno, ante a norma expressa do art. 932, VI, do CPC de 2015 de aplicação subsidiária.

Em ambos os casos, a parte prejudicada pela inobservância do IDPJ pode alegar, com probabilidade de êxito, preliminar de nulidade, por cerceamento de defesa, em razão do comprometimento do direito de defesa, da vulneração do princípio constitucional e legal do contraditório prévio e do direito de produzir prova previamente. Pode-se alegar afronta, entre outros, dos arts. 9º, 10, 134 e 135 do CPC, além do art. 5º, LIV e LV, da Constituição Federal.

A consequência poderá ser o provimento do recurso e a anulação do processo, a partir da decisão de desconsideração, em virtude da preterição às garantias fundamentais para a declaração da desconsideração da personalidade jurídica.

É importante ter presente, desse modo, que o juiz do trabalho, ao **não** aplicar o incidente, ainda que animado dos mais elevados propósitos, conscientemente assume um risco seriíssimo e concreto de criar falsa expectativa para o reclamante/exequente, expectativa que mais adiante tende a desvanecer-se.

Penso que, com o CPC de 2015 e a posição do TST de aplicar o IDPJ, há grande probabilidade de sobrevir esse desfecho.

---

depois de notificados **para o incidente**, os sócios da reclamada alienem todos os bens da empresa X para Filisbino e que mais adiante se declare a desconsideração da personalidade jurídica da empresa X. Como visto, a referida alienação considera-se em fraude à execução, nos termos do § 3º do art. 792 do CPC. Uma vez definitiva esta decisão, as alienações de bens em favor de Filisbino não geram efeitos para o reclamante Tibúrcio, que poderá penhorar os bens transferidos em fraude à execução, como se não houvesse alienação.

Estou convencido, assim, de que a decisão de **não aplicar** no processo do trabalho o IDPJ, na prática, em derradeira análise, inexoravelmente acarretará mais **prejuízo, demora** e **ilusão ao exequente** do que propriamente a almejada satisfação do crédito.

11. CONCLUSÕES

1ª) A aplicação do IDPJ no processo do trabalho é imperativa para o acatamento **prévio** das **garantias constitucionais processuais** do terceiro suposto responsável patrimonial.

O **IDPJ**, precisamente porque afeiçoado aos postulados do justo processo (devido processo legal) e do contraditório prévio, é a forma evoluída e civilizada de atingir-se o patrimônio de quem, embora seja responsável patrimonial pelo débito de outrem, **não é** propriamente **devedor**, segundo o título.

2ª) Não há objeção fundada, *data venia*, para a resistência em se aplicar o novo instituto no processo do trabalho: afinal, o IDPJ não frustra a efetividade da execução e contribui para a segurança jurídica no mercado empresarial, na medida em que resguarda o direito sagrado e constitucional do devido processo legal daquele cujo patrimônio será atingido. É um avanço civilizatório!

3ª) A adoção do novo IDPJ no processo do trabalho não obsta a que a desconsideração persista sendo ancorada preferencialmente nos pressupostos materiais mais elásticos do Código de Defesa do Consumidor.

Como se vê, o IDPJ é instituto do CPC de 2015 que tende a provocar mudanças profundas no processo civil e no processo trabalhista brasileiros.

Não obstante, pensando bem, **mudanças** são da natureza da vida, como já proclamava Camões, em soneto clássico:

> "Mudam-se os tempos, mudam-se as vontades,
> Muda-se o ser, muda-se a confiança:
> Todo mundo é composto de mudança,
> Tomando sempre novas qualidades."

O Juiz do Trabalho e o Exercício da Função Jurisdicional

1. DESAFIOS ATUAIS DA MAGISTRATURA DO TRABALHO

Constitui truísmo asseverar que o **ofício do Juiz**, o ofício de julgar nunca foi fácil em tempo algum e em lugar algum. Ao contrário, sempre esteve entre os mais espinhosos para aqueles que o abraçam com devotamento e responsabilidade.

Conforme ressaltou **RUY BARBOSA**, o Juiz exerce "a mais eminente das profissões a que um homem se pode entregar neste mundo". A bem de ver, um ofício semidivino, que busca dar resposta à sempre angustiante pergunta: quem tem razão no conflito de interesses?

E se o ofício é, sempre foi e sempre será árduo, forçoso convir que na atual quadra da humanidade e, em especial, da sociedade brasileira, é ainda mais difícil ser Juiz e, em particular, ser Juiz do Trabalho.

Sabemos que atualmente o mundo assiste a uma nova revolução tecnológica. Vivemos tempos velozes em uma nova era: a era do saber e da informação. Somos afetados em quase todas as dimensões de nossas vidas pela revolução da informática e pelas novas tecnologias da informação. Estão aí o processo judicial eletrônico – **PJE**, as provas digitais e as provas extraídas das redes sociais, tudo a desafiar os novos profissionais da Justiça do Trabalho!

Vivemos igualmente em País de profundos contrastes, heterogêneo, complexo, tenso, politicamente polarizado e, sobretudo, de elevada conflituosidade trabalhista, ante um cenário socioeconômico pungente de mais de 14 milhões de trabalhadores brasileiros desempregados.

Vivemos em País não apenas de aguda conflituosidade trabalhista, mas também de excessiva judicialização das lides: temos uma cultura social e jurídica arraigada de submeter todos os conflitos quase que exclusivamente à solução jurisdicional do Estado. Tendemos a desprezar formas alternativas de solução, como órgãos extrajudiciais destinados a inibir a excessiva judicialização das lides.

As Comissões de Conciliação Prévia, criadas pela lei em 2000, com tanto entusiasmo, para desafogar a Justiça do Trabalho, praticamente fracassaram. Concebidas como órgãos extrajudiciais de conciliação para atuar como anteparo à verdadeira "explosão de litigiosidade" com que se vê a braços a Justiça do Trabalho, as Comissões de Conciliação Prévia malograram, por inúmeros motivos.[1]

Pior que tudo isso, presentemente, no limiar de 2017, após completar 75 anos de instalação no Brasil, a Justiça do Trabalho vive tempos crispados. Vive fustigada por uma reforma trabalhista iminente e de dimensão sem precedentes em sua história. Reforma que decerto provocará verdadeira **revolução** no Direito do Trabalho e no Direito Processual do Trabalho. Reforma que, como é de intuitiva percepção, também deixará a Justiça do Trabalho em perigosa encruzilhada.

Está claro que todos nos recordamos de que a Justiça do Trabalho, há alguns anos, **já viveu a ameaça explícita de extinção**, que não apenas não vingou mas conduziu ao seu fortalecimento, concretizado na Emenda Constitucional n. 45, de 2004.

Atualmente, porém, a prevalecer a Reforma Trabalhista já aprovada na Câmara dos Deputados, **estarão em xeque**, sobretudo, os pilares do Direito do Trabalho e do Direito Processual do Trabalho, construídos ao longo de décadas. E, por extensão, a própria Justiça do Trabalho.

Defender essas instituições, porém, é **apenas uma** das excelsas e graves responsabilidades que recaem sobre o Juiz do Trabalho na fase atual da nossa história.

Afora isso, **mais do que nunca, avulta** o papel do Juiz do Trabalho diante da gravíssima e **delicadíssima**

---

(1) 1º) O STF afastou a obrigatoriedade de submeter os conflitos trabalhistas às CCP; 2º) muitos julgados passaram a reputar o termo de quitação desprovido de eficácia geral liberatória do empregador; 3º) além disso, houve desvirtuamentos aqui e acolá, como a cobrança ilegal de custas.

crise social, política e ética por que passa a sociedade brasileira.

De modo que se o Juiz do Trabalho, em condições normais, tem um **fardo formidável** para carregar, manifesto que atualmente precisa ser dotado, **mais do que nunca**, de um **cúmulo de virtudes**, inclusive para manter inquebrantável a indispensável confiança da população na Justiça do Trabalho.

PIERO CALAMANDREI, em linguagem figurada, bem realçou esse aspecto:

> "Os juízes são como os que pertencem a uma ordem religiosa. Cada um tem que ser **um exemplo de virtudes**, se não quer que os crentes percam a fé."

E então é de indagar-se: que virtudes são essas? quais predicados devem aureolar a personalidade do Juiz do Trabalho para bem servir a sociedade?

2. ATRIBUTOS DO JUIZ DO TRABALHO PARADIGMÁTICO

Creio que ninguém sintetizou tão bem essas **virtudes**, esses **atributos** quanto **LYNDHURST**, antigo Secretário de Justiça americano (*in Memórias de um Juiz*, de Bernard Botein). Disse ele:

> "Um bom juiz, deve, primeiro, ser honesto; segundo, possuir uma dose razoável de **habilidade**; terceiro, ter coragem; quarto, ser um cavalheiro; e, finalmente, se tiver algum conhecimento da lei, isto lhe será um bom auxílio."

Vou tomar essa afirmativa como um ponto de partida das minhas reflexões.

2.1. Honestidade. Independência

Obviamente o primeiro atributo de qualquer Juiz digno do cargo é a honestidade, a probidade, a idoneidade.

Dela, a rigor, não preciso falar porque nem é qualidade do Juiz. É pressuposto legal para o exercício do cargo, tal como a imparcialidade.

O Código de Ética da Magistratura Nacional, de que fui Relator no CNJ, alude mais amplamente a uma virtude **conexa** à honestidade: a independência do magistrado. Reza:

> Art. 4º Exige-se do magistrado que seja **eticamente independente** e que **não interfira**, de qualquer modo, na atuação jurisdicional de outro colega, exceto em respeito às normas legais.

> Art. 5º Impõe-se ao magistrado pautar-se no desempenho de suas atividades **sem receber indevidas influências externas** e estranhas à justa convicção que deve formar para a solução dos casos que lhe sejam submetidos.

É até ocioso assinalar que um Juiz digno do nome e do cargo não pode aceitar e não pode submeter-se a pressões ou influências ilegítimas ou indevidas de quem quer que seja. Não se curva, não se dobra aos poderosos. Não tem preço, não vende a sua alma, não vende a sua dignidade.

O Juiz é um agente público desvinculado de qualquer interesse e que somente deve **obediência à lei e à sua própria consciência**, o que é pressuposto absoluto para fazer justiça às partes.

Tudo isso é de clareza solar e dispensa maiores digressões.

2.2. Habilidade

A segunda virtude essencial do Juiz, em que pretendo deter-me, para mim igualmente é a habilidade. Endosso plenamente **LYNDHURST**. O trato com as pessoas, inequivocamente, é um dos maiores problemas que qualquer indivíduo tem de enfrentar e o Juiz muito mais.

A habilidade se traduz genericamente em **diplomacia, em tato no exercício do cargo**, seja no convívio com as pessoas (partes, advogados, servidores, colegas), seja no contato com as Instituições.

Trata-se de um predicado do Juiz que pode e deve manifestar-se sob múltiplas formas de conduta.

1º) Em primeiro lugar, revela-se no **policiamento de vocabulário**. Vamos recordar o **TALMUDE** (Livro Sagrado dos Judeus): "a palavra (...) é como a abelha: tem mel e tem ferrão".

Sabidamente, assim como comovem, enaltecem e alegram, as palavras ferem, as palavras machucam.

Por isso, o policiamento de vocabulário exige que o juiz **jamais** formule **crítica**, a quem quer que seja.

A crítica é absolutamente indesejável e contraproducente porque deixa a pessoa atingida na defensiva, fere o seu orgulho, fere o seu sentimento de importância, além de provocar mágoas e ressentimentos não raro perenes.

Além disso, como ensina a sabedoria popular, ninguém deve dizer tudo o pensa ou quer, sob pena de ter de ouvir o que não quer.

Pessoalmente, meus maiores aborrecimentos e arrependimentos no exercício da magistratura deveram-se exatamente à **inabilidade** pela utilização de palavras impróprias e de crítica, em algumas circunstâncias. Certa ocasião, por exemplo, qualifiquei como "**desserviço**" a postura de alguns colegas. Penitencio-me amargamente de tê-lo feito, ainda que coberto de razão no tocante à questão de fundo. Magoei e causei um grande dissabor porque feri a autoestima das pessoas.

Aprendi depois, com **MACHADO DE ASSIS**:

> "A dinamite não edifica, apenas destrói e altera."

DALE CARNEGIE, em obra clássica,[2] ensinou que nunca se deve dizer a uma pessoa que ela está errada. Lembra ele que, em sua autobiografia, **BENJAMIN FRANKLYN** conta como deixou o pernicioso hábito de discutir e criticar para se transformar num dos mais renomados diplomatas da história americana.

De que forma? Convencido de que não há vantagem em dizer a uma pessoa que ela está errada, desenvolveu um autocontrole emocional pelo qual evitava toda confrontação direta e mesmo toda afirmação incisiva.

Disse **BENJAMIN FRANKLYN**: "Quando outra pessoa asseverava uma coisa que eu julgava errada, negava-me o prazer de contradizê-la de pronto e de apontar-lhe logo alguns absurdos da sua asseveração; e, respondendo, eu começava por observar que em determinados casos e circunstâncias a sua opinião podia estar certa, mas no presente caso parecia-me um pouco diferente.[3]

Ora, prossigo, se essa admirável habilidade cultivada por **BENJAMIN FRANKLYN** é virtude cardeal na vida para todos, com muito maior razão no exercício da magistratura, em que o Juiz, a todo momento, precisa manter contato com pessoas e submeter-se ao embate de ideias. Mais ainda se acentua a relevância desse predicado à medida que o Juiz ascende ao Tribunal, cujos julgamentos públicos constituem o caldo de cultura perfeito para cizânias e desavenças constantes, se não houver extremo cuidado com as palavras. Desafortunadamente, episódios desse jaez, que enodoam a imagem do Tribunal, ocorrem com relativa constância.

O policiamento de vocabulário, como forma de habilidade, exige que o Juiz não apenas evite a crítica, mas também qualquer registro ou comentário que denote alguma paixão por pessoa, agremiação política, ou agremiação esportiva. Absolutamente inapropriado, assim, como já se deu, registrar-se em ata de audiência voto de regozijo e congratulações em virtude de o clube de futebol do Juiz sagrar-se campeão. O Juiz não pode exteriorizar publicamente e com tal dimensão a paixão futebolística, sob pena de perder a isenção para julgar as causas trabalhistas, não incomuns, envolvendo o próprio clube do coração.

2º) Em segundo lugar, a habilidade exige que o magistrado **evite conflitos profissionais**, mormente com os advogados, as partes e colegas.

Escreveu **MAX GERINGER**, coberto de razão, que "o sucesso consiste em **não fazer inimigos**".

A pessoa tende a esquecer **de um favor** que você fez a ela. A regra, aliás, é a ingratidão.

Em contrapartida, há grande probabilidade de alguém **se lembrar para sempre** de uma desfeita, de uma descortesia, ou de uma crítica ferina, pouco importa quanto tempo transcorreu.

Li certa feita uma frase, de autor desconhecido, que bem expressa esse fenômeno:

> "**As pessoas** sempre vão esquecer o que você **disser**. As pessoas sempre vão esquecer o que você **fizer**. Mas as pessoas jamais vão esquecer o que você as fizer **sentir**."

Manifestação de habilidade do Juiz, por exemplo, é não se indispor jamais, mormente com o advogado. Evitar, a todo custo, qualquer forma de **desinteligência com o advogado**.

Não deve o Juiz jamais permitir que desavenças processuais convertam-se em polêmica infindável dentro do processo, mediante áspera troca de farpas ou insultos em petições e despachos, como se constata, às vezes, infelizmente.

Revela grande inabilidade também o Juiz que busca arvorar-se professor do advogado, em caso de falta de técnica na postulação do advogado.

Ao tempo em que exerci o cargo de Corregedor-Geral da Justiça do Trabalho, defrontei-me com o caso de um Juiz do Trabalho substituto que ameaçou publicar *outdoors* em capital, com o nome de certo advogado, se este persistisse em postular de determinada forma.

Isso jamais deve ocorrer! Mesmo que o advogado erre no pleito, o Juiz não pode ameaçar, tampouco deve ensinar o advogado nos despachos ou decisões que proferir.

---

(2) CARNEGIE, Dale. *Como fazer amigos e influenciar pessoas*. 23. ed. São Paulo: Companhia Editora Nacional, 1963. p. 143.
(3) *Op. cit.*, p. 146.

O Juiz professor precisa tomar muito cuidado!

PIERO CALAMANDREI ensinou que o advogado "não deve **dar-se ares** de ensinar direito aos juízes – esse direito em que eles são mestres".

Parafraseando **CALAMANDREI**, digo: o Juiz também não deve dar-se ares de ensinar direito aos advogados.

Se o fizer, ainda que seja, talvez, um grande professor ou um grande jurista, certamente irá revelar-se um péssimo psicólogo e nem um pouco hábil.

Cabe ao juiz **responder tecnicamente** às objeções ou críticas que lhe forem feitas e, em casos extremos, **representar** à Seccional da OAB para apuração de responsabilidade disciplinar do advogado, mas sem permitir que desavenças processuais se convertam em polêmica ou discussões paralelas.

Igualmente denota habilidade não se indispor o Juiz com **colegas**.

Integrar uma carreira, como a da magistratura, não raro gera disputas, nem sempre sadias. A carreira gera competição nas promoções por merecimento. E na competição se obtém "o que há de melhor nos produtos e o que há de pior nas pessoas", como assinalou **DAVID SEMOFF**, industrial americano.

O Juiz não se deve deixar tomar por um carreirismo degradante que o incompatibilize com colegas.

3º) Uma terceira forma de habilidade observa-se quando o Juiz **recebe e trata bem o advogado**.

Consoante reza o art. 35, IV, da LOMAN, é dever do Juiz "atender aos que o procurarem, a qualquer momento, quando se trate de providência que reclame e possibilite **solução de urgência**."

Muito além de o atendimento ao advogado constituir um dever, contudo, a experiência mostra que o diálogo com o advogado permite ao Juiz entender melhor o caso, seja para deferir, seja para indeferir a postulação.

Lembro que na Escola Nacional da Magistratura da França, os alunos ainda não juízes (auditores de justiça) são designados para estagiar em grandes escritórios de advocacia após a admissão na Escola, ao longo dos primeiros 6 (seis) dos 31 (trinta e um) meses do Curso de Formação Inicial.

Percebe-se aí o valor que os franceses passaram a emprestar à visão profissional do advogado na formação do Juiz.

Quando visitei a Escola, em Bordeaux, esclareceram-me que esse longo estágio passou a ser exigido depois de um erro judiciário clamoroso, em processo de grande repercussão, precisamente em virtude de não haver sido permitida a intervenção do advogado de uma das partes.

Revela admirável habilidade o Juiz que **recebe e trata bem o advogado**, por vários motivos:

a) compreende o relevante papel do advogado na sociedade, em particular como coadministrador da Justiça;

b) evita que se consolide uma imagem de Juiz difícil e de conduta imperial;

c) sabe que o diálogo com o advogado, em geral, é útil para a solução da lide.

Quando menos, receber e tratar bem o advogado denota inteligência e bom senso, pois a vida dá voltas! O Juiz de hoje pode ser o causídico de amanhã...

Aprendi, há muito, que devemos tratar bem as pessoas quando estivermos subindo porque poderemos encontrá-las quando estivermos descendo...

4º) Em quarto lugar, a habilidade exige que o Juiz do Trabalho mantenha autocontrole e equilíbrio emocional no momento de presidir as audiências, mormente de instrução.

É um momento comumente tenso e propício à desinteligência, sobretudo com o advogado.

O Juiz, porém, é o único que não pode perder o autodomínio e obrigatoriamente deve manter-se imperturbável, em qualquer circunstância. Jamais pode permitir-se a destemperança verbal, tampouco a arbitrariedade.

Se o Juiz perceber que os ânimos estão muito exaltados, ou que está na iminência de perder o autocontrole, é recomendável **suspender a audiência**, por alguns minutos, para se recompor.

De todo modo, a experiência mostra que, dentre os motivos mais frequentes de altercação entre Juiz e advogado em audiência, dois sobressaem:

a) repergunta ou outra prova indeferida;

b) registro de "protesto" em ata, em caso de indeferimento de prova.

Penso que, **em nome da habilidade e em observância à lei** (CPC/15, art. 11), impõe-se que o Juiz, em caso de indeferimento das postulações da parte ou advogado, **faça-o com delicadeza e de forma motivada**. Até porque a parte pode estar exercendo o direito de gravar em imagem e em áudio a audiência (CPC/15, art. 367, § 5º).

É fundamental, pois, sempre **motivar os indeferimentos**, máxime de produção de prova, que eventualmente pode configurar cerceamento do direito de defesa da parte. Nada mais inábil, ilegal, antipático e autoritário que o lacônico "indefiro"!

Quanto às **reperguntas indeferidas**, é direito da parte vê-las registradas em ata (CPC/15, art. 459, § 3º), constituindo providência essencial para o Tribunal apreciar virtual preliminar de nulidade por cerceamento do direito de defesa. Cabe ao Juiz, portanto, sem hesitar, promover o registro e declinar o motivo do indeferimento: impertinente, irrelevante, fato já confessado etc.

No que tange ao **famigerado "protesto"** por indeferimento de prova, trata-se de figura espúria que se teima em adotar no processo do trabalho, como sucedâneo de um recurso inexistente para impugnar decisão interlocutória que cause algum gravame. Em rigor, não há lei que assegure à parte o direito de consignar em ata "protesto" e tampouco imediatamente após o indeferimento de prova.

Se isso é certo, não menos certo que a lei expressamente comete à parte o ônus de alegar nulidade processual por cerceamento do direito de defesa na primeira oportunidade que lhe couber falar "em audiência ou nos autos" (CLT, art. 795).

Ora, em princípio, após o indeferimento da prova, a primeira oportunidade "que a parte tiver de falar **em audiência** ou nos autos" é por ocasião das razões finais, imediatamente após encerrada a instrução probatória.

Daí que em vez da atitude antipática e inábil de indeferir o "protesto", pura e simplesmente, a habilidade recomenda que o Juiz preste esses esclarecimentos e diga ao advogado que terá prazer em registrar o inconformismo da parte, por ocasião das razões finais.

2.3. Humildade

Outra virtude essencial do Juiz é a **humildade**.

Na **antiga Roma**, após uma vitoriosa batalha, havia o **"Triunfo"**, uma das maiores solenidades da época em homenagem ao general vitorioso. Mas durante essa cerimônia, enquanto o general romano, **aclamado pela multidão**, era **conduzido** com grande pompa e circunstância ao Capitólio Romano, um escravo, colocado atrás dele, no mesmo carro, repetia incessantemente um **alerta**, em latim: *Cave ne cadas*.

"Cuidado! Não caias". "Lembra-te que és homem"!

Esse episódio ensina que não nos devemos olvidar jamais de nossa **condição humana** e que **jamais podemos nos deslumbrar com o poder**. O Poder é um jardim de delícias e um jardim de tormento, sempre transitório e ilusório. O Juiz precisa lembrar-se, a todo momento, da finitude da vida e do poder. E que, por isso, a humildade é virtude e guia inarredável.

Costumo sempre repetir para mim os versos de um poeta desconhecido: "milhões de pedras na calçada e eu um simples grãozinho de areia".

MÁRIO QUINTANA bem exprimiu a exigência de humildade:

"Eu **não** sou eu, sou o momento: **passo**".

1º) manifestação de humildade é não deixar o poder subir à cabeça: não cometer abuso de poder, não ser déspota ou prepotente, não se deixar tomar pela vulgarmente conhecida "juizite".

Eis um caso real, talvez insuperável, de abuso de poder e prepotência: em 2015, determinado Juiz do Trabalho Substituto, após promover, sem êxito, a acareação de duas testemunhas, consignou em ata a seguinte decisão, ao presidir audiência de instrução: "Tendo em vista que as duas testemunhas, frente a frente, mantêm as suas afirmações registradas em depoimento, suspendo a presente audiência, mantendo todos na sala de audiência, até que retifiquem os depoimentos". Como se vê, o Juiz, arbitrariamente, determinou que **todos** os participantes da audiência, inclusive os advogados, permanecessem na sala de audiência até que uma das testemunhas retificasse o conteúdo de suas declarações. E lá permaneceram por quase duas horas. Uma vez que nenhuma das testemunhas retratou-se, designou nova data para o prosseguimento da audiência de instrução a fim de obter eventual retratação das testemunhas. Novamente frustrou-se, contudo, porque as testemunhas mantiveram seus depoimentos. Diante desse novo cenário, mais uma vez o magistrado agiu de forma ilegal e arbitrária: determinou a condução coercitiva das testemunhas para a sede da Polícia Federal, sem dar voz de prisão a qualquer dos envolvidos e ao mesmo tempo impedindo que as testemunhas deixassem o local até que uma viatura fosse disponibilizada. Nesse interregno, desentendeu-se com o advogado Coordenador da Comissão de Direitos e Prerrogativas da Seccional da OAB, de quem o magistrado **acabou recebendo voz de prisão por abuso de autoridade** (Lei n. 4.898/65, art. 3º, alínea "a" e art. 4º, alínea "b"). O lastimável episódio em apreço revela tudo o que um Juiz **não** pode e não deve fazer, decorrente da falta de humildade e incompreensão sobre os limites do cargo. Patente que o Juiz pode muito, mas não pode tudo.

2º) Outra manifestação de humildade do Juiz, é um estado de constante **dúvida**. A vida e o Direito são sobremodo complexos e dinâmicos para que o Juiz possa vangloriar-se de muitas **certezas**.

FERNANDO PESSOA questionava, com razão:

"Não tenho nenhuma certeza. Sou mais certo ou menos certo?"

Não é à toa que o provérbio popular ensina:

"Da dúvida nasce a sabedoria".

Confesso que guardo bastante reserva em relação à conduta daqueles que, mormente no exercício da judicatura, manifestam constantemente muitas **certezas**. Em geral têm uma percepção reducionista e simplificadora das coisas. O normal é a dúvida, sobretudo diante de questões jurídicas intrincadas com que se defronta o Juiz, a cada momento. O normal é o magistrado pensar, meditar, duvidar, questionar, ponderar e somente decidir depois de amadurecer bem a solução. Guardadas as proporções, agir como se fora um cientista.

Convém não esquecer, a propósito, da resposta de **ISAAC NEWTON** a quem lhe perguntou como descobriu a teoria da gravidade: "Pensando nela!"

3º) Manifestação admirável de humildade também é o Juiz reconsiderar uma decisão equivocada. Não constitui nenhum demérito ou desdouro o Juiz refluir. Demonstra que o Juiz não se acha encastelado em torre de marfim. Afinal, o Juiz não pode e não deve ter compromisso algum com o erro. Se se convenceu de que anteriormente abraçou uma tese jurídica que depois lhe pareça equivocada, não deve titubear em reformular o posicionamento.

Bem pontuou o **BARÃO DE ITARARÉ**, ainda que em tom de blague:

"Muito pior do que mudar de ideia é não ter ideia para mudar."

O importante é que o Juiz, se reformular entendimento anterior, o faça de forma motivada e transparente, para não parecer leviandade.

4º) Manifestação igualmente de humildade é **ouvir** com paciência as queixas e reclamações contra despachos e decisões e, em especial, compreender a linguagem às vezes veemente e candente com que o vencido ataca a sentença.

Oportuna, a propósito, a lição de **ELIÉZER ROSA**, antigo e memorável magistrado carioca:

"Nada mais humano do que a revolta do litigante derrotado. Seria uma tirania exigir que o vencido se referisse com meiguice e doçura ao ato judiciário e à pessoa do julgador que lhe desconheceu o direito. (...) O Juiz é que tem de se revestir da couraça e da insensibilidade profissional necessária para não perder a calma e não cometer excessos."[4]

De fato, nós, Juízes, é que precisamos nos manter humildes, serenos e imperturbáveis diante da crítica, ainda que candente, aos nossos pronunciamentos decisórios, contanto que a crítica não desborde para a ofensa pessoal. Até porque ninguém detém o monopólio da verdade. Quem assegura que o recorrente não tem razão?

Saudável providência, pela qual sempre me pautei e recomendo, porque denota humildade e evita aborrecimentos, é não ler razões do recurso. Se for o caso, ler somente as contrarrazões...

5º) Manifestação de humildade é ser um profissional **despojado de vaidades e de arrogância**, pois esta, no ensinamento de **NORBERTO BOBBIO**[5] deve ser "entendida como opinião exagerada sobre os próprios méritos, que justifica a prepotência".

Penso que toda forma de **arrogância ou de prepotência** é totalmente incompatível com a magistratura.

Exemplo emblemático desse comportamento foi o episódio do chinelo ocorrido em Vara do Trabalho do Paraná: determinado Juiz do Trabalho adiou a audiência porque o reclamante usava chinelo de dedo e, portanto, supostamente não usava calçado adequado. Na audiência seguinte o reclamante sofreu nova humilhação, *"pois o juiz ofereceu, na própria audiência, um par de sapatos usados"*, recusados.

O resultado desse comportamento infeliz foi a condenação da União por dano moral na Justiça Federal.

Outro exemplo de prepotência, que deve ser evitado a todo custo, é o conhecido "carteiraço" fora do exercício da magistratura. O "carteiraço" é exatamente o oposto da desejável humildade que se espera de um Juiz digno do cargo.

No caso do exercício da magistratura, como advertiu o célebre magistrado francês **FRANÇOIS D'AGUESSEAU** (1668-1751), "um dos perigos que o juiz deve evitar é revelar-se demasiadamente magistrado **fora de suas funções** e não o ser suficientemente no exercício delas".

Sobretudo quando estiver **errado**, **não** deve o Juiz exibir a carteira de identidade funcional para se

---

(4) ROSA, Eliézer *A voz da toga*. Rio de Janeiro: Barrister's, 1983. p. 26.
(5) BOBBIO, Norberto. *Elogio da serenidade e outros escritos morais*. São Paulo: Unesp, 1998. p. 39.

prevalecer do poder (do cargo) e tentar obter tratamento privilegiado. Trata-se de um **duplo erro**! O erro em si e o abuso de poder, que enxovalha o Poder Judiciário como um todo.

O ideal é seguir na vida o conselho de **BENJAMIN DISRAELI**, ex-primeiro-ministro inglês:

> "Never complain, never explain, never apologise" (nunca se queixe, nunca se explique, nunca se desculpe).

2.4. Coragem

O quarto predicado essencial do Juiz é a coragem, entendida "como capacidade de superar o medo"[6].

RUI BARBOSA advertiu, com razão:

> "O bom ladrão salvou-se. Mas não há salvação para o juiz covarde."

Realmente, o Juiz jamais pode acovardar-se, jamais pode ter receio de contrariar interesses, sejam quais forem. Jamais pode ter receio de desagradar quem quer que seja. Deve exercer a profissão e tomar as decisões que lhe parecerem corretas, **com total desassombro**.

Naturalmente, há momentos cruciais no exercício da magistratura trabalhista: decisão em processos de grande vulto econômico ou de grande impacto social, desconforto no julgamento de **colega** em processo administrativo disciplinar.

Em qualquer circunstância, porém, nada pode deter o Juiz no cumprimento do dever.

JOÃO GUIMARÃES ROSA, em "Grande Sertão: Veredas", escreveu página célebre a respeito:

> O correr da vida embrulha tudo.
> A vida é assim: esquenta e esfria,
> aperta e daí afrouxa, sossega e depois desinquieta.
> O que ela quer da gente é **coragem**."

2.5. Cortesia ou afabilidade

Sobremodo importante **também** para o Juiz exercer a função jurisdicional é a cortesia ou afabilidade.

O cavalheirismo, o trato lhano e a fidalguia devem ser a **tônica** da atuação do Juiz.

O Código de Ética da Magistratura Nacional **prescreve**:

> Art. 22. O magistrado tem o **dever de cortesia** para com os colegas, os membros do Ministério Público, os advogados, os servidores, as partes, as testemunhas e todos quantos se relacionem com a administração da Justiça.

O art. 35, inciso IV, da LOMAN reza que é dever do Juiz tratar **com urbanidade** as partes, advogados, membros do Ministério Público e servidores. Na mesma linha reza o art. 360, inciso IV, do CPC/15.

Evidentemente, rispidez na fala ou maus modos contrapõem-se à exigência de cortesia e urbanidade.

O exercício do poder judicial não é e não pode ser incompatível com a candura.

O dever de cortesia é uma forma de exteriorizar respeito e consideração para com todos os que auxiliam na Administração da Justiça, ou que com ela se relacionam.

Claro que a cortesia contribui para um melhor funcionamento da administração da Justiça.

De sorte que o Juiz deve ser uma pessoa bem-educada, que se esmere em boas maneiras capazes de conduzir às boas ações. Enfim, antes de tudo, um ser polido, respeitoso, cortês, de comportamento elegante.

A cortesia se aquilata nos pequenos e nos grandes gestos: por exemplo, nos cumprimentos diários, na profusão do "por favor", do "obrigado", do "desculpe", em não enviar ofício para superior hierárquico ou para o Tribunal subscrito pelo Diretor de Secretaria, "de ordem" etc.

2.6. Prudência

Outro atributo essencial do Juiz de que gostaria de tratar é a prudência, uma das quatro virtudes cardeais da Antiguidade e da Idade Média.

Prudência e exercício da magistratura são conceitos indissociáveis. É um contrassenso "juiz imprudente". O bom senso, o equilíbrio e a razoabilidade devem estar na massa do sangue do Juiz.

Prudência significa cuidado, **cautela, precaução**.

Anota **ANDRÉ COMTE-SPONVILLE**, inspirando-se em **MAX WEBER**:

> "A "ética da responsabilidade quer que respondamos não apenas por nossas intenções ou nossos princípios, mas também pelas conse-

---

(6) COMTE-SPONVILLE, André. *Pequeno tratado das grandes virtudes*. São Paulo: Martins Fontes. p. 51.

quências de nossos atos, tanto quanto possamos prevê-las".[7]

Por isso, o Código de Ética da Magistratura Nacional inclui a prudência entre os mais elementares deveres éticos do Juiz, nos seguintes termos:

> Art. 24. **O magistrado prudente é o que busca adotar comportamentos** e decisões que sejam o resultado de **juízo justificado racionalmente**, após haver **meditado** e **valorado** os argumentos e contra-argumentos disponíveis, à luz do Direito aplicável.
> Art. 25. Especialmente ao proferir decisões, incumbe ao magistrado atuar de forma **cautelosa, atento às consequências** que pode provocar.

A prudência exige que o Juiz:

1º) avalie os **impactos econômicos e sociais, favoráveis e desfavoráveis**, da decisão que tomar;

2º) saiba **ouvir pacientemente**: "cessa a prudência quando falta a paciência", ensina provérbio popular. Ou, como bem adverte **LEÃO DE FORMOSA**, poeta mineiro:

> "Aperfeiçoa-te na arte de escutar; só quem ouviu o rio pode ouvir o mar".

3º) exige que o Juiz **medite e pondere** sobre as razões das partes, sopesando-as detidamente **e dê resposta aos argumentos das partes**, como determina uma das **novas exigências legais da motivação da decisão** e impõe o novo contraditório, à luz do CPC/15 (art. 489, inciso IV);

4º) a prudência recomenda que o magistrado não tenha juízos aprioristicos e **certezas preconcebidas** sobre os fatos da lide ou sobre os litigantes.

Cabe considerar, por exemplo, que **não há dois processos iguais**, senão na aparência!

2.7. Ser estudioso

Predicado fundamental do Juiz é ser estudioso.

EDUARDO COUTURE inscreveu o estudo como primeiro mandamento do advogado. Alertou:

> "O direito está em constante transformação. Se não lhe segues os passos, serás cada dia um pouco menos advogado."

Se o estudo é essencial para o advogado, com maior razão ainda o é para o Juiz do Trabalho, que aplica o Direito do Trabalho, um ramo do Direito ainda em formação e em constante transformação. No caso brasileiro, constituído de uma legislação confusa, profusa e difusa, que suscita questões tormentosas e atormentadoras a todo instante. Agora mesmo, neste limiar de 2017, o Direito do Trabalho brasileiro está na iminência de sofrer uma revolução sem paralelo em sua história, o que demandará horas infindáveis de reciclagem profissional.

De outra parte, notório que a aprovação do Juiz em concurso constitui apenas o ponto de **partida** e não o ponto de chegada. Evidentemente, o concurso aquilata apenas cultura jurídica.

Por isso, e porque o Direito e a sociedade estão em contínua evolução, cabe ao Juiz submeter-se à **formação permanente**, e não somente em Cursos ministrados pelas Escolas Judiciais. O Juiz deve **sempre** buscar aperfeiçoamento porque a sua formação **nunca** se dá por terminada.

E buscar aperfeiçoamento **não apenas como jurista**. O saudoso Ministro **ALIOMAR BALEEIRO** advertia:

> "Porque sou homem, não sou alheio de nada que é humano. Desgraçado do País em que os juízes forem apenas juristas".

Na mesma linha sentenciou **OLIVER WENDELL HOLMES**, notável Juiz da Suprema Corte Americana:

> "Aquele que sabe somente o Direito, nem o Direito sabe".[8]

ELIASAR ROSA ressaltou que o Juiz deve ser "alguém que traga (...) no reverso do diploma, uma síntese filosófica, uma visão global do homem e do mundo, uma paisagem sinótica das ideias fundamentais, pelo menos, de seu tempo e de seu meio, para, com todo esse instrumental de conhecimentos e virtudes, poder iluminar e vivificar a eficácia oracular de seus pronunciamentos".[9]

Em rigor, do Juiz exige-se muito mais que a formação permanente e multidisciplinar. É fundamental que evite qualquer forma de acomodação no serviço público e, especialmente, que se transforme em mero burocrata.

É necessário compreender sempre, e acima de tudo, que:

---

(7) *Op. cit.*, p. 38.
(8) BOECHAT RODRIGUES, Leda. *História do Supremo Tribunal Federal*. 4º v.
(9) ROSA, Eliasar. *Dicionário de conceitos para o advogado*. Ed. Rio, 1974. p. 47

a) o Juiz não é um servidor público, mas um agente do Estado;

b) a magistratura não é profissão: é sacerdócio.

2.8. Pontualidade

Outro atributo muito importante do Juiz é a pontualidade.

Desafortunadamente, a pontualidade, tão cara para outros povos cultos, no Brasil, com frequência, é relegada a um segundo plano.

Embora nem **sempre** seja possível atender a esse predicado, o bom Juiz deve esforçar-se no sentido de observar a pontualidade, como sinal de respeito para com as partes, testemunhas e advogados.

"Esperar é morrer um pouco", disse o poeta. Aguardar indefinidamente e por longo tempo a realização de uma audiência, que já deveria ter sido realizada, prejudica a imagem da Justiça do Trabalho, além de causar transtornos e naturais aborrecimentos às partes, testemunhas e advogados, na medida em que afeta outros compromissos agendados e o próprio planejamento da vida profissional e pessoal.

Não é recomendável, assim, a **excessiva concentração de processos em pauta**, com audiências a poucos minutos umas das outras, o que tende a acarretar atrasos, inevitavelmente, além de contribuir para o desgaste do Juiz, a irritação do advogado e o desprestígio da Justiça do Trabalho.

O Juiz do Trabalho deve esmerar-se para reduzir drasticamente essas situações.

Anoto que, segundo o art. 815, parágrafo único, da CLT, assegura-se ao Juiz do Trabalho, é certo, até quinze minutos de tolerância em relação à hora marcada para o início das audiências.

A Orientação Jurisprudencial n. 245, da SBDI-1, assentou o entendimento de que não há previsão legal tolerando o atraso da parte à audiência.

O art. 362, inciso III, do CPC/15 dispõe que a audiência poderá ser **adiada** por **atraso injustificado** de seu início em tempo superior a trinta minutos do horário marcado.

Conquanto esta norma do CPC não seja aplicável ao processo do trabalho, em face de não haver omissão, parece-me que no aludido caso de **excessiva concentração de processos em pauta**, com audiências a poucos minutos, o Juiz do Trabalho poderá passar por amargos momentos se não velar por uma relativa pontualidade.

2.9. Discrição

Outra virtude essencial do Juiz é a discrição.

Bom Juiz é aquele que não gosta de aparecer.

A conduta de um Juiz cônscio de suas elevadas responsabilidades é marcada pela sobriedade e compostura. É avessa ao vedetismo, ao estrelismo, ou ao exibicionismo.

A meu sentir, o exercício do cargo exige que o Juiz resista à sedução constante dos holofotes da mídia. Não significa que deva ser totalmente arredio à mídia, mas muito parcimonioso em conceder entrevistas. Se o fizer, que seja apenas para tratar de temas institucionais e jamais para expor opinião sobre processos pendentes, ou na iminência de sê-lo, o que poderia implicar prejulgamento e gerar impedimento (LOMAN, art. 36, inciso III).

Na quadra atual, é necessário que o Juiz tome muito cuidado notadamente com as **redes sociais**. São um perigo, mormente para o Juiz. O ideal é que se preserve e abstenha-se de registros que o comprometam, a exemplo de comentários políticos, religiosos, preconceituosos etc. Não se pode esquecer que o Juiz sempre esteve e sempre estará submetido a enorme patrulhamento da sociedade.

Jornal de circulação nacional vem de noticiar que certa Juíza, que concedeu liminar contra determinado político, anteriormente fizera publicar em rede social pesadas críticas e imprecações ao mesmo político.[10]

Comportamento dessa natureza pode ser causa de impedimento do Juiz para atuar em processo em virtude de **prejulgamento**, nos termos do Código de Processo Civil e do Código de Ética da Magistratura.

Por outro lado, pesquisa recentíssima (2017), divulgada também em jornal de circulação nacional, revela que quatro em cada dez brasileiros perderam amigos pelas redes sociais. Essa é a conclusão de enquete realizada por duas agências, que ouviram 4.894 pessoas, em todas as regiões do País. É o chamado "**rompimento digital**".[11]

Como se vê, as mídias sociais não são ambiente recomendável para o Juiz se expor impunemente...

---

(10) *Folha de São Paulo*, São Paulo, 10.maio.2017, p. A5.
(11) *O Globo*, Rio de Janeiro, 14.maio.2017, p. 16.

3. VERTENTES DA ATUAÇÃO DO JUIZ NO PROCESSO

3.1. Correição permanente

Uma das inúmeras facetas da **atuação do Juiz no processo** dá-se em função corregedora permanente,[12] que consiste na inspeção assídua que lhe cabe exercer sobre a regularidade dos serviços judiciais afetos à Secretaria da Vara do Trabalho, inclusive o cumprimento de prazos para as diligências determinadas ou realizadas de ofício. O art. 35, inciso VII, da Lei Orgânica da Magistratura (**LOMAN**) alude genericamente a um ângulo dessa atuação ao atribuir ao Juiz o **dever** de "exercer assídua **fiscalização** sobre os subordinados(...)".

De modo que o Juiz do Trabalho, titular ou substituto, é o primeiro Corregedor da Vara do Trabalho.

Cabe ao Juiz, portanto, fiscalizar permanentemente o labor dos serventuários que lhe estão hierarquicamente subordinados, o que, obviamente, se estende aos Desembargadores dos Regionais e mesmo aos Ministros do TST.

Sob esse aspecto, reflete clara atividade **administrativa** exercida pelos órgãos judiciários, por isso regidas pelos princípios e normas constitucionais reguladores da Administração Pública.

Entretanto, também pode e deve o **Juiz-julgador** exercer correição permanente sobre a regularidade procedimental dos próprios processos que preside: assim, se detectar vício procedimental na condução do processo, cabe-lhe, **em correição permanente, chamar o processo à ordem**, espontaneamente, prevenindo e inibindo a atuação do Corregedor Regional ou do Ministro Corregedor-Geral da Justiça do Trabalho.

Sob este último aspecto, a atuação do Juiz-julgador, em correição permanente, sobre o próprio processo, é de **natureza jurisdicional**.

Algumas vezes pode implicar a necessidade de **anulação de atos processuais decisórios, de ofício,** de forma a repor o procedimento à sua marcha normal, segundo a lei. É o que pode suceder, por exemplo, em caso de pronunciamento de ofício da **incompetência material** da Justiça do Trabalho, **ou** de constatação de que estava **impedido** para presidir o processo.

Outras vezes pode implicar a necessidade de determinação de que se **supra uma omissão**: por exemplo, mediante **intimação** da parte em caso de o Juiz inclinar-se a emprestar efeito modificativo a embargos de declaração (CPC, art. 1.023, § 2º).

Outras vezes pode implicar a necessidade de determinação de que se **repita um ato viciado**: se o Juiz toma conhecimento de que não se intimou da sentença, de forma **pessoal**, como determina a lei, o Ministério Público do Trabalho, pode e deve determinar, de ofício, em correição permanente, sobre a regularidade procedimental do processo, nova intimação, agora pessoal. Cuida-se, inclusive, de providência importante, para afastar eventual declaração de nulidade pelo Tribunal e, por conseguinte, retardamento do processo.

Outras vezes pode implicar a determinação de **correção** de ofício do valor atribuído à causa, na forma do que estatui o art. 292, § 3º, do CPC/15 quando verificar que não corresponde ao conteúdo patrimonial em discussão ou ao proveito econômico a que visa o reclamante.

3.2. O juiz e a correção de linguagem

Outro aspecto indissociável da atuação do Juiz no processo é a linguagem.

Todos sabemos que a linguagem permeia o Direito. É o **instrumento** e a matéria-prima do Direito. Direito é linguagem jurídica.

CARNELUTTI, depois de acentuar que o **processo** é um mecanismo **feito de palavras**, ensinou:

> "Não há, talvez, outro aspecto da vida, no qual e para o qual a palavra tenha tanta importância. **Não se exagera afirmando que em grande parte o problema do processo é o problema da palavra**".[13]

3.2.1. Linguagem não técnica

Antes de tudo, o Juiz deve velar pela absoluta correção de linguagem **não técnica**. Importa dizer: empenhar-se em se louvar de linguagem escorreita do ponto de vista do vernáculo.

Lembro que o Código de Ética da Magistratura Nacional associa a utilização de uma linguagem apropriada ao dever de **cortesia** que atribui ao Juiz.

---

(12) Como se sabe, a função corregedora exercita-se de **três** formas: 1ª) mediante correição ordinária ou geral; 2ª) mediante a chamada correição extraordinária ou parcial, a requerimento da parte, sempre que houver a prática de ato de que não caiba recurso e implique subversão procedimental (CLT, art. 709, inciso II); 3ª) mediante a chamada correição permanente.

(13) CARNELUTTI, Francesco. *Diritto e processo*. Napoli: Morano Editore, 1958. n. 55. p. 96.

Dispõe, com efeito, o art. 22, parágrafo único:

> "Impõe-se ao magistrado a utilização de linguagem escorreita, polida, respeitosa e compreensível."

Não obstante, como sabemos, há erros gramaticais comuníssimos na linguagem de alguns juízes na Justiça do Trabalho. Por exemplo: não há no léxico a locução "no que pertine"; é errado aludir-se ao "tempo dispendido", pois o verbo é despender; é errado usar-se "o mesmo" ou "a mesma" como sujeito da oração; assim, nunca se pode afirmar, em bom Português: "o reclamante dirigiu-se ao advogado e falou com o **mesmo**". "**Perícia técnica**" é outra locução muito usual e totalmente imprópria porque encerra intolerável pleonasmo: perícia, por definição, é prova técnica.

3.2.2. Linguagem técnica

Em segundo lugar, o Juiz deve esmerar-se **no uso do vocabulário técnico-jurídico**.

A linguagem **técnica** enseja ao Juiz primar pela **precisão terminológica**.

E o que se vê de uns tempos a esta parte, não raro, na Justiça do Trabalho?

Frequentemente, na Justiça do Trabalho, nota-se, no mínimo, um certo descuido com o apuro terminológico de alguns magistrados do trabalho em detrimento da clareza e da precisão.

Costumo afirmar que toda questão terminológica implica uma questão conceitual. Por outro lado, toda ciência tem um vocabulário técnico próprio. Assim também se dá com o Direito.

Por isso, as expressões técnicas de qualquer ciência devem ser utilizadas de forma apropriada e na firme convicção de que não têm sinônimo. Por isso, podem e devem ser repetidas à exaustão!

O Prof. **BARBOSA MOREIRA** lembra, a propósito, famoso poema de **GERTRUDES STEIN**, poeta americana:

> "Uma rosa é uma rosa é uma rosa."

Então, uma petição inicial é uma petição inicial.

Não é peça proemial, não é peça exordial, não é peça vestibular, não é "peça madrugueira", não é "peça preambular", não é "peça de arranque", alguns dos tantos e impróprios sinônimos utilizados no processo trabalhista.

Da mesma forma, contestação é contestação, não é "peça de bloqueio"...

Sentença é sentença e não sentença de piso (até porque não há sentença de teto...), ou sentença "primeva", como se lê aqui e acolá.

Igualmente não é adequado aludir-se a "verbas **fundiárias**" porque fundiário é relativo à terra.... Também não há "verba honorária", pois a locução técnica, como se sabe, é "honorários advocatícios".

De igual modo, manifestamente impróprio aludir-se "**à revista**" para designar o recurso de revista, substantivo masculino inconfundível com publicação periódica contendo matérias jornalísticas ou ato ou efeito de revistar alguém. Tampouco se pode designar o vocábulo "apelo" como se fosse "sinônimo" do recurso de revista, por se cuidar de expressão genérica de múltiplas acepções, indicando, inclusive, o título de uma canção clássica da Bossa Nova...

Enfim, sem que tal importe preciosismo, a bem da precisão e da pureza do vernáculo, imperativo expungir da linguagem forense esses e tantos outros vocábulos utilizados como **pseudossinônimos** de expressões técnicas.

Impõe-se urgente depuração do vocabulário jurídico-trabalhista!

Mas tão graves quanto esses pseudossinônimos **são os deslizes terminológicos** no manejo do vocabulário técnico-jurídico.

Vemos no dia a dia, em sentenças e em acórdãos, inúmeros exemplos de inadmissíveis impropriedades terminológicas.

Vou referir alguns, a título de ilustração.

1º) É comum julgar-se procedente "a ação", ao invés de procedente o pedido. Ora, a locução "procedência ou improcedência da ação" encerra um grave vício, incompatível com o conceito de ação como direito **autônomo e abstrato** em relação ao direito material cujo reconhecimento se postula. Se o direito de ação não depende da existência do direito subjetivo material pleiteado ou de assistir razão ao autor, não pode o juiz, no julgamento de mérito, dizer que a "ação" foi improcedente: tanto tinha a parte o direito de ação que conseguiu até mesmo uma sentença de mérito!

2º) É comum também baralharem-se os **conceitos de lanço e lance**, embora em tal impropriedade incidam o CPC de 2015 e a própria CLT, esta ao mencionar impropriamente a "**venda**" dos bens em hasta pública pelo maior "**lance**" (art. 888, §§ 1º e 2º). Tecnicamente, porém, **lanço** é a oferta ou proposta para arrematação de bem em hasta pública; **lance**, ao contrário, significa fato, acontecimento, situação.

3º) Não raro se baralham também os vocábulos **jornada e horário**. Jornada é a **duração** diária do labor do empregado: é a **quantidade** de trabalho **diária ou semanal** a que, por força de lei, do contrato ou de norma coletiva, o empregado obriga-se a prestar ao empregador. Horário é, na lição de JOSÉ MARTINS CATHARINO, "a **distribuição** determinada da quantidade de trabalho no tempo"; portanto, quem julga um pedido de horas extras tem de apurar tão somente a **jornada** de labor.

4º) Igualmente sobremodo inadequada e não recomendável a locução "**pedido de demissão**", a despeito de a CLT referir-se a ela (art. 477, § 1º). Sucede, todavia, que nos contratos de trabalho por tempo **indeterminado**, a resilição unilateral pelo empregador denomina-se **despedida ou dispensa** e a resilição **pelo empregado** denomina-se **demissão** (e não "pedido de demissão").

Não se trata também de preciosismo.

A **resilição** tem natureza jurídica de direito potestativo, receptício e constitutivo[14]. Significa que basta a declaração de vontade, comunicada ao outro sujeito do contrato, para produzir automaticamente a cessação do contrato de emprego, **independentemente de aceitação**. Tanto isso é exato que, comunicada a resilição e concedido aviso-prévio, se a parte notificante reconsiderar o ato, antes de seu termo, à outra parte é "**facultado**" aceitar ou não a reconsideração, nos termos do art. 489 da CLT. Portanto, em rigor, o empregado **não pede demissão**: rescinde livremente o contrato, tal como o empregador. Ele se demite.

5º) Por conseguinte, também não se confundem **demissão** e **despedida ou dispensa** em Direito do Trabalho.

Enfim, esses e tantos outros deslizes na utilização do vocabulário jurídico apropriado denotam que hoje, desafortunadamente, está em voga um certo desapreço pela técnica judicante, como se a técnica pudesse empecer ou constituir um óbice intransponível à realização da Justiça.

Ledo engano. As ideias de "técnica" e de "Justiça" não se excluem reciprocamente: complementam-se.

Penso que o esmero na utilização de linguagem técnica na arte de julgar é fundamental quando menos por duas razões:

a) contribui para que a decisão não seja contraditória ou, o que é pior, às vezes ininteligível, ou obscura, ao ponto de a execução transformar-se depois num calvário para as partes e para o Juiz que vai promovê-la;

b) afora isso, como ressalta o Eminente Prof. BARBOSA MOREIRA, a linguagem técnica "eleva e engrandece a ciência do Direito, impedindo-a de reduzir-se a uma 'caricatura barata'".

3.3. O juiz do trabalho e aspectos da produção da prova oral

Naturalmente, a produção da prova oral constitui para o Juiz um dos momentos mais estressantes e angustiantes da condução do processo.

É um momento em que sobreleva o papel do Juiz como diretor do processo: ele preside a audiência de instrução, ele formula **diretamente**[15] as perguntas e reperguntas, ele defere e indefere reperguntas, ele determina e dita a redação dos depoimentos etc.

Sem dúvida, a audiência de instrução é o momento que põe à prova de fogo as virtudes do Juiz, dele exigindo, como nenhum outro, **muita serenidade e equilíbrio**.

3.3.1. Fixação dos pontos controvertidos

O **ideal** é que haja sempre leitura prévia dos autos (inicial e contestação) para **fixação dos pontos controvertidos** sobre os quais incidirá a prova, logo na abertura da audiência de instrução. Embora o CPC de 2015 não contenha norma expressa nesse sentido, como sucedia ao tempo do CPC/73 (art. 451), entendo que se trata de exigência **implícita** na lei no que determina o indeferimento de diligências inúteis ou meramente protelatórias (CLT, art. 765; CPC/15, art. 370, parágrafo único).

Sobretudo, cuida-se de providência **essencial**, conforme elementar bom-senso, para avaliar a **pertinência** das reperguntas dos advogados, ou das partes.

O domínio dos pontos controvertidos dá ao Juiz maior segurança e permite a ele **fundamentar** eventual repergunta indeferida, ou o indeferimento de provas inúteis.

De modo que o Juiz não pode e não deve fazer um **voo cego** na instrução probatória... A **não** fixação dos pontos controvertidos costuma ser perniciosa, por várias razões.

---

(14) LAMARCA, Antônio. *Manual das justas causas*. São Paulo: Revista dos Tribunais, 1977. p. 203.

(15) De conformidade com o art. 11 da Instrução Normativa n. 39 do Pleno do TST, "não se aplica ao Processo do Trabalho a norma do art. 459 do CPC no que permite a inquirição direta das testemunhas pela parte (CLT, art. 820)."

1º) concorre para uma má instrução probatória, em que **não** se pergunta o que se deve e pergunta-se o que **não** se deve às partes e testemunhas;

2º) concorre para uma indesejável desinteligência com o advogado, em razão de reperguntas indeferidas;

3º) concorre para o Juiz incidir no extremo oposto, ao franquear amplamente reperguntas irrelevantes ou impertinentes, o que retarda a audiência, sem necessidade.

3.3.2. Redação da ata

De todo modo, cabe ao Juiz, na redação da ata:

1º) ditar com absoluta **fidelidade** as respostas de partes e testemunhas às perguntas ou reperguntas. Sob esse aspecto, penso que a preocupação do Juiz deve consistir não apenas em ditar com absoluta fidelidade as respostas, como também, sempre que possível, registrá-las de forma textual, *ipsis litteris*, entre aspas. Preferentemente, não deve o Juiz cuidar de retocar, aprimorar ou "melhorar" o que o depoente declarou.

Guardadas as proporções, como ensina a sabedoria popular "quem conta um conto aumenta um ponto". Assim também o Juiz: ainda que imbuído da melhor das intenções, deve precatar-se para não desfigurar ou distorcer a resposta ao "interpretá-la" e registrá-la em ata.

Não deve o Juiz, ao ditar a ata, especialmente, buscar harmonizar ocasionais contradições em que incidiu a testemunha. Semelhante tarefa terá lugar posteriormente, quando da valoração da prova, ao sentenciar.

2º) ao registrar os testemunhos em ata é sumamente importante também que o Juiz tenha presente o **dilema *hamletiano*** na valoração da prova oral com que se verão a braços os Desembargadores do Tribunal Regional do Trabalho, que evidentemente não participaram da colheita da prova e rejulgarão a lide.

Ideal, assim, embora pouco usual, que o Juiz busque consignar em ata também a **reação das testemunhas** ante as perguntas embaraçosas ou incômodas que lhes foram dirigidas. Está claro que melhor ainda seria se dispuséssemos de um sistema informatizado de registro audiovisual de tudo o que se passa em audiência, acoplado ao PJE-JT (processo judicial eletrônico da Justiça do Trabalho), o que decerto se dará em futuro não muito distante. Enquanto isso, parece-me de toda conveniência que o Juiz registre em ata as **cores vivas da colheita da prova oral**.

Então, sobreleva registrar em ata, por exemplo: "neste ponto, indagada sobre isso ou aquilo, a testemunha calou, enrubesceu, empalideceu, vacilou ao responder, exibiu as mãos trêmulas etc.".

Enfim, convém consignar em ata tudo o que seja relevante para a ulterior valoração da prova.

3.3.3. Falibilidade da prova testemunhal

O saudoso Ministro **MOZART VICTOR RUSSOMANO** observava, com razão, já em 1976:

> "A antiga representação simbólica da Justiça, de olhos vendados, é tremendamente cruel.(...)"

De fato, complemento, não apenas a deusa que simboliza a Justiça, mas principalmente o **Juiz precisa ter os olhos bem abertos** para ver e enxergar de frente o rosto de partes e testemunhas.

E essa exigência ainda mais se acentua quando se tem presente a notória **falibilidade** da prova testemunhal, mesmo da testemunha ocular.

Como se sabe, **inúmeras experiências** demonstram que **não nos podemos fiar cegamente na testemunha**, mesmo ocular. Se ela diz que estava no local em que ocorreu a justa causa e que viu tudo (viu quem agrediu quem), ela pode não ter estado lá e achar-se completamente enganada quanto ao autor da agressão. Isso, mesmo quando age de **boa-fé**.

Nos EUA, em uma dessas **experiências**, um professor mostrou aos alunos um **desenho** em que aparecia o interior de um ônibus, no qual havia diversas pessoas, entre as quais um **negro sentado** e um branco de pé com navalha numa das mãos. A metade dos alunos indagados sobre o que vira afirmou que a navalha estava com o negro...

Está comprovado que o nosso sistema de percepção nada tem de um fidedigno registro audiovisual.

Há **inúmeros fatores** que **naturalmente concorrem** para um registro **pouco fidedigno da realidade**, mesmo que a pessoa esteja de boa-fé: a observação da testemunha fica prejudicada com o decurso do **tempo**, com a **idade**, ou com a **fadiga**. **Sob tensão**, a tendência é a pessoa ficar embotada quanto a detalhes. O certo é que sobre nós agem **preconceitos**, comodismos, **tendências** para não ver determinados fatos ou esquecê-los logo etc. Isso para não falar da **imaginação** que, com o passar do tempo, vai acrescentando pormenores ao que vimos...

Some-se a isso a **má-fé**, relativamente frequente e o fenômeno das **testemunhas "industriadas"** ou ensaiadas.

Hoje, pode-se afirmar que, além da **natural falibilidade**, há um **festival de mentiras** que assola a instrução do processo trabalhista brasileiro.

O que fazer? A experiência demonstra que a **acareação** de testemunhas em geral não produz resultados satisfatórios. Por vaidade, teimosia, ou medo, as testemunhas não costumam retratar-se.

Daí porque juízes e advogados habilidosos, com maior êxito, louvam-se de **algumas técnicas** de perguntas e respostas para revelar a falsidade de um testemunho e retirar-lhe credibilidade.

Uma delas é confrontar o testemunho com o depoimento do preposto. Muitas vezes a versão da testemunha conflita abertamente com a do preposto, o que basta para lhe retirar confiabilidade.

Outra técnica é, de quando em quando, voltar à mesma pergunta já dirigida à testemunha. Não raro se contradiz, mormente se questionada nas duas oportunidades sobre fatos secundários (local, horário etc.).

Outra técnica recomendável é submeter a testemunha a um **teste mnemônico**, mormente quando aparentemente se trata de "testemunha industriada" que demonstra conhecimento e memória "**prodigiosa**" lembrando **precisamente** de fatos controvertidos e decisivos no processo, como dia, mês e ano de admissão do reclamante.

Em casos que tais, antes de tudo, impõe-se indagar da testemunha desde quando é empregada da empresa, que cargo exerce e onde trabalhava. Em seguida indagar por que recorda tão bem do dia, mês e ano de admissão do reclamante.

Em seguida, para se avaliar a capacidade mnemônica da testemunha, convém perguntar se é casada. Caso seja afirmativa a resposta, indagar a data do casamento. Em geral, não sabe, especialmente se for homem... Isso poderá retirar credibilidade da testemunha. Caso responda a data do casamento, é interessante indagar se tem filhos, quantos são e, em seguida, qual a data de nascimento de cada um. Quando não tem filhos, indagar a data de nascimento de pai e mãe.

Frequentemente, a testemunha dotada de memória espantosa para saber, com absoluta precisão, a data de admissão de um companheiro de serviço, ignora efemérides muito mais importantes... Somente isso já solapa a confiabilidade dessa testemunha!

3.3.4. Imprescindibilidade do depoimento pessoal das partes

Sabe-se que a lei faculta expressamente ao Juiz, a qualquer tempo **antes** de sentenciar, de ofício, determinar o comparecimento das partes para interrogá-las sobre os fatos da causa, tantas vezes quantas julgar necessárias (CLT, art. 848; CPC/15, art. 385).

Lastimavelmente, todavia, a dispensa do depoimento das partes é um expediente usual adotado por alguns Juízes e, o que é pior, muitas vezes sob o olhar plácido, resignado e indiferente da parte a quem aproveitaria o depoimento.

Sempre reputei o depoimento pessoal meio de prova absolutamente **essencial e indispensável**, se há fatos relevantes e controvertidos no processo, passíveis de prova oral. Sempre me causou desapontamento, estranheza e perplexidade deparar-me com processo em que o Juiz instrutor aquiesceu em abrir mão do interrogatório das partes.

Considero profundamente infeliz essa prática porque a experiência demonstra que um interrogatório firme e bem conduzido pelo Juiz é quase sempre um poderosíssimo elemento de convicção para a elucidação dos fatos controvertidos e obtenção de confissão real.

Se não conduz à desejável confissão real, ao menos põe o Juiz em contato direto com as partes obtendo esclarecimentos preciosos sobre as pretensões ou as alegações deduzidas em juízo.

Afora isso, o interrogatório das partes é um fator frequentemente **persuasivo e estimulante da conciliação** visto que, depois de colhido, tende a arrefecer a resistência de ambas as partes.

A experiência revela que as perguntas, muitas vezes embaraçosas, dirigidas pelo juiz à parte, por ocasião do interrogatório, levam-na a tomar consciência dos pontos frágeis de sua defesa e, assim, também facilitam a conciliação.

Por isso, não só é imprescindível o depoimento das partes, como também absolutamente recomendável que seja colhido logo na primeira audiência, após malograda a primeira proposta conciliatória, quando as partes podem ser surpreendidas com perguntas inesperadas e comprometedoras.

E que dizer do interrogatório do reclamante tomado em caso de revelia, quando comumente se reduz, de forma substancial, a virtual condenação, muitas vezes de grande monta?

Igualmente se realça a capital importância do depoimento das partes no momento de o Juiz proferir a sentença: necessitando valorar a prova coligida, poderá confrontar o teor do depoimento da parte com o teor do depoimento de suas testemunhas para aquilatar a coerência e verossimilhança da versão dos fatos que apresentam em juízo e, assim, emprestar ou não credibilidade aos testemunhos. Se, por exemplo, o preposto declara que apenas na última sexta-feira do mês o reclamante prestava horas extras e a testemunha X, indicada pela reclamada, afirma que o reclamante **nunca** prestou horas extras, inquestionável que a versão da testemunha perde confiabilidade.

Enfim, para a **efetividade** dos direitos, na busca da verdade real sobre os fatos controvertidos da causa, penso que o Juiz do Trabalho jamais deveria abrir mão do depoimento pessoal das partes, tomado de ofício ou mediante postulação do interessado.

3.4. Predicados ideais da sentença

Pretendo agora concentrar o foco no momento culminante da atuação do Juiz no processo que é a sentença. Esclareço, todavia, que não é meu propósito examiná-la sob o prisma de seus requisitos formais e legais. Pretendo, ao contrário, examiná-la sob a ótica de suas qualidades morais e, pois, de seu **conteúdo ideal**.

Está claro que o principal atributo de uma sentença é **ser justa**, nos limites das possibilidades humanas, o que significa, no mínimo, levar a paz entre os homens.

Naturalmente, o compromisso com a **Justiça** é o primeiro e indeclinável dever de todo Juiz digno do nome.

Abstraindo esse aspecto, no entanto, que constitui tema tormentoso e atormentador de investigação da Filosofia do Direito, penso que do ponto de vista de seu conteúdo a sentença deveria ostentar os seguintes **predicados ideais**:

1º) **Apresentar-se clara, completa e convincente**. Clara e completa" para evitar embargos de declaração; "convincente" para desestimular a recorribilidade.

2º) **Apresentar-se polida, elegante e respeitosa**.

Já se disse, com felicidade, que "as palavras são a **voz do coração**". De modo que o teor dos nossos pronunciamentos decisórios diz muito da nossa alma: revela o nosso coração e a nossa maior ou menor habilidade profissional. **Ou** podemos deixar transparecer uma pessoa rude, indelicada, **ou** podemos deixar transparecer, ao contrário, a beleza do nosso coração, sob a forma de uma **linguagem gentil**.

A meu sentir, ideal é o Juiz cultivar um estilo de redação ameno, elegante e respeitoso.

Que significa isso?

Significa **divergir sempre de forma cortês** e que denote respeito pelo pensamento alheio, não poupando *data venia*, ou "lastimo não comungar desse entendimento" etc.

Significa emprestar tratamento gentil a pessoas e instituições: aludir ao **Egrégio** Tribunal; ao v. (venerando) acórdão; a r. (respeitável) sentença; o ilustre causídico Dr.

Significa, se possível, até mesmo socorrer-se de eufemismos ao invés de expressões mais duras.

Falecido magistrado carioca nunca dizia que a petição inicial é inepta, palavra que fere e melindra profundamente o advogado, pois para ele constitui a suprema desonra. Ao vocábulo inepta, preferia o **eufemismo inapta**, palavra menos contundente e mais delicada para com o advogado. Poder-se-ia dizer também que a petição inicial não honra o seu ilustre subscritor. Eis aí exemplo admirável e recomendável de elegância no exercício da magistratura. Mais: notável exemplo de habilidade!

3º) a sentença deve ser lavrada em estilo de redação **simples, direto e objetivo**, inspirado nos bons **editoriais** de jornalismo e em **MACHADO DE ASSIS**.

Para isso, é fundamental evitar períodos longos, sem pontuação. Ao contrário: a bem da maior clareza, aconselho períodos **curtos**, bem como desdobramento e concatenação das ideias em parágrafos. Recomendo entusiasticamente que o Juiz cultive a objetividade: nada de digressões e divagações. Ideal que vá direto ao ponto, sem rodeios que possam levá-lo a proferir sentença obscura.

Convém evitar, a todo custo, o estilo de redação empolado e rebuscado, de que são exemplos os seguintes trechos de decisão de Juiz Titular de Vara do Trabalho, proferida em junho de 2016: "Sob a análise esmerada da situação fática *"ipso oculi"* no microcosmo dos autos, "in casu", tenho que a arguição arrimadora dos Embargos não merece processamento, pois o setor contábil houve por bem obedecer ao prescrito no DECISUM (...) Os cálculos levados a efeito pelo contador oficial **basilam-se** nas folhas de pagamento... (...) Dessarte, diante do exposto, não havendo, pois, que homenagear os artigos 494 do CPC e 833 da CLT, no sentido de reformar a **monta**, mantenho inexorável o decisório embargado em todos os seus termos..."

Que me perdoe o subscritor, mas penso que esse é exatamente o estilo de **como não se deve escrever**. Com uma agravante: utilização desnecessária e inapropriada do latim, quando a lei determina que em todos os atos e termos do processo "é obrigatório o uso da língua portuguesa" (CPC, art. 192).

4º) Outra qualidade da sentença pela qual o Juiz há de travar uma luta sem tréguas é a seguinte: ser sempre uma **peça desprovida de qualquer comentário desairoso, ou de sarcasmo, ou de crítica** que possa melindrar, ironizar, subestimar, insultar, ou humilhar as partes, ou qualquer testemunha, ou auxiliar do juízo, ou o advogado.

Se dirigir crítica ao advogado, por exemplo, certamente o Juiz sairá dos limites de suas atribuições e poderá melindrar o profissional, conforme já se sublinhou.

Ademais, a propósito especificamente do tratamento dispensado ao advogado, **PIERO CALAMANDREI** tem uma imagem muito feliz, para a qual todos nós, juízes, deveríamos sempre atentar:

> "Juiz que falta ao respeito devido ao advogado, ignora que beca e toga obedecem à lei dos líquidos em vasos comunicantes: não se pode baixar o nível de um, sem baixar igualmente o nível de outro".

Convém, pois, que o Juiz não dirija crítica ao advogado em circunstância alguma, tampouco na sentença!

Cumpre ao Juiz compreender, em primeiro lugar, que somente o órgão de classe (OAB) dispõe de poder disciplinar sobre o advogado e, portanto, pode censurar-lhe os atos.

Em segundo lugar, é sumamente importante o Juiz ponderar que as pessoas têm autoestima, amor próprio, dignidade e vaidade! Algumas, aliás, têm até o ego bastante inflado... Assim, o desfecho de um comentário depreciativo dirigido ao advogado poderá ser um requerimento de processo administrativo disciplinar contra o Juiz, por abuso de autoridade, ou comportamento descortês e antiético.

Notas sobre a Ação Rescisória no Processo do Trabalho na Perspectiva do CPC de 2015

1. INTRODUÇÃO

Sabe-se que o disciplinamento legal da ação rescisória no processo do trabalho submete-se essencialmente ao que dispõe o Código de Processo Civil, por força do que reza o art. 836 da CLT, salvo uma ou outra particularidade.

Ao sobrevir um novo Código de Processo Civil, por conseguinte, o impacto é direto na ação rescisória da competência dos tribunais do trabalho.

O CPC de 2015 promoveu profundas e impactantes mudanças igualmente no campo da ação rescisória.

Proponho-me aqui a expor breves reflexões mormente sobre o cabimento e a competência funcional para o julgamento da ação rescisória nos tribunais do trabalho.

Como condição um tanto necessária ao exame do tema, impõe-se recordar preliminarmente a clássica lição de Liebman sobre vícios do processo.

Segundo Liebman, as nulidades dos atos processuais podem suprir-se ou sanar-se no decorrer do processo e "... ainda que não supridas ou sanadas, normalmente não podem mais ser arguidas depois que a sentença passou em julgado. A coisa julgada funciona como sanatória geral dos vícios do processo".

Há, contudo, vícios maiores, vícios essenciais, vícios graves, que sobrevivem à coisa julgada e afetam sua própria existência.

Esses vícios essenciais, que sobrevivem à coisa julgada, podem ser atacados mediante ação rescisória.

Como ensina Pontes de Miranda, rescindir é "desconstituir ato até então válido e eficaz".

A ação rescisória ostenta natureza jurídica de **ação** propriamente dita porque, ao contrário do recurso, nela o autor deduz causa de pedir e pedido próprios, distintos da causa de pedir e do pedido formulados no processo principal em que proferida a decisão rescindenda.

À luz do CPC de 2015, ação rescisória é o remédio processual mediante o qual se postula a desconstituição de decisão de mérito, transitada em julgado, com eventual rejulgamento da lide, a seguir, ou a desconstituição de decisão, transitada em julgado, de natureza processual, que não admite recurso ou que impede a repropositura da demanda.

Os três pressupostos específicos de admissibilidade da ação rescisória são: **a)** decisão rescindível; **b)** trânsito em julgado; **c)** propositura no biênio decadencial.

No âmbito do cabimento da ação rescisória repousam algumas das mais graves controvérsias em torno do tema.

2. CABIMENTO. DECISÃO RESCINDÍVEL

Cabimento é a rescindibilidade, em tese, da decisão, o que nos remete à natureza da decisão rescindível.

Como se recorda, o CPC de 1973 (art. 485) restringia o cabimento da ação rescisória à impugnação de **sentença** de mérito (aí compreendido o acórdão de mérito), acobertada pela coisa julgada material.

O CPC de 2015 alargou em duas vertentes o espectro de cabimento da ação rescisória (art. 966 e § 2º):

a) considera cabível para impugnar **qualquer decisão de mérito**, transitada em julgado e, portanto, não apenas sentença e acórdão de mérito;

b) admite ação rescisória para impugnar decisão de **natureza processual**, transitada em julgado, que, embora **não seja de mérito**, **impeça**:

I – "nova propositura da demanda; ou

II – admissibilidade do recurso correspondente".

De sorte que o elenco de **decisões rescindíveis** perante o CPC/2015 é amplo: **a)** decisão de mérito, gênero de que são espécies (não exclusivamente!) a sentença de mérito e o acórdão de mérito; **b)** determinadas **decisões de natureza processual**, que podem assumir a natureza de decisão interlocutória, de sentença ou de acórdão; **c)** determinadas decisões **interlocutórias**, de mérito, ou não; **d)** determinadas decisões **monocráticas ou unipessoais** do relator em tribunal, que podem assumir a natureza de decisão interlocutória, ou de decisão final, sucedâneo de acórdão.

Decerto que essa classificação não é rígida, até porque, como escreveu Oscar Luis Borges, "nas enumerações o que mais sobressai são as omissões".

De todo modo, pretendo abordar o tema tomando essa classificação como fio condutor.

3. DECISÃO DE MÉRITO

3.1. Sentença de mérito ou acórdão de mérito

O art. 966 do CPC de 2015 considera cabível a ação rescisória para atacar o gênero "decisão de mérito" e não mais unicamente sentença e acórdão de mérito, como se dava ao tempo do CPC/1973.

Da "decisão de mérito" tratarei mais adiante, em outro tópico.

Agora vamos nos ocupar especificamente da sentença de mérito e do acórdão de mérito, que constituem duas das principais espécies do gênero.

Como condição um tanto necessária, cumpre lembrar que o CPC de 2015 empenhou-se em promover uma sistematização dos pronunciamentos judiciais, providência sumamente relevante quer para o exame da recorribilidade, quer para o exame da rescindibilidade.

Nessa linha, construiu um conceito legal de sentença e de acórdão.

O art. 203, § 1º, do CPC considera **sentença** todo pronunciamento do juiz, no processo, que põe fim à fase cognitiva ou à fase executiva do procedimento em primeiro grau de jurisdição.

Acórdão, por sua vez, "é o julgamento colegiado proferido pelos tribunais" (art. 204). Ele extingue o procedimento perante o tribunal.

E quando se considera "de mérito" a sentença ou o acórdão?

Recorde-se que o CPC de 1973 tentou distinguir (arts. 267 e 269) as sentenças de mérito *lato sensu* das sentenças terminativas (sem resolução do mérito), o que, à época, tinha evidente impacto no cabimento da ação rescisória, restrito às sentenças de mérito.

O Código de Processo Civil de 2015 empreendeu igual esforço nos arts. 485 e 487.

Apesar de o CPC alargar o cabimento da ação rescisória para alguns casos em que **não** há decisão de mérito, persiste sendo sobremodo relevante o exame da natureza do pronunciamento decisório – perquirir se se cuida, ou não, de julgamento de mérito – porquanto a ação rescisória cabe precipuamente para impugnar decisão de mérito.

A propósito, reza o art. 487 do CPC:

> Art. 487. Haverá **resolução de mérito** quando o juiz:
> I – acolher ou rejeitar o pedido formulado na ação ou na reconvenção;
> II – decidir, de ofício ou a requerimento, sobre a ocorrência de decadência ou prescrição;
> III – homologar:
> a) o reconhecimento da procedência do pedido formulado na ação ou na reconvenção;
> b) a transação;
> c) a renúncia à pretensão formulada na ação ou na reconvenção.

Segundo a doutrina clássica, somente se poderia afirmar que traduz julgamento de mérito a decisão mediante a qual o juiz, no exercício da função jurisdicional, solucione o conflito de interesses. Vale dizer: decisão que conclui pelo acolhimento ou pela rejeição de uma pretensão jurídica de direito material.

Sob essa ótica, sentença de mérito é o pronunciamento decisório do juiz, no processo, que, ao pôr fim à fase cognitiva do procedimento em primeiro grau de jurisdição, acolhe ou rejeita o pedido. É a decisão que **julga** a lide, conflito intersubjetivo de interesses qualificado por uma pretensão resistida ou insatisfeita, no clássico conceito de Carnelutti. Assim, ao julgar procedente ou improcedente a pretensão jurídica objeto do litígio, produz coisa julgada material, passível de desconstituição por ação rescisória.

Nessa perspectiva, em rigor técnico, somente as hipóteses do art. 487, incisos I e II, do CPC, constituem propriamente decisão de mérito e, portanto, podem gerar uma sentença de mérito.

Não obstante, o CPC **equipara** à decisão de mérito os casos referidos no inciso III do art. 487, que tipificam o que Carnelutti denominou "**equivalentes jurisdicionais**".

Em princípio, cabe ação rescisória para atacar qualquer sentença ou acórdão de mérito, transitado em julgado, nos três casos capitulados nos incisos do art. 487 do CPC, **ressalvada** a decisão meramente homologatória de transação ou conciliação (*vide infra* n. 3.1.2).

3.1.1. Decisão sobre honorários advocatícios ou sobre honorários periciais

São de mérito as decisões que meramente acolhem ou rejeitam honorários advocatícios, ou que meramente condenam em honorários periciais.

Conquanto não se cuide propriamente de decisões em que haja necessariamente composição da lide entre as partes, mesmo porque também proferidas de ofício, tais pronunciamentos decisórios declaram direito subjetivo material e impõem obrigação, passível de execução. Desse modo, produzem coisa julgada material. Cabe ação rescisória, portanto, para impugnar tais decisões, desde que transitadas em julgado.

3.1.2. Sentença homologatória de transação ou de conciliação

À luz do CPC/1973, a doutrina estava francamente dividida sobre o cabimento de ação rescisória para desconstituir sentença meramente homologatória de transação ou conciliação.

Acerca dessa questão, Daniel Amorim Assumpção Neves apontava a existência de três possíveis soluções apresentadas pela doutrina:

> Para parcela da doutrina será cabível a ação anulatória nos casos de vícios no negócio jurídico homologado, ainda que exista sentença de mérito homologatória transitada em julgado; enquanto a ação rescisória será utilizada nos casos de vício na própria sentença homologatória, e não no negócio jurídico homologado[47]. **Outra corrente doutrinária entende que a sentença que acolhe ou rejeita o pedido com fundamento em renúncia, transação ou reconhecimento do pedido é rescindível (art. 485, VIII, do CPC), mas a sentença que apenas homologa o ato da parte ou das partes é anulável (art. 486 do CPC)**[48]. Para uma terceira corrente doutrinária, o cabimento do meio de impugnação adequado depende do trânsito em julgado da decisão judicial: havendo o trânsito em julgado, é cabível a ação rescisória; não havendo, caberá a ação anulatória, em aplicação por analogia do art. 352 do CPC[49]. Parece ser esse o melhor entendimento porque, ainda que se reconheça nas falsas sentenças de mérito a solução da lide pelo juiz, é inegável que após o trânsito em julgado verifica-se a coisa julgada material, que só pode ser afastada pela excepcional via da ação rescisória[50].[1] (g. n.).

A jurisprudência refletia a discrepância doutrinária.

Como se recorda, de longa data, a Súmula n. 259 do TST reputa[2] cabível, na espécie, a **ação rescisória**.[3]

No Superior Tribunal de Justiça, bem ao contrário, a jurisprudência mais prestigiosa, sob o CPC de 1973, sedimentou-se[4] no sentido do cabimento da **ação anulatória** do art. 486.

---

(1) NEVES, Daniel Amorim Assumpção. *Manual de Direito Processual Civil*. 7. ed. rev. São Paulo: Método, 2015. p. 918-919.

(2) Pendente de apreciação pelo Tribunal Pleno do TST, em junho de 2017, proposta de alteração já aprovada na Comissão de Jurisprudência e Precedentes Normativos.

(3) **TERMO DE CONCILIAÇÃO. AÇÃO RESCISÓRIA (MANTIDA) – RES. 121/2003, DJ 19, 20 E 21.11.2003.**
Só por ação rescisória é impugnável o termo de conciliação previsto no parágrafo único do art. 831 da CLT.

(4) Vejam-se, a propósito, as ementas dos julgados seguintes:
PROCESSUAL CIVIL. RECURSO ESPECIAL. SUPOSTA OFENSA AO ART. 535 DO CPC. INEXISTÊNCIA DE VÍCIO NO ACÓRDÃO RECORRIDO. **AÇÃO ANULATÓRIA DE ACORDO. PRAZO DECADENCIAL. APLICAÇÃO DO ART. 1º DO DECRETO N. 20.910/1932. TERMO INICIAL: DATA EM QUE FIRMADA A AVENÇA.** (...) 3. Não se pode confundir a transação que enseja a extinção do processo com resolução de mérito, na forma do art. 269, III, do CPC, cujo desfazimento (ou anulação) deve ocorrer na forma do art. 486 do CPC, com a hipótese prevista no art. 485, VIII, do CPC existência de fundamento para invalidar confissão, desistência ou transação, em que se baseou a sentença, a qual se submete à ação rescisória. 4. Por outro lado, não se mostra lógico admitir que o meio adequado para o desfazimento do acordo é a ação anulatória (e não a ação rescisória) e tomar como termo inicial para o prazo decadencial a data em que foi proferida a decisão homologatória (como fez o Tribunal de origem). **Em antigo precedente, o Supremo Tribunal Federal enfrentando a controvérsia sobre o cabimento da ação anulatória ou da ação rescisória para fins de anulação de transação homologada judicialmente pronunciou-se no sentido de que a ação que objetiva a anulação de transação "não é contra a sentença, que se restringe a homologar ato de vontade das partes, em que não há um conteúdo decisório do Juiz", ou seja, a ação é "contra o que foi objeto da manifestação de vontade das partes, a própria transação". Nesta hipótese, "o que se objetiva rescindir, ou melhor, anular, não é a sentença homologatória, que não faz coisa julgada material, mas a transação celebrada pelos litigantes, a relação jurídico-material efetuada pelas partes", sendo que "apenas para efeito processual é que a homologação judicial se torna indispensável" (RE 100.466/SP, 2ª Turma, Rel. Min. Djaci Falcão, DJ de 28.02.1986).** Desse modo, se durante o trâmite de um processo judicial os litigantes decidem transacionar sobre o objeto da lide e inserem nos autos o termo no qual constaram as declarações de vontade, a necessidade de manifestação judicial refere-se tão somente ao encerramento do processo, ou seja, a homologação judicial tem apenas o efeito de declarar extinto o processo, sem produzir nenhuma repercussão sobre as concessões mútuas efetuadas pelos litigantes. Nessa situação, o prazo decadencial para se anular a transação deve ser contado da data em que se aperfeiçoou a avença. Conforme entendimento doutrinário, o objeto da ação anulatória, nessa hipótese, não é o ato praticado pelo juízo (homologação), mas o próprio negócio firmado pelas partes. Esse mesmo critério foi adotado pelo legislador do Código Civil de 2002 (e também do Código Civil revogado), no que se refere à anulação do negócio jurídico em virtude da existência de defeito (erro, dolo, fraude contra credores, estado de perigo ou lesão), hipótese na qual o prazo decadencial é contado do dia em que se realizou o negócio jurídico (art. 178, II, do CC/2002; art. 178,

O CPC atual, à semelhança do anterior, também **equiparou** à decisão de mérito casos em que há os **equivalentes jurisdicionais** previstos no inciso III do art. 487, a exemplo da decisão que homologar a transação.

Igualmente dispôs o art. 966, § 4º, do CPC de 2015 à semelhança do art. 486 do CPC anterior:

> § 4º Os atos de disposição de direitos, praticados pelas partes ou por outros participantes do processo e homologados pelo juízo, bem como os atos homologatórios praticados no curso da execução, estão sujeitos à **anulação**, nos termos da lei.

Nesse emaranhado de normas, não surpreende que, em relação ao cabimento da ação rescisória para impugnar sentença homologatória de transação, mesmo sob o CPC de 2015, já se delineie a mesma e séria cizânia doutrinária e jurisprudencial constatada ao tempo do CPC de 1973.

Fredie Didier Jr. convenceu-se do cabimento de ação rescisória, por se tratar de espécie de decisão de mérito (art. 487, III, do CPC), qualidade que a tornaria rescindível após o trânsito em julgado. Ademais, argumenta, é título executivo judicial (art. 515, II, do CPC). Em comentários específicos ao § 4º do art. 966, assinala:

> Se há homologação de negócio jurídico sobre

---

§ 9º, V, *b*, do CC/1916). 5. No caso concreto, o pedido inicial é para "ser declarada a nulidade dos itens 1 e 2 do acordo firmado entre as partes" no processo originário, condenando-se o Estado do Rio Grande do Sul a devolver o valor levantado (50% dos valores depositados em juízo, durante o trâmite do processo originário). Como se percebe, a ora recorrente pretende a anulação da própria transação, em razão da existência de supostos vícios. Contudo, o acordo firmado entre as partes não teve a participação judicial, no que se refere às concessões pactuadas, limitando-se a decisão a homologar a avença. A manifestação judicial foi necessária tão somente para que houvesse a extinção do processo, ou seja, para extinguir a relação jurídica processual, sem produzir efeitos sobre a relação de direito material existente entre as partes. Desse modo, na hipótese, o prazo decadencial para a anulação do acordo tem como termo inicial a data da sua celebração. Considerando que foi firmado em 4 de setembro de 1995 e a ação anulatória foi ajuizada apenas em 2 de outubro de 2000, impõe-se o reconhecimento da decadência. Com o reconhecimento da decadência, restam prejudicadas as demais questões aduzidas no recurso especial (relativas à legalidade/constitucionalidade da avença). 6. Recurso especial não provido. (**REsp 866.197/RS**, Rel. Ministro MAURO CAMPBELL MARQUES, SEGUNDA TURMA, **julgado em 18.02.2016, DJe 13.04.2016**) (g. n.).

PROCESSUAL CIVIL. AÇÃO ANULATÓRIA DE DECISÃO JUDICIAL AUTUADA COMO PETIÇÃO. INEXISTÊNCIA DOS PRESSUPOSTOS DO ART. 486 DO CPC. NÃO CABIMENTO. AGRAVO NÃO PROVIDO. 1. É cabível a ação anulatória nos termos da lei civil, diversa da rescisória, contra ato judicial que não dependa de sentença, ou em que esta for meramente homologatória, conforme o art. 486 do CPC. 2. Caso em que o acórdão impugnado, proferido pela Terceira Turma nos autos do REsp 923.459/BA, Rel. Min. ARI PARGENDLER, seguindo a pacífica orientação jurisprudencial do Superior Tribunal de Justiça, julgou ser sanável na instância ordinária a irregularidade na representação processual, de modo que deu provimento ao recurso especial a fim de que fosse assinado prazo para a sua regularização em ação dependente da prolação de sentença. 3. Agravo regimental não provido. (**AgRg na Pet 9.274/BA**, Rel. Ministro ARNALDO ESTEVES LIMA, **CORTE ESPECIAL, julgado em 07.8.2013**, DJe 13.08.2013) (g. n.).

RECURSO ESPECIAL – AÇÃO ANULATÓRIA (ART. 486 DO CPC) – ACÓRDÃO DA CORTE LOCAL QUE, EM SEDE DE APELAÇÃO CÍVEL, EXTINGUIU O PROCESSO SEM RESOLUÇÃO DO MÉRITO. INSURGÊNCIA DA AUTORA – 1. VIOLAÇÃO AO ART. 535 DO CPC NÃO CONFIGURADA – ACÓRDÃO HOSTILIZADO QUE ENFRENTOU, DE MODO FUNDAMENTADO, TODOS OS ASPECTOS ESSENCIAIS À RESOLUÇÃO DA LIDE – 2. MULTA POR EMBARGOS DE DECLARAÇÃO PROTELATÓRIOS – INCIDÊNCIA DESCABIDA – MANIFESTO INTUITO DE PREQUESTIONAMENTO – SÚMULA N. 98/STJ – 3. MÉRITO – INADEQUAÇÃO DA VIA PROCESSUAL ELEITA – DEMANDA ANULATÓRIA (ART. 486 DO CPC) PROPOSTA COM O OBJETIVO DE DESCONSTITUIR PERÍCIA REALIZADA NO CURSO DE DEMANDA INDENIZATÓRIA E, POR CONSEQUÊNCIA, TORNAR INSUBSISTENTE A SENTENÇA, TRANSITADA EM JULGADO, QUE ACOLHEU O PEDIDO VALENDO-SE DA PROVA TÉCNICA – PRETENSÃO A SER EXERCITADA MEDIANTE AÇÃO RESCISÓRIA (ART. 485 DO CPC), POR SE CONSTITUIR NO MEIO IDÔNEO À IMPUGNAÇÃO DA DECISÃO JUDICIAL ACOBERTADA PELO MANTO DA COISA JULGADA MATERIAL – 4. RECURSO PARCIALMENTE PROVIDO. A ação anulatória, prevista no art. 486 do Código de Processo Civil, tem cabimento para a desconstituição de atos jurídicos em geral levados a efeito em juízo e alvo de mera homologação judicial. Assim, para que seja utilizada no ataque a sentença transitada em julgado, imperioso é que a atividade exercida pela autoridade judiciária tenha se revestido de caráter meramente secundário, visando apenas conferir oficialidade à vontade manifestada pelos litigantes (acordos, transações etc.) ou a emprestar eficácia ao negócio jurídico realizado em procedimento judicial (arrematação, adjudicação etc.). Quando, ao contrário, a sentença acobertada pela eficácia da coisa julgada material, não é meramente homologatória, e deriva do exercício do poder jurisdicional atribuído ao órgão judiciário competente, resolvendo o mérito da lide (art. 269 do CPC), **somente poderá ser impugnada por meio do ajuizamento de ação rescisória** (art. 485 do CPC), restando imprestável a esse fim a demanda disciplinada no art. 486 do CPC. A perícia, realizada no curso de procedimento ordinário, é meio de prova que apenas visa a auxiliar o juízo, não vinculando a formação do convencimento do julgador, que pode até mesmo enjeita-la ou julgar a lide de modo contrário às conclusões apontadas na prova técnica. Logo, mesmo em hipótese na qual a perícia indiscutivelmente influenciou no sentido da solução jurídica adotada pela sentença proferida para deslinde da lide, mantém ela caráter totalmente secundário em relação ao ato judicial, razão por que se revela inócua e equivocada a deflagração de ação anulatória para questionar a validade da prova. (**REsp 1286501/GO**, Rel. Ministro MARCO BUZZI, QUARTA TURMA, julgado em 16.02.2012, DJe 02.03.2012) (g. n.).

objeto litigioso (**transação**, renúncia ao direito sobre o que se funda a ação ou reconhecimento da procedência do pedido), **há decisão judicial de mérito, que, uma vez transitada em julgado, somente poderá ser desfeita por rescisória** ou *querela nullitatis*[5]. [...].

Assim, a primeira parte do § 4º do art. 966 do CPC refere-se à possibilidade de invalidação de atos jurídicos processuais, praticados pelas partes ou por outros sujeitos do processo, e homologados pelo juiz, **tendo como pressuposto negativo a existência de coisa julgada**.

[...]

Se há coisa julgada, a anulação desses atos jurídicos fica impedida. **Enquanto não houver coisa julgada, é, porém, possível invalidar o ato ou negócio jurídico**. Assim, **cabe ação anulatória de transação homologada, desde que tenha havido recurso contra sentença de homologação em cujas razões a invalidade não tenha sido requerida**. Se requerida a invalidade no recurso, a ação não pode ser proposta, sob pena de litispendência. A ação somente poderá ser proposta, se tiver sido interposto recurso no qual a invalidade não tenha sido postulada. Nesse caso, a ação de invalidação é prejudicial à ação em cujo processo a transação fora homologada"[5] (sem negrito no original).

Em linha diametralmente oposta, pontua Rodrigo Barioni:

Em prestígio à jurisprudência formada acerca do tema, excluiu-se o fundamento rescisório previsto no art. 485, VIII, do CPC/1973. Assim, quando houver vício a invalidar o ato jurídico de renúncia ao direito, reconhecimento jurídico do pedido e **transação**, **será cabível ação anulatória** (art. 966, § 4º), o que encerra longo debate doutrinário sobre o tema. A **ação rescisória ficará reservada à desconstituição de vício de decisão judicial em si mesma** considerada.[6] (sem negrito no original).

Comungam também dessa interpretação Elpídio Donizetti[7] e José Miguel Garcia Medina[8]:

De acordo com o § 4º do art. 966 do CPC/2015, os atos homologados pelo juízo (por exemplo, renúncia, reconhecimento, transação, cf. art. 487, III, do CPC/2015) sujeitam-se à anulação. No caso, pois, não se admite ação rescisória. À luz do art. 485, VIII, do CPC/1973, **seria possível sustentar o cabimento de ação rescisória quando, interpretando confissão, desistência ou transação realizada pelas partes, o juiz julga o pedido procedente ou improcedente**, e ação anulatória quando o juiz proferir sentença homologatória sem julgar o pedido (nesse sentido, cf. STJ, REsp 13.102/SP, 4.ª T., j. 02.02.1993, rel. Min. Athos Carneiro; STJ, REsp 1.084.372/MG, 1.ª T., j. 18.12.2008, rel. Min. Teori Albino Zavascki). À luz da nova lei processual, passa a ser admissível apenas a ação anulatória prevista no § 4º do art. **966 do CPC/2015, quando se tratar de vício do ato homologado**. (sem negrito no original).

Sustentei, sob o CPC/1973, com suporte em magnífico estudo do saudoso prof. Galeno Lacerda sobre a exegese do então inciso VIII do art. 485, que se fazia necessária, para efeito de cabimento ou não de ação rescisória, uma diferenciação entre a decisão **meramente** homologatória de transação ou conciliação e a decisão que **julga** o alcance de transação anterior controvertida.

Defendi, então, que somente nesse último caso estaríamos em face de sentença de mérito propriamente dita, na qual o magistrado, após a análise dos argumentos suscitados pelas partes, soluciona a lide que lhe é submetida. Unicamente esta seria decisão rescindível. Equivocada, pois, a Súmula n. 259 do TST, segundo a qual "só por ação rescisória é impugnável o termo de conciliação previsto no parágrafo único do art. 831 da CLT".[9]

---

(5) DIDIER JR., Fredie. *Curso de Direito Processual Civil*: meios de impugnação às decisões judiciais e processo nos tribunais. 13. ed. Salvador: JusPodivm, 2016. p. 444-445.

(6) BARIONI, Rodrigo Otávio. Capítulo VII – da ação rescisória. In: Teresa Arruda Alvim Wambier; Fredie Didier Jr.; Eduardo Talamini; Bruno Dantas (Orgs.). *Breves Comentários ao Novo Código de Processo Civil*. São Paulo: Revista dos Tribunais, 2015. p. 2150.

(7) DONIZETTI, Elpídio. *Novo Código de Processo Civil Comentado*. São Paulo: Atlas, 2015. p. 732.

(8) MEDINA, José Miguel Garcia. *Novo Código de Processo Civil Comentado* [livro eletrônico]. São Paulo: Revista dos Tribunais, 2015. p. 862.

(9) DALAZEN, João Oreste. Ação rescisória: descabimento para impugnar sentença homologatória de acordo. *Revista do Tribunal Superior do Trabalho*, Brasília, v. 66, n. 3, p. 17-26, jul./set. de 2000. A premissa do raciocínio é esta: **apesar da transação, pode ressurgir o litígio entre as partes**. Quando isso ocorrer, a sentença que **julgar o alcance** ou a validade da transação anteriormente firmada pelas partes é

Sob o CPC de 2015, sustento, ainda mais convicto, que não cabe ação rescisória para atacar sentença meramente homologatória de autocomposição da lide.

Antes de mais nada, porque a equiparação da sentença meramente homologatória de transação ou conciliação a uma sentença de mérito é **imprópria**: naturalmente, não há nesses casos verdadeiro julgamento, no sentido clássico do vocábulo.

Sabidamente, a transação e a conciliação são formas de autocomposição da lide. Constituem o que Carnelutti denominava "equivalentes jurisdicionais", precisamente porque a solução do conflito é alcançada pelas próprias partes, não provindo do Estado-Juiz.

A atuação do juiz limita-se a homologar a transação ou conciliação alcançada pelas partes, sem penetrar no âmago do negócio jurídico de direito material que entabularam e, portanto, sem decidir lide alguma, de resto não mais existente.

A simples homologação do "acordo" destina-se apenas a aferir a regularidade extrínseca (formal) do ato, isto é, verificar a exterioridade do negócio jurídico de direito material alcançado pelas próprias partes: examinar se os transigentes são maiores e capazes, se o advogado dispõe de poder especial para transigir (CPC, art. 105), se não há vício de consentimento etc.

É de indagar-se, então: qual o sentido do art. 487, III, do CPC ao dispor que "haverá resolução de mérito quando o juiz homologar a transação"?

Penso que o CPC de 2015, tal como o fez o CPC/1973 (art. 269, III) quis significar aí que na transação ou na conciliação há uma equiparação de **efeitos** com a sentença de mérito típica, de modo a constituir título executivo judicial quer a sentença homologatória de transação ou conciliação, quer a sentença condenatória, como, aliás, reafirma o art. 515, II e III, do CPC.

De outro lado, o *caput* do art. 966 do CPC atual **não** repisou a causa de rescindibilidade contemplada no inciso VIII do art. 485 do CPC/1973, segundo a qual **era rescindível** a sentença de mérito quando houvesse "fundamento para invalidar confissão, desistência ou **transação em que se baseou a sentença**". Tratava-se de um dos principais argumentos em prol da tese da ação rescisória, ainda que equivocado no caso de sentença meramente homologatória de acordo.

Desapareceu, pois, um dos principais fundamentos dos que sustentavam o cabimento da ação rescisória.

Robustece minha convicção a norma do § 4º do art. 966 do CPC, em que se considera **cabível ação anulatória**, nos termos da lei, para impugnar os "atos de **disposição de direitos**, praticados pelas partes ou por outros participantes do processo e homologados pelo juízo, bem como os atos homologatórios praticados no curso da execução".

A lei, neste passo, ao aludir a atos de disposição de direitos, firmados pelas partes e homologados pelo juízo, **não distingue** a natureza dos direitos objeto de disposição. Se a lei não distingue, conforme regra básica de hermenêutica, não é dado ao intérprete fazê-lo. Não há razão, pois, a meu juízo, para se limitar o alcance da norma aos atos jurídicos de disposição de direitos **processuais**, como preconiza Fredie Didier Jr.[10]

A primeira parte do § 4º do art. 966 do CPC dirige-se tanto aos atos jurídicos de disposição de direitos **processuais** (sentença homologatória de desistência da ação, p. ex.) quanto de disposição de direitos **materiais** (transação ou conciliação homologada em juízo, atos jurídicos que pressupõem, por definição, concessões mútuas acerca da pretensão jurídica de direito material).

De resto, a limitar-se o campo de incidência aos direitos **processuais**, a norma seria de escassa ou quase nula aplicação porquanto os atos de disposição de direitos **processuais**, sejam unilaterais, sejam bilaterais, na quase totalidade dos casos, prescindem de homologação judicial, como resulta do art. 200 do CPC.[11]

Concluo, pois, à luz do CPC de 2015, que o remédio processual adequado para impugnar decisão judicial meramente homologatória de transação ou de conciliação é a **ação anulatória** de que cogita o § 4º do art. 966. Deve ser cancelada a Súmula n. 259 do TST.

---

que constituirá **sentença de mérito** para efeito de comportar a ação rescisória. Exemplo. Suponha-se que no processo trabalhista "X", a controvérsia entre as partes esteja centrada na validade de anterior transação extrajudicial, homologada pelo sindicato, com fulcro no art. 500 da CLT, mediante a qual se deu por rescindido o contrato e o empregado estável outorgou quitação total do contrato de emprego, decorrente de haver aderido a plano de demissão voluntária encetado pelo empregador. Claro que a sentença proferida pelo juiz, no caso sobre o efeito liberatório, ou não, da quitação resultante da transação firmada pelas partes, era e é decisão de mérito passível, em tese, de impugnação mediante ação rescisória, se comprovada alguma causa de rescindibilidade prevista em lei.

(10) Ob. citada, p. 446.
(11) Art. 200. Os atos das partes consistentes em declarações unilaterais ou bilaterais de vontade produzem imediatamente a constituição, modificação ou extinção de direitos processuais. Parágrafo único. A desistência da ação só produzirá efeitos após homologação judicial.

3.1.3. Sentença normativa

Questão interessante e controvertida, típica do processo do trabalho, é a rescindibilidade de sentença normativa.

Como se sabe, os tribunais do trabalho julgam duas modalidades de dissídio coletivo: dissídio coletivo de natureza jurídica e dissídio coletivo de natureza econômica, ou de interesses. Em ambos, proferem "sentença normativa", em rigor técnico um acórdão porque emanado de Tribunal do Trabalho (CPC, art. 204).

A distinta natureza dos dissídios coletivos, todavia, conduz inexoravelmente à emissão de sentenças normativas de eficácia também muito distinta, com evidente repercussão na rescindibilidade, ou não, da decisão.

O dissídio coletivo de natureza jurídica tem por objeto a interpretação de norma geral preexistente. Trata-se de ação declaratória cuja finalidade é o acertamento ou a fixação de interpretação sobre norma geral abstrata, fonte formal do Direito do Trabalho, de alcance controvertido. Exemplo: cláusula de acordo coletivo de trabalho ou de convenção coletiva de trabalho.

A "sentença" emanada do julgamento de dissídio coletivo de natureza jurídica é eminentemente declaratória. Como tal, a exemplo de qualquer outro provimento jurisdicional de natureza declaratória, produz coisa julgada material, passível de desconstituição, mediante ação rescisória, como qualquer decisão de mérito.

Bem ao contrário, a sentença normativa resultante do julgamento de dissídio coletivo de natureza econômica, ou de interesses, constitui fonte formal do Direito do Trabalho e, por conseguinte, o título jurídico para embasar depois eventual dissídio individual específico, denominado ação de cumprimento (CLT, art. 872, parágrafo único), em caso de descumprimento. A sentença normativa em apreço, emitida no exercício do poder normativo pelo tribunal do trabalho competente (CF, art. 114, § 2º), **cria** novas condições de trabalho, em atividade tipicamente legiferante. A eficácia dessa sentença normativa é delimitada no tempo (CLT, art. 868, parágrafo único e Precedente Normativo n. 120 da Seção de Dissídios Coletivos do TST) e no espaço (âmbito territorial de representação legal das entidades sindicais suscitante e suscitada).

Ato processual de natureza **híbrida**, com corpo de decisão judicial de mérito e alma de lei, a "sentença normativa" proferida em dissídio coletivo de natureza econômica é passível de **revisão periódica**, assegurada em lei (CLT, art. 873).

Significa, pois, que a sentença normativa proferida em dissídio coletivo de natureza econômica, obviamente, não é um pronunciamento decisório revestido da imutabilidade própria da coisa julgada **material**. Produz apenas coisa julgada **formal** e, se houver recurso ordinário, coisa julgada **condicional** referente à solução de mérito, como reconhece expressamente a Súmula n. 397 do TST.

Tanto que se sobrevier a reforma pelo TST da sentença normativa proferida pelo TRT, mesmo que, então, haja sentença com atributo de coisa julgada material formada na ação de cumprimento, lastreada na sentença normativa cassada ou reformada, o TST admite mandado de segurança e exceção de pré-executividade para impedir a eficácia da sentença no dissídio individual, baseada em título (direito subjetivo) que já desapareceu do mundo jurídico.[12]

Não cabe, assim, ação rescisória para a desconstituição de sentença normativa proferida em dissídio coletivo de natureza econômica, eis que desprovida de coisa julgada material.

É certo que a Lei n. 7.701/1988 (art. 2º, I, *c* e II, *b*) e o próprio Regimento Interno do TST (art. 70) atribuem expressamente competência originária e recursal ao Tribunal Superior do Trabalho para julgar ação rescisória "contra sentenças normativas".

A Lei n. 7.701/1988 e o RITST, no entanto, no que tange à competência dos TRTs para julgar ação rescisória, necessariamente deve ser interpretada e aplicada com certo temperamento. Há que compatibilizar a Lei n. 7.701/1988, neste passo, com o sistema por que se

---

(12) Súmula n. 397 do TST.
AÇÃO RESCISÓRIA. ART. 966, IV, DO CPC DE 2015. ART. 485, IV, DO CPC DE 1973. AÇÃO DE CUMPRIMENTO. OFENSA À COISA JULGADA EMANADA DE SENTENÇA NORMATIVA MODIFICADA EM GRAU DE RECURSO. INVIABILIDADE. CABIMENTO DE MANDADO DE SEGURANÇA. (atualizada em decorrência do CPC de 2015) – Res. 208/2016, DEJT divulgado em 22, 25 e 26.04.2016
Não procede ação rescisória calcada em ofensa à coisa julgada perpetrada por decisão proferida em ação de cumprimento, em face de a sentença normativa, na qual se louvava, ter sido modificada em grau de recurso, porque em dissídio coletivo somente se consubstancia coisa julgada formal. Assim, os meios processuais aptos a atacarem a execução da cláusula reformada são a exceção de pré-executividade e o mandado de segurança, no caso de descumprimento do art. 514 do CPC de 2015 (art. 572 do CPC de 1973). (ex-OJ n. 116 da SBDI-2 – DJ 11.08.2003)

rege o cabimento da ação rescisória em geral, segundo o CPC e o art. 836 da CLT.

Eis porque, em conclusão, somente é cabível ação rescisória para impugnar sentença normativa emanada do julgamento de dissídio coletivo de natureza jurídica.

É certo que a SDC do TST tem exercido essa competência no tocante a sentenças normativas provenientes do julgamento de dissídio coletivo de natureza **econômica**.[13] Parece-me, todavia, totalmente equivocada e insustentável juridicamente essa diretriz, quer sob o CPC de 2015, quer sob o domínio do CPC/1973.

3.1.4. Decisão de mérito do TST que não admite recurso

Cumpre ter presente que, conforme o seu teor, certos acórdãos do TST (e de outros tribunais superiores!), em decorrência da técnica de julgamento utilizada, **embora concluam pelo não conhecimento do recurso**, retratam autêntica decisão sobre o mérito da causa.

Encampa esse entendimento, na esteira da antiga Súmula n. 249 do Supremo Tribunal Federal,[14] a Súmula n. 192, item II, do Tribunal Superior do Trabalho:

> II – Acórdão rescindendo do Tribunal Superior do Trabalho que não conhece de recurso de embargos ou de revista, analisando arguição de violação de dispositivo de lei material ou decidindo em consonância com súmula de direito material ou com iterativa, notória e atual jurisprudência de direito material da Seção de Dissídios Individuais (Súmula n. 333), examina o mérito da causa, cabendo ação rescisória da competência do Tribunal Superior do Trabalho. (ex-Súmula n. 192 – alterada pela Res. 121/2003, DJ 21.11.2003).

Não paira dúvida de que, por exemplo, se uma Turma do Tribunal Superior do Trabalho, ao posicionar-se sobre a admissibilidade de recurso de revista, examina a violação literal de lei **material**, emite tipicamente um **pronunciamento sobre o mérito da causa**, ainda que conclua pelo não conhecimento do recurso.

Afirma-se o mesmo nas demais hipóteses referidas na Súmula em foco.

De todo modo, apesar de a decisão ostentar natureza distinta em tais casos, tornou-se irrelevante a distinção, porquanto, sob o CPC de 2015, cabe ação rescisória contra **qualquer** acórdão ou decisão que não conhece de recurso, independentemente de sua natureza.

3.1.5. Decisão que julga a liquidação de sentença

A liquidação de sentença constitui um incidente de conhecimento entremeado na fase de execução. Comporta, assim, a possibilidade de uma decisão de mérito.

Penso que é imperativo aqui fixar como premissa a necessidade de reconstrução do conceito de mérito para nele compreender também qualquer pronunciamento explícito do juiz sobre a exatidão do cálculo.

É necessário distinguir duas situações muito nítidas.

---

(13) AR – 16652-48.2015.5.00.0000, Relatora Ministra: Dora Maria da Costa, Data de Julgamento: 09.05.2016, Seção Especializada em Dissídios Coletivos, Data de Publicação: DEJT 24.05.2016).

(ROAR – 97600-08.2006.5.03.0000, Relatora Ministra: Dora Maria da Costa, Data de Julgamento: 13.04.2009, Seção Especializada em Dissídios Coletivos, Data de Publicação: DEJT 30.04.2009).

(...) (ROAR – 97100-39.2006.5.03.0000, Relator Ministro: João Batista Brito Pereira, Data de Julgamento: 08.11.2007, Seção Especializada em Dissídios Coletivos, Data de Publicação: DJ 07.12.2007).

Penso que melhor andou a SDC do TST ao julgar incabível a ação rescisória, como se deu no seguinte precedente:

"AÇÃO RESCISÓRIA – SENTENÇA NORMATIVA – DESCABIMENTO. A ação rescisória é meio de impugnação de sentença de mérito transitada em julgado, referente a processo em que se exerce atividade típica de jurisdição, isto é, de aplicação do direito ao caso concreto. Requisito básico da ação rescisória é a existência de coisa julgada material, que supõe a imutabilidade da sentença. Ora, o Processo Coletivo do Trabalho, no qual se gera a sentença normativa, não comporta, nos dissídios coletivos de natureza econômica, exercício de jurisdição na acepção clássica, na medida em que nele há criação de norma jurídica, sujeita a limitações de tempo (vigência por um ou dois anos) e espaço (jungida a determinada categoria numa dada base territorial). **Daí que a sentença normativa não faz coisa julgada material, mas apenas formal, referente ao esgotamento das vias recursais existentes. Nesse sentido, não comporta desconstituição pela via da ação rescisória**. Tal conclusão se vê reforçada pela possibilidade que o art. 14, parágrafo único, II, da Lei n. 7.783/1989 oferece de substituição da sentença normativa por outra, dentro de seu período de vigência. Também a Orientação Jurisprudencial n. 40 da SDI-2 do TST, ao entender que lei superveniente de política salarial se sobrepõe a norma coletiva anterior, deixa claro que à sentença normativa não se aplica a garantia do art. 5º, XXXVI, da Constituição Federal, de índole intertemporal, dada a natureza dispositiva (e não condenatória, constitutiva ou declaratória) que ostenta. **Processo extinto sem julgamento do mérito.**" (ROAR – 518429-52.1998.5.17.5555 Relator Ministro: Ives Gandra Martins Filho, Data de Julgamento: 28.11.2000, Subseção II Especializada em Dissídios Individuais, Data de Publicação: DJ 09.02.2001).

(14) É competente o Supremo Tribunal Federal para a ação rescisória quando, embora **não** tendo conhecido do recurso extraordinário, ou havendo negado provimento ao **agravo**, tiver apreciado a questão federal controvertida.

No caso de decisão **meramente homologatória do cálculo**, evidente que não há análise do mérito do cálculo. O Juiz cinge-se a homologar o cálculo, sem apreciar de modo explícito o acerto ou o equívoco do cálculo.

Inegável que mesmo uma decisão dessa natureza, tão somente declaratória do *quantum debeatur*, sob a forma de simples homologação, pode causar seriíssimo gravame ao executado. Se não há, porém, emissão de juízo de mérito sobre o cálculo, **não** constitui decisão de mérito passível de desconstituição pela via da ação rescisória.[15]

De resto, ainda que fosse decisão de mérito, praticamente impossível desconstituir uma decisão que se limita a homologar o crédito porquanto se ressente de prequestionamento da matéria (Súmula n. 298, item IV, do TST)[16] para a rescisão por manifesta violação de norma jurídica.

Se, pelo contrário, o juiz emite juízo de mérito sobre o cálculo e promove, enfim, um acertamento do crédito exequendo, inquestionável que a decisão tem conteúdo de mérito. Como tal, é suscetível de impugnação, após o trânsito em julgado, mediante ação rescisória. A Súmula n. 399, item II, do TST, encampa esse entendimento.[17]

3.1.6. Decisão proferida em mandado de segurança

Questão interessante consiste em saber se cabe ação rescisória de decisão proferida em mandado de segurança.

Penso que depende do teor da decisão.

Se **concessiva da ordem** e, portanto, reconhecer e declarar o direito subjetivo do impetrante, é decisão de mérito que produz coisa julgada material, atacável por ação rescisória.

Se, ao contrário, a decisão no mandado de segurança for **denegatória** e, para tanto, apreciar o mérito da causa, negando o direito afirmado pelo impetrante, igualmente produz coisa julgada material para efeito de obstar a reprodução da mesma demanda, quer em novo mandado de segurança, quer em ação ordinária.

Se, **porém**, a decisão é **denegatória** porque o direito **não** se apresenta **líquido e certo**, que pudesse, de pronto, ser reconhecido, tal decisão **não é de mérito e, em consequência**, não produz coisa julgada material.

Assim, **não** impede o reexame do pedido nas vias ordinárias, em que são facultadas todas as provas (Súmula n. 304, do STF). É o que deriva do art. 19 da Lei n. 12.016/2009, segundo o qual a "sentença ou o acórdão que denegar mandado de segurança, sem decidir o mérito, não impedirá que o requerente, por ação própria, pleiteie os seus direitos e os respectivos efeitos patrimoniais".

Logo, esta última decisão **não** comporta ação rescisória.

4. DECISÕES DE NATUREZA PROCESSUAL

Como visto, igualmente cabe ação rescisória para impugnar decisão transitada em julgado, que **não** seja de mérito. O art. 966, § 2º, do CPC de 2015 alargou o espectro de cabimento da ação rescisória para torná-la admissível de duas decisões impeditivas do julgamento de mérito: **a)** decisão que **impeça** nova propositura da demanda; **b)** decisão que não admita recurso.

As decisões em comento podem assumir a natureza de sentença, de acórdão ou de decisão interlocutória, conforme apresentem aptidão, ou não, para pôr fim à fase cognitiva do procedimento no respectivo grau de jurisdição (CPC, art. 203, § 1º).

A seguir, examino esses casos, de forma individualizada.

4.1. Decisão que impede a repropositura da demanda

Cabe ação rescisória, em regra, para desconstituir decisão de mérito, transitada em julgada (art. 966, *caput*).

---

(15) A meu juízo, no caso de sentença meramente homologatória de cálculo de liquidação, o remédio processual próprio é a ação anulatória prevista no art. 966, § 4º, do CPC, de competência da própria Vara do Trabalho. Idêntica solução se impõe nos análogos de ato judicial de mera homologação de arrematação ou de adjudicação. A Súmula n. 399, item I, do TST, de há muito, consagra o entendimento de que não é cabível ação rescisória, na espécie.

(16) Conquanto se cuide de exigência criticada pela doutrina e não acolhida no STJ e no STF.

(17) Súmula n. 399, item II. AÇÃO RESCISÓRIA. CABIMENTO. SENTENÇA DE MÉRITO. DECISÃO HOMOLOGATÓRIA DE ADJUDICAÇÃO, DE ARREMATAÇÃO E DE CÁLCULOS (conversão das Orientações Jurisprudenciais ns. 44, 45 e 85, primeira parte, da SBDI-2) – Res. 137/2005, DJ 22, 23 e 24.08.2005
II – A decisão homologatória de cálculos apenas comporta rescisão quando enfrentar as questões envolvidas na elaboração da conta de liquidação, quer solvendo a controvérsia das partes quer explicitando, de ofício, os motivos pelos quais acolheu os cálculos oferecidos por uma das partes ou pelo setor de cálculos, e não contestados pela outra.
(ex-OJ n. 85 da SBDI-2 – primeira parte – inserida em 13.03.2002 e alterada em 26.11.2002).

Em caráter excepcional, o CPC admite ação rescisória de decisão que, conquanto não solucione a lide, **impede** ulterior reproposítura da demanda (art. 966, § 2º, I).

O art. 485 do CPC enumera as hipóteses em que o juiz "não resolverá o mérito". Na quase totalidade dos casos, como reza o próprio CPC (art. 486), o "pronunciamento judicial que não resolve o mérito não obsta a que a parte proponha de novo **a ação**".

A rigor, permite a lei que se proponha de novo, **não a mesma ação**, mas **outra ação**, em que haja "correção do vício que levou à sentença sem resolução de mérito", tal como reza o § 1º do art. 486.

Examinando-se o elenco de vícios do art. 485 que conduzem à sentença sem resolução de mérito, de pronto se depreende que, em quase todos os casos ali previstos, a parte pode sanar o defeito e ingressar com outra ação.

Está claro que se o juiz ou o tribunal, equivocadamente, indefere a petição inicial, ou declara a incompetência material do órgão judicante, ou homologa indevidamente a desistência da ação, é preferível renovar desde logo a demanda, após correção do vício. A renovação da demanda é preferível até mesmo a impugnar a decisão mediante recurso porquanto muito mais simples, rápido e prático.

O âmbito de cabimento da ação rescisória não está, pois, nessas hipóteses que, insisto, constituem a esmagadora maioria dos casos do art. 485 do CPC. A ação rescisória de que cogita o art. 966, § 2º, I, cabe estritamente nos casos em que a decisão do juiz ou do tribunal, sem resolução do mérito, invocar para tanto vício insanável e que constitua um veto à admissibilidade de outro e futuro processo para discutir o mérito da causa. Isso somente é concebível, a meu sentir, se a decisão declarar:

a) que **já há coisa julgada material** acerca da mesma lide entre as mesmas partes; a Orientação Jurisprudencial n. 150 da SBDI-2 do TST, com tese em sentido contrário à admissibilidade da ação rescisória,[18] vincula-se hoje estritamente às decisões terminativas transitadas em julgado ao tempo do CPC/1973;

b) que há **litispendência** e a parte não se conforme, a exemplo do que comumente ocorre também no processo do trabalho a propósito da configuração de litispendência entre dissídio individual e ação coletiva proposta pelo sindicato;

c) a ausência de **interesse processual**, vício insanável, por natureza e de aplicação controvertida, e o reclamante não aceitar;

d) a ausência de **legitimidade ativa ou passiva** *ad causam*. Certo que o CPC (arts. 338 e 351) permite a sucessão voluntária de partes para correção de equívoco, no polo ativo ou no polo passivo da relação processual. Não raro, contudo, sob a roupagem de ilegitimidade ativa ou passiva *ad causam*, julga-se o mérito, com o qual se confunde, muitas vezes.

Cabe ação rescisória contra decisões "sem resolução de mérito" sob tais fundamentos, ainda que se revistam do mero atributo da coisa julgada **formal**.

4.2. Decisão que não admite recurso

Sob o CPC/1973, a admissibilidade de ação rescisória contra decisão que **não conhece de recurso** era uma absoluta **excepcionalidade**, determinada pela técnica de julgamento adotada pelos tribunais superiores, em casos nos quais, a despeito do não conhecimento, proferia-se e profere-se pronta e acabada **decisão de mérito** (*vide supra* n. 3.1.4).

Como regra geral, no sistema do CPC/1973 e à luz do CPC atual, somente se pode reputar de mérito **o acórdão que** conhece do recurso e, mais do que isso ainda, desde que julgue o mérito da causa.

Vale dizer: a expressão "de mérito" referível à decisão, concerne à *res in iudicium deducta*, isto é, ao mérito da causa, que não coincide necessariamente com o mérito do recurso.

Sabemos que o mérito do recurso, muitas vezes, encerra uma questão estritamente processual, como se dá, no processo do trabalho, com o acórdão que julga recurso ordinário contra sentença terminativa.

Significa dizer que, em tal caso, ainda que conhecido do recurso, não sobrevém acórdão de mérito passível de ação rescisória.

Dito de outro modo: o conhecimento do recurso não significa que estejamos necessariamente diante da "decisão de mérito" de que cogita o art. 966, para efeito de rescisória.

---

(18) OJ N. 150 DA SBDI-II AÇÃO RESCISÓRIA. REGÊNCIA PELO CPC DE 1973. DECISÃO RESCINDENDA QUE EXTINGUE O PROCESSO SEM RESOLUÇÃO DE MÉRITO POR ACOLHIMENTO DE COISA JULGADA. CONTEÚDO MERAMENTE PROCESSUAL. IMPOSSIBILIDADE JURÍDICA DO PEDIDO (atualizada em decorrência do CPC de 2015) Reputa-se juridicamente impossível o pedido de corte rescisório de decisão que, reconhecendo a existência de coisa julgada, nos termos do art. 267, V, do CPC de 1973, extingue o processo sem resolução de mérito, o que, ante o seu conteúdo meramente processual, a torna insuscetível de produzir a coisa julgada material.

Na situação inversa, contudo, em que o órgão judicante não admite ou não conhece do recurso, o CPC de 2015 mudou radicalmente de diretriz quanto ao cabimento da ação rescisória.

À semelhança da decisão sobre o mérito da causa, o CPC de 2015 também reputa ordinariamente cabível ação rescisória para impugnar decisão de natureza puramente processual que **não conhece ou não admite recurso** (CPC, art. 966, § 2º, II).

Parece de clara percepção que o CPC de 2015, neste passo, abriu em demasia o campo da rescindibilidade das decisões. Não se cuida de medida que deva ser saudada em prol da boa administração da Justiça.

Equívocos pontuais não justificam tamanha abertura no cabimento da ação rescisória. Conspira contra a desejável duração razoável dos processos. A um tempo em que a lentidão na outorga da prestação jurisdicional é a grande preocupação, a posição do legislador veio na contramão da história.

Revela-se sobremodo perniciosa, sobretudo para o processo do trabalho, quase sempre a braços com pretensões de natureza alimentar, que não se compadecem com as delongas de mais um processo judicial após o trânsito em julgado.

Sobreleva ressaltar também que o legislador revelou grave incoerência ao considerar rescindível apenas a decisão que "**impeça** a admissibilidade do recurso correspondente", sem emprestar o mesmo tratamento à correlata decisão que equivocadamente **admita** recurso inadmissível.

Se houvesse congruência do legislador, a rescindibilidade deveria abranger **qualquer** decisão equivocada do juiz ou tribunal ao exercer controle de admissibilidade sobre recurso, inclusive a que conhece ou admite o recurso ao arrepio da lei, não podendo fazê-lo.

Suponha-se que o tribunal conheça de recurso induvidosamente **intempestivo** e, a seguir, julgue-lhe o mérito que **não** coincida com o mérito da causa. Embora afronte a coisa julgada, **não** cabe ação rescisória de decisão desse jaez, pela sistemática do CPC de 2015, porquanto não se está diante de decisão sobre o mérito da causa, tampouco decisão que "**impeça** a admissibilidade do recurso correspondente"...

Qual, então, o âmbito de incidência da norma do art. 966, § 2º, II?

É imensa a amplitude e, portanto, o novo campo de rescindibilidade de decisão que não admite recurso.

Impende sublinhar, de imediato, que, embora a lei exija "trânsito em julgado" da decisão rescindível em apreço, a exigência concerne apenas à coisa julgada **formal**, ou preclusão máxima, resultante do esgotamento dos recursos cabíveis no processo.

Houve aqui radical quebra de paradigma.

Sabe-se que, tradicionalmente, a ação rescisória impugna decisão que soluciona o mérito da causa e, assim, a teor do art. 502 do CPC, dotada do atributo da coisa julgada **material**.[19]

Obviamente, a decisão que se cinge a emitir juízo negativo sobre a "admissibilidade do recurso correspondente" não é de mérito. É decisão puramente processual. De sorte que a locução "transitada em julgado" a que alude a lei, ao considerá-la rescindível, refere-se, neste caso, à coisa julgada meramente formal.

A ação rescisória do art. 966, § 2º, II, cabe, assim, após o trânsito em julgado formal, para impugnar decisão interlocutória ou acórdão em que, **ou** se denegue seguimento a recurso, **ou** não se conheça de recurso, **ou** negue-se provimento a recurso que vise a destrancá-lo (agravo de instrumento ou agravo regimental no processo do trabalho). Em derradeira análise, cabe para atacar decisão que obste o exame do mérito do recurso.

Como se sabe, em regra, há um duplo juízo de admissibilidade sobre os recursos em geral: pelo juízo *a quo* e, sucessivamente, pelo juízo *ad quem*, ao qual compete dar a última palavra sobre o conhecimento do recurso.

O primeiro controle de admissibilidade é exercido, mediante decisão interlocutória,[20] no próprio juízo prolator da decisão impugnada – não necessariamente pelo próprio magistrado prolator da decisão recorrida – que pode admitir ou denegar (trancar) seguimento ao recurso.

De conformidade com a lei, **unicamente** a **decisão interlocutória** emitida no juízo *a quo*, que **não admitir recurso**, após o trânsito em julgado formal, comporta ação rescisória, caso presente alguma das causas de rescindibilidade elencadas no art. 966 do CPC.

No processo do trabalho, após o exaurimento dos recursos interponíveis, é concebível o cabimento da ação rescisória em comento para impugnar milhares

---

(19) "Art. 502. Denomina-se coisa julgada material a autoridade que torna imutável e indiscutível a **decisão de mérito** não mais sujeita a recurso."

(20) Erroneamente denominada "despacho", aqui e acolá.

de decisões interlocutórias prolatadas diariamente, a exemplo das seguintes:

a) decisão equivocada de Presidente de TRT que denega seguimento a recurso de revista (CLT, art. 896, § 1º);

b) decisão equivocada do Ministro Presidente de Turma do TST que denega seguimento a recurso de embargos para a SBDI-1 (CLT, art. 894);

c) decisão monocrática equivocada do Relator, em tribunal, que não conhece de recurso, por reputá-lo inadmissível (CPC, art. 932, III).

d) decisão equivocada do Juiz do Trabalho que não admite recurso ordinário ou agravo de petição.

Igualmente cabe ação rescisória para atacar **acórdão** transitado em julgado mediante o qual o tribunal negue provimento a agravo de instrumento ou agravo regimental que vise a destrancar outro recurso.

Em casos que tais há um julgamento em que se emite um juízo negativo sobre a admissibilidade de outro recurso. O acórdão limita-se a afirmar a inexistência de um pressuposto de admissibilidade do recurso denegado e, assim, **não** julga o mérito da causa, mas tão somente o mérito do recurso.[21]

Uma variante dessa situação, que também desafia rescisória, é o acórdão, transitado em julgado, mediante o qual, por equívoco, o **tribunal não conhece de recurso**, em virtude da pretensa ausência de algum pressuposto legal de admissibilidade.

Suponha-se um caso de equívoco na declaração de deserção, seja por insuficiência no recolhimento das custas, seja por erro no preenchimento da respectiva guia, ou qualquer outro pressuposto sanável. Em casos que tais cabe a ação rescisória, inclusive, se for o caso, sob o fundamento de que, malgrado possível, não se rendeu ensejo à parte para sanar o defeito formal no atendimento do pressuposto, em afronta aos arts. 932, parágrafo único, 938, § 1º, e 1.007, § 2º, do CPC.

Do mesmo modo, cabe ação rescisória para impugnar, por exemplo, acórdão transitado em julgado de Turma do Tribunal Superior do Trabalho que não conhece de recurso de revista, por divergência jurisprudencial.

Sob o CPC/1973, a Súmula n. 413 do TST assentara entendimento diametralmente oposto, em razão de não se tratar de "sentença de mérito". Por isso, vem de ser revisada para vincular a tese apenas às decisões transitadas em julgado ao tempo do CPC antigo.[22]

Igualmente comporta ação rescisória o acórdão proferido pela SBDI-1 do TST, que nega provimento a agravo regimental, com amparo na Súmula n. 333 do TST e art. 894, § 2º, da CLT. Trata-se de decisão **de mérito** que não admite embargos para a SBDI-1, sob o fundamento de que a jurisprudência atual, notória e iterativa impede o conhecimento do recurso. Em síntese, portanto, mantém a decisão do Presidente de Turma que denegou seguimento ao recurso de embargos. Nessa linha posiciona-se o item V da Súmula n. 1.992 do TST, cuja tese sobre rescindibilidade agora vem de ser reafirmada pelo art. 966, § 2º, II, do CPC.

4.3. Decisão processual que seja pressuposto de validade de uma sentença de mérito

Em regra, como visto, **não cabe** ação rescisória para atacar decisão que julga **exclusivamente** uma **questão processual**, excetuadas as duas hipóteses previstas no art. 966, *caput*, e § 2º, do CPC de 2015.

Exemplo frisante de acórdão dessa natureza é o que se limita a apreciar a legitimidade ativa *ad causam*, sob a forma de substituição processual sindical.

Entretanto, aqui é imperioso **não** confundir **duas situações muito distintas:**

1ª) aquela em que o acórdão rescindendo conhece do recurso, mas decide **unicamente** a respeito de **questão processual** (no exemplo, a substituição processual e, portanto, a legitimação extraordinária do sindicato);

2ª) a segunda hipótese é quando o acórdão rescindendo decide a respeito de **questão processual e também sobre o mérito da causa** e a ação rescisória pleiteia a desconstituição do acórdão tão somente no capítulo

---

(21) Sob o CPC antigo, evidentemente, a solução era outra, tal como sedimentado no item IV da Súmula n. 192 do TST: "Na vigência do CPC de 1973, é manifesta a impossibilidade jurídica do pedido de rescisão de julgado proferido em agravo de instrumento que, limitando-se a aferir o eventual desacerto do juízo negativo de admissibilidade do recurso de revista, não substitui o acórdão Tribunal Regional do Trabalho, na forma do art. 512 do CPC. (ex-OJ n. 105 da SBDI-2 – DJ 29.04.2003)".

(22) Súmula n. 413 do TST
AÇÃO RESCISÓRIA. SENTENÇA DE MÉRITO. VIOLAÇÃO DO ART. 896, A, DA CLT (nova redação em decorrência do CPC de 2015) – Res. 209/2016, DEJT divulgado em 01, 02 e 03.06.2016
É incabível ação rescisória, por violação do art. 896, *a*, da CLT, contra decisão transitada em julgado sob a égide do CPC de 1973 que não conhece de recurso de revista, com base em divergência jurisprudencial, pois não se cuidava de sentença de mérito (art. 485 do CPC de 1973). (ex-OJ n. 47 da SBDI-2 – inserida em 20.09.2000)

em que julgou a **questão processual** concernente à validade da relação processual.

Conforme assentado na Súmula n. 412 do TST, uma questão **puramente** processual pode ser objeto de ação rescisória, desde que consista em pressuposto de validade de uma sentença de mérito.[23]

Isto porque mesmo nos casos em que a ação rescisória cabe porque impugna decisão de mérito, daí **não** se segue que a causa de rescindibilidade (o vício) resida necessariamente no mérito da causa. Assim, a decisão de mérito pode ser rescindível em razão de vício infringente de norma processual que acaso cometa.

A circunstância de ser rescindível, no caso, uma **decisão de mérito**, conforme bem esclarece o Prof. Barbosa Moreira, **não** afasta a possibilidade de desconstituição do julgado com fundamento numa de suas preliminares.[24] Exemplos:

a) a sentença rescindenda, proferida em ação de cumprimento, simultaneamente, reconhece a legitimidade ativa *ad causam* do Sindicato para atuar como substituto processual de associados e de não associados e também acolhe o pedido de diferenças salariais fora do período de vigência da sentença normativa;

b) entre a data de publicação da pauta e a da sessão de julgamento não decorreu o prazo de, pelo menos, cinco dias, comprometendo-se, assim, o direito do advogado da parte à sustentação oral (CPC, art. 935); perceba-se que neste caso o vício procedimental originou-se no próprio julgamento em si, independentemente de prequestionamento, e nem pelo fato de não ter havido pronunciamento explícito a respeito é menos grave e deixa de ser passível de impugnação pela via da ação rescisória.

Em casos que tais, a ação rescisória pode pleitear a rescisão da decisão de mérito **tão somente** no capítulo relativo à questão processual concernente à validade do pronunciamento decisório.

Está claro que, no primeiro exemplo, **se** fôssemos tomar **isoladamente** o **capítulo** da sentença ou do acórdão rescindendo que tratou da questão processual, **não** constituiria ele decisão de mérito.

Se, contudo, **diversamente**, a sentença rescindenda apreciou o mérito da causa **e também** a questão preliminar de natureza processual que constitua **suposto** ou condição de validade da sentença ou do próprio **processo**, cumpre considerar a decisão **globalmente como de mérito**, para efeito de rescindibilidade, em tese.

Por quê? Porque **se** padece de algum vício grave a sentença rescindenda no tocante ao exame da questão preliminar, tornando-a passível de rescisão nesse tópico, evidente que afeta também, por reflexo, a solução propriamente de mérito.

Patente que se "cai" ou pode ser desconstituída a sentença rescindenda no capítulo relativo à preliminar, **automaticamente** também "cai" ou pode ser desconstituído também o **capítulo propriamente de mérito** dessa mesma decisão. Óbvio que a **validade** em si da sentença de mérito está condicionada a que seja proferida num **processo igualmente válido**.

Portanto, a solução de uma **questão processual** pode ser objeto de rescisão **desde** que consista em pressuposto de validade de uma sentença de mérito.

4.4. Decisões que aplicam sanção processual

Penso que não ostentam conteúdo meritório as decisões que, de ofício, ou não, impõem sanção processual, seja por litigância de má-fé (CPC de 2015, art. 81), seja por recurso manifestamente infundado, ou protelatório (CPC de 1973, art. 557, § 2º; CPC de 2015, art. 1026, §§ 2º e 3º; art. 1.021, § 4º).

Em princípio, não é de mérito decisão sobre questão estritamente processual, inclusive a que impõe sanção por uma conduta abusiva ou maliciosa da parte em juízo, na medida em que não soluciona uma pretensão jurídica de direito material. Por isso, não cabe ação rescisória para rescindir decisão de tal natureza.[25]

Apenas em caráter excepcional cabe ação rescisória para desconstituir decisão de natureza processual, transitada em julgado: **a)** quando constitua pressuposto de validade da decisão de mérito, de conformidade com a Súmula n. 412 do TST (*vide infra* n. 2.2.4); **b)** nos dois casos expressamente referidos no art. 966 e

---

(23) "AÇÃO RESCISÓRIA. SENTENÇA DE MÉRITO. QUESTÃO PROCESSUAL (conversão da Orientação Jurisprudencial n. 46 da SBDI-2) – Res. 137/2005, DJ 22, 23 e 24.08.2005.
Pode uma questão processual ser objeto de rescisão desde que consista em pressuposto de validade **de uma sentença de mérito**. (ex-OJ n. 46 da SBDI-2 – inserida em 20.09.2000)."

(24) MOREIRA, José Carlos Barbosa. *Comentários ao Código de Processo Civil*. V. V. Rio de Janeiro: Forense, 1998. p. 108.

(25) Nesse sentido, a jurisprudência do Órgão Especial do TST: AgR-AR-20953-04.2016.5.00.0000,Rel. Min. Maria Cristina Peduzzi; Ação Rescisória n. TST-AgR-AR-16154-15.2016.5.00.0000, Rel. Min. Kátia Arruda; Ação Rescisória n. TST-AR-15153-92.2016.5.00.0000, Rel. Min Barros Levenhagen.

§ 2º do CPC de 2015, a saber: decisão que **impeça** nova propositura da demanda; ou admissibilidade do recurso correspondente (*vide infra* ns. 2.2.1 e 2.2.2).

4.5. Decisão que aplica *astreintes*

Da mesma forma não é de mérito decisão que preveja *astreintes* como meio de coerção para compelir a parte ao cumprimento de obrigação de fazer, ou de não fazer, quer tenha por objeto o respectivo valor, quer a sua destinação (para o FAT, ou não).

O art. 537, § 1º, do CPC de 2015, repisando norma similar do CPC de 1973 (art. 461, § 6º) expressamente dispôs que o juiz "poderá, de ofício ou a requerimento, modificar o valor ou a periodicidade da **multa vincenda** ou excluí-la, caso verifique", por exemplo, "que (...) se tornou insuficiente ou excessiva".

A lei, como se vê, incorre em impropriedade terminológica ao aludir a "**multa**". Em boa técnica, disciplina *astreintes*.

A despeito da denominação inadequada do CPC, ao estatuir que é faculdade do juiz reduzir, suprimir ou mesmo aumentar o valor cominado a título de *astreintes*, manifesto que nega o atributo da imutabilidade à decisão sobre o tema. Logo, não produz coisa julgada material, apenas coisa julgada formal. Daí que, em última análise, não é passível de desconstituição mediante ação rescisória. Nessa linha palmilhava a jurisprudência da SBDI-2 do TST[26] e deve permanecer inalterada.

5. DECISÃO INTERLOCUTÓRIA

Infere-se do art. 203, §§ 1º e 2º, do CPC que se considera decisão interlocutória todo pronunciamento judicial de natureza decisória que, **sem** pôr fim ao procedimento da fase cognitiva ou da fase executiva do processo, solucione questão processual (incidente do processo) ou solucione questão atinente ao mérito da causa.

São concebíveis inúmeras decisões interlocutórias, de mérito, ou não, quer proferidas pelo Juiz do Trabalho que preside o processo em primeiro grau de jurisdição, quer pelo Desembargador ou Ministro Relator em tribunal, ou pelo próprio tribunal.

Alguns exemplos de decisão interlocutória que solucione incidente processual no processo do trabalho:

a) decisão do Juiz do Trabalho sobre alegação de incompetência material ou territorial aduzida em preliminar de contestação (CPC, art. 64, § 2º);

b) decisão em incidente de desconsideração da personalidade jurídica (CPC, art. 136);

c) decisão do TRT que afasta ilegitimidade ativa *ad causam* do sindicato ou do Ministério Público do Trabalho e determina o retorno dos autos à Vara do Trabalho para prosseguir no julgamento (Súmula n. 214 do TST);

d) decisão do TRT em arguição de impedimento ou de suspeição do juiz do trabalho (CPC, art. 146, § 1º).

e) qualquer decisão que denegue seguimento a recurso (*vide supra* item 4.2).

Exemplos de decisão interlocutória de mérito:

a) decisão do TRT que reconhece vínculo empregatício ou afasta a prescrição declarada e determina o retorno dos autos à Vara do Trabalho para prosseguir no julgamento (Súmula n. 214 do TST);

b) decisão do Juiz do Trabalho em caso de julgamento antecipado **parcial** do mérito (CPC, arts. 356, §§ 1º a 4º e 487, I; Instrução Normativa do TST n. 39, art. 5º).

---

(26) "**RECURSO ORDINÁRIO. AÇÃO RESCISÓRIA. RESCISÃO DE SENTENÇA EM QUE SE CONDENOU A DEMANDANTE AO PAGAMENTO DE MULTA DIÁRIA POR DESCUMPRIMENTO DE OBRIGAÇÃO DE FAZER. *ASTREINTES*. ALEGAÇÃO DE VIOLAÇÃO DOS ARTS. 412 E 884 DO CCB. INEXISTÊNCIA DE COISA JULGADA MATERIAL.** Pretensão rescisória fundada em violação dos arts. 412 e 884 do CCB, em face de decisão passada em julgado na qual fixadas *astreintes* destinadas a constranger o devedor ao cumprimento da obrigação de fazer. A imposição de multa por descumprimento de obrigação de fazer e não fazer – *astreintes* – constitui instrumento processual à disposição do juiz, como meio de coerção indireta, voltado a induzir o devedor ao cumprimento espontâneo do título executivo (art. 461, § 4º, do CPC). A disciplina legal aplicável, no entanto, sensível à dinâmica dos eventos que podem gravar o curso das ações judiciais, expressamente faculta ao magistrado, inclusive de ofício, a alteração do valor da multa ou de sua periodicidade, caso verifique que se tornou insuficiente ou excessiva (art. 461, § 6º, do CPC). Disso decorre que, por expressa imposição legal, fundada no juízo de equidade reservado ao magistrado, o capítulo do julgado que define as *astreintes* não é alcançado pela eficácia que torna imutável e indiscutível a sentença não mais sujeita a recurso ordinário ou extraordinário (CPC, art. 467). Consequentemente, inexistindo decisão de mérito em torno da questão, não é possível, à luz da regra inscrita no art. 485 do CPC, a rescisão do julgado. Configurada a impossibilidade jurídica do pedido, impõe-se o desprovimento do recurso. Recurso ordinário desprovido." RO 10248-65.2013.5.03.0000, Rel. Min. Douglas Alencar Rodrigues. Decisão unânime. DEJT 03.10.2014/J-30.09.2014

Idem: (ED-ROAR – 179900-28.2005.5.15.0000, Relator Ministro: Ives Gandra Martins Filho, Subseção II Especializada em Dissídios Individuais, DEJT 19.06.2009 – grifei); (ROAR – 25300-15.2006.5.15.0000, Relator Ministro: José Simpliciano Fontes de F. Fernandes, Subseção II Especializada em Dissídios Individuais, DEJT 23.10.2009

No sistema do CPC de 2015, somente algumas decisões interlocutórias são impugnáveis mediante ação rescisória.

Cabe ação rescisória de decisão interlocutória de mérito e de decisão interlocutória que não admite recurso, após o trânsito em julgado.

6. DECISÃO MONOCRÁTICA DO RELATOR EM TRIBUNAL

Merece realce particularizado a decisão monocrática ou unipessoal (na terminologia do CPC) do Relator, em tribunal, graças às multiformes feições que assume.

Sabemos que, de uns tempos a esta parte, por conta da sobrecarga de processos com que se veem a braços os tribunais, tornaram-se comuníssimas decisões monocráticas proferidas pelo Relator, no uso de prerrogativa legal: CPC, art. 932, III, IV e V.

São concebíveis inúmeras decisões monocráticas proferidas pelo Relator, de mérito, ou não, interlocutórias, ou finais.

Cuida-se de casos em que o Relator age por delegação do Colegiado, autorizado por lei. Vale dizer: é como se o fizesse o próprio tribunal. A bem de ver, o Relator substitui, por delegação legal, a decisão que seria proferida pelo órgão fracionário Colegiado da Corte (Turma, p. ex.).

A singularidade desses casos permite concluir que, a depender do conteúdo, a decisão monocrática do Relator pode ostentar a natureza de:

a) decisão interlocutória típica: o Relator do recurso, p.ex., indefere tutela provisória cautelar para conferir efeito suspensivo ao recurso de revista, **ou** indefere tutela provisória cautelar, em ação rescisória, para sustar a eficácia da sentença rescindenda;

b) decisão de mérito final, sucedâneo do acórdão: o Relator da ação rescisória, no TRT ou no TST, p. ex., declara, de ofício, a **decadência** do autor para propor a ação (CPC, art. 487, II), **ou** profere decisão **monocrática** ao dar provimento a recurso ordinário em ação rescisória, para pronunciar a **decadência** de anterior ação rescisória, supostamente aplicando de forma equivocada a Súmula n. 100, do TST; **ou** decide negar ou dar provimento, ou mesmo não conhecer do recurso em qualquer dos casos referidos na Súmula n. 192, item II, do Tribunal Superior do Trabalho (*vide supra* item 3.1.5), que consubstanciam decisão de mérito.[27] Caso típico: decisão monocrática do Relator que **não conhece** de recurso de revista do empregado Recorrente, aplicando a Súmula n. 287, do TST, segundo a qual gerente geral de Banco não tem direito a horas extras;

c) decisão processual final, sucedâneo do acórdão: o Relator, p.ex., indefere a petição inicial de ação rescisória ou de mandado de segurança, **ou** não conhece integralmente de recurso, em virtude da ausência de pressuposto extrínseco (deserção, intempestividade ou falta de fundamentação, p. ex.) ou da ausência de pressuposto intrínseco (p. ex., ausência de prequestionamento – Súmula n. 297 do TST).

À face do CPC/2015, caberá ou não ação rescisória conforme o conteúdo da decisão monocrática do Relator.

Caso se trate de decisão monocrática de mérito, seja interlocutória, seja final (apta a pôr fim ao procedimento no tribunal), desde que transitada em julgado, desafia ação rescisória (CPC, art. 966).

Cabe igualmente ação rescisória para atacar a decisão monocrática processual final, transitada em julgado, que não conhece de recurso ou impede a repropositura da demanda (*vide supra* itens 4.1 e 4.2).

7. COMPETÊNCIA FUNCIONAL PARA O JULGAMENTO DA AÇÃO RESCISÓRIA

Em face do que dispõe a Lei, não há dúvida de que a ação rescisória é sempre uma causa da competência **originária** dos **Tribunais**.

Por força da nossa tradição, a competência para a ação rescisória cujo objeto seja desconstituir sentença de mérito é sempre do órgão ao qual competiria, em grau de recurso, examinar a sentença. Se se trata, pois, de sentença de juízo de primeiro grau, a competência para a rescisão é do **tribunal** de segundo grau.

Mais precisamente, no caso específico da Justiça do Trabalho, **a competência funcional é**:

a) dos Tribunais Regionais do Trabalho: se a decisão rescindenda emana de Vara do Trabalho da Região ou do próprio Tribunal Regional do Trabalho (CLT, art. 678, I); eventual recurso de revista ou de embargos

---

(27) Súmula n. 192 do TST: "II – Acórdão rescindendo do Tribunal Superior do Trabalho que não conhece de recurso de embargos ou de revista, analisando arguição de violação de dispositivo de lei material ou decidindo em consonância com súmula de direito material ou com iterativa, notória e atual jurisprudência de direito material da Seção de Dissídios Individuais (Súmula n. 333), examina o mérito da causa, cabendo ação rescisória da competência do Tribunal Superior do Trabalho. (ex-Súmula n. 192 – alterada pela Res. 121/2003, DJ 21.11.2003)"

posterior para o TST, em princípio não afasta a competência do TRT para a ação rescisória, se não for conhecido, salvo se o TST, ao não conhecer, proferir decisão de mérito (Item II da Súmula n. 192);[28]

b) **do Tribunal Superior do Trabalho**: para impugnar decisão rescindenda do próprio TST (Lei n. 7.701/1988, art. 3º, I, *a*), competindo-lhe igualmente julgar recurso ordinário contra acórdão de TRT que, por sua vez, julgar ação rescisória.

A competência do TST alcança, inclusive, determinadas decisões do próprio TST que, a despeito de não conhecerem de recurso de revista ou de embargos, têm conteúdo meritório, como assentado no item II da Súmula n. 192 do TST.[29]

Em caso de ter havido recurso no processo de que emerge a decisão de mérito rescindenda, a **competência funcional** para dirimir a ação rescisória é do Tribunal que proferiu a **última decisão de mérito**, que legalmente **substitui** a anterior proferida na causa (CPC, art. 1.008). É o que se infere também do art. 966, *caput*, e do art. 968, § 5º, II, do CPC.

8. ERRO NO DIRECIONAMENTO DA AÇÃO RESCISÓRIA

Diversas são as situações concebíveis. Frequentemente, todavia, constata-se equívoco na indicação do Tribunal do Trabalho competente para a ação rescisória.

A jurisprudência assente no Tribunal Superior do Trabalho, construída **antes** do CPC de 2015, é no sentido de que a manifesta **incompetência funcional** do Tribunal perante o qual se ajuíza a ação rescisória conduz inexoravelmente à extinção do processo, sem apreciação de mérito. Não cogita de declinar da competência para o Tribunal competente. Abraça tal entendimento a Orientação Jurisprudencial n. 70, da SBDI-2 do TST:

> O manifesto equívoco da parte em ajuizar ação rescisória **no TST** para desconstituir julgado proferido pelo TRT, ou vice-versa, implica a extinção do processo sem julgamento do mérito por inépcia da inicial.

De conformidade com a ideia subjacente a essa Orientação Jurisprudencial, caso se revele grosseiro e inescusável o erro da parte no direcionamento da ação rescisória, não há lugar para se declinar da competência. Impõe-se a pura e simples extinção do processo, sem exame de mérito, por inépcia da petição inicial, em virtude de impossibilidade jurídica do pedido.

Estou convencido, porém, de que a aludida Orientação Jurisprudencial n. 70 não se sustentava antes do CPC/2015 e tampouco se sustenta hoje.

Primeiro, porque contraria normas de ordem pública e, portanto, ditadas no interesse do Estado. A lei (CLT, art. 795, §§ 1º e 2º; CPC/1973, art. 113 e § 2º; CPC/2015, art. 64, § 3º) ordena a remessa dos autos ao juízo competente, em caso de incompetência reconhecida. Não cogita de extinção do processo, sem resolução de mérito.

Segundo, porque se o escopo declarado da lei é o aproveitamento dos atos **não** decisórios, em caso de incompetência declarada, até em nome da economia e celeridade processuais, lógico que isso não se compadece com a diretriz de extinguir o processo, sem resolução de mérito.

Terceiro, porque, como ensina doutrina clássica sobre o tema, o órgão judicante incompetente só tem competência para declarar a própria incompetência. Não dispõe de poder para praticar qualquer outro ato decisório, nem mesmo para extinguir processo.

Releva sublinhar que, sob a égide do CPC de 2015, ainda mais se robustece a convicção da total superação da referida OJ n. 70, pois totalmente descartada hoje a impossibilidade jurídica do pedido como fundamento para a extinção do processo (art. 485, VI).

Ademais, para escoimar qualquer dúvida, o art. 968, § 5º, do CPC de 2015 estatui que, quando reconhecida a incompetência do tribunal para apreciar a causa, o autor deverá ser intimado para emendar a petição inicial da rescisória, podendo adequar, inclusive, o objeto da demanda.

Afora isso, antes de remeter a ação rescisória ao tribunal competente, cumpre ao relator permitir a manifestação do réu, em observância ao princípio do contraditório substancial (art. 968, § 6º, do CPC de 2015).

Sopesados todos esses aspectos, concluo que, sob a regência do CPC de 2015, com maior razão ainda, não mais se sustenta a tese sufragada na Orientação

---

(28) Súmula n. 192, item I do TST: "I – Se não houver o conhecimento de recurso de revista ou de embargos, a competência para julgar ação que vise a rescindir a decisão de mérito é do Tribunal Regional do Trabalho, ressalvado o disposto no item II."

(29) "II – Acórdão rescindendo do Tribunal Superior do Trabalho que não conhece de recurso de embargos ou de revista, analisando arguição de violação de dispositivo de lei material ou decidindo em consonância com súmula de direito material ou com iterativa, notória e atual jurisprudência de direito material da Seção de Dissídios Individuais (Súmula n. 333), examina o mérito da causa, cabendo ação rescisória da competência do Tribunal Superior do Trabalho. (ex-Súmula n. 192 – alterada pela Res. 121/2003, DJ 21.11.2003)"

Jurisprudencial n. 70 da SBDI-2, cujo cancelamento afigura-se-me inarredável.

Entendo que a mencionada OJ n. 70 não pode subsistir, **mesmo em caráter transitório** para aplicação residualmente aos processos regidos pelo CPC de 1973 e que acaso aguardassem julgamento ao sobrevir o NCPC. A norma[30] do art. 968, § 5º, do CPC de 2015, por não ferir direito adquirido processual de qualquer das partes, tem incidência imediata, a partir da vigência do CPC de 2015, inclusive no que tange aos processos pendentes.

9. SEIS SITUAÇÕES CONCRETAS PARA EFEITO DE DETERMINAÇÃO DA COMPETÊNCIA FUNCIONAL

É rica a problemática referente à competência funcional para o julgamento de ação rescisória.

Disponho-me a analisar agora seis das diversas situações concretas concebíveis sobre competência funcional para o julgamento de ação rescisória nos Tribunais do Trabalho. São as situações básicas e mais corriqueiras acerca das quais há razoável dúvida na determinação da competência funcional.

PRIMEIRA SITUAÇÃO

O autor propõe ação rescisória em Tribunal Regional do Trabalho para **pleitear a desconstituição de acórdão de mérito do próprio TRT** que, no entanto, não constitui a última decisão de mérito proferida na causa. O acórdão do TRT foi **substituído** por acórdão de mérito do TST, última decisão no processo.

Sob a regência do CPC/1973 e, portanto, para casos residuais de decisões transitadas em julgado então, a Súmula n. 192, item III, do TST, em situação substancialmente idêntica, consagrou o entendimento de que se o autor não pede a desconstituição da última decisão de mérito proferida na causa, inexorável a extinção do processo, sem julgamento de mérito, por impossibilidade jurídica do pedido (art. 267, VI, do CPC/1973). Sobrevindo outra decisão de mérito na causa, que legalmente **substitui** a anterior nela prolatada (CPC/1973, art. 512), esta é insuscetível de desconstituição, seja porque desapareceu do mundo jurídico, seja porque se ressente do atributo da coisa julgada material.

A solução em apreço, contudo, está ultrapassada.

Sob o império do CPC de 2015 – e, portanto, para as decisões transitadas em julgado a partir da sua vigência – incumbe ao relator ou ao próprio TRT, no caso, em primeiro lugar, reconhecer a incompetência do tribunal para julgar a ação rescisória porque a decisão rescindenda emana do TST.

É certo que a lei atribuiu competência funcional ao TRT para instruir e julgar ação rescisória de acórdão de mérito do próprio Tribunal Regional do Trabalho (CLT, art. 678, I) e o pedido, na espécie, como visto, é de desconstituição de acórdão do próprio TRT. Evidentemente, porém, de forma razoável, a lei somente pode ser interpretada no sentido de que se determina tal competência desde que a decisão rescindível, em tese, seja do próprio TRT e o pedido de rescisão recaia sobre essa decisão. Afinal, de que valeria admitir a competência funcional do TRT se, malgrado o pedido, não é do TRT, segundo a lei, a decisão rescindível, em tese?

Forçoso convir, no entanto, que igualmente seria impróprio, no caso, apenas declinar da competência, em favor do Tribunal Superior do Trabalho. Falece a este competência para julgar ação rescisória cujo objeto, como aqui, é a desconstituição de acórdão de outro tribunal. Não obstante a última decisão de mérito, a decisão rescindível, seja do TST, este acha-se adstrito ao pedido, tal como deduzido em juízo, o que constitui para ele, TST, igualmente, óbice intransponível ao julgamento da ação rescisória, nos termos em que foi proposta.

A adequada e inafastável solução que se impõe para esse impasse está no art. 968, § 5º, do CPC de 2015: incumbe ao relator ou ao próprio TRT, no caso, em segundo lugar, após reconhecer a incompetência do tribunal, ordenar a intimação do autor para emendar a petição inicial, a fim de adequar o objeto da ação rescisória, tomando em conta que o acórdão do TRT indicado para rescisão foi substituído por decisão posterior do TST.

SEGUNDA SITUAÇÃO

O autor propõe ação rescisória no **TST** para impugnar decisão **do TST** que **não** conhece de recurso de revista e não ostenta natureza de decisão sobre o mérito da causa (item II da Súmula n. 192 do TST). Suponha-se que o não conhecimento deveu-se a algum equívoco na declaração de intempestividade do recurso. De quem é a competência para a ação rescisória?

Está claro que, no caso, o acórdão apontado como rescindendo, em tese, é rescindível, conquanto

---

(30) "Art. 968, § 5º. Reconhecida a incompetência do tribunal para julgar a ação rescisória, o autor será intimado para emendar a petição inicial, a fim de adequar o objeto da ação rescisória, quando a decisão apontada como rescindenda: I – não tiver apreciado o mérito e não se enquadrar na situação prevista no § 2º do art. 966; II – tiver sido substituída por decisão posterior.'

não seja de mérito, a teor do que reza o art. 966, § 2º, II, do CPC de 2015.

Ao tempo do CPC/1973, em que o cabimento da ação rescisória cingia-se à "sentença de mérito", a Súmula n. 192, item I do TST, recentemente reafirmada, assentou o seguinte, a propósito:

> Se não houver o conhecimento de recurso de revista ou de embargos, a competência para julgar a ação que vise a rescindir **a decisão de mérito** é do Tribunal Regional do Trabalho.

Como se percebe, a referida Súmula n. 192, item I, do TST, reconhece a competência do **TRT** para a ação rescisória em caso em que a decisão de mérito rescindenda é do próprio TRT.

O caso sob análise, todavia, embora assemelhado, é bem distinto. Se a postulação é de desconstituição do próprio acórdão do TST de não conhecimento do recurso de revista ou de embargos, não incide a Súmula n. 192, item I, do TST. Cumpre seguir a regra geral segundo a qual se inscreve na competência funcional do Tribunal Superior do Trabalho o julgamento das ações rescisórias propostas contra acórdãos de Turma ou de qualquer outro órgão fracionário do próprio TST (art. 3º, I, *a*, da Lei n. 7.701/1988).

Entendo, em suma, que a decisão rescindenda, ainda que **não** seja de mérito, determina a competência funcional dos Tribunais do Trabalho para o julgamento de ação rescisória.

Uma variante é o caso em que o autor propõe ação rescisória **em TRT** e formula pedido de rescisão de acórdão **do TST** que não conhece de recurso **sem** adotar tese sobre o mérito da causa.

Parece-me inquestionável, na espécie, a incompetência funcional do TRT para julgar a ação rescisória. A causa é da competência do Tribunal Superior do Trabalho porquanto se postula a desconstituição de acórdão do próprio TST (art. 3º, I, *a*, da Lei n. 7.701/1988).

De sorte que, nessa última situação aventada, não resta ao **TRT** senão declinar da competência em favor do TST e ordenar a remessa dos autos a este (CLT, art. 795, §§ 1º e 2º; CPC, art. 64, § 1º).

O **TRT**, todavia, somente poderá declinar da competência após manifestação da parte contrária, se alegada a incompetência em preliminar de contestação (CPC, art. 64, § 2º).

Questão conexa interessante suscita a norma do art. 968, § 5º, do CPC de 2015 sobre a necessidade, ou não, no caso, após declarar-se a incompetência do TRT, de ordenar-se a intimação do autor para emendar a petição inicial, a fim de adequar o objeto da ação rescisória.

Entendo que não se faz necessária tal diligência.

Reza a lei que essa providência haverá de ser tomada, após "reconhecida a incompetência do tribunal para julgar a ação rescisória", se "a decisão apontada como rescindenda: I – **não tiver apreciado o mérito e não se enquadrar na situação prevista no § 2º do art. 966**; II – tiver sido substituída por decisão posterior".

No caso, como se percebe, o acórdão do TST, apontado como rescindendo, embora não haja apreciado o mérito, amolda-se perfeitamente à situação prevista no § 2º do art. 966 do CPC.

Não se trata, portanto, de qualquer das hipóteses em que o preceito em comento determina a concessão de prazo para emenda da petição inicial.

De resto, absolutamente desnecessária tal emenda porque se pleiteia a desconstituição de acórdão, em tese, rescindível, com a única impropriedade de direcionar-se a ação rescisória para tribunal incompetente.

TERCEIRA SITUAÇÃO

Outra hipótese interessante para a fixação da competência é bastante similar à que vem de ser exposta.

O autor propõe ação rescisória **no TST** para impugnar decisão **do TST** que **também não** conhece de Recurso de Revista, mas **soluciona o mérito da causa**.

Conforme já ressaltado (*vide supra*, item 3.1.5), em face da técnica de julgamento dos recursos de natureza extraordinária observada nos Tribunais Superiores, muitas vezes **é de mérito** o acórdão que não conhece do recurso.

> A Súmula n. 192, item II, do TST enumera esses casos: "II – Acórdão rescindendo do Tribunal Superior do Trabalho que não conhece de recurso de embargos ou de revista, analisando arguição de violação de dispositivo de lei material ou decidindo em consonância com súmula de direito material ou com iterativa, notória e atual jurisprudência de direito material da Seção de Dissídios Individuais (Súmula n. 333), examina o mérito da causa, cabendo ação rescisória da competência do Tribunal Superior do Trabalho. (ex-Súmula n. 192 – alterada pela Res. 121/2003, DJ 21.11.2003)"

É que, no caso, em que pese não conheça do recurso de natureza extraordinária, a Turma do TST **substitui o acórdão do Tribunal Regional do Trabalho, ao julgar o recurso de revista**, na medida em que chancela solução para o mérito da causa, ao emitir tese jurídica de direito material. Da mesma forma, se a SBDI-1 do TST empalma idêntica solução ao julgar o recurso de embargos.

Por conseguinte, na hipótese figurada, está afeta à competência funcional do Tribunal Superior do

Trabalho (art. 3º, I, *a*, da Lei n. 7.701/1988) instruir e julgar ação rescisória para rescindir acórdão de mérito da própria Corte.

QUARTA SITUAÇÃO

Suponha-se que o autor propõe ação rescisória em TRT, mas formule pedido de rescisão de acórdão de mérito do TST.

Um dos exemplos é a terceira situação antes referida: o TST não conhece de recurso de revista, mas adota tese sobre o mérito da causa. Não obstante, o autor, inadvertidamente, ingressa com a ação no Tribunal Regional do Trabalho, não no TST, como se impunha.

Aqui, de forma correta, muitas vezes já na petição inicial da ação rescisória a parte aponta como rescindendo o acórdão do **TST**, que, por exemplo, apesar de **não** conhecer do recurso de revista, erige tese sobre a não vulneração dos preceitos legais indicados como violados. Opta o autor, contudo, por ajuizar a ação rescisória perante o Tribunal Regional do Trabalho, embora, insisto, para desconstituir decisão de mérito do TST.

O caso é de incompetência absoluta do Tribunal Regional do Trabalho, que pode e deve ser pronunciada de ofício ou mediante provocação de qualquer das partes (CPC, art. 64, § 1º). A lei atribuiu competência funcional ao TRT para instruir e julgar ação rescisória de acórdão de mérito do próprio Tribunal Regional do Trabalho (CLT, art. 678, I), de que não se cuida.

Por outro lado, inscreve-se na competência funcional originária do Tribunal Superior do Trabalho instruir e julgar ação rescisória de seus próprios acórdãos (Lei n. 7.701/1988, art. 3º, I, *a*).

Cumpre ao **TRT** declinar da competência em favor do TST e ordenar a remessa dos autos a este (CLT, art. 795, §§ 1º e 2º; CPC, art. 64, § 1º).

Se alegada a incompetência em preliminar de contestação, todavia, somente poderá fazê-lo, em acatamento à exigência expressa de contraditório prévio, após concessão de prazo para manifestação da parte contrária (CPC, art. 64, § 2º).

QUINTA SITUAÇÃO

O autor propõe ação rescisória **no TST**, mas impugna e postula a desconstituição de acórdão de mérito transitado em julgado de TRT, não substituído por decisão de mérito ulterior.

Conforme se nota, cuida-se do caso diametralmente oposto ao da quarta situação examinada no tópico anterior.

Obviamente o TST carece de competência funcional para desconstituir acórdão de TRT, transitado em julgado como última decisão de mérito (Lei n. 7.701/1988, art. 3º, I, *a*).

O caso é de incompetência absoluta do TST, que pode e deve ser pronunciada de ofício, ou mediante provocação de qualquer das partes.

Cumpre ao Tribunal Superior do Trabalho declinar da competência em favor do Tribunal Regional do Trabalho e ordenar a remessa dos autos a este (CLT, art. 795, §§ 1º e 2º; CPC, art. 64, § 1º).

Se, todavia, alegada a incompetência em preliminar de contestação, o TST somente poderá declinar da competência, em acatamento à exigência expressa de contraditório prévio, após concessão de prazo para manifestação da parte contrária (CPC, art. 64, § 2º).

SEXTA SITUAÇÃO

Suponha-se que o autor proponha a ação rescisória no **TST**, mas postule a desconstituição de acórdão de mérito do **TRT**, a seu turno **substituído** por acórdão de mérito do TST, transitado em julgado. De quem é a competência funcional para a ação rescisória?

O critério que deve determinar a competência funcional para a ação rescisória é o que toma em conta o acórdão concretamente **apontado** na petição inicial como rescindendo e objeto de pedido de desconstituição?

Não é o que me parece.

Esse raciocínio conduz a resultado absolutamente insatisfatório, que conflita com o princípio da primazia da decisão de mérito adotado pelo CPC atual. Com efeito. A prevalecer, no caso, caberia ao TST declinar da competência em favor do TRT – o pleito é de rescisão de acórdão do TRT –, mas o TRT não poderia enfrentar o mérito porque o acórdão do TRT foi substituído por acórdão do TST... Por isso que, sob a regência do CPC/1973, a Súmula n. 192, item III, do TST, assentou a tese, hoje superada, da impossibilidade jurídica do pedido.

Daí que o critério mais adequado de fixação da competência funcional para a ação rescisória é o que toma em conta a decisão rescindível, em tese, segundo a lei, tal como se infere da petição inicial, conjugada com o respectivo pedido de desconstituição.

Assim, se da petição inicial extrai-se que a decisão rescindível, conforme a lei, é a proferida pelo TST, que substituiu o acórdão regional, e o pedido é de rescisão de tal decisão, fixa-se a competência no TST para a ação rescisória.

Sucede, no entanto, que, na situação figurada, embora ajuizada a ação rescisória no TST e presente acórdão de mérito do TST, que substituiu o acórdão regional, o pedido é de desconstituição do acórdão regional, para o que falece competência ao TST.

Dessa forma, em conclusão, a ação rescisória transcende à competência funcional quer do TST, quer do TRT.

A adequada e inafastável solução que se impõe para esse impasse está no art. 968, § 5º, II, do CPC de 2015: incumbe ao relator ou ao próprio TST, no caso, após reconhecer a incompetência do tribunal, ordenar a intimação do autor para emendar a petição inicial, a fim de adequar o objeto da ação rescisória, em virtude de o acórdão do TRT indicado para rescisão haver sido substituído por decisão de mérito posterior do TST.

Se o acórdão de mérito do TRT foi **substituído** por acórdão de mérito do TST, naturalmente a ação rescisória deve ser dirigida contra a decisão de mérito de grau superior, na exata medida em que substituiu a anterior. Ou seja: o vício ou fundamento de rescindibilidade alegado na petição inicial da ação rescisória tem de referir-se necessariamente à decisão **substitutiva**, **não** à substituída.

Para tanto, essencial a retificação da petição inicial, a fim de adequar o objeto da ação rescisória.

Princípio da Primazia da Decisão de Mérito no Processo do Trabalho em Primeiro Grau de Jurisdição

O CPC de 2015 consagra o **princípio da primazia da decisão de mérito** em diversos preceitos, todos aplicáveis ao processo do trabalho dada a plena compatibilidade (CLT, art. 769). De conformidade com esse princípio, o órgão judicante deve **priorizar** a solução de mérito, isto é, tomá-la como foco primordial do exercício da função jurisdicional.

Em outras palavras, o CPC atribui ao juiz o dever de solucionar o mérito, "somente não o fazendo se houver um obstáculo intransponível", como anota Fredie Didier Jr.[1]

O CPC de 2015 realça esse princípio quer o processo esteja em primeiro grau de jurisdição, quer esteja em tribunal, em grau recursal.

Se o processo estiver ainda na primeira instância, em numerosos preceitos o CPC evidencia o escopo de privilegiar, tanto quanto possível, a composição da lide.

Já no art. 4º o CPC declara que as partes têm direito de obter "a solução integral do mérito". Logo, se há pedido sucessivo, o juiz tem o dever de julgá-lo se rejeita o principal, sob pena de denegação de justiça.

No § 2º do art. 282 está um dos preceitos que mais evidenciam o princípio da primazia da decisão de mérito:

> Quando puder decidir o mérito a favor da parte a quem aproveite a decretação da nulidade, o juiz não a pronunciará nem mandará repetir o ato ou suprir-lhe a falta.

Norma importantíssima, que corresponde ao antigo art. 249, § 2º, do CPC/1973, muito utilizada em grau recursal também. Ela manda o juiz **ignorar** virtual nulidade se a decisão de mérito favorece a parte que se beneficiaria do eventual reconhecimento da nulidade. No processo do trabalho, já palmilham nessa senda o art. 794 da CLT e a Súmula n. 427 do TST.[2]

O art. 317 do CPC, por sua vez, é igualmente um dos preceitos que mais evidenciam o princípio. Reza que "antes de proferir decisão sem resolução de mérito, o juiz deverá conceder à parte oportunidade para, **se possível**, corrigir o vício".

Os arts. 352 e 488 do CPC contêm normas semelhantes:

> Art. 352. Verificando a existência de **irregularidades ou de vícios sanáveis**, o juiz determinará sua correção em prazo nunca superior a 30 (trinta) dias.
>
> Art. 488. **Desde que possível**, o juiz resolverá o **mérito** sempre que a decisão **for favorável** à parte a quem aproveitaria eventual pronunciamento nos termos do art. 485 (casos de extinção sem resolução de mérito).

"Desde que possível", a meu juízo, significa **desde que não haja obstáculos insuperáveis**, entendendo-se por tais, quase sempre, os casos de ausência de pressuposto processual ou de condição da ação.

Vale dizer: em caso de ausência de pressuposto processual e condição da ação, em regra o juiz não pode julgar o mérito no tocante ao pedido do reclamante.

O caso comporta **duas variantes**.

1ª) Se ausente pressuposto processual e o vício **não seja passível de correção**, por sua natureza, cabe ao juiz extinguir o processo, sem resolução de mérito, na forma do art. 485 do CPC; por exemplo: a incompetência

---

[1] *Curso de Direito Processual Civil*. 18. ed. p. 137.

[2] Súmula n. 427 do TST: **INTIMAÇÃO. PLURALIDADE DE ADVOGADOS. PUBLICAÇÃO EM NOME DE ADVOGADO DIVERSO DAQUELE EXPRESSAMENTE INDICADO. NULIDADE** (editada em decorrência do julgamento do processo TST-IUJE recurso de revista 5400-31.2004.5.09.0017) – Res. 174/2011, DEJT divulgado em 27, 30 e 31.05.2011 Havendo pedido expresso de que as intimações e publicações sejam realizadas exclusivamente em nome de determinado advogado, a comunicação em nome de outro profissional constituído nos autos é nula, **salvo se constatada a inexistência de prejuízo**.

absoluta e o impedimento do juiz são vícios que geram obstáculos insuperáveis para o julgamento do mérito.

2ª) Se ausente **pressuposto processual, mas** o vício é **passível de correção**, cabe ao juiz conceder um prazo à parte para que seja sanado o vício. **Somente se** não sanado impõe-se ao juiz extinguir o processo, **sem** resolução de mérito.

Entretanto, mesmo que não se trate da ausência de pressuposto processual e condição da ação, o juiz deve resolver o mérito sempre que puder proferir decisão favorável à parte a quem aproveitaria eventual decisão de extinção do processo sem resolução de mérito nos termos do art. 485.

Exemplo: petição inicial que padece de **irregularidade** ou defeito **não substancial** (p. ex., não indica o domicílio e residência do reclamante; concedido prazo, o reclamante não emenda; entre extinguir o processo **sem** resolução de mérito e **com** resolução de mérito, o CPC prefere que o juiz "resolva o mérito" se, no caso, for possível julgar **improcedente** o pedido, decisão favorável à reclamada, parte a quem aproveitaria a declaração de extinção sem resolução de mérito.

Outra norma de evidente estímulo à solução de mérito e que consagra o princípio é o art. 485, § 7º, ao facultar a emissão de juízo de retratação na pendência de recurso ordinário contra sentença terminativa:

> § 7º Interposta a apelação em qualquer dos casos de que tratam os incisos deste artigo, o juiz terá 5 (cinco) dias para retratar-se.

O art. 3º da IN n. 39/2016 do TST considera aplicável ao processo do trabalho esse preceito.

O CPC de 2015, a exemplo do anterior, enumera no art. 485 os casos de extinção do processo sem resolução de mérito. Pela sistemática do CPC de 1973 (art. 463), publicada a sentença, de mérito ou não, o juiz somente poderia alterá-la em casos de embargos de declaração ou para corrigir-lhe inexatidões materiais.

O CPC atual supera esse exacerbado formalismo, em boa hora, inspirado nos princípios da economia e da duração razoável do processo.

Significa que, interposto recurso ordinário contra sentença que extingue o processo **sem** resolução de mérito (art. 485, *caput*), o juiz do trabalho poderá retratar-se e, pois, eventualmente examinar o mérito, se reputá-la equivocada.

Nessa mesma linha de priorizar o julgamento do mérito, há outras normas análogas do CPC de 2015, plenamente aplicáveis ao processo do trabalho: arts. 338, 351, 76 e parágrafos. Todos dispositivos que visam a privilegiar o exame do mérito da causa, evitando a extinção, sem resolução de mérito, por questões puramente formais.

> Art. 338. Alegando o réu, na contestação, ser **parte ilegítima** ou não ser o responsável pelo prejuízo invocado, o juiz facultará ao autor, em 15 (quinze) dias, a alteração da petição inicial para substituição do réu.

O supracitado art. 338 igualmente representa um notável avanço em cotejo com o CPC/1973, cujo art. 264 cultivava excessiva estabilidade subjetiva da relação processual, ao ponto de praticamente engessar os polos ativo e passivo do processo após a citação. O CPC de 2015, ao contrário, em franco e louvável estímulo à solução de mérito, permite que o autor promova a sucessão (impropriamente denominada "substituição") do demandado por outro.

> Art. 351. Se o réu **alegar** qualquer das matérias enumeradas no **art. 337**, o juiz determinará a oitiva do autor **no prazo de quinze dias**, permitindo-lhe a produção de prova.

O referido art. 351 reporta-se ao art. 337 que, a seu turno, concerne às preliminares que incumbe ao reclamado alegar em contestação ou defesa **antes** de discutir o mérito: litispendência, coisa julgada, inépcia, incompetência absoluta e relativa, ilegitimidade, irregularidade de representação etc.

Alegada em defesa, pois, qualquer dessas preliminares, pelo reclamado, incumbe ao juiz do trabalho, em vez de extinguir de pronto o processo, sem resolução de mérito, como se dava no sistema do CPC anterior, conceder oportunidade ao reclamante para refutar a alegação e produzir prova nesse sentido. Eventualmente pode não ser o caso de extinção do processo, sem resolução de mérito.

A seu turno, preceitua o **art. 76**:

> Art. 76. Verificada a incapacidade processual ou a irregularidade da representação da parte, o juiz suspenderá o processo e designará prazo razoável para que seja sanado o vício.
>
> § 1º Descumprida a determinação, caso o processo esteja na instância originária:
>
> I – o processo será extinto, se a providência couber ao autor;
>
> II – o réu será considerado revel, se a providência lhe couber;
>
> III – o terceiro será considerado revel ou excluído do processo, dependendo do polo em que se encontre.
>
> § 2º Descumprida a determinação em fase recursal perante tribunal de justiça, tribunal regional federal ou tribunal superior, o relator:

I – não conhecerá do recurso, se a providência couber ao recorrente;

II – determinará o desentranhamento das contrarrazões, se a providência couber ao recorrido."

A norma, como se vê, disciplina os casos em que o juiz constatar, **de ofício**, que o processo ressente-se de específicos pressupostos processuais: regularidade de representação e capacidade processual. Por exemplo: identifica uma irregularidade de representação da pessoa jurídica reclamada, em virtude de não se identificar o nome do outorgante ou do signatário de procuração em nome da pessoa jurídica.

Em casos que tais, conforme o art. 4º, § 2º, da IN n. 39/1976, do TST: o juiz do trabalho não poderá declarar **de ofício** a ausência desse específico pressuposto processual (regularidade de representação em juízo) antes de conceder oportunidade à parte para que sane o vício. É mais um esforço empreendido pelo legislador na busca incansável de obter a solução da lide. A Súmula n. 456 do TST vem de ser revisada exatamente nesse sentido.[3]

---

(3) SÚMULA N. 456. REPRESENTAÇÃO. PESSOA JURÍDICA. PROCURAÇÃO. INVALIDADE. IDENTIFICAÇÃO DO OUTORGANTE E DE SEU REPRESENTANTE. (inseridos os itens II e III em decorrência do CPC de 2015) – Res. 211/2016, DEJT divulgado em 24, 25 e 26.08.2016 – É inválido o instrumento de mandato firmado em nome de pessoa jurídica que não contenha, pelo menos, o nome do outorgante e do signatário da procuração, pois estes dados constituem elementos que os individualizam. II – Verificada a irregularidade de representação da parte na instância originária, o juiz designará prazo de 5 (cinco) dias para que seja sanado o vício. Descumprida a determinação, extinguirá o processo, sem resolução de mérito, se a providência couber ao reclamante, ou considerará revel o reclamado, se a providência lhe couber (art. 76, § 1º, do CPC de 2015).III – Caso a irregularidade de representação da parte seja constatada em fase recursal, o relator designará prazo de 5 (cinco) dias para que seja sanado o vício. Descumprida a determinação, o relator não conhecerá do recurso, se a providência couber ao recorrente, ou determinará o desentranhamento das contrarrazões, se a providência couber ao recorrido (art. 76, § 2º, do CPC de 2015).

Reflexões sobre Direito Intertemporal em Face do CPC de 2015

1. NOÇÕES SOBRE A APLICAÇÃO DA LEI PROCESSUAL NO TEMPO

Após alguma controvérsia inicial, firmou-se o entendimento de que o CPC de 2015 passou a vigorar a partir de 18 de março de 2016.

Como sói acontecer, a lei nova suscita alguns aspectos de direito intertemporal relevantes também para o processo do trabalho, em que é aplicada amplamente.

Em linha de princípio, pode-se afirmar que, uma vez em vigor, a lei processual tem **efeito imediato e geral**, respeitados o ato jurídico perfeito, o direito adquirido e a coisa julgada (Lei de Introdução às Normas do Direito Brasileiro, art. 6º). A própria Constituição Federal assegura a **estabilidade** das situações jurídicas **consumadas** sob o império da lei velha (art. 5º, XXXVI).

Tal afirmativa, contudo, é pouco esclarecedora. É necessário aprofundar o exame do tema.

Como se sabe, o conflito de leis processuais no tempo busca dar resposta à seguinte questão: dada a sucessão de leis processuais no tempo, incidindo sobre situações (conceitualmente) idênticas, trata-se de fixar qual das leis – se a velha ou a nova – deve regular um determinado **processo**, uma **fase** do processo, **ou** os atos processuais restantes do processo.

2. TEORIA DO ISOLAMENTO DOS ATOS PROCESSUAIS

Relativamente aos **processos em curso**, a solução para o conflito de leis processuais no tempo que desfruta de maior prestígio na doutrina e na lei é a que adota **a teoria do isolamento dos atos processuais**. Segundo essa teoria, a lei nova não atinge os atos processuais já praticados, nem os efeitos dos atos processuais já praticados, mas se aplica aos atos processuais a praticar.

De conformidade com essa teoria, os atos processuais, embora **autônomos**, podem ser isolados para efeito de aplicação da lei processual nova. Aplica-se a lei nova, portanto, aos atos processuais **ainda não realizados**, respeitados os que se aperfeiçoaram ou que se consolidaram sob a vigência da lei anterior, bem como **os efeitos desses atos**, que continuam regidos pela lei velha.

A teoria do **isolamento dos atos processuais** foi expressamente consagrada pelos arts. 1.046 e 14 do Código do Processo Civil de 2015.

O art. 14 do CPC de 2015 cria, na Parte Geral, uma inequívoca regra geral de direito intertemporal processual civil nos seguintes termos:

> Art. 14. A norma processual **não retroagirá** e **será aplicável imediatamente aos processos em curso**, **respeitados** os atos processuais praticados e as situações jurídicas consolidadas sob a vigência da norma revogada.

Por sua vez, o art. 1.046 do CPC de 2015 cria disposição de direito transitório para a aplicação do próprio CPC ao preceituar:

> Art. 1.046. Ao entrar em vigor este Código, suas disposições se aplicarão **desde logo aos processos pendentes**, ficando revogada a Lei n. 5.869, de 11.01.1973.

Da conjugação desses dois preceitos do CPC de 2015 extrai-se exatamente a conclusão, já exposta, da **teoria do isolamento dos atos processuais**: uma vez vigente, a lei processual em geral tem aplicação imediata aos processos em curso relativamente aos atos processuais **ainda não realizados** e desde que não afete o direito adquirido processual de qualquer das partes.

Como se vê, portanto, o art. 1.046, *caput,* consagra a eficácia imediata do CPC de 2015 em relação aos processos pendentes e, com isso, o princípio expresso no brocardo latino *tempus regit actum*. Eficácia imediata significa aplicação **desde logo** das novas normas processuais para regular atos **futuros** do procedimento, inclusive dos processos em curso.

Daí derivam dois efeitos básicos:

a) os atos processuais **realizados** sob a égide da lei velha consideram-se válidos e intangíveis pela lei nova;

b) as novas normas processuais têm **aplicação imediata**, regulando o desenrolar **restante** do processo, ou seja, os atos processuais ainda não praticados, ressalvado o eventual direito adquirido processual da parte de praticar o ato sob a regência da lei velha, a exemplo do que se dá com o recurso.

Isso não significa efeito retroativo. Retroatividade é aplicação da lei nova **no passado**. Haveria se a lei nova anulasse os atos anteriores (já praticados), o que não ocorre. Ao afirmar-se que a lei processual **nova** tem **efeito imediato**, sustenta-se que ela tem **aplicação no presente**. Vale dizer: somente se aplica aos atos processuais **que se praticarem** após a sua entrada em vigor e, ainda assim, desde que não haja direito adquirido processual da parte de, na vigência da lei nova, praticar o ato regido pela lei velha (recurso).

Em linha de princípio, porém, os que ficaram para trás permanecem **inatingíveis pela lei nova**, porquanto estavam regulados pela lei velha revogada.

A rigor, como se nota, no que respeita à eficácia temporal, a lei processual em nada difere de qualquer outra norma legal. Atua sempre para o futuro.

Por conseguinte:

1º) a lei processual **nova** regula os atos ainda **não praticados**, exceto se houver direito adquirido processual de praticar o ato ainda sob o império da lei velha (recurso, p. ex.)

2º) ao contrário, há que respeitar os atos que **já tiverem sido praticados** segundo a disciplina da lei velha.

Por quê? Porque os atos processuais já praticados sob a égide da lei antiga caracterizam-se como **atos jurídicos processuais perfeitos** e, como tais, estão protegidos pela garantia do art. 5º, XXXVI, da Constituição Federal e, assim, não podem ser atingidos pela lei nova.

3. ATOS PROCESSUAIS JÁ PRATICADOS QUE PRODUZEM EFEITOS SOB A VIGÊNCIA DA LEI NOVA

Sucede, todavia, que é inarredável reconhecer que existem atos processuais que, conquanto praticados sob o império de lei pretérita, **produzem efeitos** sob a vigência da lei nova.

A propósito, a doutrina reconhece **direito adquirido aos efeitos do ato processual** praticado sob o domínio da lei velha.

Nesse caso, em respeito à ultra-atividade do ato jurídico perfeito e em acatamento ao direito adquirido aos efeitos do ato processual, a lei nova de cunho processual deve respeitar **não só** os atos processuais **aperfeiçoados** sob a vigência da lei antiga.

Deve respeitar **igualmente os efeitos desses atos** a serem produzidos a partir da entrada em vigor do novo diploma legal.

Vale dizer, a aplicação imediata da lei nova incide apenas sobre atos **realizados após** a sua entrada em vigor, resguardando-se quer os efeitos já produzidos, quer os efeitos **atuais** dos atos pretéritos (ainda não produzidos sob a vigência da lei anterior).

Enfim, **permanecem** todos os **efeitos** que a lei velha atribuía a um ato praticado sob seu domínio, apesar de revogada.

Assim, por exemplo, se a lei nova declara que terá **efeito suspensivo** o recurso e a lei antiga revogada **declarava** o contrário (efeito meramente devolutivo), prevalece a lei antiga quanto aos recursos interpostos sob a vigência da lei antiga.

Outro exemplo, corriqueiro na Justiça do Trabalho, é o da **multa** por embargos de declaração protelatórios interpostos **antes** do CPC de 2015.

Recordemos que o art. 538, parágrafo único, do CPC de 1973 cominava ao embargante o pagamento de **multa** de **um por cento** sobre o valor da causa no caso de embargos de declaração protelatórios. O art. 1.026, § 2º, do CPC de 2015 recrudesceu a sanção: prevê multa de **até dois por cento** sobre o valor **atualizado** da causa, em caso de embargos de declaração protelatórios.

Ora, se a parte interpôs EDs **antes** de 18.03.2016 – e, portanto, praticou esse ato processual sob o domínio do CPC de 1973 – tem direito processual adquirido a que o virtual **efeito** desse ato (multa!) submeta-se à regência da lei velha. Entendo que nesse caso a parte sujeita-se à multa de até **um por cento** do CPC anterior. A nova multa somente se aplica em relação aos EDs protelatórios interpostos a partir da vigência do CPC de 2015.

4. RECURSO E DIREITO INTERTEMPORAL

No tocante ao recurso, a regra geral de direito intertemporal mais prestigiosa, em doutrina e jurisprudência, é a de que **rege** a admissibilidade do recurso a lei vigente ao tempo em que a **decisão for publicada** e, pois, quando se deu a intimação da parte. Nesse sentido é a Súmula n. 26 do TRF da 1ª Região: "a lei regente do recurso é a em vigor na data da publicação da sentença ou decisão."

De modo que a **recorribilidade, ou irrecorribilidade** de uma sentença ou decisão aquilata-se da lei vigente ao tempo em que se deu a publicação da sentença ou decisão.

O art. 915 da CLT, a *contrario sensu*, essencialmente vai nessa linha, ao dispor:

> Art. 915. **Não serão prejudicados os recursos** interpostos com apoio em dispositivos alterados ou cujo prazo para interposição esteja em curso à data da vigência desta Consolidação.

Ora, **se** não foram afetados pela CLT os recursos interpostos com base em lei anterior à vigência da CLT, isso significa que a CLT quis realçar que os pressupostos de admissibilidade do recurso **são regidos pela lei antiga** – seja da data da **publicação da decisão**, ou da data da interposição do recurso.

Vale dizer: a nossa vetusta CLT já revelava preocupação com a existência de **direito adquirido processual vinculado ao recurso**.

Sabemos, de fato, que são concebíveis vários direitos adquiridos processuais: por exemplo, vinculados à defesa, vinculados à prova, vinculados **ao recurso** etc.

Em matéria de **recurso**, em particular, penso que é inerente aos recursos a vinculação ao direito adquirido processual da parte: ou seja, publicada a sentença ou decisão, a parte tem direito a interpor o recurso cabível segundo a lei então vigente, observados o respectivo procedimento, prazo e demais pressupostos de admissibilidade da lei vigente quando da publicação da decisão.

Em uma palavra: a lei do recurso é a lei do dia em que se tornou recorrível a decisão.

Eventual lei superveniente não pode atingir esse direito, sob pena de provocar igualmente séria afronta à **segurança jurídica**. Não devemos esquecer que o recurso, estreitamente associado ao direito adquirido processual da parte, também não pode ser dissociado da ideia de segurança jurídica. As partes carecem obviamente de segurança sobre os recursos e seus pressupostos de admissibilidade.

De sorte que se a decisão foi publicada sob a égide da lei velha, a admissibilidade desse recurso rege-se inteiramente pela lei velha, ainda que interposto quando já vigente a lei nova.

Nesse sentido os Enunciados Administrativos ns. 2 e 3 do Superior Tribunal de Justiça.[1]

Entretanto, assim como assiste a uma das partes (recorrente), em nome do direito processual adquirido e da segurança jurídica, interpor recurso segundo as regras legais existentes ao tempo da publicação da decisão, correlatamente pode emergir para a **parte adversa** o direito adquirido processual de o recurso **não** ser conhecido se porventura não atender a qualquer dos pressupostos de admissibilidade previstos sob a égide da lei velha.

Nessa perspectiva, a meu juízo, as normas legais do CPC de 2015 que combatem a jurisprudência defensiva em matéria de recurso (p. ex., arts. 932, parágrafo único, e 938, § 1º), **não se aplicam** aos recursos interpostos de decisões publicadas anteriormente à vigência do CPC de 2015, sob pena de afronta ao direito adquirido processual da parte no sentido de que o recurso do antagonista **não seja conhecido**.

Diga-se o mesmo sobre o preceito congênere do art. 896, § 11, da CLT[2], introduzido pela Lei n. 13.015, publicada no DOU de 22.07.2014 e vigente após decorridos sessenta dias. Relativamente aos recursos interpostos de acórdãos publicados **antes** da vigência desse diploma legal **não** pode o Tribunal Superior do Trabalho exercer a opção prevista no § 11 do art. 896 da CLT porquanto, desatendido pressuposto de admissibilidade sob o prisma da lei velha, aflora direito adquirido processual do recorrido no sentido de que o recurso não seja conhecido.

A lei nova **não poderá retroagir para apanhar essas situações jurídicas consolidadas de não conhecimento do recurso**, segundo a regência da lei velha. O fundamento jurídico para tanto reside no art. 5º, XXXVI, da CF/1988, aliado ao art. 14 do CPC de 2015.

A meu juízo, especificamente as normas legais do CPC de 2015 que combatem a jurisprudência defensiva em matéria de recurso aplicam-se tão somente aos recursos interpostos de **decisões publicadas a partir de 18.03.2016**, ou em que a intimação haja ocorrido a partir de então.

5. DIREITO INTERTEMPORAL, INCIDENTE DE RESOLUÇÃO DE DEMANDAS REPETITIVAS, INCIDENTE DE RECURSO DE REVISTA REPETITIVO E INCIDENTE DE ASSUNÇÃO DE COMPETÊNCIA

Não parece haver dúvida de que as novas normas do CPC de 2015 que disciplinam esses novos institutos

---

(1) STJ. ENUNCIADO ADMINISTRATIVO N. 2.

Aos recursos interpostos com fundamento no CPC/1973 (relativos a decisões publicadas até 17 de março de 2016) devem ser exigidos os requisitos de admissibilidade na forma nele prevista, com as interpretações dadas, até então, pela jurisprudência do Superior Tribunal de Justiça".

STJ. ENUNCIADO ADMINISTRATIVO N. 3.

Aos recursos interpostos com fundamento no CPC/2015 (relativos a decisões publicadas a partir de 18 de março de 2016) serão exigidos os requisitos de admissibilidade recursal na forma do novo CPC"

(2) "Art. 896. (...) § 11. Quando o recurso tempestivo contiver defeito formal que não se repute grave, o Tribunal Superior do Trabalho poderá desconsiderar o vício ou mandar saná-lo, julgando o mérito."

– aplicáveis ao processo do trabalho –, **aplicam-se aos processos e recursos pendentes**, mesmo que ajuizados ou interpostos anteriormente à vigência do CPC de 2015.

Não diviso direito adquirido processual de qualquer parte, pessoa física ou jurídica, no sentido de conduzir ao **julgamento isolado** de uma dada questão de direito. Trata-se de institutos concebidos para atender ao interesse público de que haja maior racionalidade na gestão e no julgamento de causas de massa. Assim, não há direito da parte a evitar o julgamento concentrado do processo.

Apêndice

Apéndice

1) O Conceito de Justiça

1. INTRODUÇÃO

Quando Jesus de Nazaré foi conduzido a Pôncio Pilatos, o procurador romano perguntou zombando: "Que é a Verdade?" Jesus não deu resposta a essa alta indagação, que, de resto, ainda hoje se discute.

Mas há outra questão de maior relevância e que, na lição de Kelsen, é "a eterna pergunta da humanidade": "Que é a Justiça?" Os filósofos debatem-no desde que os gregos do séc. V a.C. principiaram a investigar a natureza do controle social e a buscar o princípio que o embasasse. Como diz Hans Kelsen, talvez o maior filósofo moderno:

> Nenhuma outra questão tem sido debatida tão apaixonadamente, nenhuma outra questão tem feito derramar tanto sangue e tantas lágrimas, nenhuma outra questão tem sido objeto de tanta reflexão para os pensadores mais ilustres, de Platão a Kant, e, não obstante, a pergunta segue sem resposta.[1]

Realmente, o que é a Justiça permanece tema de acalorada disputa na Filosofia, na Ética e na Jurisprudência. Conforme acentuou o professor Luño Peña, "A Justiça – como estrela polar da ordem jurídica e social – nos mostra seus raios para orientar a bússola da consciência humana, sem nos permitir contemplá-la plenamente na integridade do seu magnífico esplendor".[2] Em virtude da inexatidão dos nossos pontos de vista – sempre a vista de um ponto – a concepção de justiça se nos apresenta sob múltiplos aspectos, o que concorre para tornar confusa a sua noção.

2. ETIMOLOGIA DO VOCÁBULO "JUSTIÇA"

A palavra "Justiça" não suscita polêmica apenas quanto ao seu significado. A sua própria etimologia é controvertida. Para uns, as palavras "jus", "justum" e "justiça" seriam derivadas do radical "ju" (Yu), do idioma sânscrito, antiga língua clássica da Índia, com a acepção de ligar, unir, originando em latim a "jungere" (junjir) a "jugum" (jugo, submissão, opressão, autoridade). Mais recentemente, todavia, como ensina Del Vecchio, obteve maior prestígio entre os filólogos a opinião segundo a qual "jus" estaria relacionado com a palavra "yóh", também sânscrita, que se encontra no livro dos Vedas (livro sagrado dos hindus que, como se sabe, corresponde à Bíblia para os cristãos e ao Corão para os muçulmanos), como significado de caráter religioso: salvação, defesa contra o mal, purificação, "sempre com referência ao querer divino."[3]

3. AS DIVERSAS NOÇÕES DO VOCÁBULO "JUSTIÇA". CONCEITOS SUBJETIVO E OBJETIVO

Em sentido amplo, preleciona Del Vecchio em sua clássica monografia sobre o tema, Justiça indica uma conformidade, uma congruência, uma proporção entre qualquer classe de objetos. Nesta acepção genérica e um tanto vaga costuma qualificar-se de justa, por exemplo, não só uma lei ou uma sentença, mas também uma previsão, uma observação crítica, uma operação lógica ou aritmética "desde que sejam imunes de erro e correspondam ao fim em vista". Entretanto, essa noção do justo carece do elemento específico que lhe confere verdadeiro caráter filosófico. Observando-se bem, frisa Del Vecchio, "não é qualquer congruência ou correspondência que torna propriamente verdadeira a idéia de Justiça, mas tão- somente aquela que se verifica ou é susceptível de se verificar **nas relações entre mais de uma pessoa**".[4] Justiça em sentido próprio, portanto, não é proporção entre objetos, mas,

---

(1) KELSEN, Hans. ¿Qué es justicia? Barcelona: Ed. Ariel, 1982. p. 34.
(2) PEÑA, Luño. A justiça social. Revista Universidad, Zaragoza, p. 805, 1933. Citado por CASTÁN TOBEÑAS, José. La idea de justicia. Madrid: Ed. Reus, 1968. p. 10.
(3) DEL VECCHIO, Giorgio. A justiça. São Paulo: Ed. Saraiva, 1960. p. 3.
(4) DEL VECCHIO, Giorgio. Op. cit., p. 1-2.

segundo a expressão de Dante Alighieri, "uma proporção real e pessoal de homem para homem (...)".[5] A Justiça, assim, tem uma **característica de alteridade**, como se verá adiante.

De outro lado, fala-se da Justiça em **sentido subjetivo** e da **Justiça em sentido objetivo**.

Em **sentido subjetivo** encara-se a Justiça como sentimento, ou, no magistério de Castán Tobeñas, como "espécie de intuição que, sem outros dados que os da consciência espontânea, distingue entre o que é reto e o que não o é"[6]. Sob este aspecto, a Justiça é vista como hábito bom e, como tal, indicativa de uma **vontade ou virtude** do Homem. Consoante acentuou DUGUIT, "o sentimento do justo e do injusto é um elemento permanente da natureza humana"[7]. Com efeito, temos uma faculdade inata de distinguir a justiça da injustiça: é um sentimento imanente à nossa natureza, que constitui a fonte primeira para o Direito desabrochar. Diz Miguel Reale que, sob o ângulo subjetivo, a Justiça "é vista como inclinação, tendência, forma de querer, como algo, em suma, que está no homem mesmo antes de se realizar na sociedade"[8].

A concepção da Justiça como hábito ou virtude moral foi a que predominou na Antiguidade clássica e na Filosofia e na Teologia da Idade Média.

Modernamente, todavia, usa-se a palavra "justiça" em **sentido objetivo**, correspondente à Justiça "como ideia (seja como um princípio, uma norma, ou mandamento, ou um critério), ou como valor ideal". Nesse sentido, escreveu Miguel Reale:

> Em nossos dias, usa-se de preferência o termo justiça no sentido objetivo, ou seja, para indicar a ordem social que os atos de justiça projetam ou constituem, motivo pelo qual temos defendido a tese de que, objetivamente, a justiça se reduz à realização do bem comum, ou, mais precisamente: é o bem comum *in fieri*, como constante exigência histórica de uma convivência social ordenada segundo os valores da liberdade e da igualdade[9].

É sob o aspecto objetivo que a Justiça é focalizada pelos autores contemporâneos, em particular os adeptos da chamada filosofia dos valores.

Não se pode minimizar a noção subjetiva de Justiça, por isso que é o gérmen da ideia de Justiça. No entanto, a Justiça em sentido subjetivo é tema da Ética, não da Filosofia do Direito, porquanto, no ensinamento do grande filósofo alemão Gustav Radbruch, não é outra coisa que "o estado de consciência dirigido à Justiça objetiva"[10].

Interessa-nos aqui, por conseguinte, sobretudo a Justiça em sentido **objetivo** ou filosófico, ou seja, como ideia ou princípio. É o sentido mais próprio da Justiça e a que se examinará após um sucinto bosquejo histórico da matéria.

4. BREVE EVOLUÇÃO HISTÓRICA DO CONCEITO DE JUSTIÇA

4.1. Platão (427-347 a.C.)

Platão, como os demais filósofos gregos em geral, encarava a Justiça como virtude individual. O problema central de sua filosofia é a Justiça, havendo concebido a famosa doutrina das ideias, ou das formas, só para solucioná-lo.

Escreve Kelsen que, para o grande discípulo de Sócrates, "as ideias são essências transcendentes que existem num outro mundo, num mundo diferente do perceptível pelos nossos sentidos e, por isso, são inacessíveis ao homem, prisioneiro dos mesmos sentidos. Elas representam no essencial valores que devem, na verdade, ser realizados no mundo dos sentidos, mas que jamais podem ser aí plenamente realizados"[11].

Conforme acentua Luís Fernando Coelho, Platão, "ao invés de preocupar-se com o homem histórico e contingente, ou com a *polis* (...), ocupou-se do homem e da cidade ideais, isto é, a ideia hipostasiada de que os homens e as cidades-Estado eram sombras ou reflexos"[12].

Platão desenvolve sua concepção de Estado e, notadamente, da Justiça no Estado, sobretudo em seu diálogo **República**. Segundo Platão, o Estado é o homem

---

(5) ALIGHIERI, Dante. *Monarchia*. São Paulo: Abril Cultural, 1979. livro II, cap. V, p. 209.
(6) CASTÁN TOBEÑAS, José. *La idea de justicia*. Madrid: Reus, 1968. p. 13.
(7) DUGUIT, Leon. *Traité de droit constitutionnel*. Paris: Aneienne Librairie Fontemowg & Cia Éditeurs 1927. p. 110.
(8) REALE, Miguel. *Filosofia do direito*. 11. ed. São Paulo: Saraiva, 1986. p. 276.
(9) CASTÁN TOBEÑAS, José. *Op. cit.*, p. 14.
(10) RADBRUCH, Gustav. *Filosofia del derecho*. Madrid: 1933. p. 44.
(11) KELSEN, Hans. A justiça e o direito natural. 2. ed. Coimbra: Armênio Amado, 1979. p. 83.
(12) COELHO, Luís Fernando. *Introdução histórica à filosofia do direito*. Rio de Janeiro: Forense, 1977. p. 69-70.

em grande – o macroântropos –, ou seja, um organismo completo, com características básicas idênticas às do Homem ideal. Composto por indivíduos, solidamente estruturado, assemelha-se a um corpo formado por vários órgãos, cujo conjunto lhe torna passível a vida. Daí porque, sustenta Giorgio Del Vecchio, conforme a visão de Platão "no indivíduo, como no Estado, deve reinar aquela harmonia que se obtém pela virtude. A **Justiça é a virtude por excelência**, pois consiste em uma relação harmoniosa entre as várias partes de um corpo. Ela exige que cada qual faça o que lhe cumpre fazer (...) com vista ao fim comum"[13]. Desse modo, a Justiça consistia em realizar cada pessoa a tarefa que lhe incumbisse consoante a necessidade de manter a ordem social. Para tanto, o Estado seria constituído por três classes: a dos sábios, cuja função é governar; a dos guerreiros, cuja missão é defender o organismo social; e a dos artífices, operários e comerciantes, incumbidos de nutri-lo. Assim, no Estado ideal platônico não haveria lugar para o "factotum". "Se tal pessoa chegasse à cidade ideal de Platão", anota Roscoe Pound, "haveriam de dizer-lhe que ali não havia lugar para ele e o mandariam para outra cidade. Não se toleraria a presença de qualquer indivíduo que não se conservasse no lugar que lhe fosse distribuído. Nesse Estado ideal, a Justiça era a harmonia perfeita do todo realizado por todos, isto é, cada parte realizando a tarefa que lhe incumbisse e abstendo-se de interferir com os vizinhos"[14].

Como se percebe, esta filosofia grega do gênio universal divisava a Justiça como meio de preservar o *status quo* social vigente, empenhando-se em planejar uma sociedade ideal na qual cada um se mantivesse no lugar certo, em que se conservaria por força de lei, evitando-se, por conseguinte, conturbação social.

É interessante salientar, porém, que para Kelsen a doutrina platônica das ideias identificava a Justiça com a ideia do **Bem absoluto**, que desempenha na filosofia de Platão o mesmo papel que a ideia de Deus tem na teologia de qualquer religião. De maneira tal que a pergunta sobre o que é a Justiça coincide com a pergunta sobre o que é o Bem. Contudo, a respeito do que seja bem absoluto ele próprio confessa que está além de qualquer conhecimento racional. Daí que não pode existir reposta à pergunta: "o que é a Justiça?"[15].

4.2. Aristóteles (385-322 a.C.)

Aristóteles almejou definir a Justiça de um modo científico, ou quase científico, fundamentando-a na razão. A exemplo de seu mestre Platão, tinha uma concepção subjetiva da Justiça como virtude. Aristóteles pretendeu estabelecer um sistema de virtudes, a principal das quais seria a Justiça. Em sua Ética a Nicômaco, o Estagirita sustenta que a Justiça é "uma virtude completa", "a maior das virtudes, e nem Vésper, nem a estrela d'alva são tão admiráveis". E é virtude completa, na qual "estão compreendidos todas as virtudes", porque "aquele que a possui pode exercer sua virtude não só sobre si mesmo, mas também sobre o seu próximo, já que muitos homens são capazes de exercer virtude em seus assuntos privados, porém não em suas relações com os outros". Por isso, arremata: "... somente a Justiça, entre todas as virtudes, é o bem de um outro, visto que se relaciona com o nosso próximo, fazendo o que é vantajoso a um outro, seja um governante, seja um associado"[16].

Aristóteles assegurava que encontrava um método científico, matemático-geométrico, para definir a virtude e, portanto, a Justiça. Opina que o moralista pode encontrar a virtude da mesma maneira que o geômetra pode localizar o ponto equidistante dos extremos de uma reta. Isso porque a virtude é um ponto intermediário entre dois extremos, que são vícios "um por excesso e outro por falta"[17].

Concebeu assim Aristóteles a famosa doutrina do "mesotes": conhecendo-se os extremos, ou os vícios, encontra-se a virtude, tal como o geômetro pode dividir a reta em duas partes iguais sabendo quais são os pontos extremos.

No caso específico da Justiça, afirma o imortal filósofo grego:

> "... a ação justa é intermediária entre o agir injustamente e o ser vítima de injustiça; pois um deles é ter demais e o outro é ter demasiado pouco. A Justiça é uma espécie de meio-termo (...)"[18].

Entretanto, malgrado a construção genial de Aristóteles, a doutrina do "mesotes" é insatisfatória para se

---

(13) DEL VECCHIO, Giorgio. *Lições de filosofia do direito*. São Paulo: Saraiva, 1948. p. 47-48. v. 1.
(14) POUND, Roscoe. *Justiça conforme a lei*. Ibrasa, 1965. p. 4.
(15) KELSEN, Hans. *¿Qué es justicia?* Barcelona: Ariel, 1982. p. 47.
(16) ARISTÓTELES. *Metafísica, Ética a Nicômaco, Poética*. São Paulo: Abril Cultural, 1979. p. 122, L.V. 1130a.
(17) *Ibid.*, p. 73, L. II, 1107a.
(18) *Ibidem*, p. 129, 1133, b.

aplicar ao problema da Justiça, pois tem caráter tautológico. Percebeu-o Kelsen:

> Neste caso, a fórmula segundo a qual a virtude é o ponto equidistante entre dois vícios carece de utilidade (...), já que a injustiça cometida e a injustiça sofrida não são dois males distintos. Trata-se do mesmo mal, cujo oposto é a Justiça. A fórmula não aponta nenhuma resposta à pergunta sobre o que é a injustiça, esta sim decisiva.[19]

A despeito de algumas imperfeições como esta, é certo, porém, que Aristóteles prestou uma contribuição fundamental para a compreensão da problemática referente à Justiça.

Com efeito, Aristóteles também percebeu que o princípio da Justiça é a **igualdade**. Em realidade, a noção de que Justiça é, acima de tudo, igualdade (assimilando-se ao número quadrado) já fora detectada pela escolha itálica ou pitagórica. Aristóteles toma como ponto de partida essa doutrina, mas acrescenta que não se trata de estabelecer mera igualdade **material**, mas antes correspondência de valores. Assim, seria injusta uma permuta de coisas iguais em quantidade ou número, mas desiguais em valor, como, por exemplo, um par de sapatos e uma casa. Do mesmo modo, seria injusto aplicar-se a mesma pena para crimes materialmente iguais, mas executados com intenções ou em circunstâncias distintas (um homicídio doloso e um homicídio culposo, digamos).

Para Aristóteles, a igualdade, princípio essencial da Justiça, é aplicada de várias maneiras. Eis porque distingue o que chama de **Justiça particular** em várias espécies: justiça distributiva, justiça corretiva ou sinalagmática, justiça comutativa e justiça judiciária. Essa doutrina, notadamente a distinção entre justiça distributiva e justiça comutativa, tornou-se clássica e é até hoje reputada fundamental.

A justiça distributiva consiste na repartição das honras e dos bens na proporção do mérito de cada um. Assim, implica dar tratamentos desiguais a pessoas de dignidade ou méritos diferentes e tratamento igual quando os méritos e a dignidade são iguais. Rui Barbosa assim sintetiza a fórmula: "aquinhoar desigualmente aos desiguais, na proporção em que se desigualam". Com isso, reafirma-se o princípio da igualdade, que é violado caso se dispense o mesmo tratamento a pessoas de méritos desiguais. Se as pessoas são desiguais em mérito tampouco as recompensas deverão ser iguais, explicava Aristóteles. Na Justiça distributiva, segundo Aristóteles, há uma proporção geométrica[20]. Cuida-se de uma forma primária de Justiça que cabe ao legislador realizar.

A segunda espécie de Justiça é a justiça corretiva ou sinalagmática, por presidir às relações de troca entre os particulares. No ensinamento de Del Vecchio, "ainda neste domínio se aplica o princípio da igualdade, embora de forma diversa, pois, neste caso, trata-se apenas de medir impessoalmente os ganhos e as perdas, ou seja, as coisas e as ações consideradas em valor objetivo, supondo-se iguais os termos pessoais. Tal medida, segundo Aristóteles, encontra o seu tipo próprio na proporção aritmética"[21]. Esta espécie de Justiça objetiva a paridade entre as duas partes de uma relação jurídica, "de sorte que nenhuma tenha dado nem recebido mais nem menos"[22]. Daí a definição do próprio Aristóteles: "... a Justiça corretiva será o intermediário entre a perda e o ganho"[23].

Neste passo, acha Del Vecchio que a doutrina de Aristóteles permite uma subdistinção da Justiça corretiva: (a) justiça comutativa, segundo a qual nas trocas privadas cada um deve receber na proporção do que der; e (b) justiça judicial, pela qual o juiz deve fazer prevalecer tal medida em caso de controvérsia.

Sendo, para Aristóteles, o justo corretivo uma forma de igualdade ocorrente nos negócios jurídicos privados, o injusto, por sua vez, consiste em uma desigualdade que o juiz busca igualar. Com efeito, sustenta o Estagirita que, p.e., quando alguém recebe e outro inflige um ferimento, "o sofrimento e a ação foram desigualmente distribuídos; mas o juiz procura igualá-los por meio da pena, tomando uma parte do ganho do acusado".23

De modo que a justiça judicial é a justiça corretiva realizada pelo juiz, restaurando a igualdade violada pelo dano ou pelo inadimplemento da obrigação contratual. Plauto Faraco de Azevedo sintetiza a opinião de Aristóteles, a propósito:

---

(19) KELSEN, Hans. ¿Qué es justicia?. Barcelona: Ariel, 1982. p. 56.
(20) ARISTÓTELES. Op. cit., p. 125, 1131b.
(21) DEL VECCHIO, Giorgio. Lições de filosofia do direito. São Paulo: Saraiva, 1948. p. 55.
(22) DEL VECCHIO, Giorgio. A justiça. São Paulo: Saraiva, 1960. p. 49.
(23) ARISTÓTELES. Op. cit., 1132a, p. 126.

Resumidamente, toda vez que uma pessoa cause dano a outrem, cabe ao juiz restabelecer a igualdade rompida, retirando o ganho advindo da prática do ato ilícito mediante a determinação do pagamento à vítima da indenização no caso cabível. Assim procedendo, o juiz reporá as pessoas no estado de igualdade em que naturalmente se acham.[24]

Eis porque afirma Aristóteles que "a natureza do juiz é ser uma espécie de justiça animada", pois ele deve encontrar o justo, idêntico ao igual, que é o meio-termo entre o mais e o menos, entre o ganho e a perda, compelindo o responsável pelo dano a pagar uma indenização igual à média aritmética entre a perda e o ganho. Por isso, diz Aristóteles que "o Juiz é aquele que divide em dois"[25].

Contudo, o maior mérito, a maior contribuição da teoria aristotélica foi haver divisado o caráter de **alteridade** ou **bilateralidade da Justiça**, focalizando, assim, seu significado básico, reafirmado depois por todos os estudiosos da matéria. Ou seja, a qualidade da Justiça de sempre se referir a outro ("alter"). Compreendeu Aristóteles que só se pode conceber a Justiça quando derivada de uma relação que envolva duas ou mais pessoas. De fato, como enfatiza Del Vecchio, a ideia de Justiça pressupõe sempre "a consideração simultânea de vários sujeitos, postos idealmente no mesmo plano e representados, por assim dizer, um em função do outro". Por isso, "ninguém pode cometer uma injustiça contra si próprio. (...) Apenas em sentido metafórico se pode falar de Justiça relativamente a um só sujeito"[26].

4.3. Roma

Sabe-se que os romanos tinham vocação para o Direito, em contraste com sua menor aptidão para a Filosofia e Arte.

Por isso, não superaram o gênio grego a respeito da concepção de Justiça: mais pragmáticos e imbuídos de espírito comercial, não filosofaram sobre Justiça, aceitando a noção fundamental desta ministrada pelos gregos[27]. Assim, igualmente tinham uma visão subjetiva da Justiça, de que é exemplo a célebre definição de Ulpiano:

"Justiça é a vontade constante e perpétua de dar a cada um o que é seu"[28].

Esboçou-se aí, como se percebe, o propósito de exprimir o conteúdo da Justiça: dar a cada um o que é seu (*suum cuique tribuendi*).

4.4. Santo Tomás de Aquino (1225-1274)

O Doutor Angélico, na "Suma Teológica", recolheu os ensinamentos aristotélicos de Justiça, infundindo-lhes o espírito cristão. Pode-se dizer que expôs, interpretou e complementou a doutrina de Aristóteles. Igualmente tem uma noção subjetiva da Justiça como uma das quatro virtudes éticas cardeais (ao lado da prudência, fortaleza e temperança). Santo Tomás assinalou que, ao lado de uma Justiça particular, subdividida em comutativa e distributiva, segundo a lição de Aristóteles, há uma justiça que denominou geral, mais conhecida como justiça social: a justiça que ordena as relações entre os membros e a sociedade, pela qual se inclina a vontade dos particulares a dar à comunidade o que lhe é devido para o Bem comum.

4.5. Jusnaturalismo

Para a Escola do Direito Natural "este é a tradução pura e simples da ideia de justiça" (Louis Le Fur). Di-lo Del Vecchio:

Direito Natural é o nome com que se designa, por tradição muito antiga, o critério absoluto do justo. Com tal nome se pretende dizer que o referido critério assenta na própria constituição das coisas e nunca no mero capricho do legislador momentâneo. A esta ideia se chegou por vias diversas e até opostas: ora por reação contra a justiça positiva, ora pela conformidade observada entre as regras jurídicas de povos diversos. Em ambos os casos, postulou-se uma justiça superior. Também variaram as maneiras adotadas para demonstrar a existência e a autoridade do direito natural: umas vezes recorreu-se à Divindade (isto é, afirmou-se resultar o seu conhecimento da Revelação); outras vezes, a dados exclusivamente racionais.[29]

---

(24) AZEVEDO, Plauto Faraco de. *Justiça distributiva e a aplicação do direito*. Porto Alegre: Sérgio A. Fabris, 1983. p. 56.
(25) ARISTÓTELES. *Op. cit.*, p. 127, 1132b.
(26) DEL VECCHIO, Giorgio. *A justiça*. São Paulo: Saraiva, 1960. p. 76-78.
(27) DEL VECCHIO, Giorgio. *A justiça*. São Paulo: Saraiva, 1960.
(28) DIGESTO, I, 1 fr. 10, pr.
(29) DEL VECCHIO, Giorgio. *Lições de filosofia do direito*. Tradução A. José Brandão. São Paulo: Saraiva, 1948. p. 5-6. v. 2.

Dentre outros, destacaram-se como representantes desta Escola, Grócio e Tomásio.

4.6. Axiologia

Notadamente no presente século surgiu a axiologia ou teoria dos valores, pela qual a noção de Justiça como Bem – formulada no pensamento antigo e medieval – foi substituída por valor.

A Justiça é encarada como um valor, para uns relativo, para outros absoluto. É o que se exporá adiante mais detalhadamente (*infra* n. VI).

5. O PROBLEMA DO CONTEÚDO DA JUSTIÇA

As noções abstratas de Justiça como igualdade, proporcionalidade, harmonia, virtude, vontade, elaboradas pelas escolas filosóficas ao longo da História, conquanto admiráveis e úteis conquistas do pensamento reflexivo da Humanidade, por sua generalidade e pelo **enfoque apenas formal** não exprimem a questão atinente à matéria, objeto ou conteúdo da Justiça. Não elucidam o que é, **em essência**, a Justiça. O que bem se compreende porquanto, como observa o mexicano Gómez Robledo, "o grande problema da Justiça é o de seu conteúdo"[30].

Hans Kelsen, em duas obras clássicas supracitadas, passa em revista as principais fórmulas concebidas no decorrer da História na vã tentativa de explicar o que seja a Justiça, substancialmente. Vejamos as principais.

5.1. Justiça é dar a cada um o que é seu

A conhecida fórmula do *suum cuique* sustenta que a Justiça consiste em dar a cada um o que é seu. Vale dizer: o que lhe é devido. Contudo, trata-se de fórmula vazia eis que não responde à pergunta fundamental: o que pertence a cada um? o que é "seu" e o que é "meu"? Em realidade, essa difundida concepção de Justiça é tautológica, criando um autêntico círculo vicioso: aquilo que é devido a cada um é o que lhe deve ser dado, logo conclui Kelsen "a cada qual deve ser dado aquilo que lhe deve ser dado"[31]. Nada esclarece, portanto.

5.2. Justiça é tratar os outros como gostaríamos de ser tratados

Noção igualmente insatisfatória. A um porque, tomada ao pé da letra, conduz a uma situação absurda: se devemos tratar os outros tal como gostaríamos de ser tratados, fica descartada a possibilidade de punição aos criminosos, pois nenhum criminoso deseja ser punido. A dois porque os homens nem sempre estão acordes sobre aquilo que é bom, isto é, em torno do que desejam. O que para um pode ser um bom tratamento, outrem pode reputar um mau tratamento e não pretender que se lhe dispense semelhante tratamento. Uma pessoa pode achar a lisonja e a mentira desejáveis, outra não. Em suma, essa fórmula não elucida a questão decisiva: como é que devemos ser tratados? Pressupõe, a exemplo da fórmula do *suum cuique*, que uma ordem normativa preceitue como é que devemos ser tratados.

5.3. Justiça é igualdade

Este princípio se exprime na norma segundo a qual todas as pessoas devem ser tratadas igualmente. Justiça seria essencialmente igualdade, portanto. Parte-se da premissa de que os homens são por natureza iguais e, por isso, merecem ser tratados do mesmo modo. Sucede, todavia, como pondera Kelsen, que esta é um premissa evidentemente falsa: os homens de fato são muito distintos, não havendo homens iguais. Seria inconcebível, pois, e rematada injustiça, tratar as crianças como se fossem pessoas adultas, ou pessoas débeis mentais como se dotadas de higidez mental. O que se quer significar com tal postulado é que a ordem jurídica, ao atribuir direitos e obrigações aos homens, não deve levar em conta certas diferenças entre eles. A questão reside em se saber quais diferenças devem ter-se em conta e quais não. No entanto, o princípio da igualdade não dilucida tal questão e os ordenamentos jurídicos diferem muito, a respeito. Por exemplo, para alguns, como o brasileiro, homens e mulheres gozam de direitos políticos, porém só os homens têm a obrigação de prestar o serviço militar. Perante outros sistemas legais, só os homens desfrutam de direito políticos, não as mulheres. Qual a orientação justa? Enfim, a rigor, o princípio da igualdade não basta para explicar o que seja a Justiça por isso que não responde à questão central: o que é o igual?

O princípio da igualdade aplicado à relação entre trabalho e salário no sistema econômico capitalista leva a concluir o seguinte: a igual trabalho deve corresponder igual salário. Segundo Karl Marx, esta é a ideia de justiça subjacente à ordem capitalista. Entre-

---

(30) ROBLEDO, Antonio Gomez. *Meditación sobre la justicia*. México: Fondo de Cultura Económica, 1963. p. 123.

(31) KELSEN, Hans. *A justiça e o direito natural*. 2. ed. Coimbra: Arménio Amado, 1979. p. 20.

tanto, para o sistema econômico comunista trata-se, em realidade, de uma violação da ideia de igualdade e, pois, de uma norma **injusta**, na medida em que pessoas de fato **desiguais** entre si recebem um mesmo tratamento. Exemplifica Kelsen: se um homem forte e outro franzino auferem ambos o mesmo salário pela mesma quantidade de trabalho, ou produção, estar-se-á retribuindo com um mesmo salário um trabalho virtualmente distinto. Por isso, preconiza o sistema econômico comunista que a verdadeira igualdade – e, pois, a verdadeira Justiça, não a aparente – somente se encontra mediante a obediência ao princípio que reza: "a cada qual segundo as suas capacidades, a cada qual segundo as suas necessidades". Mas quais são as capacidades e necessidades de cada um? Este princípio comunista, dessa forma, pressupõe que a ordem social estabelecida responda a tais e decisivas questões. Ocorre que, como salienta Kelsen, é utópico pensar também que esta ordem social reconhecerá as capacidades de cada pessoa de conformidade com seus próprios juízos subjetivos e assegurará a satisfação de todas as necessidades segundo seus desejos subjetivos, de maneira que seja total a harmonia entre os interesses individuais e coletivos[32].

5.4. Justiça é retribuição

A concepção de Justiça como retribuição talvez seja historicamente a mais importante. O princípio retributivo reclama uma pena para cada falta ou ilícito, o que, do ponto de vista psicológico, explica-se pelo instinto vingativo do Homem. Também reclama que se dê a cada um segundo o seu mérito, isto é, um prêmio para o merecimento. Quer dizer, o princípio da retribuição postula que se deve fazer o Bem àquele que faz o Bem e fazer o Mal àquele que faz o Mal. A forma mais primitiva do princípio retributivo é o talião: olho por olho, dente por dente.

Para Kelsen, o princípio da retribuição é precisamente o oposto do princípio da igualdade. Com efeito, ele não propugna um tratamento igual mas desigual entre os homens, prescrevendo para aqueles que fazem o Mal uma pena e para os que fazem o Bem um prêmio.

Esta fórmula é vazia, por isso que pressupõe uma ordem normativa que determine o que é bom e o que é mau, ou seja, como devemos conduzir-nos. Logo, também insatisfatória.

6. A JUSTIÇA COMO VALOR: PERELMAN E KELSEN

Hoje, como fruto da moderna filosofia idealista alemã, acha-se muito difundida a orientação axiológica, que considera a Justiça como **valor**, vinculando-a à questão geral dos valores jurídicos.

Como se recorda, na Antiguidade a ideia de justiça foi associada ao Bem absoluto (Platão) e, na Idade Média, a escola tomista sempre teve presente a estreita relação entre a ideia da Justiça e a do Bem Comum. No crepúsculo do séc. XIX e no séc. XX surgiu a axiologia ou teoria dos valores, em que a ideia de **valor** substituiu a de bem. A noção de justiça passou, então, a ser incluída entre os valores, eis que o Direito é instrumento para realizar valores.

Ensina Nélson Saldanha, a propósito:

> Há valores religiosos, biológicos, econômicos, éticos, políticos, e o direito pode realizar quaisquer destes, desde que os inclua em seu ordenamento; ou então o direito possui seus valores próprios (...) e estes seriam a segurança, a paz, a ordem, a certeza, a justiça. Maximamente a Justiça, mas ela não pode ser entendida como um valor específico ou exclusivamente jurídico (...) pois ela é também um valor ético, religioso, político.
> Como valor, a Justiça é sempre um 'ideal', embora tenda ou deva tender a uma realização por intermédio de instituições, normas, critérios.[33]

De sorte que o valor justiça é considerado a meta do Direito. Este é o meio para se alcançar aquela. Daí dizer-se que o Direito é uma tentativa para realizar a Justiça (Gurvitch).

Dois dos mais proeminentes jusfilósofos que concebem a Justiça como valor são o belga Chaim Perelman e o norte-americano, de origem austro-judia, Hans Kelsen.

Perelman crê factível uma definição de Justiça em sentido abstrato ou formal, sustenta que não se pode dar, com critério objetivo, **uma noção de Justiça em sentido concreto porque esta noção está subordinada a prévios e muito variados juízos de valor: toda concepção, de Justiça concreta implica uma particular concepção do mundo**. Bem se compreende, assim, o desacordo

---

(32) KELSEN, Hans. *¿Qué es justicia?* Barcelona: Ariel, 1982. p. 52.
(33) JUSTIÇA. In: SALDANHA, Nélson. *Enciclopédia Saraiva de Direito*. São Paulo: Saraiva, 1977. p. 305.

que há entre as fórmulas mais correntes para exprimir o conteúdo da Justiça, como exposto acima[34].

Kelsen, por sua vez, desenvolve uma concepção de justiça como valor de sentido **relativista** ou **subjetivista**, que segue hoje muito em voga. Merece-nos, assim, um exame mais detido.

Assinala Kelsen que a Justiça é, em primeiro lugar, uma qualidade possível, porém não necessária, de uma ordem social que regula as relações mútuas entre os homens. Só secundariamente é uma virtude humana. Ordem social justa é a que regula a conduta dos homens de um modo satisfatório para todos, ou seja, em que todos os homens encontrem a felicidade. "A busca da Justiça é a eterna busca da felicidade humana", diz. Claro que a identificação da Justiça à felicidade, reconhece, **não** é uma resposta definitiva do que seja aquela: o que é felicidade?

Entende Kelsen ser evidente que não pode existir uma ordem justa, ou seja, que ofereça a felicidade a todo mundo, no plano individual. É inevitável, acentua, que a felicidade de um indivíduo se faça, em dado momento, sacrificando a de outro. Exemplifica com um caso de amor, sabiamente uma das maiores fontes da felicidade. Suponha-se que dois homens estejam apaixonados pela mesma mulher e ambos creiam que não possam ser felizes sem a desposar. Ocorre que, segundo a lei e talvez os sentimentos dela, uma mulher só pode ser esposa de um deles. Daí que a felicidade de um será inevitavelmente a infelicidade de outro. Nenhuma ordem social, observa, pode resolver este problema de um modo satisfatório, ou seja, de um modo justo, garantindo a felicidade a ambos... nem sequer o famoso juízo do rei Salomão.

Então, se se considera que a Justiça é a felicidade individual, impossível uma ordem social justa. O máximo que se consegue é a maior felicidade possível para o maior número de indivíduos, segundo a famosa definição de Justiça formulada por Jeremy Bentham. Por isso, argumenta Kelsen: "a felicidade que a ordem social pode assegurar **não** pode ser a felicidade em um sentido objetivo coletivo. Quer dizer, devemos entender por felicidade a satisfação de certas necessidades reconhecidas pela autoridade social (...), tais como a necessidade de alimentar-se, de vestir-se (...) e outras desse tipo"[35].

De modo que, para Kelsen, a ideia de Justiça como princípio que garanta a felicidade individual de todos, deve ser afastada e transformada em ordem social que proteja certos interesses socialmente reconhecidos pela maioria como dignos de ser protegidos. As questões que se põem, em decorrência, são as seguintes: que interesses humanos merecem ser protegidos? Sobretudo, qual é sua hierarquia adequada? Estas são as questões que se colocam quando existem conflitos de interesse, que se verificam quando uma necessidade só pode ser satisfeita em prejuízo de outra ou, dito de outro modo, quando há um conflito entre dois valores e não é possível colocá-los em prática ao mesmo tempo.

Portanto, aduz Kelsen (grifei) "**o problema dos valores é em primeiro lugar um problema de conflito de valores e este problema não pode resolver-se mediante o conhecimento racional**. A resposta a estas perguntas é um juízo de valor determinado por fatores emocionais e, pois, **subjetivo** de per si, **válido unicamente para o sujeito que julga e, em consequência, relativo**"[35].

Kelsen ilustra suas afirmativas com alguns exemplos. Para alguns, a vida humana é o valor supremo. Por isso, seguindo esta convicção ética, é absolutamente proibido matar um ser humano, inclusive em tempo de guerra ou executando pena de morte. Tal é a postura dos que, por objeção de consciência, negam-se a prestar o serviço militar. Porém, existe outra convicção segundo a qual o valor supremo é o interesse e a honra da Nação. Logo, segundo os adeptos desta opinião, todas as pessoas estão moralmente obrigadas a sacrificar sua própria vida a até matar os inimigos da Pátria em tempo de guerra se assim o exigir o interesse da Pátria. Ademais, a pena capital justifica-se para determinados crimes.

Ora, assinala Kelsen, é impossível decidir de um modo racional e científico entre esses dois juízos de valor que se opõem. Em derradeira análise, decide o nosso sentimento, nossa vontade, não nossa razão; o elemento **emocional** de nossa consciência é o que decide esse conflito, não o racional.

Outro exemplo: achando-se o homem escravizado ou feito prisioneiro em um campo de concentração nazista, nesta situação justifica-se o suicídio? A decisão a esta alta indagação, segundo Kelsen, depende da resposta que se dê à pergunta sobre qual o valor supremo, a vida ou a liberdade. Trata-se de uma questão de hierarquia de valores entre a vida e a liberdade. Diante de tal problema, só cabe uma resposta subjetiva, que só é válida para o sujeito que a emite. Não é possível uma afirmação objetiva, válida para todo mundo, tal como a lei física pela qual o calor dilata os corpos metálicos.

---

(34) PERELMAN, Chaim. *Justice et raison*. Bruxelas: 1963. p. 26 e 40. Ver também as obras *De la justice* e *Droit, Morale e Philosophie*.

(35) KELSEN, Hans. *¿Qué es justicia?* Barcelona: Ariel, 1982. p. 38 e segs.

O mesmo sucede com o caso do médico que diagnostica uma doença incurável, na visão de Kelsen. Deve o médico dizer a verdade ou pode, ou inclusive deve, mentir? A decisão depende da ordem hierárquica que estabelecemos entre a verdade e a liberação do medo como valores.

Enfatiza Kelsen que a ordem entre valores distintos tais como a liberdade, a igualdade, a seguridade, a verdade, a legalidade e outros será diferente conforme se pergunte a um liberal, ou a um socialista. A resposta reveste-se sempre da forma de um juízo de valor subjetivo e, portanto, apenas relativo.

Combate Kelsen a doutrina do Direito Natural, para a qual, como se sabe, existe uma regulação das relações humanas perfeitamente Justa, que emana da natureza (*lato sensu*, compreensiva da razão humana). Frisa que a natureza carece de vontade e, portanto, não pode prescrever uma conduta determinada ao homem. Por isso, não causa surpresa que os diversos seguidores da Escola do Direito Natural deduziram da natureza os princípios de Justiça mais contraditórios. Assim, exemplifica, a maioria dos pensadores desta Escola afirmou que a propriedade privada, base do sistema capitalista, é um direito natural: a natureza ou a razão a atribui ao homem. No entanto, a propaganda em prol da abolição da propriedade privada e do estabelecimento de uma sociedade comunista, como única organização social justa, lastreou-se também na doutrina do Direito Natural...

Argumenta o autor da "Teoria Pura do Direito" que se algo demonstra a história do pensamento humano é que a nossa razão somente pode conceber valores **relativos**. Ou seja, **não** se pode emitir um juízo sobre algo que parece justo com a pretensão de excluir a possibilidade de um juízo de valor contrário. "A Justiça absoluta", acrescenta Kelsen, "é **um ideal irracional**, ou dito de outro modo, uma ilusão, uma das ilusões eternas do homem. Do ponto de vista do conhecimento racional, não existem mais que interesses humanos e, portanto, conflitos de interesse. A solução destes conflitos pode encontrar-se satisfazendo um interesse em detrimento de outro mediante um compromisso entre os interesses em disputa. É **impossível demonstrar que só uma de duas soluções é justa**. Uma ou outra podem ser justas segundo as circunstâncias"[36].

Arremata Kelsen insistindo em que há apenas uma justiça relativa (grifei):

Verdadeiramente, não sei nem posso afirmar o que é a Justiça, a Justiça absoluta que a humanidade anseia alcançar. Só posso estar de acordo em que existe uma Justiça relativa e posso afirmar o que é a Justiça para mim. Minha Justiça, em definitivo, é a da liberdade, a da paz; a Justiça da democracia, a da tolerância.

Em síntese, pois, defende Kelsen uma teoria relativista da Justiça, concepção fundamentalmente positivista, que nega a existência da Justiça absoluta. O conteúdo da Justiça é um valor, mas um valor relativo ou subjetivo, pois que não se determina com base em uma consideração científico-racional. Daí decorre que esse relativismo axiológico constitui ponto de partida da teoria positivista do direito, que é monista: há apenas **um** direito, o direito positivo, estabelecido pelo homem[37].

Sucede, todavia, que essa concepção de Kelsen em favor do caráter subjetivo da estimativa jurídica e, pois, da Justiça, longe está de ser pacífica e isenta de crítica, malgrado a autoridade de seu autor.

Luis Recaséns Siches, o grande filósofo mexicano, desenvolve uma "análise crítica do subjetivismo axiológico de Kelsen", asseverando que sua teoria contém "graves equívocos"[38].

Siches coloca inicialmente o problema de saber se o valor jurídico é objetivo ou é subjetivo, definindo o que entende como tal. Para ele, por subjetivo se compreenderia "uma especial configuração da mente: algo seria um valor não porque resultasse da experiência sensível, senão porque estaria em mim realmente como uma espécie de aparato ou disposição psicológica, como uma efetiva configuração de meu espírito, que o forçaria a comportar-se estimativamente de uma determinada maneira; e, então, resultaria que os juízos de valor consistiriam na projeção dessa peculiar estrutura de minha alma e nada mais". Por sua vez, se se entende que o valor é objetivo então "consistirá em princípios ideais que têm validade em si mesmos, independentemente do fato fortuito do que eu pense, ou não, ou de que os pense correta ou incorretamente; e, assim, sua verdade, sua validez não se funda em um fato psicológico, senão que seria puramente ideal"[39].

---

(36) KELSEN, Hans. *¿Qué es justicia?* Barcelona: Ariel, 1982. p. 59 e 63.
(37) KELSEN, Hans. *A justiça e o direito natural*. 2. ed. Coimbra: Arménio Amado, 1979. p. 91.
(38) RECASÉNS SICHES, Luis. *Tratado general de filosofia del derecho*. 7. ed. México: Porrua, 1981. p. 405 e 413.
(39) RECASÉNS SICHES, Luis. *Op. cit.*, p. 393 e 394.

Indaga, então, Siches, a propósito:

> A Justiça é puramente um sentimento inserido no coração humano, uma espécie de lei que levamos gravada no fundo de nossa consciência, uma espécie de impulso de nossa alma? Ou, ao contrário, é um princípio ideal, que descubro ou posso descobrir com minha inteligência, perfeita ou imperfeitamente?
>
> Trata-se de inquirir, como diz Renard, se a Justiça, a ordem e a finalidade do Direito são algo objetivo ou são, pelo contrário, uma projeção da mente humana em um mundo de fantasmas. Existe verdadeiramente no céu uma estrela cuja projeção determine nosso caminho ou, pelo contrário, tomamos por uma estrela a lâmpada humana que levamos na mão e estamos sumidos em uma noite eterna?.

Recaséns Siches está de pleno acordo em que a Justiça é um valor, porém um valor **objetivo**. Critica a orientação subjetiva que faz depender a Justiça de um Juízo particular de valor de cada indivíduo. Não nega que a consciência humana tem um sentimento de justiça, admite "a vocação primária e espontânea da consciência humana pela justiça", assinalando ser muito velha a observação de que para se distinguir o justo do injusto não há necessidade de haver estudado Filosofia. Sustenta, contudo, que **não** se pode fundar a estimativa sobre o puro sentimento de justiça. É preciso esclarecer o conteúdo desse sentimento. Cabe à Filosofia do Direito, acentua Siches, precisamente indagar o critério que nos permita qualificar de justo ou injusto determinado sentir. Se se alude a sentimento de justiça, supõe-se, então, que há sentimentos que podem ser qualificados de justos frente a outros injustos. Por que, indaga SICHES, sentimos certos atos como justos e outros como injustos? E responde: "o que nos permite qualificar de justo um sentimento não é nenhum componente real dele, senão que é um ponto de vista valorativo"[40]. E acrescenta:

> Certo que a estimação de Justiça – e de outros valores – se revela em uma espécie de intuição matizada sentimentalmente. Porém devemos buscar, sob esse sentimento, a intuição de um valor ideal objetivo.

Quer dizer, para Siches, a Justiça não consiste única e exclusivamente num sentimento porque os valores **não** são meras projeções de mecanismos psíquicos, **não** se fundam em desejos subjetivos. Anotando que a Justiça é um valor **objetivo** quer significar tão somente que esse valor não é criado pela subjetividade do homem, o que não implica afirmar que seja independente da existência humana. É valor objetivo, esclarece, porque não dimana do sujeito, porém surge da relação entre o sujeito e o mundo. Nesse mundo, em que figuram objetos variados (natureza, sociedade, cultura) também há ideias, entre as quais se dão os valores.

Siches rebate Kelsen não apenas por reputar à Justiça um valor objetivo. Também diverge da opinião do autor da Teoria Geral das Normas na medida em que este "se obcecou em tomar como última palavra o resultado negativo de sua pesquisa sobre se o método científico-racional pode colocar-nos em contato com valores e justificá-los"[41]. Para Siches, não se pode tomar como base o conceito de que só pode haver ciência ou filosofia válida daquilo que for demonstrado pela experiência: o conhecimento não se limita ao domínio da experiência externa, compreendendo também inúmeras essências ideais apreensíveis por intuição intelectual.

Todavia, a principal objeção de Siches à teoria relativista da Justiça enunciada por Kelsen parece-me ser a que a responsabiliza pelo Estado totalitário:

> Se não há valores ideais sobre a mera força e as meras paixões, então os detentores do poder têm aberto o caminho para proclamar como Direito o que lhes convenha, e então não têm mais limite que o de seu poder efetivo[42].

Consoante se nota, encarando Recaséns Siches a Justiça como valor **objetivo** e **absoluto** logicamente contempla a possibilidade de haver ao lado de uma ordem jurídica positiva, estabelecida pelo homem, uma outra ordem ou direito, **ideal**, não estabelecido pelo homem, supraestatal. Concepção de caráter **dualista**, portanto.

Sucintamente, creio que, no fundo, a visão da Justiça de Recaséns Siches, contrapondo-se em essência a Kelsen, aproxima-se de um jusnaturalismo depurado.

---

(40) RECASÉNS SICHES, Luis. *Tratado general de filosofia del derecho*. 7. ed. México: Porrua, 1981. p. 401.
(41) RECASÉNS SICHES, Luis. *Op. cit.*, p. 414.
(42) RECASÉNS SICHES, Luis. *Op. cit.*, p. 377.

7. CONCLUSÃO

A definição da Justiça, em todos os tempos, é um dos mais graves problemas do pensamento reflexivo. Ninguém ainda conseguiu emitir um conceito preciso e incensurável de Justiça. Como observa L. Tanon, "a noção de Justiça corresponde a sentimentos muito variados e complexos, que não podem ser unificados nem compreendidos numa definição que os esgote, no quadro de uma única fórmula. É uma empresa vã que sempre se renova, desde a Antiguidade até os nossos dias, a de tentar procurar um princípio absoluto do qual se possa fazer sair racionalmente todas as concepções morais sob as quais se apresente, em formas tão diversas, a noção de Justiça. Nem a ideia matemática da igualdade, da proporcionalidade, da equivalência, da reciprocidade, da harmonia, da beleza, da identidade e do acordo do pensamento com ele próprio, nem a ideia mais larga da solidariedade, longe de serem uma fonte única, não são suficientes para esgotar o conteúdo da Justiça, tão rico quanto diverso, nem correspondem à variedade, ao calor e à força dos sentimentos que a sua evocação desperte no espírito humano. Ligadas às nossas concepções éticas, políticas, filosóficas e religiosas, as ideias de justiça não são suscetíveis de definição, nem de enumeração exata"[43].

Penso, assim, que posso concluir com Gomes Robledo:

> Virtude, ideia, ação máxima, imperativo, direito, norma, valor são aspectos principais ou configurações conceituais sob as quais representou a Justiça, no curso da reflexão histórica, a mente humana. Total ou parcialmente cada uma destas visões, com alcance objetivo ou subjetivo segundo o caso, é válida...[44].

---

(43) TANON, L. *L'evolution du droit*, p. 38.
(44) ROBLEDO, Gomes. *Op. cit.*, p. 199.

2) Código de Ética da Magistratura

APRESENTAÇÃO

O Padre Antônio Vieira, em um de seus célebres sermões, afirmou que "Deus há de nos pedir contas de tudo que fizemos, mas muito mais estreita conta do que deixamos de fazer". Justamente para não incidirem nesta terrível prestação de contas, a Deus e à posteridade, os membros do Conselho Nacional de Justiça vêm de aprovar o aguardado Código de Ética da Magistratura Nacional.

Sabemos que, há muito, na sociedade brasileira, vislumbrava-se uma demanda difusa, então ainda não atendida, pelo cultivo da ética no exercício da judicatura. A adoção de um Código de Ética Judicial tem o propósito de servir de guia para melhorar o serviço público de administração da Justiça, ao erigir um conjunto de valores e princípios por que devam orientar-se os magistrados.

De uns tempos a esta parte, máxime a partir da instalação do CNJ, preocupamo-nos com a eficiência, a modernização, a gestão e o planejamento estratégico do Poder Judiciário Nacional. Sem embargo da extraordinária relevância da consecução de tais objetivos, isso apenas não é suficiente para alcançar-se uma Justiça de superior qualidade. Paralelamente, precisamos investir na formação continuada do magistrado, em sentido pleno e, não apenas, sob o aspecto técnico-jurídico.

Cristo exclamou: "que tenhas vida, e vida em abundância!" Pois essa "vida em abundância", para o magistrado, deve traduzir-se num cúmulo de "virtudes judiciais", tão excelsas e graves são as responsabilidades que lhe pesam sobre os ombros. Não foi à toa que Piero Calamandrei assinalou que os juízes devem agir como os sacerdotes de um credo, de modo a que os fiéis não percam a crença. O Código de Ética da Magistratura vem ao encontro de anseios desse jaez. Sólidas razões o justificam.

Primeiro, porque a confiança pública no sistema judicial e na autoridade moral dos membros do Poder Judiciário é de extrema importância em uma sociedade democrática moderna. Inconteste que para se alcançar a indispensável confiança da população no sistema judicial é inafastável que o juiz exerça o cargo com integridade e independência.

Segundo, porque o Código, constituindo o instrumento essencial para os juízes incrementarem a confiança da sociedade em sua autoridade moral, concorre para fortalecer a legitimidade do Poder Judiciário.

Terceiro, porque o Código de Ética, definitivamente, pode auxiliar o magistrado, em especial na solução de dilemas e questões cruciais da vida humana, suscitadas no exercício profissional.

Quarto, porque mediante a aprovação de um elenco de condutas éticas para os juízes brasileiros, os membros do CNJ expressam, implicitamente, uma postura de humildade, na firme convicção de que é imperativo o estímulo na busca de aperfeiçoamento e de fortalecimento no cumprimento dos deveres.

De minha parte, tenho a humildade de reconhecer que nem tudo está bem na magistratura, até porque nós, juízes, somos falíveis e contingentes. O contrário seria uma postura irreal e de colossal arrogância, em si mesma um desvio ético. Óbvio e perfeitamente compreensível que num universo de milhares de profissionais, temos conflitos éticos e mesmo desvios éticos pontuais, de maior ou menor gravidade. É o Juiz que adia a audiência porque a parte, pobre, comparece de sandália, em clara discriminação e ofensa à dignidade da pessoa humana; é o juiz sistematicamente impontual, por incúria; é o juiz que falta para com o dever de cortesia no tratamento dispensado às partes e advogados; é o que assume uma série de encargos e não prioriza o exercício da magistratura; é o que procura a autopromoção, em publicação oficial de qualquer natureza, às custas do erário; é o que, injustificadamente, atrasa sentenças aos borbotões e, procurado, sequer é localizado para prestar explicações etc.

O esgarçamento da autoridade em alguns tribunais e o afrouxamento ético em outros explicam situações que tais, entre outras, com as quais me defrontei, aqui e acolá, no exercício da Corregedoria Geral da Justiça do Trabalho, após visitar 24 Tribunais Regionais do Trabalho, doze dos quais duas vezes, em 36 correições ordinárias.

Certo que se cuida de casos excepcionais, pois a maioria dos magistrados brasileiros é composta de pessoas sérias, virtuosas e comprometidas com a Instituição. Basta, contudo, que um só destoe dos padrões éticos mínimos para tisnar indelevelmente a imagem de todo o Poder Judiciário. Por isso, o desvio ético de um só juiz é problema de toda a magistratura.

A aprovação do Código de Ética, em semelhante circunstância, visa a despertar uma consciência crítica das nossas imperfeições e a formar juízes aptos a melhor servir à sociedade. É, portanto, acalentando o natural anseio de crescimento e de evolução dos magistrados, no plano ético, que se concebeu o Código. Vê-se que ele é a favor da elevação espiritual da magistratura. Surpreende-me, assim, constatar que ainda persistam focos isolados de resistências ao Código em algumas associações de magistrados. Parece-me nítido que essas entidades marcham na contramão da história. Advogados, médicos, jornalistas, servidores públicos civis federais, publicitários e tantas outras profissões têm Código de Ética. Magistrados de países dos cinco continentes têm Código de Ética Judicial, na perspectiva, hoje reconhecida internacionalmente, de que a magistratura é também, e acima de tudo, uma tarefa ética. Por que a magistratura brasileira não o teria, se precisamente do juiz exigem-se virtudes superiores às do cidadão comum?

Objeta-se que o CNJ exorbitou de sua competência uma vez que a matéria seria afeta à Lei Complementar. Ora, a Constituição Federal deu ao CNJ poder regulamentar e, afora isso, o mais previdente e minucioso dos legisladores não conseguiria abraçar em qualquer diploma legal os numerosos princípios e valores erigidos em um Código de Ética.

De resto, a elaboração de um Código de Ética repousa na compreensão de que o princípio da obrigatoriedade da conduta ética no exercício da função pública não tem por fundamento a coercibilidade jurídica, mas busca seu fundamento na Ética, que, a rigor, não se impõe por lei. A Ética, ao contrário, sobrepõe-se à Lei e impõe-se pela voluntária adesão dos agentes, fruto da educação e da conscientização que conduza a uma convicção interior.

Recorde-se que o conhecimento da Ética não é inato, mas, ao contrário, é adquirido: congênita é tão somente a disposição para adquiri-lo. Daí que o encaminhamento ao Congresso Nacional do projeto de futura Lei Orgânica da Magistratura Nacional não era e não é óbice a que sejam proclamados os princípios e valores supralegais norteadores do exercício da magistratura.

Pondero também que a atual Lei Orgânica da Magistratura Nacional cinge-se a vedar ao Juiz "procedimento incompatível com a dignidade, a honra e o decoro de suas funções" e atribui-lhe o dever de "manter conduta irrepreensível na vida pública e particular". Trata-se, como visto, de fórmulas sobremodo vagas e imprecisas, que o Código de Ética esmera-se em detalhar.

Enfim, o Código representa um notável avanço na incessante busca de aprimoramento dos juízes. Claro: nada garante que doravante os juízes se comportem de modo eticamente correto pelo só fato de haver Código de Ética. Conhecer o Bem não implica fazer o Bem. Mas é um importantíssimo ponto de partida para a reflexão ética pessoal de cada magistrado. E, como disse Vítor Hugo, "nada é tão irresistível quanto a força de uma ideia cujo tempo chegou".

Produção Gráfica e Editoração Eletrônica: LINOTEC
Projeto de Capa: FABIO GIGLIO
Impressão: GRÁFICA SANTUÁRIO